本书是国家自然科学基金重点项目"互联网环境下大数据驱动的企业与用户互动创新理论、方法和应用研究"（71832014）、"制造企业数字化转型与管理适应性变革研究"（72032009）以及国家社会科学基金重大项目"人工智能对制造业转型升级的影响与治理体系研究"（23&ZD091）资助的研究成果

数字经济创新极点

——平台创新、竞争与就业

谢 康　肖静华　刘 帆 ◎ 著

The Innovation Pole of Digital Economy:
Platform Innovation,
Competition and Employment

经济管理出版社
ECONOMY & MANAGEMENT PUBLISHING HOUSE

图书在版编目（CIP）数据

数字经济创新极点：平台创新、竞争与就业/谢康，肖静华，刘帆著. —北京：经济管理出版社，2024.3
ISBN 978-7-5096-9636-1

Ⅰ.①数… Ⅱ.①谢…②肖…③刘… Ⅲ.①信息经济—研究 Ⅳ.①F49

中国国家版本馆 CIP 数据核字（2024）第 054524 号

组稿编辑：任爱清
责任编辑：任爱清
责任印制：黄章平
责任校对：王淑卿

出版发行：经济管理出版社
（北京市海淀区北蜂窝 8 号中雅大厦 A 座 11 层 100038）

网　　址：	www.E-mp.com.cn
电　　话：	（010）51915602
印　　刷：	唐山昊达印刷有限公司
经　　销：	新华书店
开　　本：	720mm×1000mm/16
印　　张：	22
字　　数：	441 千字
版　　次：	2024 年 5 月第 1 版　2024 年 5 月第 1 次印刷
书　　号：	ISBN 978-7-5096-9636-1
定　　价：	138.00 元

·版权所有 翻印必究·

凡购本社图书，如有印装错误，由本社发行部负责调换。

联系地址：北京市海淀区北蜂窝 8 号中雅大厦 11 层
电话：（010）68022974　邮编：100038

总序　基于中国数字经济实践经验的理论探索

如何将中国数字经济的前沿实践经验理论化，形成源头创新的数字经济理论成果，既是我们这个时代发展的需要和理论研究者的追求，也是当下数字经济理论研究突破的难点。以 2005 年以来我们对中国 28 个省份 760 多家企业实地调研和访谈近千名企业管理者的积累为基础，我们对企业信息化与数字化转型、信息化与工业化融合（以下简称"两化"融合）、数字经济和实体经济融合等数字经济创新领域研究成果进行总结归纳，形成了数字经济创新的理论探索三部曲（以下简称三部曲）：《数字经济创新模式：企业与用户互动的适应性创新》《数字经济创新极点——平台创新、竞争与就业》《数字经济创新变迁："两化"融合、数实融合与人工智能》。

首先，三部曲是基于中国数字经济前沿实践经验的理论化探索，力图对中国经验进行系统解释。我们知道，发达国家大体沿着机械化、电气化、自动化、信息化、数字化和智能化的近似串行路径发展，中国等发展中国家则在机械化、电气化和自动化尚未完成时便面临着信息化的挑战，形成信息化与工业化并行发展。在信息化与工业化并行阶段，中国企业主要通过引进、消化、吸收嵌入在企业资源计划（ERP）等管理软件中的管理思想和经验来提升管理水平，经济管理思想和模式总体处于跟跑状态。然而，随着中国信息基础设施快速完善和移动技术应用形成技术跨越，互联网、大数据和人工智能等新一代信息技术的涌现加速了中国经济数字化转型，中国数字经济实践走到了与欧美国家同一起跑线的前沿，中国经济发展和企业实践总体从利用式学习转变为探索式学习。总结和提炼中国数字经济前沿实践经验，推动本土数字经济与管理理论的前沿探索，这是三部曲的第一个愿望。例如，《数字经济创新极点——平台创新、竞争与就业》就是基于中国平台经济前沿实践经验的理论探索，提出数字经济创新空间取决于平台创新的数字经济创新极点的原创思想，并结合质性研究与量化分析进行了阐述和分析。

其次，三部曲是从经济学与管理学交叉视角围绕中国数字经济创新主题的理论化探索，力图在数字经济创新领域结合经济学理论与管理学理论进行研究。在诸多创新定义中，熊彼特建立新的生产函数及实现生产要素与生产条件新组合的创新定义，是影响力最为深远的关于创新的思想，同时也是经济学与管理学理论交叉形成新思想的典范。例如，可将生产函数或新组合分解为引入新产品或提供产品的新质量，采用新的生产方法或开辟新的供应网络，实施新的组织管理模式乃至开辟新市场等。在经济学与管理学交叉中，主流模式是经济学向管理学输出理论与方法。通过总结和提炼中国企业管理在数字经济创新领域的前沿实践，是否可能开启管理学向经济学输出思想或理论的方向呢？这是三部曲探索的第二个愿望。例如，《数字经济创新模式：企业与用户互动的适应性创新》就是数据驱动的企业用户互动创新与生产力、生产关系、生产方式交叉视角的理论探索，提出企业与用户互动的适应性创新构成数字经济创新主流模式的思想，并从产品创新、资产创新、要素配置创新、生产方式创新等维度进行阐述和分析。

最后，三部曲是从产业融合视角刻画数字经济创新演变规律的理论化探索，力图对中国经验进行阐述与说明。从经济发展来看，数字经济不是工业经济与信息经济的简单组合，而是一次经济形态的质变跃升过程。例如，企业信息化侧重对物料等运营状况的监控和改善，对市场创新或整体变革乏力，数字化通过解决信息化难以解决的市场创新或整体变革难题形成管理的质变跃升。同理，"两化"融合侧重从单一产业层面监控和改善供需协同，以平台创新为核心的数字经济和实体经济深度融合通过解决数据全流程贯通形成质变跃升。通过对中国数字经济创新演变规律的探索，推动数字经济创新理论的系统化，这是三部曲的第三个愿望。例如，《数字经济创新变迁："两化"融合、数实融合与人工智能》是在前两项理论探索的基础上，按照过去、现在与未来三个时点从"两化"融合、数实融合与人工智能三个视角，提出数字经济创新变迁的经济系统协同演化思想，借助实践参照、案例研究与计量分析相结合的混合方法进行阐述和分析。

常言道，理想很丰满，现实很骨感。我们清楚地知道，想法和努力的结果可能并不尽如人意，预期与结果可能大相径庭，但如果将时间花在思考"旷世之学"而举步不前，忽视中国数字经济实践经验的启迪，有可能辜负时代给予的机会。然而，为抓住机遇而忽视学术探索厚积薄发的知识发现规律，或许有若干成果但缺乏厚度和不成系统，同样可能辜负时代。我要感谢为尽可能避免出现这两种情况的团队成员，他们的付出和努力有必要在此提及，并致以最诚挚的谢意。诚然，三部曲依然可能存在严谨性不足的问题，如有的结论或观点可能不妥甚至存在谬误，有的证据可能难以支撑所述结论或观点等，期待得到同行和读者的宝贵意见，以待持续完善和探索。

最后，感谢国家自然科学基金委员会管理科学部及其专家、同行学者，以及近20年来接待我们调研和访谈的多位企业家和管理者对我们这项工作的肯定和支持！

谢　康

2023年8月30日于中山大学康乐园

目 录

第一章 数字经济创新极点：基础与理论 … 1

第一节 数据要素、平台与数字经济创新极点 … 1
一、数据资源与数据要素 … 2
二、平台及其基础性影响 … 5
三、平台与数字经济创新极点 … 7

第二节 数据要素即时价值与潜在价值 … 9
一、数据要素的即时价值与潜在价值 … 9
二、数据要素即时价值的实现基础 … 15
三、数据要素即时价值的实现机制 … 22

第三节 创新极点、创新模式与变迁 … 31
一、创新极点与创新模式 … 31
二、数字经济创新极点的竞争 … 36

第二章 理论框架与分析方法 … 41

第一节 理论研究框架 … 41
一、平台创新、竞争与就业三角结构 … 41
二、数字经济创新铁三角 … 45
三、平台创新与竞争研究框架 … 47
四、平台促进高质量就业研究框架 … 51

第二节 案例研究 … 60
一、平台创新与竞争的案例研究设计 … 60
二、平台促进高质量就业的案例研究设计 … 65

第三节 实证研究 … 68
一、平台创新与竞争的实证研究设计 … 68
二、平台促进高质量就业的实证研究设计 … 74

第四节 混合研究 … 84
一、案例与实证的混合研究 … 84
二、平台创新、竞争与就业的混合研究 … 85

第三章 平台创新 ……87

第一节 平台创新生态系统及相关理论 ……87
一、平台创新生态系统 ……87
二、平台创新的突破性创新本质 ……93

第二节 平台自身的创新 ……94
一、平台创新投入 ……94
二、平台创新产出 ……97
三、平台创新特征 ……99

第三节 平台促进数实融合 ……100
一、基于平台数字跳跃的数实融合跃升 ……100
二、平台促进数实融合的两类模式 ……103
三、平台促进数实融合的微观机制 ……111
四、平台促进数实融合的效果 ……120

第四节 平台促进基础研究 ……128
一、基础研究与平台创新 ……128
二、平台促进基础研究的方式 ……129
三、平台促进基础研究的效果 ……132

第五节 平台创新促进产业结构高级化 ……137
一、产业结构变迁与平台创新 ……137
二、基准回归与稳健性检验 ……140
三、机制分析 ……145

第六节 平台创新总结与讨论 ……147
一、主要研究结论 ……147
二、讨论 ……149

第四章 平台竞争 ……150

第一节 平台竞争的理论 ……150
一、平台竞争与垄断 ……150
二、平台竞争与垄断的新特征 ……154

第二节 平台的市场结构创新 ……156
一、网格市场结构案例：企业微信 ……156
二、网格市场的竞争与垄断 ……159

第三节 平台的国际化与竞争 ……168

一、TikTok 的国际化 ……………………………………………… 168
　　二、微信的国际化 ……………………………………………… 170
　　三、滴滴的国际化 ……………………………………………… 172
　　四、中国平台国际化总结 ……………………………………… 173
第四节　中美平台竞争力比较 ………………………………………… 174
　　一、发展竞争力 ………………………………………………… 174
　　二、创新竞争力 ………………………………………………… 176
　　三、平台综合竞争力 …………………………………………… 180
第五节　平台竞争总结与讨论 ………………………………………… 182

第五章　平台促进高质量就业与规模 …………………………………… 184

第一节　平台促进就业的理论 ………………………………………… 184
　　一、就业与高质量就业 ………………………………………… 184
　　二、平台与数字经济就业 ……………………………………… 186
第二节　平台内涵式创造就业的规模 ………………………………… 190
　　一、平台内涵式直接创造就业的规模测算 …………………… 190
　　二、平台内涵式间接创造就业的规模测算 …………………… 192
第三节　平台外延式带动就业的规模 ………………………………… 198
　　一、平台外延式带动就业的具体方式 ………………………… 198
　　二、平台外延式带动就业的规模测算 ………………………… 198
第四节　平台替代就业的规模估计 …………………………………… 199
第五节　平台就业规模分析 …………………………………………… 199
　　一、测算结果汇总分析 ………………………………………… 199
　　二、主要结论 …………………………………………………… 202

第六章　平台促进高质量就业的结构 …………………………………… 204

第一节　就业的产业与行业结构升级 ………………………………… 204
　　一、平台推动就业的产业结构升级 …………………………… 204
　　二、平台推动就业的行业结构升级 …………………………… 209
第二节　就业的人力资本提升 ………………………………………… 215
　　一、平台内涵式直接创造就业优化就业技能结构 …………… 215
　　二、平台内涵式间接创造就业优化就业技能结构 …………… 216
第三节　就业的区域均衡与社会公平 ………………………………… 223
　　一、平台为灵活就业提供社会选择 …………………………… 223

· 3 ·

二、平台促进就业的区域均衡 ································· 225
　　三、平台促进就业的社会公平 ································· 227
第四节　就业灵活度促进消费、就业与区域均衡 ················· 230
　　一、实证结果及分析 ··· 230
　　二、稳健性检验 ·· 232
　　三、结论与讨论 ·· 235
第五节　平台就业结构分析 ··· 237
　　一、测算结果汇总分析 ··· 237
　　二、主要结论与讨论 ··· 238

第七章　创新导向的平台治理 ··· 240

第一节　数据要素与平台治理 ··· 240
　　一、数据要素两面性与治理挑战 ······························· 240
　　二、平台治理与数字经济高质量发展 ························· 242
　　三、平台治理结构：单层与双层结构 ························· 247
第二节　平台双层治理结构 ··· 248
　　一、平台双层治理结构：中国移动支付与就业的实践参照 ··· 249
　　二、平台外部治理与内部治理 ·································· 251
　　三、技术与制度混合的平台治理 ······························· 254
第三节　平台治理的演化分析 ··· 260
　　一、以P2P网络借贷为例 ·· 260
　　二、以消费者隐私数据风险担保为例 ························· 269
第四节　平台治理总结与讨论 ··· 277

第八章　平台创新、竞争与就业政策 ································· 280

第一节　平台创新与竞争政策分析 ··································· 280
　　一、政策梳理与分析框架 ·· 280
　　二、平台创新的政策建议 ·· 282
　　三、促进平台竞争的政策建议 ·································· 285
第二节　平台高质量就业政策分析 ··································· 287
　　一、平台稳就业政策框架 ·· 287
　　二、平台稳就业的长期政策导向 ······························· 292
　　三、平台稳就业的短期优化措施 ······························· 293
第三节　平台政策总结与讨论 ··· 295

附录一　案例研究访谈提纲 ·· 298

附录二　腾讯"新基石研究员项目"获奖者名录 ····················· 300

附录三　腾讯科学探索奖部分获奖者名录 ······························ 303

附录四　部分平台经济政策汇总 ·· 305

附录五　在线教育平台开课机构调研问卷 ······························ 306

附录六　在线教育平台学员调研问卷 ····································· 308

附录七　估计数据说明 ·· 311

参考文献 ··· 312

后　记 ·· 340

第一章 数字经济创新极点：基础与理论

　　学界对于平台与数字经济创新的关系已有诸多论述，本书将平台视为数字经济创新的极点。平台数据要素观、平台边界观、平台双层治理观构成数字经济创新极点的三个主要思想。首先，平台创新改变了原有的市场竞争方式，形成有别于工业经济形态的高质量就业形态，企业与用户互动的适应性创新模式构成市场的新竞争方式，同时强化和推动平台高质量就业的发展，平台创新与竞争通过促进消费与就业进而推动数字经济创新变迁。其中，数据要素作为新生产要素发挥关键作用，[①] 平台构成数字经济中数据要素最为集聚的场所，平台创新本质上是整合技术创新、商业模式创新、制度创新的一次突破式数字创新，简称平台数据要素观。其次，企业与用户互动的适应性创新是数字经济的主流创新模式，如游戏集中体现了数字经济中企业与用户互动的适应性创新。数字经济的这种主流创新模式源于平台创新，数字经济创新的生产可能性边界有多大，创新发展程度有多快取决于平台创新，简称平台边界观。最后，本书认为，平台创新极点、创新模式与创新变迁构成平台创新生态系统的"铁三角"，三者互动及其迭代构成平台创新生态系统演进的内在方式，单纯地依靠平台自身形成内部治理难以约束损害公众利益的机会主义行为，单纯地依靠政府或社会公众的平台外部治理又会阻碍或降低平台创新动力或效率，因而平台创新生态系统需要采取内部与外部协同的双层混合治理结构，简称平台双层治理观。

　　本章主要通过阐述数据要素与平台的关系，剖析数据要素的即时价值与潜在价值实现机制，尤其是数据要素即时价值实现机制，探讨平台创新与数字经济创新的内在联系，提出数字经济创新极点的思想及分析框架，从数字经济创新极点、创新模式与创新变迁三个维度，提出数字经济创新铁三角的分析框架，以此展开对数字经济创新问题的进一步探讨。

第一节　数据要素、平台与数字经济创新极点

　　通过总结数字经济发展前沿实践，中国在全球率先从政府层面提出数据为新

---

① 2019年10月中共十九届四中全会发布的《中共中央关于坚持和完善中国特色社会主义制度推进国家治理体系和治理能力现代化若干重大问题的决定》首次将数据确认为新生产要素。2020年3月发布的《中共中央、国务院关于构建更加完善的要素市场化配置体制机制的意见》进一步明确了数据新生产要素思想。

生产要素的思想和概念，主张数据要素是数字经济区别于既有经济形态的关键生产要素。数据作为新型生产要素，不仅对传统生产方式变革具有重大影响，而且数据的基础资源作用和创新引擎作用会加快推动以创新为主要引领和支撑的数字经济的发展。[①] 在数字经济创新中，平台是数据要素集聚最集中的社会主体，构成数字经济创新极点和推动数字经济发展的关键增长极。本节主要从现有相关研究梳理与概念界定、平台与数字经济创新极点、数字经济创新极点与创新模式三方面论述平台作为数字经济创新极点的思想。

一、数据资源与数据要素

数据资源存在广义与狭义之分，且存在国家、产业和企业层面的不同含义或边界。通常地，数据资源是指具有一定规模、时间、维度、质量的，蕴含知识的最小信息单元集合，包括结构化、半结构化与非结构化大数据或普通数据（Gupta & George, 2016）。研究强调，数据资源具有报酬递增特性，对大规模、多维度的数据资源进行聚类、交叉验证时产生的商业分析，具有趋势预测、因果归纳、行动优化三方面价值潜力（Ghasemaghaei & Calic, 2019）。同时，数据资源借助数据网络效应，又会形成越来越丰富的数据资源，从而有利于企业或组织的知识吸收与行动协调。

然而，数据资源不会直接创造企业绩效，数据要素化过程是数据资源转变为生产要素的必要条件。现有研究从不同角度强调数据要素资本化与数据资本要素化对于数据发挥关键生产要素作用的价值（蔡继明等，2022），表明数据要素、数据资本、数据资产是不同角度或不同情境下表述的近似同一概念。本书不对这三个概念做严格区分，统一使用数据要素的概念，指一组能够被用于生产经济物品的指令。该定义强调作为生产要素的数据有两个基本经济特征：①本身不能被直接用于生产经济物品，但能在生产过程中发挥创造新知识或形成对于未来的预测，进而指导经济物品的生产等作用（Jones & Tonetti, 2020）；②是数字技术与劳动结合形成的产物，或是数字技术实现或应用的一种社会存在形式，存在要素化的内在过程，且数据要素化的能力不是直接按比例转化的，而是与企业经营管理禀赋和实践密切相关的（Begenau et al., 2018）。同时，数据要素配置效率指由于数据要素配置结构扭曲导致配置在低效率地区或部门的要素流向高效率地区或部门所提高的要素效率。

按照熊彼特对创新的定义，数字经济创新指建立一种新的生产函数或生产要素的重新组合。据此，可以将数字经济创新归纳为三种代表性机制：①数据作为新的投入要素或新的生产函数，通过丰富既有生产要素的来源形成自增长模式，如平台经济、零工经济等新业态经济促进高质量发展，或数字经济本身的高质量

[①] 习近平 2017 年 12 月在党的十九届中央政治局围绕实施国家大数据战略进行第二次集体学习时的讲话、2021 年 10 月在党的十九届中央政治局围绕推动我国数字经济健康发展进行第三十四次集体学习时的讲话。

发展；②数据要素与既有生产要素的重新组合形成新的资源配置效率，如数据要素与资本要素组合进而提升生产率（Belo et al., 2022）；③数据要素外部性形成外溢效应，通过创新数据要素市场形成资源的系统性再配置效率，如数字经济对相邻地区的经济高质量发展存在空间溢出效应（陈昭等，2022）。

从数据要素价值实现方式的内涵创新视角来看，数据要素在改善配置效率上形成数据要素创新、数据要素重构、数据要素创生三类内涵式创造的报酬递增机制，影响产业转型升级、消费与就业、经济绿色增长。其中，数据要素创新属于新的要素投入及比例变化进而提升全要素生产率，主要体现为数据作为新要素直接进入企业生产函数中，扩大了企业生产函数的资源投入，具有要素报酬递增的规律，构成数字经济的自增长模式；数据要素重构属于改变资源配置方式进而提高全要素生产率，体现为数据要素与劳动、资本等既有要素的新组合，在宏观层面体现为数字产业化与产业数字化过程，使既有要素边际报酬递减的拐点向后推移，构成数字经济和实体经济深度融合的增长模式；数据要素创生是基于数据网络外部性形成数字生态系统创新进而提升全要素生产率，体现为第一类机制与第二类机制叠加组合，如平台创新生态系统构成数字经济提升高质量发展的重要机制，构成数据要素市场创新模式。实证结果表明，高质量发展受到较低的经济效率和不合理经济结构约束的可能性越大，数字经济对高质量发展的促进作用越显著（葛和平和吴福象，2021）。

通过谢康等（2023）的企业案例发现进一步阐述数据要素创新、数据要素重构、数据要素创生三类内涵式创造的报酬递增机制（见图1-1）。

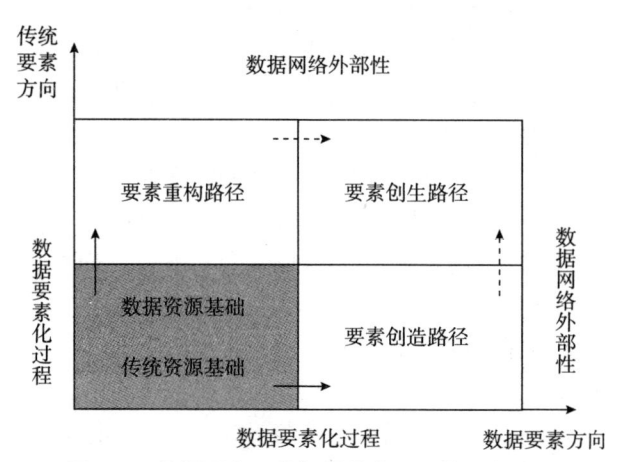

图1-1　数据要素三类报酬递增机制的形成过程

资料来源：谢康等. 数据要素驱动企业高质量数字化转型——索菲亚智能制造纵向案例研究[J]. 管理评论，2023, 35（2）：328-339.

首先，数据共享集成、数据分析、人工智能算法能力等企业新资源基础的形成，使数据要素自身具有价值创造功能而形成数字孪生场景创新或智能制造模式创新等。例如，企业提供更高效、更符合客户需求的产品和服务，基于数据要素缩短创新过程和新产品上市时间而形成价值创造。数据要素创新的报酬递增机制通过资产的重新配置使企业提升既有商业模式运营效率，形成以数据要素为核心的新生产函数而涌现出新产业、新业态和新模式。

其次，企业通过数据要素与劳动、资本、技术、管理、知识等既有生产要素结合，提高既有要素利用率、边际产出率或要素配置效率，使既有要素边际收益递减的拐点向后移动或递减下降幅度放缓，从而提高企业全要素生产率，即数据要素重构报酬递增机制通过数据要素与既有要素的新组合提高全要素生产率。

最后，随着数据要素累积的增加，数据要素在传统要素配置中桥梁型生产要素的作用越来越大，形成随累积增加而价值增大的数据网络外部性。基于数据网络外部性，数据要素构成传统要素之间的连接网络，关联企业价值链中的其他资源和要素节点，并通过网络协同效应形成数字生态系统。基于数据要素创生形成的数字生态系统类似成长品（肖静华等，2020），企业与用户互动形成自发、及时、自主响应的物理流和数据流变化，具有信息即时反馈、系统即时调整、参与者实现最大程度互补性的价值共创网络特征，即数据要素创生的报酬递增机制是基于数据要素网络的外部性，要素重构与创造发展形成数字生态系统要素创生，进而提高全要素生产率。通过对中国数字经济发展实践的回顾和总结，发现无论是创新类数据要素，还是重构类数据要素或创生类数据要素，都与平台的产生和发展密切相关，尤其是创新类和创生类数据要素。

例如，案例发现，要素创生报酬递增机制只出现在智能制造高质量发展阶段，原因在于要素创生依赖于数据要素累积，只有当数字生态系统演化为近似成长品那样，具有数据要素驱动的即时与自主响应特征，才会涌现出要素创生的报酬递增机制。然而，随着平台经济与实体经济的深度融合，重构数据要素也越来越依赖于平台。平台经济不仅对传统生产方式变革形成重大影响，而且在数据要素发挥基础资源作用和创新引擎作用中构成社会经济的关键环节，平台创新与数字经济创新引领密切相关。

现有研究发现，数据要素通常具有正面与负面影响并存的特征，我们称为数据要素两面性。例如，数据要素的快速积累会形成报酬递增，但长期来看回报率可能是递减的，同时具有报酬递增与递减的不同变动方向特征，在企业产品创新中同时具有收益递增或收益递减两种影响（王超贤等，2022）。又如，数字技术应用对经济绿色增长同时具有抑制效应与增长效应，前者表现为数字化提高能源使用效率和优化产业结构降低能源强度，后者主要表现为数字技术生产、使用、处置直接增加的能耗和数字技术赋能经济发展间接引发的能源需求两方面

（Lange，2020）。同时，中国数字经济与经济绿色增长之间或呈倒"U"形关系，或呈边际递增的非线性和"U"形关系（樊轶侠和徐昊，2021；Han et al.，2016）。再如，数据要素的自动化会导致部分行业的比重上升，部分行业比重下降，构成对产业结构变动的双重影响，或者数据要素对就业的替代效应、创造效应与补偿效应并存。此外，人工智能在促进生产过程中资本要素的份额提高、资本报酬增加的同时，既可能增加工作岗位或提升劳动自主性，也可能加剧社会收入不平等，形成社会收入不平等的"马太效应"（DeCanio，2016）。

数据要素的两面性与数据要素价值依情境变化而变化的特征紧密相关。Hagiue and Wright（2020）、Iansiti（2021）强调，数据是否构成企业竞争优势依赖于情境，如网络视频、在线广告等数据，是否能产生商业价值高度依赖于能否精准匹配用户在特定时空下的需求。王超贤等（2022）基于跨学科视角分析发现，数据要素报酬性质是状态依赖的，在不同领域、不同技术和不同制度条件下，数据的报酬性质既可能递增，也可能递减或不变，需具体情境具体分析。部分研究也认为，数据价值不一定要体现为直接的货币价值，也可以是提升产品和服务质量、创造社会效益等"非货币交易"的综合价值（Benlian et al.，2018），这表明数据要素既表现为货币交易价值，也表现为非货币交易价值，且与所处情景密切相关。

时间、空间和行动者构成了情景的三个重要维度（王超贤等，2022）。从时空维度来看，数据价值具有依时空条件而变的"转瞬即逝"特征，如用户产生的实时数据反映特定情境下的个性化需求（Kopalle et al.，2020），如果不能及时获取和分析这些数据，并对需求进行即时反馈，那么其价值会"转瞬即逝"，难以被转化为商业价值。因此，认识和理解数据要素价值实现的基础和机制，对于企业理解具有时效性和场景化的用户需求、[①] 提高创新绩效至关重要。现有文献侧重研究数据要素的潜在价值，如通过数据挖掘与分析洞察用户决策行为等（Günther et al.，2017；Grover et al.，2018），对数据要素在严格时空条件下产生的即时价值研究匮乏，相关实现基础和机制尚属于理论盲点。

总之，数据要素两面性特征表明，在数据要素与数字经济治理中需要统筹考虑数据要素两面性带来的正与负的结构性影响，采取动态自我修正的权衡方式来推动平台经济的创新发展。

二、平台及其基础性影响

平台研究的开创性工作大致始于2000年前后（Rochet & Tirole，2003；Cail-

[①] 在管理学领域，Kenny 和 Marshall（2000）率先提出场景的定义，指用户生活中的特定情境，以及在这种情境下产生的需求或情感因素。通常，情境（Context）、情景或场景（Scene）在英文语境中有区别，但为表述通畅，本书遵循王超贤等（2022）的表述习惯不对这三个概念做严格区分。

laud & Jullien，2003；Armstrong，2004），主要探讨平台的外部性和多重行为策略，如研究平台一类用户的数量如何影响另一类用户价值的平台成员外部性或间接网络外部性，平台价值与使用该平台消费者的交易尤其与用户对该产品使用数量相关的平台用途外部性或直接网络外部性等。或者，探究市场参与者在存在多功能且可替代或互相间不关联的平台条件下采取与多平台发生关联行为的多重行为策略。目前，学术界对平台（Platform）有不同定义，如认为平台是一种现实或虚拟空间，该空间可以导致或促成双方或多方客户之间的交易（徐晋和张祥建，2006）；或认为平台指买卖双方基于彼此需求进行产品、服务、信息互换等经济活动的场所（龚雪和荆林波，2022）。

为简单化，本书将平台定义为拥有众多买家和卖家的具有双边市场功能的数据要素高度聚集与交易的场所。因此，平台天然具有一边的用户效用受另一边用户规模影响的交叉网络外部效应（cross network externalities）特征。基于平台形成的平台市场有三个主要特征：①交叉补贴，即平台中一方补贴另一方，如卖家补贴买家或相反；②生产者与消费者界限模糊，即生产即消费或消费即生产，如大众点评中的用户可能同时是信息的消费者与生产者；③竞争与治理相互激励与约束，即平台市场是社会大市场的缩影，平台主既有市场创新的"敲钟人"角色又承担市场治理的"守夜人"角色，如游戏平台需要动态平衡游戏参与者的进入激励与退出约束。其中，平台主要通过客户撮合、利益平衡、规模化和流动性来促进市场增长。客户撮合是指平台通过投资、定价策略等努力召集买卖双方，如通过免费或补贴方式首先获取市场一方的大量客户，形成对另一方参与平台的激励和约束条件。在此基础上，平台需要制定和维持最优的收费策略或价格结构来推动买卖市场的快速增长，即市场利益平衡规则。借助该规则，实现平台双边市场的快速规模化扩张和流动性的提升。

平台依托自身特性对经济发展产生了重要影响，有效推动了经济社会发展。总体上，平台对社会经济发展发挥的基础性影响主要体现在降低交易成本、降低信息不对称两个方面。

（1）平台能够显著降低交易成本，促进经济高质量发展。在数字经济环境下，消费者的异质性需求使市场交易费用急剧上升，而数字技术的出现降低了交易成本（肖旭和戚聿东，2021），从而使企业边界的延伸成为可能。因而若没有开放性的数字技术，大多数平台型企业将不复存在（Sussan & Acs，2017）。而刘方龙等（2023）则表明，平台依赖数字技术能够规模化地匹配供需方的交易需求，从而降低供需双方的交易成本。范合君等（2022）的研究也表明，"互联网+政务服务平台"互动治理通过降低交易成本来优化营商环境，促进经济高质量发展。

（2）平台能够降低信息不对称，促进经济高质量发展。平台企业在商业交易中承担着信息服务的功能，它是重要的信息载体，能够有效地降低信息不对称。赵岳和谭之博（2012）表明，电子商务平台在增大企业违约成本、采集企业信息、实现风险共担等方面的优势可以降低中小企业和银行间的信息不对称，帮助中小企业融资。刘奕和夏杰长（2021）则表明，平台通过促进服务供需匹配扩大了贸易范围，有利于推动经济高质量发展。

总的来说，平台作为依托于数字技术建立的双边市场，其自身发展能够显著降低交易成本、降低信息不对称。正是由于平台的这些特性，平台的发展也大力推动了经济的高质量发展，如平台的发展促进了生产效率的提升（黄群慧等，2019）、平台的发展助力脱贫（邢小强等，2021）。总体来看，平台构成数字经济中数据要素最为聚集的场所，因而平台创新不仅构成数字经济创新中最活跃的、最具影响力的社会网络节点，而且构成数字经济创新的极点。

三、平台与数字经济创新极点

如前所述，平台市场具有交叉补贴、生产者与消费者界限模糊、竞争与治理相互激励与约束三个主要特征，这三个主要特征构成其成为数字经济创新极点的基础。这里的极点概念，源自数学中极坐标系中角坐标顶点的含义，是指数字经济创新空间中不能再超过的界限。数字经济创新极点的概念，表明平台的发展刻画了数字经济创新的可能空间。或者说，数字经济有多大的创新空间或可能边界取决于平台创新的发展程度或想象力，如元宇宙的创新空间或可能边界取决于平台创新发展或参与者的集体想象力。通俗地说，平台创新者"躺着赚钱"的美好愿望和想象力决定了数字经济创新的竞争力，如果不允许平台创新者创造"躺着赚钱"的机会，最终逐步会约束数字经济创新的可能空间。

下面从四个方面展开讨论，以进一步阐述平台构成数字经济创新极点的思想：

（1）为什么平台构成数字经济创新极点？数字技术应用的高初始成本与边际成本近似为零的特征孕育出平台，企业与用户互动的适应性创新构成数字经济主流创新模式，没有平台作为支撑或社会数字技术基础，就没有企业与用户互动的适应性创新，平台的数据化客户撮合使其成为数字经济活动中数据要素最为聚集的场所，数据要素构成数字经济的关键生产要素，数据要素聚集度最高的平台自然构成数字经济创新空间变动的关键要素，直接决定着数字经济创新的可能边界或广度。同时，平台的数据化利益平衡机制使其成为数据要素创新使用的核心集散地或交易场所，决定着数据要素以何种方式与既有要素组合重构资源配置效率，进而直接决定着数字经济创新的内涵范围或深度。此外，平台的交叉网络外部性使其成为数据要素网络外部性依赖的最关键场所，决定着数据要素以何种难以预见的生成方式影响数字经济创新的广度和深度，进而直接决定着数字经济创新的外延和内涵。

（2）为什么互联网、大数据、人工智能等数字技术进步不构成数字经济创新极点？这要从技术的本质谈起。按照布莱恩·阿瑟的说法，技术是实现人的目的的一种手段，是实践和元器件的集成，是可供某种文化利用的装置和工程实践的集合三层含义。技术具有组合与递归（recursive）两个基本特征，组合表明技术进行功能性分组以改变内部组件结构进行适应或通过新组合产生新结构，因而模块化构成技术进步方向，新技术通常是以往技术的组合；递归表明技术包含技术，直到最基础的水平，因而递归性组合构成产生新技术的主导方向。因此，布莱恩·阿瑟认为，经济是技术的表达，是从捕捉现象及之后的技术组合过程中发展起来的。[①] 由此可以认为，数字技术进步是数字经济创新的必要条件，但只有与经济改革和管理变革相结合才会成为推动数字经济创新的主导力量，平台是数字技术进步与变革的市场先导者，因而平台创新而非技术进步构成数字经济创新极点。

（3）为什么数字技术或数字经济和实体经济深度融合不构成数字经济创新极点？基于数字产业化与产业数字化的数实融合核心是"两化"融合，"两化"融合的本质是既定收益下信息系统与工业系统趋同成本最小化（谢康等，2009），着重于数据要素重构既有要素的配置效率，虽然构成数字经济的重要组成，但非数据要素收益递增机制的全部内涵，平台创新不仅包含数据要素收益递增机制的全部内涵，而且直接决定数据要素收益递增机制价值实现的可能边界。同时，相比于平台创新对数实融合的全面推动影响而言，依靠企业资源计划（ERP）等传统信息技术应用实现行业或跨行业数字创新，或通过评选示范企业或行业最佳实践等方式，不仅难度高而且扩散速度慢，数字经济创新整体效率相对低，因而平台创新而非数实融合构成数字经济创新极点。

（4）数字经济创新极点与平台创新生态系统有何异同或联系？现有研究从产品开发平台、双边交易平台和战略创新平台三个视角，侧重探讨平台组织、平台生态和平台制度环境等内容（王节祥和蔡宁，2018）。其中，部分文献从创新生态系统视角[②]来阐述平台生态特征及其演变，强调共生进化构成创新生态系统的核心特征（Moore，1993），也认为替代、共同进化、组织惯性与学习刺激、异

[①] 布莱恩·阿瑟. 技术的本质：技术是什么，它是如何进化的[M]. 曹东溟，王健，译. 杭州：浙江人民出版社，2018：前言和第2章.

[②] 通常认为，Lundvall（1985）提出的创新系统概念和Moore（1993）提出的商业生态系统概念是最早从生态仿生学角度解释创新体系价值实现的。

质协同构成创新生态的四个基本规则（Fukuda & Watanabe, 2008）。从创新生态系统视角看待平台创新体系或结构，也是目前中国平台企业实践中着力推动的概念或形式，如举办各类生态大会等。然而，无论平台创新生态系统如何发展或演化，从数字经济创新极点视角来看均属于一种"常态"，平台的客户撮合、利益平衡、规模化和流动性构成平台创新生态系统的底座或"基础设施"。没有这些"基础设施"，共生进化、替代、异质协同等特征无从谈起，创新生态系统是建构在这些底座之上的不同常规形态，因而创新生态系统的集合没有涵盖数字经济创新的全部可能空间。反过来说，数字经济创新极点不仅包含消费类和生产类平台创新生态系统这类常态，而且包含所有非常态的平台创新活动，是平台创新及在此基础上的数实融合创新中形成的不能再超过的界限。因此，平台创新构成数字经济创新极点。

第二节　数据要素即时价值与潜在价值

概括地说，平台之所以构成数字经济创新极点，关键在于其构成数字经济中数据要素最为聚焦、最为活跃变化的场所。数据要素具有即时价值和潜在价值，数据要素的即时价值构成区别于以往信息资源或一般数据资源的关键特征。

一、数据要素的即时价值与潜在价值

（一）企业与用户互动视角的数据要素即时价值与潜在价值

可从企业与用户互动视角展开对数据要素即时价值实现基础和机制的探讨。主要理由有两个：①用户已从工业经济时代的配角转变为数字经济的主角，用户行为及其大数据构成了数据要素生成和积累的重要基础（Chesbrough & Appleyard, 2007）。企业产品设计与标准、生产及内容、推广和销售、体验与评价均以用户为中心（李海舰等，2014）。通过与用户互动，企业能够建立起应对竞争对手的资源基础和战略优势（Acharya et al., 2018；Sivarajah et al., 2020）。因此，企业与用户互动是数字经济重要的价值实现方式（Von Hippel & Kaulartz, 2021）。从企业与用户互动视角出发，可以更加具体地刻画数据要素即时价值实现基础和机制。②企业与用户互动形成的大数据资源未必能够要素化，因为数据要素化的能力不是直接按比例转化的，而是与企业经营管理禀赋和实践密切相关，存在于数据资源的内生过程（Begenau et al., 2018），这意味着企业与用户互动过程与数据资源的内生过程紧密相连。如前所述，企业与用户互动指互联网环境下以数字痕迹体现的企业与用户互动行为或过程。因此，从企业与用户互动视角可以更好地从实现机制的形成起点上考察研究问题，有利于揭示数据要素即时价值的特征和规律。

基于企业与用户互动视角，大数据合作资产理论为理解企业和用户两方均能

获得数据要素即时价值提供了重要理论指引,是本节研究的理论基础。主要理由有三个:

首先,大数据合作资产理论强调,企业与用户互动构成大数据合作资产赖以存在的基础和条件（Xie et al.,2016）。如果缺乏企业与用户互动行为,那么就不存在大数据合作资产,但数据资产仍可能存在。数据资产的研究认为,如果数据在未来生产中能被重复使用,那么可将其视为资产。由于数据具有完整的价值生产过程,应被视为生产资产（Rassier et al.,2019）。许宪春等（2022）认为,数据资产指拥有应用场景,且在生产过程中被反复或连续使用一年以上的数据。与相对静态的数据资产概念不同,大数据合作资产理论从企业与用户互动的视角出发,认为大数据合作资产体现为企业与用户在数字化服务交互中能够成为另一方所拥有和利用并创造当前或未来经济收益的数字化资产。该资产由企业和用户共同创造并共同享有（Xie et al.,2016）。因此,以大数据合作资产理论为学理基础,有利于本节从企业与用户双边动态角度分析数据要素即时价值的具体特征。

其次,大数据合作资产理论强调,大数据合作资产具有高度情境依赖性（Xie et al.,2016）。其中,情景是指大数据产生时与之关联的时空条件、行动者和行动者之间的互动。如果脱离这些情景条件,就难以正确理解大数据合作资产的价值。Ciampi等（2021）和Bresciani等（2021）将大数据合作资产作为理论框架或依据,开展了特定情境下与商业模式和合作创新相关的数据价值研究。借鉴国际同行引用大数据合作资产理论的学术规范,将大数据合作资产理论作为数据要素即时价值研究的理论基础,可以更好地提炼数据要素即时价值的内涵与特征,由此展开对研究主题的探讨。

最后,大数据合作资产理论是大数据、服务主导逻辑与资产价值三个领域交叉的原创理论（齐佳音和徐乐沁,2021）,以此为理论基础可为研究主题的理论创新性提供直接的学理支撑。张新民和金瑛（2022）引用Xie等（2016）及相关研究认为,大数据合作资产的"合作"特征使其具有产权模糊性,现阶段难以将其纳入现行会计准则下资产负债表的"资产"端。这表明大数据合作资产理论强调的企业与用户互动的"合作"特征已被国内学者重视,并出现相应的实证研究（韦立坚等,2021）。借助大数据合作资产理论可剖析企业用户互动的"合作"特征与即时价值特征的内在关系,更好地探讨时间等情境因素如何影响数据要素价值基础。

由此,本节从企业与用户互动视角,以大数据合作资产理论为基础,通过"概念界定—实现基础—实现机制—提出模型"的递进逻辑,辅以当代前沿实践案例为参照,贯穿全文进行分析,形成"理论归纳与对话—理论解释与实践证据"的陈述逻辑,提出和论述数据要素即时价值实现的理论模型,主要形成以下理论贡献：

（1）区别于现有对数据要素虚拟性、非竞争性、非排他性（或部分排他性）、规模报酬递增和正外部性等特征的研究（王超贤等，2022；蔡继明等，2022），本节从企业与用户互动视角探讨数据要素即时价值，明确界定了数据要素即时价值的概念与内涵，归纳提炼出数据要素即时价值时空短暂性、情境依赖性和专享型收益双边性特征，形成时间维度的数据要素价值理论研究的推进。这项研究尝试为数据要素为何具有非竞争性、非排他性、规模报酬递增和正外部性等特征提供了时间价值视角的解释或启示。

（2）区别于现有从大数据分析、用户画像、数字化创新角度探讨数据要素潜在价值如何实现的研究（Bandara & Giragama，2017；Grover et al.，2018），本节聚焦互动情境中数据要素的即时价值实现问题，首先提炼出行动者网络、数字基础设施、制度建构构成数据要素即时价值的三个实现基础，由此刻画了即时价值实现的边界条件；其次从企业主导的互动情境与用户主导的互动情境分别探讨实现数据要素即时价值的差异化机制，由此揭示了数据要素即时价值的两条实现路径。通过上述两点，提出企业与用户互动视角的数据要素即时价值实现理论模型，形成数据要素时间价值的基础理论创新，为直播电商、场景化创新、快时尚商业模式等中国企业前沿实践提供了数据要素即时价值视角的理论解释。

因此，相对于数据要素的潜在价值而言，数据要素的即时价值是其区别于工业经济数据资源价值实现的最关键特征。下面拟重点阐述数据要素的即时价值，包括即时价值的概念界定与特征、即时价值的实现基础、即时价值的实现机制的理论模型。

（二）数据要素即时价值的界定与特征

数据从可能生产要素转变为现实生产要素的要素化过程，必须与技术等既有生产要素相结合（史丹和孙光林，2022；谢康等，2020）。因此，数据要素的时间价值必然嵌入数据资源与技术等既有要素相结合的内涵。Kopalle等（2020）提出数据要素即时价值与潜在价值的二分框架。

（1）即时价值（transient value）。用户在用信息（in-use information）反映了用户在特定情境下产生的行为或需求，它的价值一般非常短暂。例如，用户是一个独自在夜间乘车的女性，或是一个前往机场或酒店的乘客，或是一个前往餐馆用餐的人。由于这种实时信息的价值很快就会消失，因此谨慎的做法是立即分析并使用这些信息，或与其他能够为用户解决问题的企业共享这些信息。换言之，企业如果不实时利用或分享用户在用信息，就会失去其价值（Kopalle et al.，2020）。类似地，Zhou等（2018）认为，企业能够借助大数据分析用户对竞争对手同级产品的在线评论以快速发现并响应需求；掌握这种时效性能使企业快速利用大众媒体吸引用户,产生直接收益(Lim et al.,2020)。由于用户注意力稀缺,以及任何用户对便利性和及时性都有着共性需求,因此,精准提供高质服务越来越重要(De et al.,2018)。

(2)潜在价值(potential value)。企业可以通过积累、存储和分析由企业与用户互动形成的数字痕迹(digital traces),产生由最初的创新者或消费者没有预料到的创新,这种创新为这些数字产品和服务增加了新的层次。伴随数字经济的飞速发展,信息资源以更多元化的方式传递给用户,导致用户对于产品需求呈现出个性、多样和易变的特征。而传统供给模式难以快速匹配用户需求。因此,企业只有通过有效挖掘用户数字痕迹探寻新产品或服务创新、加速代际更迭,才有可能与用户需求实现高度匹配。已有学者提出,企业通过分析积累的长期用户数据,预测需求变化,描绘用户习惯,能够高效提升用户转化率(Lee & Lee,2020)。此外,研究指出,分析不同类型的用户数字痕迹能够形成不同的潜在价值,如分析以视频、博客和社交媒体数据等各种格式显示的用户生成数据,能提升产品与用户需求的匹配度(Maklan et al.,2015);分析和利用交易数据可以增强业务运营,优化新产品开发决策(Bradlow et al.,2017)。

因此,对比数据要素即时价值与潜在价值,前者强调用户的部分信息反映了用户在特定情境下产生的行为或需求,价值主张的表达或存在一般非常短暂,企业要么实时利用或分享用户即时信息,要么数据就会失去其价值。后者强调通过积累、存储和分析由企业与用户互动形成的数字痕迹,产生由最初的创新者或用户没有预料到的创新,这些创新为数字产品和服务增加了新的价值内涵。

然而,现有研究并未界定数据要素即时价值的概念,本节根据Kopalle等(2020)提出的分析框架及相关研究,将数据要素的即时价值定义为:数据通过与既有要素结合被用以满足严格时空条件下存在的行动者(如企业或用户)需求时,行动者所获得的收益。由于严格时空条件下的约束,数据要素即时价值的表现形式和特征自然会依情境或条件而变化。本节将现有研究对数据要素即时价值与潜在价值特征的相关观点提炼、归纳整理为表1-1进行比较。

表1-1 数据要素即时价值与潜在价值的特征比较

比较维度	即时价值	潜在价值
数据类型	情景中产生的实时数据 如用户实时相关数据。企业能够利用数字技术了解用户实时的偏好、位置甚至情绪状态等数据来预测服务需求(Lee & Lee,2020)	事后积累的历史数据 如用户多维多源积累数据。企业利用大数据分析技术,从社交网络、维基社区等获取用户生成的高度非结构化数据,从而发掘用户需求(Günther et al.,2017)

续表

比较维度		即时价值	潜在价值
价值特征		时空短暂性 如企业能够快速利用大众媒体吸引用户，产生实时收益，这种收益一旦不能实时获取，就会失去（Rathi and Betala, 2018）	识别隐蔽性 如企业需要甄别和清洗用户大数据，才能挖掘出用户真实需求或企业产品研发创新方向（Wamba et al., 2017）
		情境依赖性 当脱离该时空情境或条件，用户便不再存在这类需求，或需求变得不再那么重要和迫切，因此，满足这些需求的策略和行动也相应地不再产生价值（Tong et al., 2020）	非情境依赖性 历史数据的价值实现并不具有较强的时空条件，而更侧重问题导向，如利用数据获知市场机遇、新产品功能或改进现有产品、维持和提升竞争优势（Grover et al., 2018）
		专享型收益双边性 借助对情境中实时数据的敏捷分析，处于当前时空条件下的特定企业与用户均能获得来自自身数据或数字能力所带来的即时价值（Cui et al., 2021）	分享型收益双边性 由于数据分析的复杂性和长期性，当时产生或分析这些数据的主体（企业或用户）不一定能获得或享受数据产生的价值。但未来，其他企业或用户能分享到来自这些历史数据分析所产生的价值，如获得针对重要问题或需求的解决方案（Günther et al., 2017）
目标差异		高效满足当前用户需求 如企业通过识别当前用户需求，选择合适的已有产品并决定销售时间、价格和沟通渠道以实现其需求（Faizi et al., 2018）	挖掘用户潜在需求或寻求新的解决方案 如企业通过有效挖掘用户数字痕迹能够探寻新产品或服务创新、加速代际更迭（Bandara & Giragama, 2017）

资料来源：谢康等．数据要素如何产生即时价值：企业与用户互动视角[J]．中国工业经济，2023(11)．

从数据类型对比来看，情境中产生的实时数据与事后积累的历史数据构成实现即时价值与潜在价值的数据类型差异，这些差异决定了数据要素时间价值特征。其中，实时数据的价值具有短暂性，一旦不能及时获取和利用，其价值"转瞬即逝"；历史数据的价值具有隐蔽性，需要深度整合与分析，其价值"深藏不露"，表明两者高度依赖于数字技术提供的创新场景或条件，且这两种迥异的价值特征对企业数据管理能力提出差异化的要求。

根据表1-1，可以认为，基于情景中产生的实时数据类型特征，使数据要素即时价值具有时空短暂性、情境依赖性和专享型收益双边性三个特征。

（1）数据要素即时价值具有时空短暂性特征。比如交通流动行为大数据包含时间、空间、行动者、事件等紧密相关的情境因素（贾建民等，2020），使数据要素即时价值产生时空短暂性特征。表1-1的比较表明，事后积累的历史数据

· 13 ·

的价值通常是随着时间的推移而建立的，往往需要较长的数据价值转化周期。相较而言，实时数据或现场数据，如果不能被企业立即有效利用，那么就会错过满足用户当前需求和实现快速交易变现的机会（Kopalle et al.，2020），缩小企业的获利空间，这构成数据要素即时价值的管理难题。

（2）数据要素即时价值具有情境依赖性特征。由于用户当前需求依赖于特定的时空条件，这意味着当脱离该时空情境或条件，用户便不再存在这类需求，或需求变得不再那么重要和迫切，因此，满足这些需求的策略和行动也相应地不再产生价值。此时，数据要素边际收益可能不是递减而可能是瞬间消失的。这种特征导致在一个产业、一个场景中，判定数据要素的报酬性质往往与该产业或场景中的企业竞争战略，甚至与产业政策和数据竞争监管规则等情景条件密切相关（王超贤等，2022）。这种高度情境依赖性可以解释为什么企业在营销实践中越来越注重利用数据理解用户即时需求的现象（Tong et al.，2020）。从企业角度来看，获取即时价值严格依赖并受制于其所处时空窗口的情境条件，如地理位置定价、竞争定价、移动价格弹性等商业情境（Dubé et al.，2017；Kübler et al.，2018）。从用户角度来看，获取即时价值依赖于用户需求的动态、复杂和模糊情境条件，如在换取店铺限时折扣等时间窗口型奖励情境下，用户似乎不再那么关心其日常重视的个人隐私（Cui et al.，2021），这既反映出特定时空下用户需求具有明显的短暂性特征，也体现出情境依赖性。

（3）数据要素即时价值具有专享型收益双边性特征。遵循大数据合作资产分析框架（Xie et al.，2016），数据要素即时价值具有收益双边性，且与潜在价值所具有的分享型收益双边性不同（Günther et al.，2017），是一种由特定时空条件产生的、依赖具体情境的专享型收益双边性，即借助对情境中实时数据的敏捷分析，处于当前时空条件下的特定企业与用户均能获得来自自身数据或数字能力所带来的即时价值（Cui et al.，2021）。从用户收益来看，数据要素即时价值体现为用户借助数据解决当前所需、获得即时反馈和减缓突发损失三个方面。以滴滴公司服务乘客为例，对于深夜乘车的女性，向滴滴公司分享她路途中的乘车信息可以有效地确保她的深夜乘车安全；该乘客可以随时看到行进中的乘车线路，并与家人或朋友分享目前行程；如果司机有偏离路线的迹象，滴滴公司会马上通过滴滴App提醒或立刻致电询问乘客是否存在危险，由此减缓或避免潜在危险。从企业收益来看，数据要素即时价值体现为企业借助数据促进新增交易、获得增量收益和规避突发风险三个方面。仍以滴滴公司为例，通过获知用户正在App上浏览不同网约车服务，滴滴公司可以根据乘客当前键入的乘车需求提供个性化服务以促进新增交易；滴滴平台可以通过实时获取不同时段乘客乘车请求和司机数量，进行弹性定价，在高峰时段向乘客收取较高费用获得增量收益（Tong et al.，2020）；此外，滴滴也在推行车内录像服务，这避免了部分乘客对司机的无理投诉，规避了企业可能遇到的潜在风险。

数据要素即时价值的时空短暂性、情境依赖性和专享型收益双边性三个特征之间相互联系和相互影响，即时价值的时空短暂性构成情境依赖性的前提条件，即时价值的情境依赖性是时空短暂性的社会化延伸，两者相互依存和影响，影响即时价值的专享型收益双边性。虽然数据要素的时空短暂性、情境依赖性和专享型收益双边性三个概念在不同文献中均有探讨或提及，如贾建民等（2020）提出的大数据时空观、王超贤等（2022）研究的数据要素报酬机制、Tong 等（2020）强调的企业营销实践中数据价值情境依赖特征及 Xie 等（2016）强调的双边收益性，但这些研究均分散在不同主题或领域中，并未从时间价值角度具体论述数据要素的即时价值特征。

基于上述特征发现，数据要素即时价值要解决的问题与数据要素潜在价值不同，构成目标差异（见表 1-1）：企业实现数据要素的即时价值主要是为了高效地满足当前用户需求，产生优质用户体验或促进即时交易转化等时效性目标；相较而言，企业实现数据要素的潜在价值，主要是为了挖掘用户潜在需求或寻求新解决方案，将数据要素与企业长期战略或竞争优势有机结合（Bandara & Giragama，2017）。

总体而言，本节界定了数据要素即时价值的概念，通过阐述其内涵，明确了数据要素即时价值与潜在价值的主要区别，使 Kopalle 等（2020）提出的二分框架具体化，为数据要素时间价值研究提供了学理基础，也为学术界关注的数据要素价值情境依赖性（Hagiu & Wright，2020；Iansiti，2021）、非货币交易价值表现（Benlian et al.，2018）及数据要素报酬性质的状态依赖性（王超贤等，2022）提供了进一步的理论解释。

二、数据要素即时价值的实现基础

大数据合作资产理论强调，企业与用户作为服务生态系统中的两类主要行动者，通过双方互动产生和利用彼此的大数据资源，实现价值共创（Lusch & Nambisan，2015；Xie et al.，2016）。在共创价值过程中，行动者网络、数字基础设施、制度建构构成数据要素即时价值的实现基础。这三个基础分别回答三个关键问题：①行动者在什么特征的网络中才能够利用数据要素实现即时价值？②哪些关键的数字基础设施能够支持行动者利用数据要素实现即时价值？③需要构建什么特征的制度保证数据要素即时价值的实现？具体论证和实例分析如下：

（一）行动者网络

数字生态系统是由用户、平台和众多不同的服务提供商或应用程序提供商组成的复杂行动者网络，如滴滴、美团、携程以及航旅纵横等企业及其合作伙伴网络。前文提到，实现即时价值需要将数据及时共享给能够为用户带来利益的相关行动者，即对于获得用户实时数据的企业而言，要么实时分享这些反映用户当前需求的数据，要么失去它的价值（Kopalle et al.，2020）。本书提出，能够实现数据要素即时价值的行动者网络具备以下三个条件：

（1）该网络中存在异质且松散耦合的行动者，为数据要素即时价值的时空短暂性特征提供实现基础。如果一个网络拥有许多在知识、能力、资源等重要方面存在差异性的服务提供商（异质的），且它们可以自由加入和退出网络（松散耦合的）（Yoo et al.，2010），那么意味着这些行动者间能够基于数据的协作或交换，满足用户在特定时间内的个性化需求。其中，平台类企业充当了提供不同服务的品牌企业间的信息枢纽，负责平衡各类行动者之间由数据交互产生的利益或冲突。相比而言，潜在价值重在寻求独特的竞争优势（Lehrer et al.，2018），体现出行动者独立或垂直整合特征，且个体行动者需要依靠自有资源持续收集和分析用户数据痕迹（Newell & Marabelli，2015）。因此，数据要素即时价值的实现基础依赖于行动者网络的异质性和松散耦合，而非潜在价值依赖的独立或垂直整合特征。

（2）该网络中的行动者需要具备结构的完整性，为数据要素即时价值的情境依赖性特征提供实现基础。现有研究指出，模块化和数字连接增强了行动者所处网络的结构完整性，使网络、网络内的组织、组织内部都以更敏捷的方式感知和应对变化（Yoo et al.，2012）。要实现数据要素即时价值，就要求几乎在生产数据的同时获取和分析数据，并且将匹配的服务方案快速交付给用户，因而要求网络内的不同行动者必须通过一定方式紧密地联系在一起，通过结构完整性获得速度优势来满足特定时空条件下的用户需求。因此，数据要素即时价值的实现以行动者网络的结构完整性为基础。对于潜在价值，行动者往往需要长期投入，以主导创新的方式独立分析并利用稀缺的、难以分享的数据资源，并不依赖强调协同和速度的网络结构完整性（Grover et al.，2018；Oesterreich et al.，2022）。

（3）该网络需要建立在数字化架构基础上（Henfridsson et al.，2014），为数据要素即时价值的收益双边性特征提供实现基础。其中，分层模块化数字化架构（Yoo et al.，2010）保证了企业与用户所有的决策和行动、产品和服务、原因和结果等都能以数据形式表达，为企业与用户提供了收益的稳定性保障。因此，数据要素即时价值的实现以分层模块化数字化架构为基础。这是数字技术区别于以往信息技术架构的一个重要特征，因而，数据要素即时价值极其依赖于数字化架构的创新基础。相反，潜在价值的实现依赖于数据痕迹的融合洞察，这意味着需要独立行动者（主要是企业）基于整体数据做出产品或服务调整。因此，在以往信息化时代数据资源也具有潜在价值，但难以形成即时价值。只有在数字化时代，依托分层模块化架构的数据要素才有可能形成即时价值。

以 SHEIN 为例，SHEIN 基于与用户的数字化即时连接和互动，首创实时时尚（Real-time Fashion）商业模式，每周上新约 1.4 万款，Zara 同比每年上新 1.2 万款，SHEIN 在产品研发效率上与 Zara 等传统快时尚公司产生代际差距。这种差距主要来自 SHEIN 高效获取、分析和快速利用用户数据的能力。从 SHEIN 实现数据要素即时价值的行动者网络来看，SHEIN 的行动者网络由供应端和用户端两部分构成。首先，SHEIN 拥有由大量小型供应商组成的供应网络，与约 300 家童装、节庆服装、特性套头衫等制造企业、材料供应商、销售渠道商、物流供应商等保持长期合作，同时与大量小微供应商保持灵活合作，在供应端形成异质且松散耦合的行动者网络。其次，对供应商网络保持高效连接，要求所有供应商以接口方式连入 SHEIN 供应链管理信息系统进行即时数据交互，同时还要求供应商生产地点位于距离 SHEIN 总部采购中心不超过 5 小时车程的地方等，使供应链能对市场变化产生协调一致的反应，体现出网络结构的完整性。在用户端，SHEIN 与大量社群影响者合作，布局 Instagram、TikTok 和 Facebook 等全球主流社交媒体平台，构建起庞大的社群影响者合作网络。SHEIN 的行动者网络也高度建立在数字化架构基础上，既体现在 SHEIN 借助了服装产品在线设计和虚拟上线，使产品在功能和形式上分离，也体现在 SHEIN 提供了电脑端、移动端和供应端等不同应用程序，使数字内容与媒介分离。这种架构使 SHEIN 能够根据用户需求随时调整，快速满足动态变化的个性化需求。基于这种行动者网络，SHEIN 利用数据与其他既有生产要素相结合，精准满足不同地区、不同细分市场的用户个性化需求，产品售罄率保持在 98%。根据笔者 2000 年以来对服装行业的调查，在 SHEIN 出现之前，Zara 和 H&M 长期保持全球服装行业约 70% 的最高等级的售罄率。近 10 年来，中国传统服装品牌企业的售罄率通常超过 30% 就能盈利。因此，服装品牌企业出现大量库存既属于行业常态又属于行业痼疾。SHEIN 的实时时尚商业模式具有行业创新价值，为本节理论论述提供了直接的实践参照与理论解释。

综上所述，在数字生态系统中，行动者网络的异质性和松散耦合特征使得企业与用户、企业之间能够基于数据的协作或交换，满足用户在特定时间内的个性化需求；同时，行动者网络的结构完整性基于速度优势来满足特定时空条件下才存在的用户需求；行动者网络需要建立在数字化架构基础上，为数据要素即时价值的收益双边性特征提供实现基础。这三个条件相互作用，共同构成了行动者网络实现数据要素即时价值的基础。因此，在数字生态系统中，建立一个具有异质性和松散耦合特征、结构完整性、数字化架构的行动者网络，对于实现数据要素即时价值具有重要意义。

（二）数字基础设施

数字基础设施主要是指以网络通信、大数据、云计算、区块链、人工智能、量子科技、物联网以及工业互联网等数字技术为主要应用的新型基础设施。与数据要素的价值来自公众的共有数据和特定生产者的用于生产数据要素的劳动投入一样（蔡继明等，2022），本节的数据基础设施包含社会数字基础设施、企业数字基础设施及两者联系的三层含义。其中，社会数字基础设施主要是指由国家政府推动或提供的、面向全社会的、服务人们工作、生活方方面面的数字基础设施，包括5G、数据中心、云计算、人工智能、物联网、区块链等新一代信息通信技术以及基于此类技术形成的各类数字平台。企业数字基础设施则主要是指由企业推动或提供的、基于基础技术形成的各类数字硬件、软件和服务。两者相互配合，构成了数字化时代的数字基础设施体系。企业在利用社会数字基础设施的基础上，结合自身的数字技术设施，可以更好地获取、加工、分析和利用数据要素，实现数据要素的即时价值。具体来说，企业数字技术设施的发展，可以提高数据要素的获取效率、加工效率和分析效率，从而更好地实现数据要素的即时价值；而社会数字基础设施的发展，则可以提供更好的数据获取环境和数据交换环境，为企业数字技术设施的发展提供更好的基础支撑。

显然，数字基础设施为行动者网络的建构和运行提供了必不可少的外在基础。因此，数字基础设施是保证数据要素即时价值实现的技术性基础，具体包括数据资源的即时采集、实时传输、即时分析和服务提供三个方面。如果社会环境和企业内部不具备这三方面的数据资源基础，数据要素即时价值就难以存在或形成有效的商业价值。

数据资源即时采集基础是指移动设备和移动服务可以帮助企业随时随地获取用户实时数据的基础设施和应用条件。例如，移动设备可以让企业即时获知用户的地理位置，获取内部员工与用户互动行为的数字痕迹信息。这构成了企业与用户互动的数据入口基础，为数据要素即时价值实现提供资源生成基础。数据资源实时传输基础是指应用程序接口技术等实时传输技术及网络帮助企业实时传输用户即时数据、支持企业与用户互动数据即时传输的基础设施和应用条件，为数据要素即时价值实现提供了资源扩散、转换、变化的外在基础。数据资源即时分析与服务提供基础是指帮助企业实时分析用户即时数据，并提供即时服务的社会基础设施和应用条件。这包括人工智能算法算力、智能分析设备、边缘计算及服务提供等技术基础设施条件。例如，借助人工智能实时分析用户数据，企业与用户即时互动，快速满足用户的场景化需求，提高了用户的即时体验服务满意度（Castelo & Thalmann，2019）。因此，数据资源即时分析与服务提供基础设施为数据要素即时价值实现提供了商业基础。

对企业而言，数据资源即时采集、传输、计算分析等数字基础设施既存在外生性也具有内生性，社会数字基础设施为数据要素即时价值实现提供了技术供给环境，企业数字基础设施则为数据要素即时价值实现奠定了必不可少的技术基础。相反，数据要素潜在价值的实现，更多地依赖于数字技术基础设施的容纳、预测和开发特征（Hagiu & Wright, 2020），要求企业形成高容纳性的内存基础设施，通过持续挖掘、分析多源累积的数据痕迹，以洞察隐藏于海量数据中的逻辑关系来进行探索或应用创新。可见，数据要素潜在价值对数字基础设施的依赖重点不是用户端行为数据的即时采集、传输和应用，而是依赖于多源数据的采集存储，尤其是对数据资源逻辑关系的挖掘和分析。

以提供即时零售服务的美团企业为例，其所依托的数字基础设施的重要性不言而喻。作为即时零售平台企业，美团的目标是平均30分钟"万物到家"，目前其用户已达到6.78亿，覆盖超过2800个县（市、区、旗）。在实现这种即时零售服务中，美团建设的企业数字基础设施主要包括美团数字化平台、平台内的应用服务，以及平台依托的智能调度算法系统等。例如，美团外卖通过平台智能调度系统，对餐厅、骑手、用户等多方的行为数据进行实时分析，让餐品能够按时送达用户手中，用户在此过程中可以随时查看订单配送进度，提升用户体验。美团平台还支持用户、商家等多方数据的实时采集和分析，使美团能够追踪了解当前用户用餐需求和商家出餐情况，提供优质且实时的配餐服务。此外，美团的即时服务整体上也依托于社会数字基础设施，包括整体的移动通信网络、主流的社交媒体平台和其他互联网平台，通过广告投放等方式吸引更多用户使用其服务；还包括公共数字基础设施，如地图和交通信息等，为用户提供更方便、更快捷的搜索、定位和查询地理位置等即时服务。

综上所述，社会数字基础设施和企业数字基础设施的供给构成数据要素即时价值的另一个实现基础。其中，社会数字基础设施与企业数字基础设施之间存在互补性，在相对落后的社会数字基础设施供给环境中，企业或者采取相应低配置的数据采集、传输和分析供给，如传音（TECNO）手机低配置就与非洲通信网络水平和消费习惯相适配，或者自建更高配置的数字基础设施与外部市场采取更强的连接形成战略优势，如马斯克投资星链或沃尔玛投资通信卫星等行为。相反，领先的社会数字基础设施不仅可以刺激企业投资内部数字基础设施，而且可以助力企业基于数据要素即时价值形成新的商业模式，这部分解释了SHEIN可以首创实时时尚模式的原因，这与中国领先的社会数字基础设施密不可分。

（三）制度建构

要实现数据要素的价值，行动者网络内部必须形成一个清晰的、公认的制度逻辑，指导不同的行动者以一致的方式来协调利益（Lusch & Nambisan, 2015）。

因此，除数字基础设施外，制度建构还为行动者网络的建构和运行提供必不可少的支持，具体包括共享逻辑、适应逻辑及分佣激励三方面内容。

由于数据要素即时价值是短暂的和依赖情境的，导致数据要素的即时价值存在非竞争性。这种非竞争性表现在为满足用户当前需求企业选择向其他生态合作伙伴实时分享或公开用户需求信息，让有能力的合作企业或服务商获知和满足用户所需。因此，要实现数据要素的即时价值，引导和制约行动者的制度应围绕共享逻辑来设计数据交换规则（Kopalle et al., 2020）。与此不同的是，数据要素潜在价值的基本制度逻辑表现出较强的排他和专用特征，企业需要独立地获取、存储和分析数据资源，通过数据要素化过程谋取竞争优势，如企业通过大数据分析和数据挖掘获得创新机会以构建独特的竞争优势。简要地说，共享逻辑的制度建构为行动者网络协调利益实现数据要素即时价值的收益双边性提供了重要基础，企业主要基于共享逻辑的制度建构来获取数据要素的即时价值，主要基于竞争逻辑的制度建构来获取数据要素的潜在价值。

从制度逻辑角度来看，要实现数据要素的即时价值，数据交换的制度和规则必须为适应性提供合法性和空间，使新加入的生态合作伙伴或技术能够与其他行动者建立高效协作关系，从而提升行动者网络的自适应性（Sandberg et al., 2020）。因此，适应逻辑的制度建构为行动者网络协调利益实现数据要素即时价值的收益双边性提供了另一个重要基础。相较而言，企业获取数据要素潜在价值的适应逻辑，主要集中在数据交易的制度和规则，即进行开发的数据需要为行动者所有或行动者拥有使用许可权（王伟玲等，2021），并遵循行业标准和规则制度进行数据合法交易。可以认为，企业主要依据适应逻辑的制度建构来获取数据资源即时价值，主要通过数据交换的适应性制度创新来获取数据要素的潜在价值。例如，企业利用长期积累的历史用户数据进行提前分析与预测，提高数据和信息的完备程度，侧重发挥数据要素的潜在价值。或者，类似生物应对环境变化的方式，企业通过即时分析实时数据，实时适应用户需求变化（肖静华等，2020），侧重发挥数据要素的即时价值。

分佣激励的制度建构为行动者网络协调利益实现数据要素即时价值的收益双边性提供了第三个重要基础，同时是企业通过共享逻辑和适应逻辑获取数据要素即时价值的内在驱动因素。在分佣激励的制度设计中，重要的是根据数据能够产生的实际价值，拆分业绩确定分佣比例，形成公平且用户导向的激励制度。例如，在链家提升房产经纪服务实践中，设计出代理人合作网络的分佣制度，在遵守充分共享住房信息等规则的基础上，合作者以品牌和交叉品牌经纪人不同的角色参与交易，成交后按照各个角色的分佣比例进行佣金分成。这样，平台通过将服务获得的总价值拆分成总业绩、剩余可分成业绩、实收拆佣、应收拆佣等信息，让每个不同阶段、不同角色的行动者获取实际参与的分成。这样的制度建构，激励行动者在服务的各个环节都能加入，并以用户为导向快速协同提供服务，在平台、合作伙伴、用户之间形成多边收益，使网络中的行动者均可获取数据要素的即时价值。与此不同的是，数据要素潜在价值的激励机制建构主要存在于拥有数据资源的企业内部，具有明显的组织特征，潜在价值的实现依赖于独立的行动者，无须与其他行动者分成，且通常与企业绩效相挂钩（Grover et al.，2018）。因此，可以认为，企业主要通过组织机制构建数据要素潜在价值的激励机制，主要通过构建分佣激励机制实现数据要素即时价值。

以滴滴企业为例，滴滴企业在为司机和乘客提供即时服务的过程中，采用了共享逻辑、适应逻辑和分佣激励，从而实现了数据要素的即时价值。首先，滴滴企业通过共享逻辑将乘客与包括本企业在内的多家网约车公司联系在一起，实现了信息的共享和互惠。当滴滴获知用户当前的乘车需求后，会向生态合作的其他网约车服务商共享这些实时信息，快速满足用户当前用车需求。司机可以通过平台获取到乘客的需求信息，而乘客也可以通过平台找到合适的司机，从而达到共赢的目的。其次，滴滴企业通过适应逻辑提高了司机和乘客的匹配效率和服务质量，提升了平台的用户体验和服务水平。通过优化数据分析和算法模型，滴滴企业能够更准确地匹配司机和乘客，提供更为高效和便捷的服务，满足用户的需求，同时也使平台可持续发展。最后，滴滴企业采用基于业绩的分成模式，即根据司机的完成订单数量和乘客的支付金额，对司机进行不同比例的派单奖励和提成，激励司机提供更优质的服务，同时增加了司机的收入，满足了司机的利益诉求；对于合作企业，也设置类似合理的分佣激励。通过这种分佣激励方式，司机会更加积极地为乘客提供服务，同时也促进了司机之间的竞争，提高了服务质量和效率，使平台能够更加健康地发展。

综上所述，共享逻辑、适应逻辑和分佣激励使得滴滴在为司机和乘客提供即时服务的过程中实现了数据要素的即时价值。

共享逻辑、适应逻辑和分佣激励共同构成实现数据要素即时价值的制度基础，但三者在其中的角色和作用不同，共享逻辑为数据要素即时价值提供社会互动的制度基础，适应逻辑为即时价值的实现提供企业数据管理的制度基础，分佣制度为即时价值的实现提供了行动者激励的制度基础。其中，共享逻辑和分佣激励既是内生性的也可能是外生性的，适应逻辑则主要体现为内生，如共享经济的分佣激励既可能源于平台也可能源于法律制度的供给，前者如滴滴平台后者如源于北美的 Airbnb 等。因此，数据要素即时价值具有明显的情境依赖性和专享型收益双边性特征。

综上而言，尽管行动者网络、数字基础设施、制度建构三个概念在不同文献中均有探讨或研究（Yoo et al.，2010；Tong et al.，2020；Lusch & Nambisan，2015），但在既有相关文献中，尚未见有将其整合在数据要素时间价值实现基础的研究中。本节从建构数据要素即时价值行动者网络的三个条件出发，建立数据要素即时价值与潜在价值实现基础的比较分析框架，明确了两种价值依赖的行动者网络差异。同时，针对数字基础设施，通过阐述数据资源即时采集、实时传输、即时分析和服务提供三方面构成数据要素即时价值数字基础设施的内涵，社会数字基础网络与企业数字基础设施互补性，归纳提炼出数据要素即时价值与潜在价值实现技术基础的主要差异，明确了两种价值依赖的技术基础条件。此外，通过阐述共享逻辑、适应逻辑及分佣激励三方面构成的数据要素即时价值制度建构的内涵，剖析即时价值与潜在价值实现的制度建构基础差别。上述三项工作，为数据要素即时价值为何具有时空短暂性、情境依赖性和专享型收益双边性特征提供了实现基础的学理解释。

三、数据要素即时价值的实现机制

（一）实现数据要素即时价值的内在机制

上节探讨的实现基础构成数据要素即时价值形成的必要条件，但不等于拥有这些基础数据要素会自动形成即时价值。数据要素形成即时价值还需要借助其特定情境的机制来完成。本节中，数据要素即时价值的实现机制，指行动者在既定的制度规范下利用数字基础设施实现数据要素即时价值的过程与路径及方式方法。由于数据要素即时价值的实现基础与企业用户互动情境下的行动者网络密切相关，从企业与用户互动视角来看，两者在不同情境下承担差异化主导角色（Xie et al.，2016），具体形成企业主导的与用户互动的情景（以下简称企业主导情景）和用户主导的与企业互动的情景（以下简称用户主导情景）。两者主要存在两点不同：①对数据要素的控制权不同。在企业主导情景中，企业拥有控制权，决定数据要素的收集、处理以及利用方式；而在用户主导情境下，用户拥有更多的控制权（如后文提及的社群影响者），他们决定了数据要素的获取、利用和价值分配方式。②对数据要素的价值关注不同。在企业主导情境下，重点关注的是数据要素的商业价值和利用效益，而在用户主导情境下，重点关注的是数据要素的个性化价值和用户体验。上述两点不同导致了数据要素即时价值的实现机制依情景而有所不同。因此，本节拟从企业主导情境与用户主导情境两方面探讨数据要素即时价值的实现机制。

首先，阐述企业主导的与用户互动情境下的实现机制。企业主导的数据要素即时价值实现情境对企业高效集成和分析用户实时信息提出高要求，如汽车公司获取用户驾驶的即时数据是其提升用户驾车实时体验服务的实现基础。具体地，在企业主导的与用户互动情境中，数据要素即时价值的实现过程虽然涉及诸多相互依赖关系，跨越采购、研发、设计、制造、装配、物流和分销等多个运营管理环节，运营管理上形成复杂适应系统的拓扑结构，但核心由数据集成、敏捷分析、快速反馈三个关键管理系统构成的数据链路自适应机制来实现。

本节借助"数据链路"（data link）一词来阐述企业主导的数据要素即时价值实现机制，但其内涵与数据通信网的数据链路概念有本质区别。数据通信网的数据链路指按链路协议的技术要求连接两个或多个数据站的电信设施，包括物理线路、数据传输软件和通信协议。与此不同的是，本节的数据链路强调数据要素即时价值实现所依赖的关键环节或过程机制，是以行动者网络、数字基础设施和制度建构三个要素为基础的一种自适应管理机制。其中，数据集成是指企业构建全链路数字系统高效获取和管理用户即时信息的管理系统。企业应用大数据技术实现数字集成系统的控制与协调，进而形成数据集成，是其提高用户即时信息利用效率的重要方式（Subramaniam et al.，2019）。敏捷分析是指企业基于集成数据快速分析用户即时信息的管理系统。通过该管理系统，企业一方面精准且迅速分析用户即时信息，形成对用户实时需求的预判和响应（Zhou et al.，2018）；另一方面倒逼用户即时数据集搜索准确度的提高，提升员工应用数据的技能和知识（Meyer & Dunphy，2016），从而提高企业对用户即时需求的响应能力。快速反馈是指通过闭环的数字服务流程快速反馈用户需求的管理系统。通过运用该管理系统，企业能够在与用户互动产生的大量即时数据中及时捕捉和分析那些"转瞬即逝"的高价值信息，并进行服务提供响应；否则，难以将用户即时信息转化为即时价值（Kopalle et al.，2020）。

可见，数据集成、敏捷分析和快速反馈三个管理系统之间既相互依赖又相互影响，数据集成为敏捷分析提供基础，敏捷分析会倒逼数据集成过程提高数据搜索准确度，同时构成快速反馈的基础。快速反馈又会倒逼敏捷分析方法和工具的开发、员工能力的提升，进而推动企业数据集成和敏捷分析管理系统的持续优化。因此，企业主导的互动情境下的数据链路自适应机制，类似于肖静华等（2020）研究的成长品那样的即时反馈、即时调整的自适应机制。相比而言，数据要素潜在价值在企业主导的互动情境中的实现机制，更多地依赖于多源数据融合、关系洞察、知识发现等数据资源深度开发机制，这明显区别于强调速度、敏捷和反馈的即时价值实现机制，即潜在价值的实现机制更强调数据的积累、探索和利用（Günther et al.，2017），且其所依赖的实现基础也不同。

企业实施或运行数据集成、敏捷分析、快速反馈三个关键管理系统时，行动者网络、数字基础设施和制度建构都起着重要作用。首先，行动者网络对于企业实施或运行数据集成、敏捷分析、快速反馈三个关键管理系统至关重要。主要原因在于：这三个管理系统需要企业与众多行动者进行协作，包括数据提供方、技术支持方、业务方等。行动者网络可以帮助企业建立稳定的协作关系，确保数据要素的及时收集和传输。同时，行动者网络还可以帮助企业建立更广泛的数据合作伙伴关系，拓展数据来源和应用范围，进一步提高数据要素即时价值的实现效率。其次，数据集成、敏捷分析、快速反馈三个管理系统需要大量的计算和存储资源，数字基础设施的高效运作可以为企业提供稳定的技术支持，确保数据要素的高质量处理和分析，提高数据即时价值的实现效率。特别是在当前大数据时代，数字基础设施的重要性更是不言而喻的，企业需要建立强大的内外部数字基础设施，才能更好地实现数据即时价值的最大化。最后，制度建构可以为企业提供明确的数据使用规范和激励机制，促进数据要素的共享和流通，这也是实现数据要素即时价值的必要保障。同时，制度建构还可以帮助企业建立更加科学的数据管理体系，实现数据要素的规范化管理和价值化应用。综上所述，行动者网络、数字基础设施和制度建构都是企业实施或运行数据集成、敏捷分析、快速反馈三个关键管理系统时不可或缺的要素。它们的缺失或不充分都可能导致数据要素即时价值无法充分实现，降低企业的管理效率和竞争力。因此，企业应该注重这三个要素的建设和优化，提高数据要素即时价值的实现效率和管理效果。

以 SHEIN 案例为例，企业主导的与用户互动情景体现为 SHEIN 利用用户即时信息驱动供应链实现供需两端实时匹配。在该情境下，SHEIN 的数据链路自适应机制具体体现为：在数据集成环节，SHEIN 通过企业资源规划系统（ERP）连接供应链管理信息系统（SCM）、客户关系管理系统（CRM）和产品数据管理系统（PDM）等，构建从生产到消费的全链路数字化系统高效获取、管理、分析和传递用户即时信息，实现用户端与供应端在同一个数字化系统中的数据秒级交互，支撑业务流、资金流、信息流、物流的高效流转，形成数据集成管理系统。如果这一切都需要人工判断和操作，那么很难支撑企业实时获取用户数据并驱动供应链的快速研发与生产供应；在敏捷分析环节，SHEIN 内部设立了大数据分析部门、AI 算法研究部门、机器视觉部门等，这些是在传统服装行业完全不存在的部门和岗位。这些部门借助多源流数据分析模块和管理工具，为企业提供即时信息的高效智能分析，形成人工智能与 AI 协同的产品开发设计、产能负载平衡和供应商选择优化等一系列人机协同的运营管理活动，形成敏捷分析的管理系统；在快速反馈环节，SHEIN 将应用程序内实时获取的用户行为连接到后端系统，自动预测需求并实时调整库存。随着大数据分析、AI 算法研究和机器视觉等部门应用数据分析方法和工具水平的提升，对 ERP 及其 CRM、SCM 的即时数据集搜索准确度提出更高需求，同时为品牌与市场部门、产品开发、采购和生产部门的快速反馈管理系统提供方法和工具支持，支撑系统自动预测需求并实时调整库存，形成快速反馈管理系统。例如，如果官网的浏览和购买行为预示特定新品设计似乎很受欢迎，那么应即刻通过 ERP 追加订单；如果新品没有很快售罄，那么应卖掉剩余商品同时放弃该产品。上述环节，体现了 SHEIN 在企业主导情境下，通过数据链路自适应机制获取数据要素即时价值的实践。

类似地，在网约车服务中，滴滴实时获取司机或乘客乘车时的信息，进行出行规律、交通态势、事故违规、异常拥堵等敏捷分析，并结合智慧交通灯进行指挥调度、信号管控和交通引导等；在本地生活服务中，美团自研基于用户即时需求的订单分配系统，构建数字化配送网络，在数秒内完成大规模订单分配，将合适的订单匹配给合适的骑手，实现每天超过 6000 万个订单的分钟级交付服务。这些实践也体现了上述实现数据要素即时价值的数据链路自适应机制。

接下来，我们阐述用户主导的与企业互动情境下的实现机制。与企业主导的机制不同，用户主导的即时价值实现情境对行动者在网络中高效整合其他行动者形成的实时信息提出了高要求，如果社群影响者不能及时处理直播中即时涌现的需求，那么就难以激励用户产生即时购买行动（Rathi & Betala, 2018），因为在用户主导的情境中，具有影响力的行动者构成社交网络中心节点影响其他行动者的选择行为，对其他行动者产生偏好仿效、认知仿效和效用期盼，形成社会性群体仿效的互动行为（何大安和任晓，2018）。通过对这些互动行为的分析发现，用户主导情境下形成的数据要素即时价值，主要由社群动员、供需匹配和即时互动三个关键管理系统构成的内容匹配涌现机制来实现。

社群动员是指社群影响者通过虚拟社区、博客和推特等社交媒体平台发布时尚建议、分享品牌趋势等以吸引用户关注，形成社会性群体仿效互动行为的管理系统。通过社群动员，社群影响者将个人异质资源投入到促进企业与其他用户的有效连接，激活来自社群用户的数据生成和即时价值转化的情境条件，如激发出刻画用户行为偏好、品牌忠诚度、价格敏感性、地理位置和网络轨迹等实时数据的生成（Alghamdi & Bogari, 2020）。这种互动行为生成海量用户数据（Park & Kaye, 2017），为企业获取用户即时需求奠定数据资源基础。供需匹配是指社群影响者在行动者网络中能够理解社群用户的个性化需求，并匹配相应产品的管理系统。显然，该管理系统极其依赖于社群影响者的个体或所在组织的禀赋，包括社群影响者的个体特质或能力，组织的数字基础设施完整程度和制度建构的有效性等，因为拥有专业化知识的社群影响者更容易实现用户与产品间的精准匹配（Boerman et al., 2017）。例如，活跃在中国直播电商中的头部主播及其依托的传媒机构都建立有高水平的供需匹配管理系统，属于一种动态连接企业供给与社群用户需求的组织管理能力。即时互动是指社群影响者利用社交媒体技术与社群用户围绕产品或品牌进行在线高频互动，建立产品推广渠道或引入第三方销售渠道实现交易快速转化的管理系统。通过该管理系统，社群影响者最终将高频互动中

"转瞬即逝"的高价值信息快速变现，并将转化为商业价值的销售数据即时链接到下一轮互动行为中，形成内容匹配的社会性群体仿效涌现机制。这里，涌现（Emergent）是指社群影响者与其他用户之间，及其他用户之间非线性互动导致新行为的出现，且这不能从部分的行为叠加上得到充分的理解。

内容匹配涌现机制之所以出现群体仿效涌现，是因为社群动员、供需匹配和即时互动三个管理系统具有非线性、各自形成自组织活动、社群影响者个体禀赋创新及示范偏离公众一般认知四个特征。相比而言，在用户主导情境中，数据要素潜在价值的实现机制主要依赖用户创造、定位布局及协同共创的内容共创机制，要求形成对用户行为的长期、全面、系统的数据累积，关注用户的长期价值主张，及与用户长期协同演化的社会网络基础。

内容匹配涌现机制不会自动实施或运行，同样需要行动者网络、数字基础设施和制度建构。首先，行动者网络是组织和激励社群成员的基础。在社群动员中，对于社群成员而言，需要与之匹配的不同类型的社群影响者；对于社群影响者而言，也需要与众多但认可该影响者的社群成员互动。利用行动者网络，影响者可以通过提供专业知识、分享个人经验和互动交流等手段来引导社群成员的行为。这些社群影响者的个体禀赋创新和示范偏离公众一般认知，可以激发社群成员的热情和参与度，从而促进群体仿效。其次，数字基础设施为社群成员提供了即时互动和信息分享的平台。在社群动员和供需匹配中，数字基础设施为社群成员提供了信息传递和交互渠道，可以帮助社群成员更加高效地进行沟通和互动。在即时互动系统中，数字基础设施为实现即时互动提供了必要的技术支持和基础设施，可以帮助社群成员更加便捷地完成交易和互动。最后，在即时互动中，制度建构可以通过设计分佣激励机制、共享逻辑和适应逻辑来激励社群成员的参与度和贡献度，从而促进内容匹配。例如，社群影响者在直播中需要主动给予用户限定优惠，才能极大地促进交易快速转化（Lim et al., 2020），其中就包含分佣激励的制度基础。此外，制度建构还可以通过规范社群成员的行为来维护社群的秩序和稳定，从而保障内容匹配涌现机制的正常运行。综上所述，行动者网络、数字基础设施和制度建构三个维度在内容匹配涌现机制中都扮演着重要的角色。

以SHEIN案例为例，在用户主导的情境下，与SHEIN合作的社群影响者在各类社交媒体平台上利用个人资源及其影响力，促进企业产品、品牌与其他用户的有效连接。追求时尚、购买力有限，且习惯使用手机购物的Z世代年轻女性消费者构成SHEIN的目标人群，为此，SHEIN着力与社群影响者合作营销进行社群动员。具有泛社交媒体影响力的关键意见领袖（KOL）和具有垂直细分社群影响力的关键意见消费者（KOC），通过博客、短视频等方式创建与SHEIN产品或品牌相关的内容，在TikTok、YouTube和Instagram上发布SHEIN产品开箱视频或分享试穿体验，如在 TikTok 上创建时尚博客以 #Shein 为标签发布帖子。企业通过社群动员管理系统激发社群用户互动产生海量社交媒体用户互动数据，仅 2020 年 4 月在 TikTok 上 #Shein 标签就产生 62 亿次浏览。在此基础上，社群影响者通过对社群用户的个性化需求的动态了解，为其追随者筛选和推荐 SHEIN 的产品。同时，SHEIN 会为社群影响者提供诸多免费新品服装的试穿，激活其创建试穿视频等数字内容，形成供需匹配管理系统。接着，SHEIN 官网链接社交媒体平台的博客发布、留言互动和电商直播等，形成面向全球全渠道每天 2000 款新品的高频即时互动场景，提高社群影响者对社会性群体仿效涌现的影响力。通过社会性群体仿效的涌现促进交易快速转化，形成即时互动管理系统，最终在用户主导情境中实现数据要素的即时价值。

类似的，被视为防晒界"爱马仕"的蕉下品牌，近年来，该品牌通过与 600 多位社群影响者合作，在小红书等社交媒体平台进行直播和笔记种草，获取大量社群用户的实时数据。结合这些数据和对蕉下产品的独特理解，社群影响者主动对用户群体的不同场景需求（如高温天气下的健身）进行产品精准匹配，快速推动用户交易。同时，蕉下也建立了数据中台，指导社群影响者在直播等即时互动中的营销推广。这些实践也体现了用户主导情境中实现数据要素的即时价值。

综上所述，在企业与用户分别主导互动的两类情境中，尽管实现机制均是依情境而不同，本质上都是寻求将即时价值从可能转变现实的过程，且最终都表现出复杂性，但数据链路主要通过即时反馈和即时调整的自适应机制，内容匹配主要通过社会性群体仿效涌现机制来建构实现路径。该结论与 Kopalle 等（2020）强调的有效互动是将用户即时信息转化为即时价值关键的结论一致，强化了 Van 等（2016）提出的数字化服务闭环流程帮助企业将用户个性化需求快速匹配至特定用户促进价值转化的观点。同时，内容匹配涌现机制的三个管理系统特征，进一步强化刘洪和张龙（2004）研究的群体沟通意见模式涌现的影响因素结论。

然而，与上述研究不同的是，本节基于企业与用户分别主导互动的情境中数据要素即时价值实现机制的分析框架，剖析数据集成、敏捷分析、快速反馈管理系统构成的数据链路如何形成即时反馈和即时调整的自适应机制，及社群动员、供需匹配和即时互动管理系统构成的内容匹配如何形成社会性群体仿效的涌现机制。区别于 Bandara 和 Giragama（2017）、Grover 等（2018）等从大数据分析、用户画像、数字化创新角度探讨数据要素潜在价值如何实现的研究，上述原创工作通过揭示数据要素即时价值实现过程或路径的规律，为直播电商新业态、实时时尚新模式提供了理论解释，形成数据要素即时价值基础的理论创新。

（二）数据要素即时价值实现理论模型

基于上述理论归纳与实践证据，本节将企业与用户互动视角的数据要素即时价值实现理论模型归纳为图1-2，呈现出基础支撑机制，机制影响价值实现的理论逻辑。图1-2的理论模型呈现了三个主要层次：实现基础（如图1-2中①所示）、实现机制（如图1-2中②所示，具体分为企业主导与用户主导的两种互动情景）与实现价值（如图1-2中③所示，具体分为企业获得与用户获得的数据要素即时价值）。

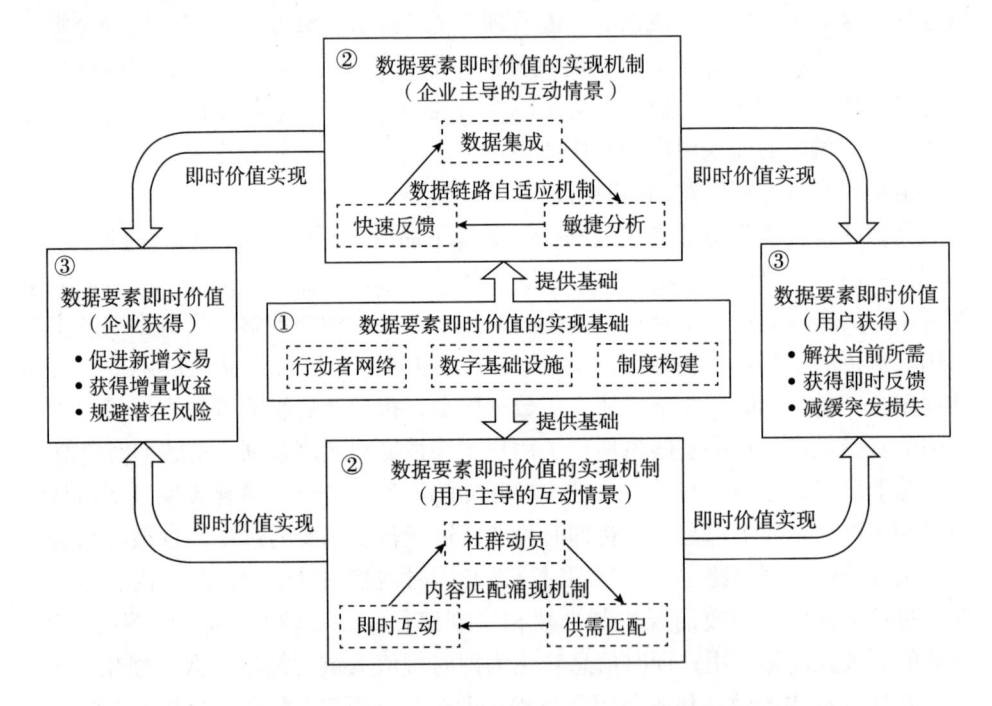

图1-2 企业与用户互动视角的数据要素即时价值实现理论模型

资料来源：谢康等．数据要素如何产生即时价值：企业与用户互动视角［J］．中国工业经济，2023（11）：137-154．

接下来，从三个方面对图1-2的实现理论模型进行阐述：首先，从实现基础来看，无论对于企业还是用户，数据要素即时价值的实现基础主要包括三个维度——行动者网络、数字基础设施和制度构建。这三个维度通过解释行动者在什么特征的网络中才能够利用数据要素实现即时价值，哪些关键的数字基础设施能够支持行动者利用数据要素实现即时价值，以及需要构建什么特征的制度保证数据要素即时价值的实现——三个关键问题，共同搭建了数据要素即时价值实现基础的三个理论维度（见图1-2中①）。其次，在此基础上，从两种互动情景阐述数据要素即时价值的具体实现机制，具体提出——企业主导的互动情境下由数据集成、敏捷分析和快速反馈管理系统构成的数据链路自适应机制，以及用户主导的互动情境下由社群动员、供需匹配和即时互动管理系统构成的内容匹配涌现机制（如图1-2中②所示）。最后，基于实现基础和实现机制，企业与用户获得差异化的数据要素即时价值，企业获得的数据要素即时价值包括促进新增交易、获得增量收益和规避潜在风险；用户获得的数据要素即时价值包括解决当前所需、获得即时反馈和减缓突发损失（如图1-2中③所示）。这些具体价值均符合时空短暂性、情境依赖性和专享型收益双边性三个特征。

图1-2从企业与用户互动视角较好解释了Hagiu和Wright（2020）、Iansiti（2021）等强调的数据价值及其发挥依赖于情境的研究发现，强化了王超贤等（2022）通过跨学科视角分析获得的数据要素报酬性质是状态依赖的，需具体情境具体分析的结论。同时，从实现基础和机制上较好地解释了数据要素价值及其发挥为何与所处场景密切相关等现象，为Benlian等（2018）强调的数据价值可以体现为非货币价值等观点提供了企业与用户互动视角的理论解释。与上述研究的理论关注点不同，本节从机制层面剖析企业实现数据要素即时价值的基础，揭示不同情境中即时价值的实现规律，深化了对即时价值的理解和探索，形成数据要素即时价值基础的理论创新。

图1-2刻画的即时价值实现理论模型在SHEIN案例中同样得到较好的理论解释和实践佐证。在图1-3呈现的一级流程中，SHEIN通过自建自动采集用户行为数据和交易数据的官网等数字基础设施，捕捉全球细分市场用户的即时个性需求（如图1-3中①所示），通过ERP、CRM、PDM等即时获取与分析用户数据来优化产品设计决策（如图1-3中②所示），将设计周期缩短到5~7天；通过ERP自动连接供应商网络形成新产品数字图片样板后（如图1-3中③所示），形成数据驱动的供应链进行100件左右的小批量试产（如图1-3中④所示），通过SCM的数据共享与跨组织协同（如图1-3中⑤所示），开创每天上新2000款、爆款率约50%、产品售罄率保持在98%的实时时尚模式。

诚然，中国领先的社会数字基础设施为该模式创新提供了外部基础支持，但如果SHEIN内部缺乏ERP等数字基础设施和相应的制度建构，难以实现面料制作1~2天、剪裁、车缝和收尾3~4天、刺绣或贴花等二次工艺1~2天的高效运营，更无法形成快速迭代的新品预售的自适应模式（如图1-3中⑥所示）。同时，即时捕捉全球主要平台中用户评论、分享等产品反馈大数据，为激发用户新交互和形成新数据提供技术基础（如图1-3中⑦所示）。其中，行动者网络和制度建构嵌入在图1-3的全部流程过程及管理中。

图1-3中除灰色部分为SHEIN获取数据要素即时价值的实现机制，其他均为即时价值实现基础的内容。这表明企业要想建立实时时尚模式来获取数据要素即时价值，需要在行动者网络、数字基础设施和制度建构领域做大量投资，需要

投入大量管理资源和人力资本。相对而言，依托这些基础在实现机制上反而变得简单高效，这非常符合产品开发设计中前端越简单后端越复杂的创新规律。同时，只有依托后端精细复杂的数据共享和跨组织高效协同，才有可能建立起面向前端用户个性化需求的自适应机制，应对前端高度不确定的社会性群体仿效涌现冲击的挑战，企业才有可能建立起适应即时价值时空短暂性、情境依赖性和专享型收益双边性特征要求的管理系统。因此，图1-3为图1-2展示的逻辑推演分析模型提供了直接的理论解释和实践证据，同时，强化了李唐等（2020）关于数据管理能力影响企业生产率的结论，但与李唐等（2020）对数据来源异质性的研究不同，图1-3从时间维度尝试打开了数据管理能力如何影响企业生产率的运营"黑箱"，推进了时间维度的数据管理能力研究。

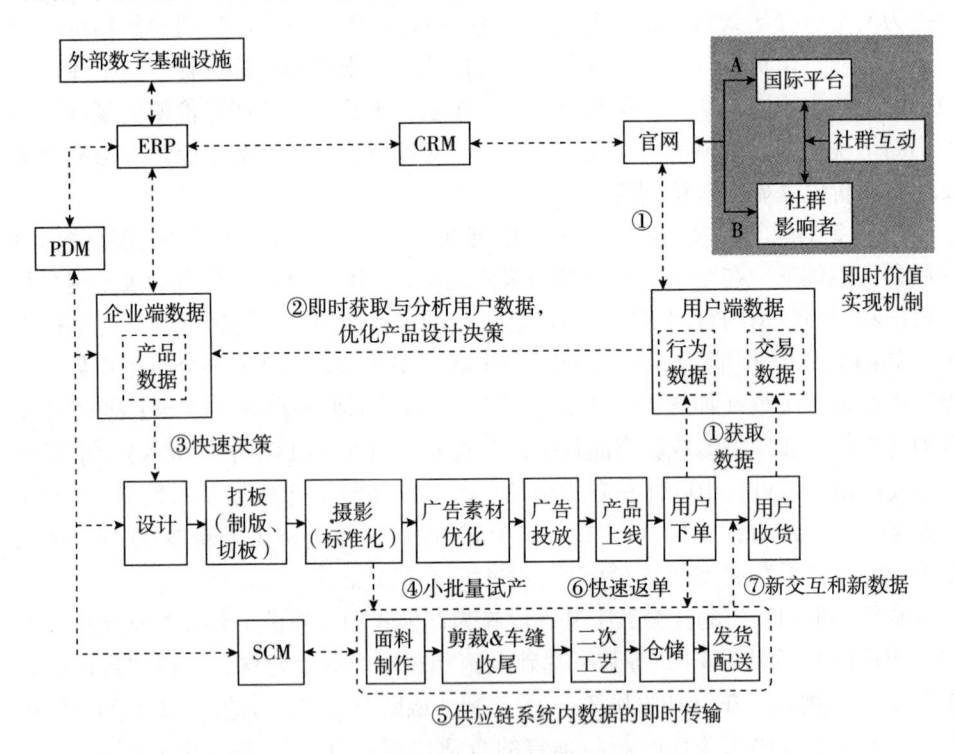

图1-3　SHEIN实现数据要素即时价值的一级流程

注：A、B情境分别指企业主导、用户主导的互动情境。

总之，通过以SHEIN为企业实践参照案例，剖析数据要素即时价值的实现机制，认为数字经济创新铁三角中的创新模式、创新极点与创新变迁三者的内在一体关系，可以是解析数字经济创新理论与实践问题的一种分析思路或框架，由此较好地解答平台数据产权归属问题，或大数据交易所模式是否是数字经济创新的发展方向问题等。通过以 SHEIN 为企业实践参照的数据要素即时价值实现案例，强调数字经济创新变迁可以从企业微观层面、产业结构层面和宏观经济发展层面来考察。从结构主义视角来看，产业结构层面和宏观经济发展层面的变迁都与企业微观层面的变迁密切相关，平台企业的创新与竞争构成数字经济创新铁三角的基石，因此，本书聚焦于通过探讨平台创新、竞争与就业问题来阐述数字经济创新极点的创新思想，这又涉及数字经济创新极点的竞争问题。

第三节 创新极点、创新模式与变迁

一、创新极点与创新模式

（一）数字经济创新极点与创新模式的关系

现有研究对创新生态系统概念有不同理解，如强调创新生态系统是通过优胜劣汰实现产业的可持续发展，以共同进化实现自我繁殖，从竞争中获得生存发展的经验，实体间是异质协同而不是竞争对立的相互关系（Fukuda & Watanabe, 2008），或认为其是一个基于长期信任关系形成的松散而又相互关联的网络（Zahra & Nambisan, 2012）等。对创新生态系统概念的不同理解会形成对创新模式与创新变迁的不同认识。同样，从平台作为数字经济创新极点视角可以对数字经济创新模式与创新变迁进行新的诠释。

《数字经济创新模式——企业与用户互动的适应性创新》从创新主体视角定义数字经济创新模式，是指数字经济活动中普遍存在的主体创新方式。从平台作为数字经济极点视角来看，数字经济创新模式是指在数字经济创新极点内普遍存在的主体创新方式，尤其是平台企业的创新方式。有必要指出，一方面，研究中需要避免将创新实践现象与创新模式的学理概念混淆起来，如直播电商、跨境电商、新零售、共享出行、移动支付、数字货币、企业平台化运营等均属于数字经济创新实践的现象，而非数字经济创新模式，如强调企业与用户互动的适应性创新构成数字经济的主流创新模式，是对直播电商等上述创新实践现象中普遍存在特征的提炼和归纳。另一方面，研究中需要避免从现有组织理论出发对数字经济创新活动中的企业实践进行过于高度精练，如认为利用式学习与探索式学习构成两类数字经济创新模式。学理上无疑正确，但缺乏数字经济创新模式情境下的特征剖析与提炼。为什么平台成为数据要素最为聚集的场所？因为平台的客户撮合、利益平衡、规模化和流动性特征使其天然具有企业用户互动适应性创新的条件和动力，互联网环境下企业与用户互动必然形成数据资源的快速积累，平台将数据资源与分析能力相结合创造不同的应用场景使数据资源要素化。因此，企业与用户互动的适应性创新模式构成平台创新的主流模式。

（二）平台面向互动创新的推荐系统构成创新模式的主要实现载体

根据现有研究，企业与用户互动创新指供给侧与需求侧之间基于大数据技术实现的对产品的联合创新和改进。相比于工业经济时代的用户创新，着重于强调数据驱动的创新过程（谢康等，2018），包含两种具体形式：①企业作为创新主体，用户通过行为数据，数据化地参与企业产品研发的创新过程（肖静华等，2018）；②企业与用户互为创新主体，在大数据互动平台的支持下实现与用户的交互式创新。互联网环境为企业与用户提供了更为便捷和高效的互动创新基础和条件，企业与用户形成大量的数据化互动创新活动，用户在社交媒体、虚拟社区等平台上的互动行为及数据，已成为企业产品研发创新的核心动力之一。为此企业提供了面向创新的推荐系统、用户创新工具箱、互动创新社区等，进一步强化了与用户的数据化互动创新。

平台推荐系统构成数字经济创新模式的基础实现方式。推荐系统广泛应用于电商、文旅、生活娱乐与社交媒体等各类平台中，不仅决定着用户的体验，还与平台自身及B端用户的利益紧密联系。其中，面向创新的推荐系统存在于平台、企业与用户三者的互动中，如面向专业创新的Herox互动平台，创新与营销融合的程序性广告系统，流媒体平台和乐高创新社区等，但理论研究和企业实践并没有将其从一般推荐系统中剥离出来进行单独考察。然而，数字经济的快速迭代创新活动有不少来自面向创新推荐系统的互动过程，将面向创新的推荐系统从以匹配用户个性需求、实现信息精准推送为目的的推荐系统中剥离出来给予单独考察，剖析这类广泛存在但又被忽视的推荐系统设计及应用，对于推进企业与用户数据化互动创新研究，揭示大数据驱动的企业与用户互动创新在数字经济资源配置中的调节器作用，具有重要的理论创新价值和管理启示意义。

我们将平台推荐系统创新视为数字经济创新模式的主要实现载体，进一步强化了企业与用户互动的适应性创新构成数字经济创新模式的基本结论，将数字经济创新极点与创新模式通过平台推荐系统创新连接起来。具体地，从以用户为中心到面向企业—用户互动创新的推荐系统，构成数字经济创新模式与数字经济创新极点的连接器。互联网的兴起滋生了一大批网络服务，包括电子商务平台、社交网络平台、自媒体平台、生活服务平台和文化娱乐平台等。随着信息的爆炸式增长，人们对精确获取符合自己需求的产品或信息的愿望也越来越强烈，得益于用户在使用服务时留下的数字足迹，推荐系统应运而生。如今，平台推荐系统已经融入了人们的日常生活，在阅读新闻资讯、网上购物、听音乐、看视频时，都能看到各样的推荐。推荐系统在帮助用户快速精确定位物品的同时，重塑了用户的消费习惯。平台方面，推荐系统的使用也与用户黏性、用户转化等业务指标密切相关，成为平台的核心业务之一。

面对数量庞大的用户群体、商家、产品，推荐系统成为平台实现产品精准触达的必要通道。为了跟踪用户不断变化的产品需求，持续吸引新老顾客产生消费，各平台使用人工智能技术，基于采集的用户行为数据，进行用户兴趣偏好和消费行为的预测（见表1-2）。例如，京东和淘宝均利用人工智能技术对用户的历史消费行为进行分析，并分别在首页、商品详情页、付款页等不同场景下设置了不同的推荐方式，从而对用户的消费行为进行引导。

表1-2 部分以用户为中心的推荐系统应用

平台名称	活跃用户量	2021年营收	推荐系统应用
淘宝	8.5亿	7172亿元	在首页根据用户的浏览、搜索、购买等历史行为数据向用户进行个性化的商品推荐。在点击首页推荐的商品后，下滑获得更多同类的商品。在商品详情页，结合点击商品属性与用户历史行为向用户推荐其他与该商品相关但不同类的其他商品。在付款时，根据用户历史行为向用户推荐其他可能购买的物品
拼多多	7.9亿	939.5亿元	在首页根据用户的浏览、搜索、购买等历史行为数据向用户进行个性化的商品推荐。在商品详情页，向用户推荐与该商品相似的其他商品
京东	5.8亿	9515亿元	在首页根据用户历史行为数据向用户推荐个性化的商品。在点击首页推荐的商品后，下滑获得更多个性化推荐。在产品详情页面向用户推荐常与该商品一起购买的其他商品或相似商品。在付款时，根据用户历史行为向用户推荐其他可能购买的物品
美团	6.85亿	1791.3亿元	在首页根据用户历史行为数据和地理位置向用户推荐相关商家。在选择相关物品后向用户推荐相关搭配
抖音	8亿	617亿美元	在首页根据用户的历史行为数据、地理位置、关注作者、向用户逐条展示个性化的视频推荐

资料来源：罗婷予，谢康，刘意. 大数据驱动的企业与用户互动创新推荐系统及应用[J]. 北京交通大学学报（社会科学版），2023，22（1）：33-45.

另外，Web2.0时代的到来使每个用户都成为潜在的创新者。在这样的背景下，能否提供有效的创新工具成了平台发展的关键要素。为了维持良好的创新生态，平台开始建设各类创新工具箱以激发用户的创新活力，也为企业与用户的互动创新带来了新的机遇。平台推荐系统也随之应用于创新工具箱中，作为辅助用户创新的工具。表1-3展示了部分推荐系统在面向企业—用户互动创新场景中的应用案例，其中既包含数字产品又包含了实体产品的创新。例如，以专业用户生成内容为目标的B站为了辅助用户创新，专门开发了一款创新工具箱"必剪"，该工具可向用户推荐其创新中可能使用的音乐、热梗等素材。

表1-3 部分面向企业与用户互动创新的推荐系统应用

产品名称	所属企业	月活创作者数量（万）	推荐系统应用
创作中心	知乎	364	通过向用户推荐其可能感兴趣或擅长的问题进行互动，激发用户的互动参与和创作灵感
必剪创作工具箱	B站	270	在工具箱中向用户推荐其创作可能使用的素材、热梗、音乐等
DIY Home	索菲亚	2	在创新工具箱中向设计师推荐饰品的陈列摆放方案、房间的整体布局方案和家具的设计方案等

资料来源：罗婷予，谢康，刘意．大数据驱动的企业与用户互动创新推荐系统及应用［J］．北京交通大学学报（社会科学版），2023，22（1）：33-45．

根据对上述以用户为中心的推荐系统和面向企业用户互动创新的推荐系统的应用案例分析可以发现，虽然均是基于人工智能和用户数据，但面向企业与用户互动创新的推荐系统其应用的目的是满足用户的创新需求，这与以用户为中心的推荐系统中以满足用户的消费需求为目的的推荐系统相比有明显的区别。另外，面向企业用户互动创新的推荐系统设计更依赖于创新的场景，其推荐的内容是通过对创新任务的解构逐一确定的，而以用户为中心的推荐均遵循统一的从用户行为到偏好判断再到偏好预测的逻辑链条，具有更强的跨场景适应性。

通过对以用户为中心与面向互动创新的推荐系统进行比较，进一步阐述数字经济创新极点与创新模式的关系。传统的以用户为中心的推荐系统以用户行为数据为基础，以匹配符合用户需求和兴趣的商品或信息资源为目标，为的是辅助用户的资源获取、提升决策效率或增加平台用户黏性，其设计与评估均是从用户视角出发的。早期的研究大多围绕提升推荐算法的预测能力展开，然而，Martin在2009年的ACM推荐系统大会中曾强调，推荐算法对商业推荐系统成败的影响仅为5%，与此同时人机交互对系统成败的影响却超过了50%。这使推荐系统的研究与设计逐步从以"精确度"为中心的算法优化向"以用户为中心"的推荐系统研究拓展（Knijnenburg et al.，2011，2012；McNee et al.，2006）。在以用户为中心的研究范式下，学者通过大量实证研究验证了推荐系统的不同设计方案对用户购买、决策及使用意愿的影响，为以用户为中心的推荐系统设计提供了更为可靠的理论依据。具体来说，以用户为中心的推荐系统设计关注用户输入过程、推荐生成过程、推荐输出过程和推荐结果表现四个方面的设计特征对用户决策和系统评价的影响。

而面向企业—用户互动创新的推荐系统，其目的不再只是通过精确预测用户的兴趣，从而提高推送的点击率，并引导用户进行信息采纳或消费决策，同时也是一种辅助用户参与创新的互动创新工具及创新辅助系统。表1-4从系统特征、研究的理论视角、推荐系统的应用目标、服务的对象、关注的行为、评价的方法六个方面对以用户为中心的推荐系统和面向企业用户互动创新的推荐系统进行了比较，表明面向企业—用户互动创新的推荐系统特征虽然与以用户为中心的推荐系统共享同样的系统特征，即系统设计时同样关注的是输入、输出和推荐生成过程等系统基本特征，但就系统中关注的行为与引发的结果等方面却更注重对互动创新的考察。

表1-4 以用户为中心与面向企业—用户互动创新推荐系统的比较

类别	以用户为中心的推荐系统	面向企业—用户互动创新的推荐系统
系统特征	推荐系统类型、输入特征、处理特征、输出特征	推荐系统类型、输入特征、处理特征、输出特征
研究视角	从信息处理与决策理论、信任形成理论、技术接受模型、满意度理论等理论视角，关注推荐系统对用户使用及用户决策行为的影响	从用户创新、企业—用户互动创新等理论视角，关注推荐系统对企业—用户互动创新行为、策略、结果的影响
关注行为	反映用户兴趣偏好的行为，如点击、购买、转发、评分等	创新互动行为，如创新采纳、评论、转发、浏览、（不）点击、（不）购买等
目标	精确预测用户的偏好行为，增加用户使用意愿	精确预测用户的创新互动行为，辅助企业—用户互动创新
服务对象	用户	企业、用户
评价方法	精确度、用户体验与使用评价	关注对企业—用户互动创新的促进作用

资料来源：罗婷予，谢康，刘意．大数据驱动的企业与用户互动创新推荐系统及应用［J］．北京交通大学学报（社会科学版），2023，22（1）：33-45.

根据表1-4可以认为，第一，从研究视角上来看，以用户为中心的推荐系统研究是在信息处理与决策理论、信任形成理论、技术接受理论、用户满意度理论等的指导下，观察推荐系统的设计与使用对用户决策行为、决策过程及对系统评价的影响。而面向企业—用户互动创新的推荐系统研究主要关注的是推荐系统的设计与使用对创新行为、创新结果及创新策略（过程）的影响。反映在系统所关注的行为层面，以用户为中心的推荐系统关注的是反映用户兴趣偏好的行为，如点击、购买、点赞、评分等，并利用这些行为进行用户偏好的计算与预测。而面向企业用户互动的推荐系统则更关注企业与用户的互动创新行为，如创新采纳、评论、转发等，并利用这些用户创新的行为规律进行创新方向的预测。不仅如此，面向企业—用户互动创新的推荐系统除关注、点击、收藏等用户的正向积极行为外，搜索、浏览但不点击、点击但不购买等消极行为对于非创新场景下的企业与用户互动创新也具有相当的意义，是企业洞察用户需求及细分市场的创新机会所在。第二，从推荐系统构建的目标上来看，以用户为中心的推荐系统旨在通过系统应用和对设计的改进提升用户体验，包括精确地预测用户的需求偏好，并做出符合其偏好的推荐，提高用户对系统使用的评价，增加用户对相关平台的使用意愿，最终达到提升平台用户黏性，实现销售额提升或平台价值增长的目的。可见，以用户为中心的推荐系统主要的服务对象是用户，并且对推荐系统的评价也主要从推荐的精确度、多样性、新颖性，系统的易用性、有用性、满意度等影响用户体验的因素入手。相比之下，面向企业与用户互动创新的推荐系统旨在通过系统的应用促进企业—用户的互动创新。具体可分为两个层面：在创新场景下，通过推荐系统将可能帮助用户创新的资源和工具推荐给用户；在营销场景下，可以通过推荐系统促进用户与产品的创新互动，从而为企业研发提供数据支持。可见，面向企业—用户互动创新的推荐系统其主要的服务对象既包括用户又包括企业，而对推荐系统的评价不仅要关注用户的使用，还要关注其对企业—用户互动创新的促进作用。

上述讨论表明，平台创新构成数字经济创新极点，在现实生活中主要通过平台推荐系统的方式与数字经济创新模式联系在一起，企业与用户互动的适应性创新构成数字经济创新的主流模式，就在于平台推荐系统在人们经济社会活动中的普遍存在性。这种普遍存在使我们既享受又困惑，平台的推荐系统越精准，人们的信息茧房效应就越强烈。

二、数字经济创新极点的竞争

为阐述数字经济创新极点的竞争问题，让我们回到基于 SHEIN 的企业实践所构建如图 1-2 和图 1-3 所示的理论模型。该理论模型有两个关键结论：①行动者网络、数字基础设施和制度建构构成数据要素即时价值转化和实现的基础。在此基础上，数据要素的即时价值体现在数据被用以满足严格时空条件下存在的行动者需求与既有要素结合时行动者所获得的收益，具有时空短暂性、情境依赖性和收益双边性特征。区别于垂直整合、网络整体性和数据洞察的行动者网络，容纳、预测和开发的数字技术基础设施及企业内部激励机制的潜在价值实现基础，即时价值实现基础依赖于行动者网络的异质与松散耦合、结构完整性和分层模块化，即时用户数据的数字基础设施及分佣激励等制度建构。②数据链路的自适应机制和供需匹配的群体仿效涌现机制，分别形成企业主导与用户主导的两种互动情境中即时价值的实现机制。在企业主导的互动情境中，区别于多源数据融合、关系洞察和知识发现的潜在价值实现机制，即时价值强调速度、敏捷和反馈的实现机制；在用户主导的互动情境中，与潜在价值的用户创造、定位布局和协同共创的内容共创过程不同，实现即时价值主要依靠社群影响者在行动者网络中的个体影响力连接企业与其他社群用户的社会性群体仿效互动过程。

因此，在平台经济的竞争中，通过上述两个机制平台数据要素的即时价值的市场规模要远远超过潜在价值，且具有更高的价值共创生成性，这构成平台创新作为数字经济创新极点的重要价值主张与社会基础。接下来的问题是：为什么平台可以作为数字经济的创新极点？我们的观点是，因为平台内部类似于赛马机制的竞争与外部数字生态系统竞争在数字经济中是最为激烈和具有最广泛影响的。就内部赛马机制而言，阿里、腾讯、字节等平台有不同的实现方式，但本质上都是形成内驱型的竞争机制。例如，字节跳动创始人张一鸣力图让创新型文化和自驱型组织能够切实体现在企业的实际运作中，大力推动飞书等数字工具的开发和应用，飞书除具备常规办公平台的功能外，还增加了专门的 OKR 管理功能等。又如，腾讯内部微信产品的赛马机制等。从平台外部竞争机制来看，数字生态系统的竞争日益成为平台市场结构的主流方式。可以看到，无论是平台内部竞争还是外部竞争，都与平台构建的数据驱动的学习创新机制密切相关。

（一）数据驱动的平台组织学习创新

数据驱动型组织的核心资产是知识。知识资产包含各类无形资产，诸如数据、信息、知识、智慧和其他类型。如果将传统的组织学习对应传统知识形态，数据驱动型组织学习则对应新知识形态。其中，知识形态转变意味着数据的驱动为组织带来了学习转型。数据驱动型组织对可利用知识边界的扩展，得益于分析技术的进步。从组织学习角度出发，分析工具的进步直接推动数据驱动型组织学习向知识低阶形态不断探索，组织学习的范围不断扩大，这赋能组织针对各类学习输入皆可进行产生附加价值的操作；而不同知识深度的学习输入使组织学习摆脱对高阶知识的依赖，组织能够从低阶知识——数据开始进行学习，从而摆脱学习过程对人类主观意识的依赖；同样，由于学习过程不再依赖市场中已高度凝练的高阶知识，企业能够关注于新知识的创造，学习结果丰富度大幅提升，组织学习为企业创造的价值将到达更具意义的层面。同时，为了保障数据驱动型组织学习能够在企业内部顺利实现，企业需要配备一系列条件以保证数据驱动的学习转型正常推进，进而发挥新型组织学习的价值。

首先，数据驱动的平台组织学习创新的条件是什么？概括地说，有平台物理资源层面、人力资源层面、平台资源层面的三个主要条件。

（1）平台物理资源层面的条件，即工具数据化条件，如平台实时、海量、多源的流数据及其数据分析工具应用等，传统环境下通常指用于收集、存储与分析无形资产的各类平台和软件。工具的数据化创新构成平台物理资源层面组织学习创新的核心实现路径，其本质是平台组织学习的输入创新。工具的数据化创新是指平台的分析工具从知识和惯例等原本仅能面向特定形态的学习输入，转变为大数据等面向更多复杂形态的学习输入。

（2）平台人力资源层面的创新条件，即平台员工行为，具体涉及员工技能边界的拓宽与员工心理转变两个方面。在员工技能拓宽方面，数据驱动情境下的人力资源包括数据科学家和有洞察力的策略师，形成人力资源技能边界的扩展，组织中的团队成员开始配备数据科学家、统计学家、功能分析师及各类熟悉大数据分析系统业务人员，基于平台的灵活用工行为更是如此。在员工心理转变方面，员工对新技术的抵触心理是众多企业数字化转型遭受失败的原因之一。在传统组织中，如果企业IT人员与业务人员越早对大数据工具与方法感到心理舒适，那么企业绩效和分析性能方面相较竞争对手的优势会越明显（McAfee & Brynjolfsson，2012）。平台员工数据化创新构成人力资源层面组织学习创新的核心实现路径，其本质是平台组织学习的过程创新。员工的数据化创新指平台员工形成对大数据的心理接受，及形成处理、分析与应用大数据的能力。

（3）平台资源层面的资源数据化条件，包括平台组织领导力、组织结构和文化的数据化。基于数据化支撑的组织领导力牵引着组织结构的变革方向和过程，使数字技术与长期业务战略实现深度融合，逐步形成数据化的平台文化，如基于数据的学习文化、创新文化与决策文化等。数据驱动的组织决策文化是数据驱动型组织学习的催化剂，合理的企业创新文化成为挖掘大数据价值的重要实现条件（Grover et al.，2018）。同时，大数据可以通过塑造决策文化来改进决策质量，决策方式由经验驱动转为经验与数据联合驱动为企业创造价值（肖静华等，2018）。平台资源层面的数据化创新构成组织资源层面组织学习创新的核心实现路径。平台资源的数据化创新指组织决策、配置与文化资源的数据化转型，其本质是组织学习的产出创新。

其次，数据驱动型组织学习创新有何主要特征？基于上述分析，可以认为，通过构建物理资源、人力资源、组织资源三层条件，可以推动数据驱动的组织学习创新，形成数据驱动型组织学习的三个创新特征，即学习输入的多样化、学习过程的高效率、学习结果的自我递增。

通常，个体学习构成传统组织学习的基础，根据学习内容的新旧可将组织学习划分为利用式学习与探索式学习（March，1991），根据对知识的接受程度不同可将组织学习分为替代式学习和体验式学习（Holcomb et al.，2009），个体学习通常难以激活组织数据在学习中的即时价值和潜在价值，数据驱动的平台组织学习则高度依赖于数据要素的即时价值和潜在价值，尤其是数据要素的即时价值，通过基于数据的集体学习方式，形成学习输入的多样化，如AI介入员工个体的组织学习而形成各种生成性创新等，使平台的组织学习摆脱以往学习输入结构化存储规则的束缚，从而构建起有别于以往组织知识积累的平台知识创新基础。

同时，数据驱动的平台组织学习具有学习过程的高效率特征。区别于传统组织学习中知识产生、传递、理解与消化等过程的有序且不可替代特征，数据驱动的平台组织学习创新体现在部分知识生产环节得到简化甚至被集成替代，使平台组织学习的过程效率得到质的提升。例如，传统组织学习过程带有显著的人类思维特征，数据驱动的平台组织学习则将学习过程封存在客观分析系统"黑匣子"中，个体学习的理解、消化等部分环节被软件工具所取代，从而在一定程度上规避了人脑学习的主观性问题。或者说，平台的组织学习通过数据处理过程自动化忽略数据生成环节，由数据层经过 AI 形成组织知识，从而大幅度提高平台组织学习过程的效率。

此外，数据驱动的平台组织学习具有学习结果自我递增的特征。区别于传统组织学习侧重存量知识的内部化使学习结果未包含过多的增量知识，数据驱动的平台组织学习基于大数据，既可以借助利用式学习方式吸收并内部化市场的存量知识，又可以借助探索式学习方式利用市场的存量知识以产生增量知识，同时借助 AI 与人类协同学习的新方式摆脱对存量知识的依赖并产生市场上可能不存在的增量知识（吴小龙等，2022），由此形成平台组织学习结果具有自我递增的"知识产生知识"的循环过程。这种知识生产的循环过程产生类似"分工促进分工"那样的杨格定律过程，构成平台知识创新的主要实现方式。由此，可以从知识生产机制创新视角，较好地解释为什么平台创新会构成数字经济创新极点的问题。

（二）数字经济创新极点竞争的锁定与奇点

通过数据驱动的组织学习分析，可以认为，数字经济创新极点的内在竞争与外在竞争都与其组织学习方式的转变有密切联系。这样，数字经济创新极点的竞争涉及两个问题：①数字经济创新极点是否会被平台创新锁定；②数字经济创新极点的演变发展是否存在奇点（Singularity）问题。我们知道，内部替换与结构深化构成技术演变的两种基本方式，数字技术进步更加显著地体现出这两个特征，因而相对工业经济而言，数字经济创新更容易被锁定而使创新极点沿着锁定路径变化。锁定的本质是未来的选择将受到当下选择的限制，类似人的行为依赖于其以往的全部行为那样。在企业层面，可以通过在被锁定前思考清楚或尽力讨价还价，以及保持开放的选择权来降低锁定风险。[①] 然而，如何在数字经济创新体系中拥有开放的创新模式选择权和提升选择前的透明度，通常是难以具备的前提假设，数字经济创新极点的竞争因此会自然而然地产生锁定效应。平台竞争如何打破平台创新的极点，对此问题目前尚未有深入探讨，这里仅提出若干初步思考。

提升市场竞争的广度和强度是解决技术锁定的一种有效途径，平台竞争也是如此。平台竞争可以分为外部竞争与内部竞争，现有文献将平台外部竞争的主要表现归纳为：服务差异化、客户差异化、多属现象、内生性、动态性和非对称性

[①] 卡尔·夏皮罗，哈尔·R. 范里安. 信息规则：网络经济的策略指导［M］. 孟昭莉，牛露晴，译. 北京：中国人民大学出版社，2017：113-116.

（徐晋和张祥建，2006）。形式上，这些竞争表现与非数字经济竞争表现相似，核心区别在于这些外部竞争表现均集中体现为基础创新的竞争。从这个意义上说，平台唯有依靠创新才能获得竞争地位，其通过竞争获得的垄断地位或局面是非常不稳定的，这与传统意义上企业获得垄断地位后攫夺提升价格带来的垄断利润模式不同。数字生态系统视角的研究强调，平台竞争使企业竞争从以往产业链的竞争转变为生态系统竞争。

数字经济创新极点的竞争则强调，平台竞争不仅是数字生态系统的竞争，诸多研究关注平台外部竞争而忽视平台内部竞争。根据我们对若干平台的调研和访谈，发现平台内部的竞争激烈程度甚至超过平台外部竞争，正是多轮赛马机制等激烈的内部竞争使平台可以创新数据要素应用机制来展开外部生态系统的竞争。这种内部激烈的竞争机制使平台一方面将每个岗位的分工创新到极致，另一方面又将每个岗位的创新集成到极致，形成劳动分工促进劳动生产率提高的逻辑。可以说，平台生态系统竞争既是平台内部竞争的外部结果，也是平台作为数字经济中数据要素最集中聚集场所的自然结果。

除竞争外，推动数字经济创新奇点的出现也可以较好地解决锁定问题。AI经济增长的奇点观认为，加速自我创新的AI超过人类智慧后会导致智慧爆炸，从而在有限的时间内形成加速增加的智慧，即AI越过某个加速发展的界限后，经济增长将会迎来一段前所未有的加速期，有学者预测AI奇点会在2045年前后到来（Kurzweil，2005）。区别于土地、资本、劳动等传统生产要素，数字经济主要体现为数据要素积累形成知识型的内生增长，数字经济创新的极点变化类似知识型经济增长并不一定存在上限。如果存在数字经济创新的奇点，那么，通过竞争推动数字经济创新的极点快速越过奇点，也可以解决数字经济创新的极点被锁定的问题。如果数字经济创新极点的变动不存在奇点，那么，则需要从数字经济创新、竞争及其对消费与就业的两面性影响方面来系统考察破解锁定之道，因为技术创新带来的更高生产效率会对消费形成刺激，也会对就业形成替代，但同时也存在抑制部分消费与创造新的就业机会的多重两面性，正如熊彼特关注的那样，技术创新和生产率的提高会引发对新产品所需生产要素的提升从而促进就业，但也会因工艺创新的成本降低引发更高的失业。目前，尚缺乏数字经济创新与竞争对消费与就业多重两面性影响的深入探讨。

综上所述，平台创新构成数字经济创新的极点，数据要素两面性导致平台创新既有可能促进竞争也有可能形成垄断，既有可能促进就业也有可能使就业状况更加不利。因此，需要对平台促进创新、竞争与就业的关系及其机制进行深入剖析。数字经济创新与竞争如何影响消费与就业，本质是平台创新与竞争如何影响消费与就业的问题。为探讨该问题，需要构建平台创新、竞争与就业的理论分析框架。

第二章 理论框架与分析方法

目前，数字经济创新研究既有企业微观层面的探讨，也有中观产业层面如产业数字化与数字产业化创新的分析，同时也多反映在数字经济与实体经济深度融合领域的研究。从平台经济角度来看，相关代表性研究从多个视角对平台创新、竞争与就业进行了分析和讨论，既有从逻辑推演分析、案例研究等质性分析方法来解释和阐述平台创新、竞争与就业机制的研究，也有基于定量数据来刻画和剖析平台创新、竞争与就业特征和规律的研究，或采用混合研究方法进行多层次探讨。在现有相关代表性研究基础上，本章从平台创新构成数字经济创新极点的思想及其理论框架出发，提出数字经济创新极点的"铁三角"（平台创新、竞争与就业）分析框架，以搭建本书的理论研究框架，对平台创新、竞争与就业主题进行研究设计的论述，采集相关数据，选择和确定研究方法，为本书的后续章节研究提供分析框架与研究方法支撑。

第一节 理论研究框架

一、平台创新、竞争与就业三角结构

根据图 2-1 数字经济创新极点"铁三角"分析框架，数字经济创新极点、创新模式与创新变迁相互关联。其中，数字经济创新极点刻画数字经济创新规模或生产可能性空间，数字经济创新模式刻画数字经济创新以何种方式、结构及特征而存在，数字经济创新变迁阐述影响数字经济创新的演进主线与发展方向。从数字经济创新极点内部视角来看，平台创新、竞争与就业三者的相互联系及其演进变化，是影响数字经济创新规模或生产可能性空间的关键因素，[①] 剖析平台创新、竞争与垄断、就业三者的相互联系及其演进变化，是推进数字经济创新极点理论研究发展的重要方向。具体而言，难以想象缺乏竞争与垄断的平台可以有效促进就业，因为平台促进就业本身就会形成竞争与垄断。同样，无论是促进就业，还是竞争与垄断，都会与平台创新紧密相连，即平台创新促进竞争与垄断，平台竞争与垄断促进就业，平台促进就业又会进一步推动平台创新和竞争，形成数字经济创新极点的"铁三角"结构。针对该结构搭建的分析框架如图 2-1 所示。

[①] 平台创新也促进消费，考虑到平台促进就业主要是通过零工经济方式来实现的，该方式中包含了平台与消费的内在关系，因而没有将平台促进消费单独阐述，而将此类内容纳入平台促进就业内涵中。

```
        平台创新
         ╱  ╲
        ╱    ╲
    平台竞争 ←→ 平台就业
```

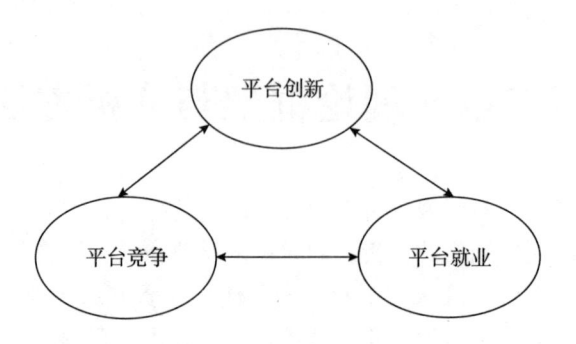

图 2-1　数字经济创新极点"铁三角"分析框架

按照熊彼特的创新定义,平台创新是指平台通过数据新生产要素的投入,或通过生产要素新组合形成的技术、产品或服务、商业模式及生态系统的活动。因此,平台创新不仅包括技术创新活动,而且包括产品创新或服务创新,还包括商业模式创新,乃至数字生态系统创新等。我们认为,平台创新与数字创新相互交叉,是两个各自独立的概念或范畴。为聚焦研究主题,如第一章所述,本书中的平台创新主要包括平台自身创新、平台促进数实融合、平台促进基础研究、平台促进产业结构高级化四个方面。

以图2-2平台促进数实融合的过程为例进一步说明平台创新的内涵。在图2-2中,在非平台情境下,无论是技术驱动(向高附加值的研发端移动)还是市场驱动(向高附加值的营销端移动),现有价值链重构研究聚焦产品主导逻辑下的传统价值曲线。然而,虽然传统价值曲线能有效指导非数字化情境下制造企业价值链转型升级,但因其侧重以产品为核心的价值环节,难以反映数字化情境下由消费者参与,企业与消费者、与合作伙伴共创所产生的服务价值。其中,服务主导逻辑是解释价值共创的核心理论思想(Vargo & Lusch, 2004, 2011)。服务主导逻辑指出,产品只是服务提供中的一种价值分配形式,而不是唯一的价值表达(Vargo & Lusch, 2008)。数字技术这一外力驱动极大地改变了既有市场的信息结构、渠道的权力结构和企业价值链的成本结构,促使企业价值链从由企业单方面主导的价值满足体系(侧重企业内部研发、品牌营销)转向由消费者参与、合作伙伴共创的价值共创体系(侧重开放式研发、跨界协作和个性化体验)。因此,以服务主导逻辑重构价值链,是提升企业价值链效率、培育核心竞争力的重要战略方向。传统制造企业要面向数字化进行价值链转型升级,切换价值频道,以服务主导逻辑重构价值链。

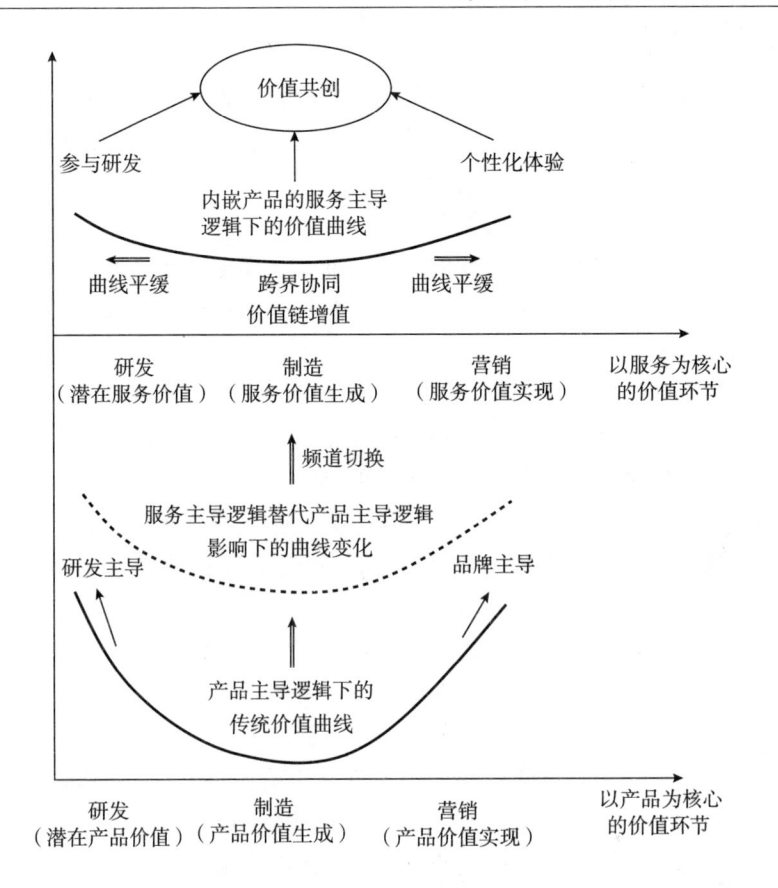

图 2-2 平台促进数实融合的创新内涵

在图 2-2 中内嵌产品的服务主导逻辑一方面强调将产品作为重要的价值媒介，协同合作伙伴实现价值生产，满足消费者所需；另一方面强调用开放、跨界、合作和个性化的共创思维来引导价值形成，创建以服务为核心的价值链结构。参与研发强调消费者在研发设计环节的价值共创，以精准的市场需求信息来引导企业产品及服务研发；跨界协同强调企业及其合作伙伴在制造环节的价值共创，以互补的异质性资源和协同运作来提升生产制造效率与效果；个性化体验强调企业与消费者在营销环节的价值共创，利用消费者个人社会网络资源和个性化产品，企业实现品牌和产品的自传播。因此，内嵌产品的服务主导逻辑下的新价值曲线在附加值维度呈现更加平缓的特征。即新价值曲线反映了数字化情境下制造企业的价值一体化：研发、制造和营销在价值生产和传递上紧密相扣，任何一个价值环节的附加值均受到另外两个环节的影响，企业只有把握好服务价值从潜在设计、生产到实现的全过程，才能为消费者提供极致的服务体验，营造多方共

· 43 ·

创的价值创造体系。

上述过程是从企业数字化转型与创新视角进行的数实融合过程描述。通过思想实验的方式考察平台促进数实融合的内涵及过程：首先，无论是以产品为核心的价值链环节还是以服务为核心的价值链环节，平台将其合并为一条，从产品转变为服务的频道切换通过平台数据要素来低成本实现。这样，相比原有价值链增值方式，平台促进数实融合的边际成本非常低，从而在产品到服务，服务到产品之间灵活切换。其次，相比于传统方式，平台撮合消费者与厂商、消费者与消费者、厂商与厂商的交易成本也非常低。因此，平台促进数实融合的投入产出比远远高于原有的企业数字化转型推动方式，由此引发平台之间的竞争。例如，微信生态（企业微信、小程序等）、阿里生态（钉钉等）、抖音生态（飞书等）纷纷进入该市场，形成平台竞争与垄断的相互促进。

平台竞争是指平台及其生态系统之间力图战胜另一方或多方的心理需求和行为活动，本质上是平台为获取稀缺资源而采取的追求利益最大化的相互争夺过程。平台竞争既是平台创新的动力和源泉，也是平台创新的结果和表现，平台竞争通常与平台垄断高度集成于一体，以区别于工业经济时代的企业垄断方式而存在。为聚焦研究主题，在本书中，平台竞争主要包括平台的市场结构创新、平台国际化竞争、中美平台企业竞争力分析三个方面。

平台就业是指平台提供的劳动职位条件、工资条件和劳动时间条件。因此，平台就业包含两个含义：一是指平台企业提供的内部职位，如滴滴、美团的正式员工或雇员；二是指平台企业提供的灵活劳动条件、工资条件和时间条件，通常指灵活就业或零工经济就业。本书的"平台就业"一词主要指灵活就业。平台发展既形成就业创造效应也存在就业替代效应的职业提供活动，平台的就业创造效应构成平台创新的重要表现方式，也是平台竞争与垄断的一种社会存在方式。

现有研究采用竞争性垄断的概念来刻画平台竞争与垄断的特征，强调竞争性垄断是高度竞争加上高度垄断的新的市场结构，是数字经济中技术竞争和创新以及标准化约束的必然结果（李怀和高良谋，2001）。这种观点强化了平台创新、竞争与垄断的三者关系，将技术创新（含标准化）视为数字经济竞争性垄断的基础或情境条件。本书中，我们进一步深化了这种认识，强调数字经济创新、竞争与垄断、就业三位一体，平台创新本身就会形成竞争与垄断，进而形成平台就业创造与替代双重效应，即平台创新驱动竞争与垄断，竞争与垄断刺激平台创新，在宏观经济发展中体现出就业创造效应与替代效应并存。

需要说明的是，平台通过有效解决信息错配问题可以有效促进消费。例如，美团问卷调查显示，如果消费者因信息不足而始终不知选择何种餐厅外卖时，33.1%的餐饮需求会从市场流失并转变为家庭内部生产，即这部分消费需求不会成为餐饮消费。其他62.1%的餐饮需求会保留在市场中，4.8%的餐饮需求会由食堂满足，但很可能属于不符合消费者初始需求的低水平满足。实证结果表明，美团平台的在线评论数量每增加1条，能够带动商户月度交易金额增长约10元。同时，这种带动作用具有持续性，在未来的4个月内还能带动月度交易金额增长5元以上。① 考虑到平台促进消费既涉及创新因素，也涉及市场竞争因素，同时与平台促进高质量就业密切相关，因而图2-1分析框架中将平台促进消费的价值通过创新、竞争和就业三者的综合来体现，而没有单独列出一个分析维度。

下面，分别阐述平台创新与竞争、平台促进高质量就业两个方面的研究设计。

二、数字经济创新铁三角

从平台作为数字经济极点视角来看，数字经济创新变迁指数字经济创新极点内一种普遍存在的主体创新方式转变为另外一种方式的过程，尤其是平台企业由单纯的信息聚集场所转变为深度介入数实融合形成新的创新方式过程。例如，随着信息技术（IT）在金融业中的普遍应用，金融业是最早完成全球信息化与管理创新的"传统行业"，银行自助柜员机（ATM）使银行业可以提供7×24不间断金融服务，股票自动交易系统的普及和应用使纽约、伦敦、东京、中国香港、新加坡等股票交易现场逐步凋零或只具有象征意义，保险电子系统为保险经纪人提供无纸化的全球移动办公环境和服务，石油、天然气、大豆等大宗期货交易系统使交易参与者全球无缝对接。电子货币乃至虚拟货币的发展，区块链技术的逐步盛行和普及应用，在原有金融与科技融合1.0版本基础上，全球金融服务市场进入到2.0融合时代，但这些进步与发展依然限制金融服务的可提供范围。基于平台的微信支付、支付宝等金融服务创新，才真正使数字金融走入菜场、士多店、街边餐饮店等普通民众的生活中，实现普惠金融服务的质变跃升。

上述表明，数字经济创新变迁也高度依赖于数字经济极点的变化，数字经济极点的每次跃迁都会带来数字经济创新模式变革与创新变迁。因此，数字经济创新极点、创新模式与创新变迁三者之间相互高度依存又相互影响。创新极点为创新模式提供基础，创新模式因数字技术及基础变革而发生变迁，创新变迁又反过来影响创新极点的变化。例如，针对平台的治理包括政府的外部治理与平台内部治理，如果通过外部治理手段强力干预平台内部治理的利益平衡机制，那么很有可能严重损害平台的客户撮合效率，导致平台难以有效发挥出规模化和流动性优势而抑制平台正常发展态势。相反，如果政府将外部治理完全交予平台内部治理来完成，平台利益平衡机制也会因为缺乏外部约束和法规而陷入平台间或平台内

---

① 刘佳昊，高宏. 大众点评助力大众消费——在线评价体系如何缓解信息错配？[R]. 美团研究院，2023.

部恶性竞争的囚犯难题困境，既使平台依赖数字技术规模化匹配供需双方需求、降低交易成本的功能难以发挥出来，又使平台难以发挥出信息服务聚集有效降低交易方信息不对称的功能，形成社会福利的总损失。

因此，在数字经济创新活动中，创新极点、创新模式与创新变迁是三位一体，构成互为犄角的互补与协同关系，三者相互影响并共同演化，本书称为数字经济创新"铁三角"（见图2-3）。在数字经济创新铁三角中，创新极点刻画创新模式与变迁的可能边界，创新变迁刻画创新模式发展与演变过程，创新模式刻画创新极点内的主体创新方式，整体刻画了数字经济创新主体以何种方式在什么阶段或范围内发展与演化。

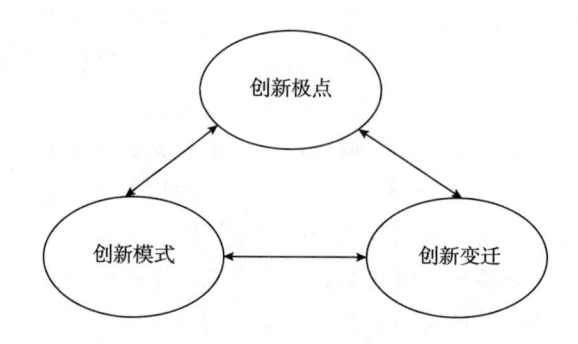

图 2-3　数字经济创新"铁三角"分析框架

同样地，数字经济创新同样存在高风险、高成本和高不确定性特征，但与传统创新的高风险、高成本与高不确定性相比，创新"铁三角"结构揭示了数字经济创新具有两个特征：①创新极点的数据要素生成性带来更高的难以预测性；②创新模式与变迁过程中企业与用户互动的适应性创新可以对冲生成性带来的创新风险与成本，创新"铁三角"自身的协同演化使不同的数字经济创新风险与收益之间落差大或方差明显，尤其在基于AI的大模型环境下，数字经济创新变迁更加受到平台创新的影响，平台推荐系统创新也必然越来越依赖于大模型中AI智能体能力的影响。

图2-3展示的数字经济创新铁三角有何理论价值？可以从以下两个焦点问题的分析来体现：①平台数据产权归属问题，如平台是否是一种具有公共品或部分公共品属性的社会基础设施？或者说，平台是否有义务向社会公众提供免费或部分免费的数据服务？②大数据交易所模式是否是数字经济创新的发展方向问题。为分析这两个问题，引入数据要素即时价值与潜在价值的概念。数据要素的即时价值指数据通过与既有要素结合被用以满足严格时空条件下存在的行动者需求时，行动者所获得的收益。数据要素潜在价值指行动者通过积累、存储和分析由

企业与用户互动形成的数字痕迹（digital traces）而产生的行动者之前没有预料到的创新价值。因此，数据要素的即时价值与潜在价值的实现与数字经济创新模式、创新极点与创新变迁紧密相关，企业与用户互动的适应性创新构成数据要素产生即时价值与潜在价值的社会行动基础。

从数字经济创新变迁来看，对于平台数据的产权归属问题而言，如果数据产生的即时价值属于公共品或准公共品，那么，平台数据的私有产权可以脱离数字经济创新"铁三角"框架。那么，数字经济中会丧失最具创造力的创新模式，平台作为数字经济创新极点的价值就不存在，数字经济创新极点变迁到其他社会主体，如传统企业或社会组织。如果是这样，数字经济将变迁回原来的不存在数字平台的经济形态，这样的经济形态似乎不再具有数字经济的创新活力和能力。针对数字经济创新"铁三角"的数据要素即时价值分析表明，平台数据的产权只能归平台所有，政府对平台数据可以监管但不能夺取，因为平台数据要素的即时价值难以像潜在价值那样可以被外部机构动态观察和掌握到，平台既不可能也没有义务向社会公众免费或部分免费提供数据的即时价值服务。

针对大数据交易所模式是否是数字经济创新发展方向的问题，由于当前数字经济的发展依然处于该经济形态的早期阶段，现阶段关于大数据交易所模式是否构成数字经济创新发展方向的讨论存在认知风险或局限，我们仅从数字经济创新"铁三角"的分析框架来探讨该问题。平台数据的即时价值与潜在价值既可以统一，也可以分别独立而存在，平台数据的潜在价值形式及其存在表明可以对平台进行外部治理，而平台数据的即时价值形式及其存在则表明在此情境下外部对平台数据的治理会出现市场失灵，因为外部数据治理规则无法适应平台数据要素即时价值的"稍纵即逝"特征的要求，意味着平台数据需要内部治理。大数据交易所模式的场内交易条件只能满足数据要素产生潜在价值的部分需求，无法满足数据要素产生即时价值的市场要求，从这个视角来看，大数据交易所模式难以成为数字经济创新发展方向，或者这种源自工业经济时代的场内交易模式需要创新，通过技术与管理方式变革以适应数据要素产生即时价值的市场要求。否则，这种交易模式难以成为平台经济的数据交易市场。或者说，大数据交易所模式不构成数字经济的创新模式，无法满足平台数据产生即时价值的市场条件而难以构成数字经济创新极点，因而大数据交易所模式难以推动数字经济创新的变迁。

三、平台创新与竞争研究框架

（一）平台创新与竞争分析框架

数字经济创新极点的思想核心是平台创新，平台引领数字经济发展或影响数字经济发展可能性空间的基础在于平台创新，平台创新与引领发展是一体的。平台竞争与创新又高度融合，因此，需要将竞争与垄断结合在一起来考察其如何实现对数字经济发展的引领作用。从不同理论视角会形成不同的理论研究框架。从创新视角和市场化视角探讨平台促进发展和市场竞争的问题，拟采用案例研究与实证研究相结合的混合方法展开。首先，开展企业案例研究，根据案例研究结果搭建实证研究框架，选择实证研究方法，具体如图 2-4 所示。

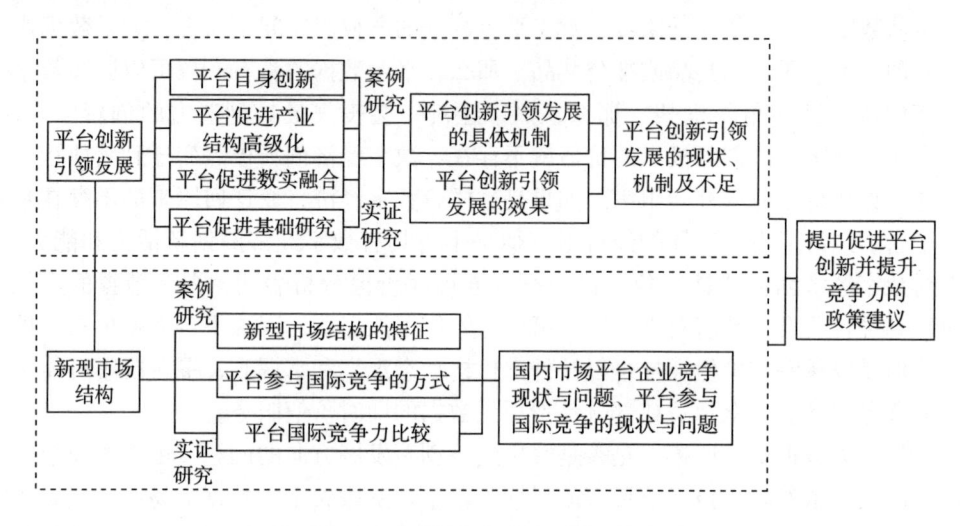

图 2-4 平台创新与竞争研究的逻辑主线

平台创新主要包括平台自身的创新、平台促进产业结构高级化、平台促进数实融合、平台促进基础研究四个部分，总体设计逻辑采取归纳与演绎相结合、定性与定量相结合方法来实现。具体如下：

在平台创新引领发展上，首先，采用案例研究揭示平台创新引领发展的过程机制。基于实证研究和案例研究的结果得到平台创新引领发展的现状、机制及特征。其次，采用实证研究从平台自身创新、平台促进产业结构高级化、平台促进数实融合、平台促进基础研究四个方面揭示平台创新引领发展的效果及未来方向，如从数字经济灵活就业新业态发展水平视角刻画平台创新，实证检验平台创新对产业结构高级化的影响特征。

在平台创新引领发展的分析基础上开展平台竞争分析，拟重点探讨平台创新形成的新型市场结构，通过案例研究主要揭示在国内市场中新型市场结构在竞争以及垄断等方面的特征，再通过案例研究阐明平台参与国际竞争的方式。基于案例研究结果开展实证研究，通过实证研究剖析中国平台企业的国际竞争力，重点分析中美平台企业的国际竞争力，阐明中国平台企业国际竞争力的现状及特征。

（二）以数字经济灵活就业新业态刻画平台创新

如前所述，平台创新既可以从技术创新视角来刻画，也可以从产品和服务，或商业模式视角来刻画，为体现平台创新、竞争与就业的相互关系，本书从数字经济灵活就业新业态发展视角来刻画平台创新。

在理论上，数字经济灵活就业新业态发展的基础在于有效需求。通常，有效需求指总需求与总供给相等时的社会总需求量，包括消费需求和投资需求。有效需求理论认为，社会就业量由有效需求决定，有效需求不足是导致大规模失业的原因。边际消费倾向递减、资本的边际效率递减、流动性偏好构成有效需求不足的三个主要原因。其中，边际消费倾向递减是有效需求不足的重要原因。边际消费倾向是消费增减量与可支配收入增减量之比值，表示每增加或减少一个单位的可支配收入时消费的变动情况，消费习惯是构成边际消费倾向的重要影响因素（李春风等，2012）。研究表明，个体消费习惯对于个体消费倾向具有负向影响，且使消费呈现出平滑特征（Campbell & Cochrane，1999；宋冬林等，2003；艾春荣和汪伟，2020；臧旭恒等，2020）。

在数字经济情境中，一方面，外卖配送等数字经济新业态依托移动互联网扩大了信息获取渠道，有助于居民消费习惯的改善和消费质量的提升，刺激新的消费需求产生（马香品，2020）；另一方面，外卖配送等数字经济新业态依托数字技术应用使复杂交易直接在线上完成，交易活动不再受时空限制（陈冬梅等，2020），消费者可以灵活选择消费时间和消费地点，创造新的消费需求，增加居民的即期消费支出（杜丹清，2017）。根据有效需求理论，外卖配送等数字经济新业态有效改变了居民的消费习惯，且打破了传统消费习惯对于居民消费倾向的负向影响，提升消费者需求（荆文君和孙宝文，2019）。基于平台形成的外卖配送服务不仅刺激消费需求，而且通过提升全社会的服务标准化推动产业结构转型升级，外卖配送等服务标准化不仅通过多种方式提升或改善居民收入，而且推动服务消费在城乡、区域之间的均等化，同时提高部分服务商品的普惠程度，使数字经济增值服务向社会基层延展。可以认为，从有效需求理论视角来看，依托于数字经济新业态诞生的灵活就业新业态的发展水平，本质上体现了数字经济新业态对社会有效需求的提升作用。

现有研究主要从两方面考察数字经济灵活就业新业态的特征：一是业态活跃规模，二是业态灵活水平。在业态活跃规模方面，研究表明，通过在线劳动力平台的劳动者数量度量数字经济灵活就业新业态的发展规模并发现该业态的规模与失业率高度正相关（Huang et al.，2020）。此外，部分研究通过零工经济平台进入时间来间接度量数字经济灵活就业新业态发展规模，并分析该业态活跃规模对创业活动的影响（Brutch et al.，2018；莫怡青和李力行，2022；Barrios et al.，2022）。在业态灵活水平方面，现有研究通过网约车司机的样本表明工作时间的灵活性是吸引劳动者参与灵活工作的重要因素（Hall & Krueger，2018）；且数字经济灵活就业新业态劳动力的灵活性偏好构成影响劳动者工作时长的主要原因（Chen & Sheldon，2016；张杉杉和杨滨伊，2022）。据此，我们从有效需求理论视角提出数字经济灵活就业新业态发展水平的概念，指数字经济灵活就业新业态发展的程度或状态，反映了对社会有效需求的影响程度或状态。同时，认为可以从业态活跃规模和业态灵活水平两个维度来度量数字经济灵活就业新业态的发展水平。

（三）平台创新促进产业结构高级化分析框架

从动态视角来看，城市产业结构变迁包括产业结构合理化与产业结构高级化两个维度。由于数据限制，本书只考虑平台创新对产业结构高级化的影响。产业结构高级化指由第一产业转向第二产业进而向第三产业演进的过程，主要通过第三产业与第二产业之比来衡量（干春晖等，2011）。理论上，一个国家（地区）产业结构的变动通常与该国（地区）的消费需求、要素禀赋等密切相关（汪伟等，2015）。如前所述，数字经济灵活就业新业态的发展水平本质上提升了数字经济对消费需求的提升作用，而消费需求变化是产业结构变化的动因，消费需求的提升会推动产业结构的高级化（茅锐和徐建炜，2014；汪伟等，2015）。因此，以数字经济灵活就业新业态发展来刻画平台创新能够有效推进产业结构高级化。

根据平台企业发布的就业报告，数字经济灵活就业新业态吸纳了大量传统第二产业的劳动力，这样，当数字经济灵活就业新业态的发展水平过高时，此时该业态对消费需求的提升作用相对有限，但大量第二产业的劳动力会向该业态迁移，从而使第二产业相对就业人数减少，相对就业人数的减少会促使该产业的变革，从而使该产业得到快速发展（高波等，2012），进而不利于产业结构的高级化。我们认为，数字经济灵活就业新业态与产业结构高级化存在倒"U"形关系。

研究表明，要素供给结构变化在推动产业结构转型的同时也决定了要素分配结构和收入水平（Acemoglu & Guerrieri，2008；Alvarez-Cuadrado et al.，2017）。数字经济灵活就业新业态的业态灵活性高使既有劳动力要素的供给结构发生变化，一方面，劳动者通过利用闲暇时间参与其中获取相对稳定的收入（莫怡青和李力行，2022），尤其是能够为失业者提供稳定的收入来源（Huang et al.，2018）。这一点对于中国低收入群体尤其重要，因为超过30%的低收入状态与机会因素差异相关，就业选择是陷入低收入陷阱的关键传导机制之一（史新杰等，2022）。数字经济灵活就业新业态为中国社会低收入群体不仅提供了稳定的收入选择机会，而且提供了从低收入、中低收入到中等收入的平滑过渡机会。另一方面，数字经济灵活就业新业态基于平台形成服务标准化与规模化，使劳动力要素投入产出效率相对较高，因而新业态的收入具有相对高于部分传统产业收入的特征（Hall & Krueger，2018；丁守海等，2022），即数字经济灵活就业新业态的发展能够有效提升居民的收入水平。研究表明，居民人均可支配收入与人均消费支出高度正相关（方福前，2009），消费需求的提升能够推动产业结构高级化（茅锐和徐建炜，2014；汪伟等，2015），因此居民收入水平的提升能够推动产业结构高级化。然而，当数字经济灵活就业新业态发展水平过高时，该业态活跃规模不断扩大，大量传统产业劳动力涌入该业态，劳动力之间的竞争加剧，会导致劳动力要素市场发生扭曲使产业结构失衡，反而不利于居民收入水平的提高。此外，新业态的发展水平过高也意味着业态灵活性过高，说明经济结构的稳定性较差，劳动者难以从该业态获取稳定的收入。这样，数字经济灵活就业新业态发展水平过高时，新业态的发展反而不利于居民收入水平的提高。我们认为，收入水平在数字经济灵活就业新业态发展水平与产业结构高级化之间起到中介作用。

四、平台促进高质量就业研究框架

研究表明，平台促进就业主要通过就业规模的扩张、就业结构的优化升级两个主要层面来体现。其中，平台促进就业的规模扩张形成就业促进效应，但其中同时包含平台替代就业效应的综合结果。虽然平台促进就业的结构优化升级可以从多视角、多层次、多学科来分析，但依然形成较为共识的研究结论和研究框架。据此，基于现有理论，本书将从规模测算与结构分析两个层面来探讨平台对高质量就业的促进作用，并基于规模测算与结构分析的主要结论，提炼平台促进高质量就业的措施与政策。本书对此的理论框架如图2-5所示。

图2-5 平台促进高质量就业的理论分析框架

由图2-5可知，平台促进高质量就业的难点有三个：①如何较为准确测算平台对全社会的实际贡献，这既需要理论指导也需要采取多种方法进行相互验证与矫正，本书采取定性与定量研究相互结合的方式来解决该难题。②如何较好对平台促进高质量就业的结构优化升级进行刻画，本书也采取定性与定量研究相结合的方式来解决。③如何针对平台促进高质量就业进行针对性的政策分析，本书依托数字经济公平与效率不完全相悖理论来解决这个难题。因此，本书强调基础理论与实践参照相结合，案例或质性研究与量化研究相结合，构成理论分析框架。

(一) 平台促进高质量就业的规模测算框架

在规模测算上，借鉴数字技术、智能化和数字经济对就业的促进效应与替代效应的理论框架与研究结论，本书提出平台影响高质量就业的内涵式与外延式理论框架。内涵式创造就业与外延式带动就业构成平台促进高质量就业的双模式机制，构成平台促进高质量就业的基础，双模式分析框架如图2-6所示。

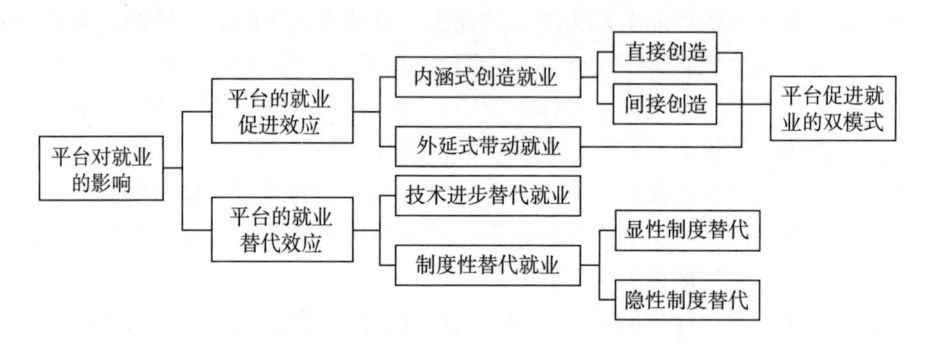

图2-6 平台促进高质量就业的规模测算框架

图2-6中平台影响就业同时存在两种不同效应，即促进效应与替代效应。平台就业促进效应是指平台发展通过提升规模、创造新岗位、促进就业转移等方式所创造的就业岗位。平台就业替代效应指以人工智能技术等为代表的数字技术对于传统劳动要素的直接替代（Acemoglu & Restrepo，2018；胡拥军和关乐宁，2022）。

在平台就业促进效应中，存在内涵式创造就业与外延式带动就业两种方式。通常，内涵指概念所揭示事物的本质特征，外延是指概念所反映的本质属性的全部对象，内涵式发展指以事物的内部因素作为动力和资源的发展模式，外延式发展主要是数量增长、规模扩大、空间拓展等（唐清泉和张芹秀，2008；唐保庆和宣烨，2016）。据此，本书将平台内涵式创造就业定义为平台通过技术创新（含商业模式创新等）提高全要素生产率，及通过改变要素组合提高要素配置效率形成的就业带动成效。

具体而言，平台内涵式创造就业是指平台通过创造新兴就业岗位等方式来增加的就业，如公众号运营、小程序开发等，形成"从无到有"式的就业方式。在宏观层面，平台基于数据网络外部性和双边市场特性衍生新兴商业模式，创造新职业和新就业岗位，构建诸多新业态。外延式带动就业是指平台通过提升生产效率，促进规模扩大所拉动的就业，如以往邮政邮递员扩大为快递公司的快递员，形成"从有到多"式的就业方式。

平台内涵式创造就业分为直接与间接两种方式。平台内涵式直接创造就业是指平台发展通过直接创造新兴就业岗位、促进就业转移等方式促进就业。平台内涵式间接创造就业是指平台通过带动产业链上下游的发展而创造的就业岗位。同时，内涵式间接创造就业还包含平台作为重要的信息渠道改善就业技能结构，促进劳动力供给与需求匹配等间接影响。

本书中，高质量就业是指社会就业机会的形成是以内涵式创造为主的就业方式。从就业规模的内在比重角度来看，如果内涵式创造的就业规模超过新增就业规模的50%以上，可以称为社会进入高质量就业阶段。或者，从内涵式创造的就业规模与外延式带动就业的规模比重角度看，如果平台内涵式创造的就业规模是其促进就业规模的2/3及以上，平台促进的就业就可以称为高质量就业。通俗地说，高质量就业是指以"从无到有"增加的就业为主的就业方式。

上述从就业规模的内在结构对高质量就业概念的界定，与既有文献对高质量就业或就业质量评价维度之间不是相互排斥关系，而是一种相容关系，只是从不同维度和视角对高质量就业的界定而已。在平台促进高质量就业的规模测算上，本书不仅关注平台就业的促进效应，也关注平台就业的替代效应，且认为只有对平台就业的替代效应的认真分析与统计，才能更好地认识和了解平台促进高质量就业的更贴近现实的价值和贡献。因此，如图2-6所示，本书通过测算平台的促进就业效应与替代就业效应，计算获得平台净创造就业的规模。参照前面的判断标准，根据对净创造就业的贡献比重，判断平台促进就业是否属于高质量促进就业。

1. 平台内涵式直接创造就业

平台内涵式直接创造就业是平台促进就业的关键特征。根据中国劳动和社会保障科学研究院基于微信生态研究完成的《数字生态就业创业报告（2022）》数据，以微信公众号、小程序、视频号、微信支付、企业微信等共同构成的微信数字生态，在2021年衍生的就业收入机会达到4618万个，同比增长25.4%。现有文献研究也强化了该结论，例如，认为平台经济通过建立各种数据模型和算法实现人机互动与协调，自动和半自动完成各项任务，促进生产方式和商业模式的变革，创造大量新的就业岗位（Levy，2018）。同时，平台经济因为设备创新、产品创新和模式创新，可以比其他通用技术产生更为明显的就业创造效应（Katz et al.，2019；Graetz et al.，2018）。此外，以数字经济、共享经济为研究对象的国内外文献也有类似结论，如认为城市数字经济发展显著降低了劳动力不充分就业概率，尤其是共享经济的发展一定程度上可以降低劳动力失业程度（陈贵富等，2022；Mhlanga，2020）。

2. 平台内涵式间接创造就业

平台内涵式间接创造就业不仅包含平台依托自身的业务带动产业链上下游的

就业，还包含着平台作为重要的信息渠道来改善就业技能结构，促进劳动力供给与需求的匹配等影响。现有实践或学术研究均揭示了这一特点。在带动产业链上下游就业方面，中国人民大学劳动人事学院发布的就业报告显示，滴滴平台通过网约车业务大力带动了汽车产业上下游的就业。除了带动产业上下游就业以外，平台内涵式间接创造就业还将产生额外影响，这主要体现在以下两个方面：①平台作为数字经济时代重要的信息传播渠道或载体，大量劳动力可以依托平台获取相关市场知识或劳动供需信息，并由此提升劳动者的职业化技能水平。例如，通常人们可能会认为平台骑手的高收入来自投入时间长，但研究发现，虽然数字技术降低了劳动者进入外卖骑手岗位的门槛，但并没有降低该岗位对职业技能的高要求，骑手之间的劳动技能水平依然构成骑手收入差别明显的关键因素。外卖骑手的职业技能包括人际沟通能力、情绪调节能力、主动学习能力、操作生产工具能力、处理突发与异常情况能力、数字技能以及即时时空规划技能等，[①]掌握和不断提升这些技能才构成骑手高收入的职业基础。②平台数据集成使社会信息传递功能可以有效地连接劳动力的供给与需求，促进劳动力供给与需求之间的匹配，从而促进社会的有效就业。

3. 平台外延式带动就业

平台外延式带动就业主要是指各类平台发展促使企业等主体的效率提升以及规模扩张从而带动劳动力需求增加。平台外延式带动就业的效果集中体现在工业互联网平台上，目前尽管尚未有严格的学术研究揭示上述作用，但相关的数据统计在一定程度上展现了平台外延式带动就业的作用。例如，2018年2月，伦敦经济学院经济发展中心对1993~2007年17个国家的数据研究发现，增加机器人使用会使年度劳动生产率提高0.36个百分点。

4. 平台的就业替代效应

平台产生就业替代效应主要来自两个方面：①平台更高的生产率导致劳动力需求减少，因为平台的技术进步对就业形成"创造性破坏"，技术进步既降低当前工作岗位价值、缩短工作岗位的生命周期而减少劳动力需求，又促进人力资本价格提高，降低企业利润而影响企业进入市场和创造工作岗位的空间（Aghion & Hoowitt, 1994；戚聿东等，2020）；②平台创新形成新的市场结构引发社会经济的技术性失业，即技术进步直接替代部分传统岗位，如一线操作工被人工智能设备直接替代等。例如，1900年，41%的美国人在农业部门工作，2000年该比例仅2%。同时，随着技术进步，与1999年版《中华人民共和国职业分类大典》相比，2015年版中话务员、制版工等894个职业被取消（胡拥军和关乐宁，

[①] 美团研究院调查研究报告《外卖骑手的职业技能与技能形成研究》，2023年5月18日第8号。

2022)。平台的这两类就业替代效应本质上来自技术创新的替代，而非制度性替代。

因此，平台的就业替代效应主要是因为以平台发展为代表的技术革命显著提升了资本的积累效率，降低了劳动力要素的比较优势，从而使劳动力市场上出现大量机器替代人的现象（Acemoglu & Restrepo, 2019；王林辉等，2020）。而平台发展对于就业的替代效应主要体现在计算应用类平台上，其中工业互联网平台最为明显。工业互联网平台的快速发展，将助推大量的工业企业实现自动化与智能化。

根据麦肯锡预测，伴随着自动化、智能化的趋势，到 2030 年，中国将至少有 1.18 亿人被人工智能或机器人替代，另外有 700 万～1200 万人转换职业，表明以智能化水平的不断提升将会促使部分劳动力失业，且这种趋势伴随着数字经济创新的深化程度会不断强化（Acemoglu & Restrepo, 2018；王永钦和董雯，2020）。此外，围绕 AI 的实证研究也发现类似结论，如欧盟 15 国的机器人化与新兴经济体机器人化程度更高的行业或部门就业率下降有关（Gravina & Pappalardo, 2022），因为机器人的普及对相关区域的就业和工资产生了强烈的负面影响，从而对以工业经济为基础的社会就业结构形成冲击和重构（Acemoglu & Restrepo, 2020）。

（二）平台促进高质量就业的结构分析框架

从结构层面来看，平台促进高质量就业会形成三个方面帕累托改进，即促进就业的产业与行业结构升级，推动就业技能结构优化，促进就业的区域均衡与社会公平。其中，就业的产业结构是指各类各层级劳动者在第一、第二和第三产业上的数量分布（杨伟国和吴邦正，2022）；就业的行业结构是指各类各层级劳动者在具体行业上的数量分布；而就业的产业结构与行业结构升级主要表现为劳动力由其他产业向第三产业迁移，由低端行业向高端行业迁移。

总体来看，就业的产业与行业结构升级、就业的人力资本提升，明显体现了平台创新在推动社会经济创新发展、提升经济增长效率方面的重要价值，就业的区域均衡与社会公平则提升平台在推动协调发展，保障经济增长的公平性方面的重要价值，即平台对于就业结构的影响能够兼顾效率与公平，从而全面促进高质量就业（赵涛等，2020；谢康等，2021；白雪洁等，2022）。据此，本书提出如图 2-7 所示的平台促进高质量就业的结构分析框架，为后续研究提供思路与方向指导。

由图 2-7 可知，可以从就业的产业与行业结构升级、就业的人力资本提升，以及就业的区域均衡与社会公平、数字经济灵活就业新业态四个方面展开对平台促进高质量就业的结构分析，从而刻画平台创新发展对高质量就业中创新与效率、协调与公平维度的综合影响。

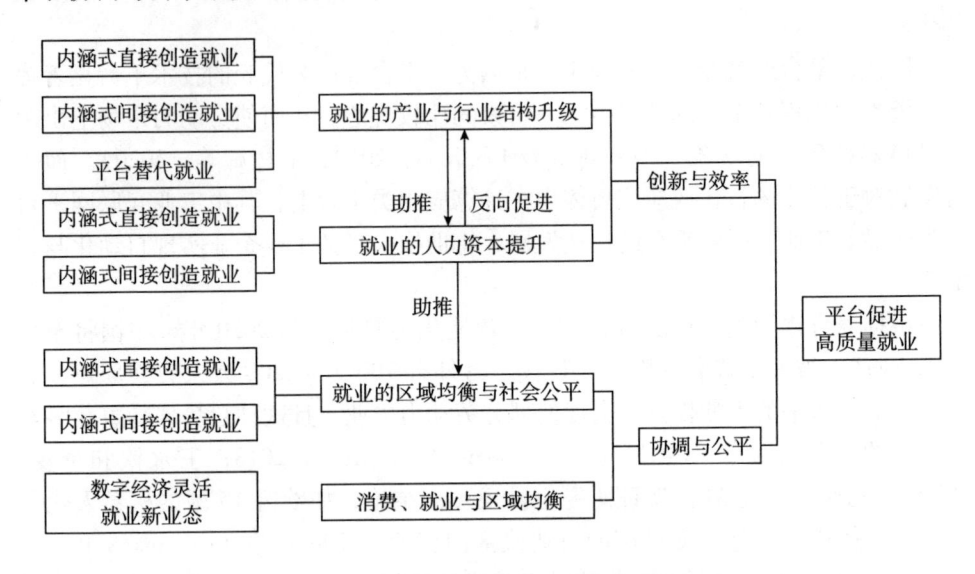

图 2-7　平台促进高质量就业的结构分析框架

1. 创新与效率

首先，探讨平台内涵式直接创造就业与就业的产业与行业结构。平台内涵式直接创造就业影响就业的产业结构。具体地，平台通过创造大量的第三产业新兴岗位，提升第三产业的就业吸纳能力（杨伟国等，2018）。可见，平台内涵式直接创造就业将促进劳动者由第一、第二产业向第三产业迁移，从而促进就业的产业结构升级。

大量以数字经济为研究对象的研究也获得类似结论，如认为数字经济带来的消费互联网（以数字金融为代表）的发展促进了农村低技能劳动力向低技能偏向的数字化非农行业流动，数字经济所带来的工业互联网（以自动化和智能化为代表）的发展促进了农村高技能劳动力向高技能偏向的数字化非农行业流动（田鸽和张勋，2022）。又如，认为数字经济发展水平的提高减少了就业市场对第一产业和第二产业劳动力的需求，增加了对第三产业劳动力的需求（武可栋等，2020。或者认为，数字经济有利于提高第三产业就业占比，降低第一、第二产业的就业占比，劳动力从第一、第二产业向第三产业转移（郭东杰等，2022）。

平台内涵式直接创造就业影响就业的行业结构。具体地，就业的行业结构是指各类各层级劳动者在具体行业上的数量分布。平台经济因为设备创新、产品创新和模式创新，可以吸纳大量就业（Katz et al.，2018；Graetz & Michaels，2018）。数字经济的快速发展将助推劳动力由低端行业向高端行业迁移，提升高技术制造业的就业占比,减小低技术制造业的就业占比,推动劳动力由低技术部门向高技术部门转移(武可栋等,2020;郭东杰,2022)。在此过程中,由于劳动力素质有限,平台的快速发展会使大量高端行业的低素质劳动者失业,同时衍生大量低端行业的就业岗位,如快递员、网约车司机等(杨伟国和吴邦正,2022)。

实证表明,平台发展与就业的行业结构之间的"U"形关系。在平台发展的基础阶段,虽然高技术行业运用了高水平的科学技术,但没有给本行业带来更多的就业机会,而是将那些跟不上技术需求的低素质劳动者排挤出高技术领域;在平台发展达到一定水平之后,由于人力资本的积累和劳动者素质水平的进一步提高,高技术行业得到较大规模的发展,并创造了大量新的岗位和新的业态,从而吸纳大批劳动者(杨伟国和吴邦正,2022)。总的来说,现有研究认为,平台发展对于就业行业结构存在双重影响,一方面使大量制造业工人失业,高端行业劳动力需求增加,另一方面又创造大量新兴的低端服务业就业岗位,平台对就业结构的影响表现出正面与负面并存的两面性特征,即平台对就业的替代效应与创造效应并存。

其次,探讨平台的就业替代效应与就业的产业或行业结构。正是由于平台的就业替代效应,工业机器人的普及使得低技术行业和劳动密集型行业出现大规模的失业现象,即工业自动化和智能化技术的引进,会导致大量传统工业企业的劳动力被替代成为普遍现象(王文,2020;杨伟国等,2018)。现实中,新近的各类数据也直接或间接验证了上述结论和观点,根据国家统计局的数据,2013～2020年城镇单位制造业的就业人数连续七年处于下降状态。

最后,探讨平台内涵式创造就业与就业的技能结构。平台内涵式直接创造影响就业的技能结构。就业技能结构主要指就业者的学历结构,即不同学历的就业人数分布情况,就业技能结构的优化则是指高学历就业人数占比提升。例如,机器人的采用将激励企业雇佣更多高技能和高学历的工人,从而在企业的就业结构中引入技能偏向的发展(Tang et al.,2021),这种数字化投入也对我国行业内就业结构产生影响,呈现中高技能占比上升和低技能占比下降的"有序递进升级"模式,表明经济结构的平台化创新会促进高质量就业(杨先明等,2022;丛屹和闫苗苗,2022)。具体而言,平台创新形成的网络化消费和交易提高了社会工作的灵活性,不仅为低技能劳动力提供了大量的自由工作机会,而且促进了农村低技能劳动力向低技能偏向的数字化非农行业流动,尤其是数字平台可以借助电商消费的模式,促进贫困地区劳动力就业(刘皓琰和李明,2017;田鸽和张勋,2022;邢小强等,2021)。

现有相关代表性研究普遍认为,平台创新带来的零工经济模式为低学历、低技能劳动者提供了就业机会,为不同社会阶层带来了更多的工作选择(莫怡青和李力行，2022；Cutolo & Kenny，2019），因为平台创新使数字技术在社会得到广泛运用，但平台创新并没有发展到对大量低学历劳动者进行替代的程度，相反还吸纳了较大规模的低技能、低学历劳动者，如平台骑手、跑腿、网约车司机等（杨伟国和吴邦正，2022）。同时，随着平台创新水平达到一个新高度后，大量网络平台、短视频、微信群得到开发与应用，平台创新带来的就业创造效应会更加明显，催生大量新兴的技术性行业和岗位，形成新业态或新产业。平台创新会形成越来越高的职业招聘要求，这种信息在市场的传递会激励劳动者利用各种教育和培训手段主动或被动地提高个人学历和素质水平，从而使高技能水平的劳动者就业规模得到扩大。

综上可以认为，平台创新对于社会就业技能结构的变动具有双重影响，平台一方面创造的部分新兴就业岗位吸纳了大量低技能劳动力，另一方面也创造大量高技能要求的岗位且依托信息载体功能不断提升劳动力技能水平。

2. 协调与公平

关于平台创新如何影响社会协调与公平的问题，现有相关代表性研究主要聚焦平台内涵式直接创造就业与劳动者收入、平台内涵式直接创造就业与劳动者工作选择两个方面展开探讨。首先，现有研究探明了平台通过直接促进就业提高了劳动者收入水平提高。2019年中国劳动和社会保障科学研究院《中国网约车新就业形态发展报告》显示，2019年滴滴网约车司机（含专职和兼职）的平均月收入为2522元，在一线城市则超过5000元。2021年美团研究院《骑手职业特征与工作满意度影响因素分析》显示，2020年美团骑手的月均收入为4950.8元，其中专送骑手月均收入达到5887元，有7.7%的骑手月均收入超过10000元。同期，国家统计局数据显示，2020年农民工月均收入4072元。因此，相关研究多认为平台创新有助于优化就业结构，通过增加劳动者的收入使劳动报酬和劳动保护得到进一步提升（戚聿东等，2020；丁守海等，2022）。其次，现有研究从零工经济视角探讨平台内涵式直接创造就业与劳动者工作选择。一般地，零工经济指灵活工作者从事的经济活动，主要表现为在线劳动力市场及基于应用程序的按需工作（Work-on-demand Via App）。零工经济的工作岗位通常基于平台产生的订单，每个订单的完成都类似于一条虚拟的生产线（吴清军和李贞，2018）。由于平台创新打破了原有市场的时空限制，创造大量灵活就业岗位使零工经济规模得到壮大，从而对现有劳动力的工作性质和就业选择产生了社会化影响。

从平台促进社会工作性质变革视角来看，平台创新影响现有劳动力的工作性质主要体现为许多工作由线下向线上转变。例如，零工就业的两种形式主要为"在线劳动力市场"和"基于应用程序的按需工作"。其中，"在线劳动力市场"主要通过平台在全球范围内匹配组织与个人进而提供远程服务，更多地适用于知识密集型的产业，如众包程序员、直播带货员、在线咨询人员等。这类工作的各个环节，包括实际的工作任务在内，都在线上开展。"基于应用程序的按需工作"主要通过即时匹配本地范围内的供给与需求而产生，多属于劳动密集型服务业，常见工作包括网约车司机、外卖骑手、代驾司机。这类用工的实际工作任务在线下完成，但劳动的供需匹配、工资结付、评价监管等环节在线上完成（李力行和周广肃，2022）。

从平台促进社会就业选择的视角来看，平台创新影响劳动者就业选择主要体现为三个方面：①平台创新使许多劳动者从固定工作转向灵活就业。由于平台发展衍生了大量的灵活就业岗位，如网约车司机、外卖骑手等，由于其工作的灵活性、低门槛等，大量的劳动力成为灵活就业者。根据滴滴公司的报告，2020年6月滴滴旗下有1166万名注册网约车司机。阿里研究院估计，中国零工经济从业者到2036年可能会达到4亿人的规模。②平台创新使劳动者从单一职业向多元就业转变。平台衍生就业岗位的灵活性，零工从业者可以自主决定在哪个平台工作，也可以更加具体地决定在哪个时间段为哪个平台工作多长时间，使一人从事多种职业成为一种新趋势（李力行和周广肃，2022）。③平台创新影响劳动者创业。例如，零工经济通过给失业或就业不足的人群提供相对稳定的收入机会（Fos et al.，2019；Jackson，2022），提高劳动者选择创业的机会成本，使部分人会从创业转向打零工，这在网约车司机市场中体现为零工经济会挤出自我雇佣型的创业活动，在外卖平台上零工经济则会挤出低质量、生存型的创业活动（Burtch et al.，2018；莫怡青和李力行，2022）。

综上所述，平台创新促进了劳动者由固定工作向灵活就业、由单一职业向多元就业转变，并明显形成就业创造效应，但也在不同程度上会同时抑制劳动者的创业活动，形成局部领域的创业抑制效应。总体来看，平台创造就业的综合成效远超过其对就业的局部抑制作用。且由于平台打破了时空的限制，平台就业收入相对可观，部分岗位就业门槛相对较低，故平台吸纳了大量弱势群体就业，如退伍军人、残疾人等。为此，本书在数字经济灵活就业新业态分析框架下，以灵活就业新业态来刻画平台的总体创新，以新业态内的就业灵活度来反映平台创新的一个侧面，探讨就业灵活度对消费、就业和区域均衡的影响。

（三）平台促进高质量就业的研究逻辑

如图2-7所示，笔者在2022年2~7月在南方两个二线城市对某外卖平台和某电商平台运营企业及高管团队进行4次实地调研与结构性访谈交流，2022年2月在南方某二线城市进行第一次实地调研与访谈（线下一次，线上两次），4月中旬进行第二次实地访谈与交流，6月中旬进行第三次实地访谈与交流，7月下旬进行第四次实地访谈与交流，共形成3万多字的访谈与交流笔记。根据前期实地调研与访谈交流，为构建平台促进高质量就业的规模测算框架与结构分析框架，主要采用定性研究与定量研究相结合的方法展开，具体分为三步（见图 2-8）。首先，为提炼图 2-6、图 2-7 分析框架中的主要概念及其关键概念，为计量分析和问卷调研提供概念和理论支持，本书采用案例研究方法，选择并详细剖析腾讯课堂平台促进就业的过程，以回应数字经济情境下平台促进高质量就业的具体过程与理论机制。其次，在案例研究基础上，采集相关数据，建立计量模型进行计量分析，并基于问卷数据，剖析平台促进高质量就业的过程与结果。借助案例研究的典型素材和数据对实证研究结果进行佐证或解释。最后，综合案例研究与实证研究结论，形成平台促进高质量就业的规模测算，及平台促进高质量就业的结构分析，综合规模测算与结构分析，提出相应的平台促进高质量就业的政策分析框架，依托该框架提出措施与政策建议。

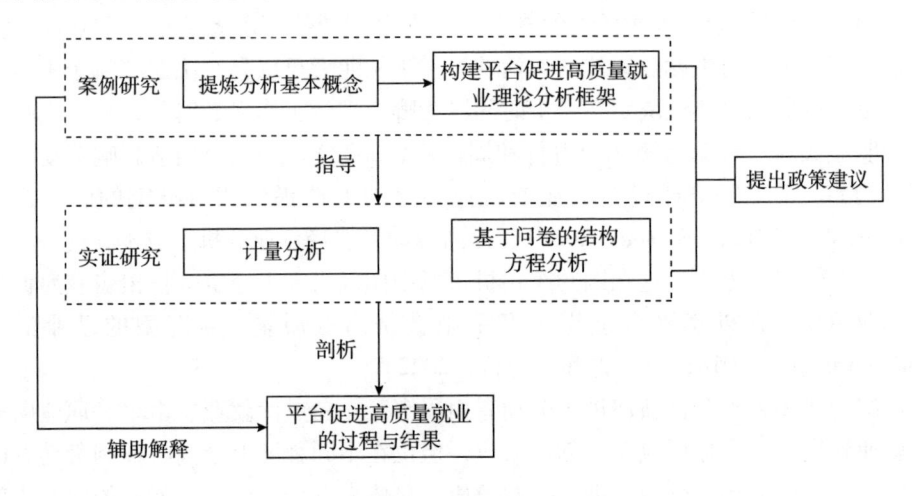

图 2-8　平台促进高质量就业研究逻辑

上述研究的总体设计逻辑采取归纳与演绎相结合、定性与定量相结合方法来实现。

第二节　案例研究

一、平台创新与竞争的案例研究设计

本书中的案例研究语境也包含企业或网络民族志等质性研究方法。为了更深入探讨平台创新与竞争，项目采用案例研究方法，且该案例研究方法是以实证主义哲学观为基础的。首先，依据理论抽样和极端性原则，本书选择腾讯及旗下的微信（含微信的部分客户）、阿里及旗下的钉钉、百度、京东、美团、滴滴、TikTok 等中国在创新及国内与国际竞争领域较具代表性平台为案例研究对象，并

对各平台创新或国际竞争情况进行基本介绍。其次，本书中的案例数据收集渠道包括关键人物半结构化访谈（见本书附录一）、田野观察、二手资料数据、企业内部文本数据、公众号发布信息等。通过上述多渠道数据的三角验证分析，可以提高案例结论的真实性与可靠性。最后，基于相关代表性文献，采用数据压缩、数据陈列和结论验证循环迭代，逐步提炼出平台创新与竞争的内在理论机制。该理论机制构成后续实证研究的依据和基础。

（一）案例样本选择

根据典型性和理论抽样原则，本书主要选择腾讯（微信生态、腾讯课堂等）、阿里（含钉钉、阿里云）、字节跳动（含飞书、TikTok）、百度、滴滴、美团等中国平台经济创新发展中具有影响力的部分平台，作为案例研究的主要对象。同时，兼顾对非主流平台创新与竞争市场的关注。诚然，我们不认为上述案例研究对象可以代表中国平台经济创新的全部，但认为已经基本具备代表性或典型性特征。下面，根据访谈数据和二手资料，对本书涉及的主要案例研究对象进行简要介绍。

1. 腾讯（微信平台、腾讯课堂等）

深圳市腾讯计算机系统有限公司成立于 1998 年 11 月，2022 年营收 5545.52 亿元。腾讯多元化的服务包括社交和通信服务 QQ 及微信/WeChat、社交网络平台 QQ 空间、腾讯游戏旗下 2004 年腾讯公司在中国香港联交所主板公开上市（股票代号：00700）。腾讯入选 2018 年世界品牌实验室编制的《2018 世界品牌 500 强》，入选 2019《财富》世界 500 强。2021 年 9 月，入选"2021 年中国民营企业 500 强"榜单，排名第 6 位。截至 2022 年，腾讯公司公开申请专利数量达 6.2 万件，近年专利申请数量在全球互联网公司中排名第二。微信是腾讯公司于 2011 年 1 月 21 日推出的一个为智能终端提供即时通信服务的免费应用程序。截至 2023 年 6 月 30 日，微信及 WeChat 的合并月活跃账户数 13.27 亿，同比增长 2%。

2. 阿里（钉钉、阿里云等）

阿里巴巴于 1999 年 9 月成立，2017 年入选 Brand Finance 发布年度全球 500 强品牌榜单。阿里巴巴已经形成了一个通过自有电商平台沉积以及 UC、高德地图、企业微博等端口导流，围绕电商核心业务及支撑电商体系的金融业务，以及配套的本地生活服务、健康医疗等，囊括游戏、视频、音乐等泛娱乐业务和智能终端业务的完整商业生态圈。在区块链、人工智能领域的创新水平居于全球前列。钉钉（DingTalk）是阿里巴巴旗下企业级智能移动办公管理平台，于 2015 年成立，钉钉赋能了大量中小企业的数字化转型。

3. 字节跳动（飞书、TikTok 等）

字节跳动（北京抖音信息服务有限公司），成立于 2012 年 3 月 9 日，2021 年全年的营业收入约为 580 亿美元。公司以建设"全球创作与交流平台"为愿景。字节跳动的全球化布局始于 2015 年，"技术出海"是字节跳动全球化发展的核心战略，其旗下产品有今日头条、西瓜视频、抖音、头条百科、皮皮虾、懂车帝、悟空问答等。飞书是字节跳动于 2016 年自研的新一代一站式协作平台，是保障字节跳动全球数万人高效协作的办公工具。

TikTok 是字节跳动旗下短视频社交平台，于 2017 年 5 月上线，目前已经覆盖到了 150 多个国家。数据显示，2019 年，抖音及 TikTok 的市场占有率超过脸书、推特等西方所有社交平台。2020 年 5 月，两者在全球下载量超过 20 亿次。2021 年，TikTok 是全球访问量最大的互联网网站。2022 年 10 月，TikTok 全球日活跃用户数突破 10 亿。

4. 百度

百度于 2000 年成立，截至 2023 年，百度 App 平均日活跃用户数量突破 5 亿。百度是拥有强大互联网基础的领先 AI 公司，是全球为数不多的提供 AI 芯片、软件架构和应用程序等 AI 技术的公司之一。在创新投入上，百度的研发投入强度位于中国主要互联网企业的前列。在创新产出上，截至 2020 年，百度全球 AI 专利申请量已超过 10000 件，其中中国专利 9000 多件，位列中国第一，并在深度学习技术、智能语音、自然语言处理、自动驾驶、知识图谱、智能推荐等多个领域排名国内第一。

5. 滴滴

滴滴出行是涵盖出租车、专车、快车、顺风车、代驾及大巴等多项业务在内的一站式出行平台，2015 年 9 月 9 日由"滴滴打车"更名而来，并且接入 ImCC 系统。截至 2021 年 3 月 31 日，滴滴全球平均日交易量已经达到 4100 万单，全平台总交易额为 3410 亿元人民币。2018 年 1 月 1 日至 2021 年 3 月 31 日，平台司机总收入约 6000 亿元人民币。截至 2021 年 3 月，滴滴出行在全球 15 个国家 4000 多个城镇中开展业务。

6. 美团

美团作为一家科技零售公司，其以"零售+科技"的战略践行"帮大家吃得更好，生活更好"的公司使命。自 2010 年 3 月成立以来，美团持续推动服务零售和商品零售在需求侧和供给侧的数字化升级，和广大合作伙伴一起努力为消费者提供品质服务。2018 年 9 月 20 日，美团在港交所挂牌上市。2022 年 8 月，入选"2022 中国数字经济 100 强"名单，入选《2022 世界品牌 500 强》榜单。

（二）案例数据收集

为提高和确保案例研究得出结论具有真实性与可靠性，本书采取多渠道的案例数据收集方式，并且对数据之间呈现的观点与结论进行三角验证。当一种数据收集方式得出的结论和观点与另外一种方式观点存在分歧时，本书将会用第三种数据收集方法对互相冲突的观点进行选择与权衡。具体地，拟采用半结构化访谈方法、二手资料收集、企业内部数据等方式采集数据，并对数据进行规范处理。

1. 半结构化访谈数据

本书的探索式多案例研究的数据收集主要通过企业访谈与调研获得，主要针对各平台及其客户相关板块负责人，及相关专业人员等涉及的相关访谈问题。作者在 2022 年 4 月至 2023 年 7 月，分四个阶段对腾讯及微信、阿里及钉钉、字节跳动及飞书、美团、滴滴等平台企业、合作伙伴等利益相关者进行半结构性访谈。企业案例调查主要信息见表 2-1，研究团队根据半结构性访谈对录音进行整理文字 40 万字。

表 2-1　半结构化访谈数据采集

时间	对象	访谈时长（小时）	文稿（万字）
2022 年 4~12 月	（1）平台 A 外包团队及骨干 12 人次； （2）平台 B 团队负责人及骨干 3 人次； （3）定制家居 C 总裁、品牌负责人、IT 负责人及团队骨干 15 人次	28	24.5
2023 年 3~7 月	（1）平台 D 团队负责人及骨干 4 人次； （2）平台 E 团队负责人及骨干 6 人次； （3）平台 F 团队负责人 7 人次； （4）平台 G 团队负责人及骨干 3 人次	8	6.5
2023 年 6~7 月	（1）定制家居 C 团队负责人及骨干 6 人； （2）百货集团 H 相关团队负责人 3 人； （3）快消集团 I 董事长及骨干 2 人； （4）科学探索奖 J 获得者 2 人	11	9.2
小计	63 人次	47	40.2

本书访谈均采用半结构化访谈形式，每次访谈由 1~3 名从事平台领域或就业领域研究的专家全程参与。研究团队在每次深入交流后，会迅速整理访谈获得的核心信息，并且立刻将访谈与文献进行多轮对比，快速形成新的关键构念与理论逻辑。

同时，为了使访谈资料客观真实，部分访谈采用录音方式记录资料，并在访谈结束后 12 小时内进行录音转录。当然，每次录音过程中会先和访谈对象进行说明，并且确保录音资料不会外泄从而损害受访者利益。在谈论到敏感问题时，本书不采用访谈录音方式收集数据，而是通过书写笔记方式简要整理观点，这种方式更加有利于双方真诚沟通和交流。

最后，在半结构化访谈结束后，如果我们作者发现存在遗漏的信息点，作者所在研究团队会通过私人联系电话、微信、邮件等方式进行后续信息补充和信息核实，这种信息的补充也是三角验证的其中一种方式。

2. 企业内部数据

纵向案例研究方法对研究者的企业认识提出了非常高的要求，而单纯的企业半结构化访谈调研较难让研究者产生全面认识各平台企业创新与平台竞争的现状。因此，本书团队成员一方面实地参访了部分平台企业，通过对平台企业的参访以及与相关负责人的沟通获取企业内部有关的数据，从而进一步丰富研究者对企业的认识。

3. 二手资料收集

除了上述所提到的半结构化访谈数据、企业内部数据收集以外，本书通过各主要搜索平台获取案例研究对象相关的公开资料，从而三角验证平台创新与竞争的真实情况。本书所收集信息主要包含各平台的研发投入、专利情况、赋能中小企业情况以及各平台国际业务的开展情况等。

（三）案例数据分析

遵循现有质性研究与案例研究的数据编码与分析思路，本书将数据分析过程划分为缩减阶段、陈列阶段、结论与验证阶段。上述三个阶段之间不仅是按时间序列发生，而且也是相互依赖、交互影响的三阶段，接下来具体阐述。

第一，数据缩减，是指研究者将质性文本资料根据研究问题与理论贡献方向进行选择、聚焦、简化以及转化的过程。如前所述，我们的数据收集来源非常丰富，有半结构化的访谈数据、企业内部资料、二手数据等，不完全统计有超过100万字，因此数据缩减工作对于后续的案例研究非常重要。

第二，数据陈列，是指在对缩减和编码后的数据进行有组织的整理，从而有利于后续的理论分析。与前一阶段类似，本书基于现有文献理论依据，通过与团队成员的组内讨论，确定理论模型所包含的基本构念，这是数据陈列的核心内容。

第三，结论与验证，是指根据数据缩减与数据陈列，循环迭代出对现有理论具有贡献的结论与理论模型。结论与验证步骤最大的难点在于，需要非常熟悉现有文献的核心结论以及主要观点。案例研究不仅是把过程模式总结提炼出来，因为这一步只是"就事论事"。

总之，数据缩减、数据陈列与结论验证之间并非线性关系，三者是相互迭代的逻辑，如在数据缩减部分难以进行，可能是因为没有思考清楚后面的结论与理论贡献部分；在数据陈列部分难以进行，同样是因为对文献资料了解不充分，需要对结论与理论贡献进行提前规划。此外，本书的案例编码主要使用 NVivo 软件。NVivo 是一功能强大的质性分析（Qualitative Data Analysis）软件，能够有效地分析多种不同的数据，如大量的文字稿、影像图形、音和录像带数据，是实现质性研究的最佳工具。

二、平台促进高质量就业的案例研究设计

为了更深入探讨平台企业如何拉动就业，拟采用案例研究方法，且案例研究方法是以实证主义哲学观为基础的。第一步，依据理论抽样和极端性原则，本书选择在线职业教育平台腾讯课堂与平台上的教育结构为案例研究对象，并对腾讯课堂、利用腾讯课堂进行教育培训的机构企业进行基本情况介绍。第二步，案例研究的数据收集渠道，主要包括半结构化访谈、田野观察、二手资料数据、企业内部文本数据、公众号发布信息等。通过多渠道数据进行三角验证，可以较好地确保和提升案例研究结论的真实性与可靠性。第三步，采用数据压缩、数据陈列和结论验证循环迭代，提炼出腾讯课堂拉动就业的内在理论机制。

（一）案例样本选择

根据极端性和理论抽样原则，本书选取中国最大的线上职业教育平台腾讯课堂作为研究的案例对象。2014 年，腾讯课堂平台正式成立，至今在职业技能教育领域已运营近 10 年，逐步聚合了大量深耕职业教育的机构和名师，累计服务数亿用户，2020 年度访问用户超过 1.9 亿，每周有超过千万学员在线学习和获取知识，成为各行各业青年人进行技能培训的重要线上课堂。据此，我们选择腾讯课堂平台上的 A、B、C、D 四家企业进行多案例分析与对比，从中总结提炼出平台促进就业的关键构念和理论机制。

1. A 企业介绍

A 企业成立于 2019 年 3 月，2019 年 10 月正式入驻腾讯课堂。2020 年，在腾讯课堂赋能下，A 企业推出了有利于学生进行实战训练的在职培训课程，同时定期举办线下学员沙龙。2021 年，在腾讯课堂的合作中，A 企业采用了全行业领先的信息化系统，对学员就业全流程进行跟踪服务，保障学员的就业。

2022 年，A 企业课程从腾讯课堂众多课程中脱颖而出，成功入选薪选课程，独家研发的计算机相关课程认证达到腾讯课堂后台开发中级 T6-T8 通道标准，说明 A 企业的课程质量和教学实力得到了行业和专家的认可。

自成立以来，A 企业一直走在在线教育行业的前列，线上学员数量已累计突破 12 万。凭借强大的教学团队，出色的教学研综合能力，持续着重于体系化培养学员的技术进阶能力。已帮助 1700+学员快速提升专业技能水平，成为互联网行业的技术骨干，受到学员普遍好评。

2. B 企业介绍

B 企业聚焦于打造围绕工业产品研发周期的一站式专属服务平台。B 企业拥有优秀的师资队伍与服务团队，秉持着"用户为主，服务为先"的理念，竭诚地为工业员工提供服务。目前，B 企业现有专业培训课程 80 套+，涉及方向包括设计建模、性能评估、改进优化、动画渲染等；涉及软件包括 Ansys、SolidWorks、Abaqus、Adams、Hypermesh、Keyshot、3DMax 等。

B 企业团队成员主要来自上海交通大学、清华大学、德国慕尼黑工业大学等国内外知名高校的博士与硕士，还有各细分领域龙头企业的工程师。目前，B 企业在腾讯课堂累计有 52 万多的学员数，课程好评率 99% 以上，目前学员所覆盖的就业企业可以达 500 多家，覆盖院校 700 余所。

3. C 企业介绍

C 企业成立于 2003 年，是一家专注于 IT 人才培养及技术服务的职业化高端培训机构。自成立以来，C 企业专注于 IT 人才培养及技术服务，为广大客户提供项目实训、入职、晋升的教育培训工作，是集培训、就业全方位一体式的现代化综合性教育培训机构。同时 C 企业着力于为思科、华为、锐捷等国内外著名网络设备供应商及系统集成商提供技术服务，现已成为锐捷网络核心技术服务商及锐捷网络大学上海、广州、福建唯一指定合作伙伴。

4. D 企业介绍

2016 年，D 企业成立，主要通过腾讯课堂等服务型平台，通过 49 门课程为用户提供演讲型 PPT 的教学内容。自该企业成立以来，学习过该企业课程的学员超 17 万人次。

（二）案例数据收集

为了确保案例研究得出结论的真实性与可靠性，我们采取多渠道的案例数据收集方式，并且对数据之间呈现的观点与结论进行三角验证。当一种数据收集方式得出的结论和观点与另外一种方式观点存在分歧时，本书将会用第三种数据收集方法对互相冲突的观点进行选择与权衡。具体而言，我们采用了半结构化访谈数据、田野调研数据、典型培训学员情况资料收集、二手资料收集、企业内部数据等方式。

1. 半结构化访谈数据

本书的探索式多案例研究的数据收集主要通过企业访谈与调研获得，因此主要针对企业创始人以及各级员工设计相关访谈问题。项目团队在 2022 年 12 月和 2023 年 2 月分别对四家培训机构进行了线上腾讯会议访谈，具体访谈时间与访谈对象如表 2-2 所示，访谈共计 4 人次，时长为 4 小时，整理录音文本 4.3 万字，

表 2-2　腾讯课堂平台培训机构数据收集统计

时间	对象	访谈时长（小时）	文稿（万字）
2022 年 12 月 28 日	A 企业负责人	1	1.1
2022 年 12 月 30 日	B 企业市场负责人	0.8	0.9
2022 年 12 月 30 日	C 企业创始人	1.2	1.2
2023 年 2 月 14 日	D 企业创始人	1	1.1
小计	4 人次	4	4.3

本书访谈均采用半结构化访谈形式，每次访谈由 1~3 名从事平台领域或就业领域研究的专家全程参与。研究团队在每次深入交流后，会迅速整理访谈获得的核心信息，并且立刻将访谈与文献进行多轮对比，快速形成新的关键构念与理论逻辑。

同时，为了使访谈资料客观真实，部分访谈采用录音方式记录资料，并在访谈结束后 12 小时内进行录音转录。当然，每次录音过程中会先和访谈对象进行说明，并且确保录音资料不会外泄从而损害受访者利益。在谈论到敏感问题时，本书不采用访谈录音方式收集数据，而是通过书写笔记方式简要整理观点，这种方式更加有利于双方真诚沟通和交流。

最后，在半结构化访谈结束后，如果我们发现存在遗漏的信息点，作者所在研究团队会通过私人联系电话、微信、邮件等方式进行后续信息补充和信息核实，这种信息的补充也是三角验证的其中一种方式。

2. 田野调研数据

纵向案例研究方法对研究者的企业认识提出了非常高的要求，而单纯的企业半结构化访谈调研并不能够让研究者产生直观与深刻的企业洞察。因此，本书团队成员通过腾讯课堂在线参与了 A、B、C、D 四家企业的部分课程，从而加强对平台促进高质量就业的理解。

在参加培训课程的过程中，研究团队成员进行细致观察，形成详细丰富的田野日记。同时，研究成员会与培训讲师形成良好的私人关系，为后续的访谈提供重要基础。

3. 典型培训学员情况资料收集

除了上述所提到的半结构化访谈数据、田野调研数据收集以外，本书还让培训机构提供了部分典型学员的基本情况介绍，从而三角验证腾讯课堂对拉动就业的真实情况。本书所收集信息主要包含学员培训前的基本情况介绍，学员在腾讯课堂上接受培训的全过程以及学员培训后的情况。

该部分案例研究的数据分析过程与前文相同，故在此不再赘述。

第三节 实证研究

一、平台创新与竞争的实证研究设计

本书中,实证研究为定量研究的通俗说法,包含统计学、计量分析、结构方程、规范研究等研究方法。平台创新与竞争的实证研究主要包括如何构建数字经济灵活就业新业态发展指数、平台竞争力指数及计量分析。

(一)数字经济灵活就业新业态发展指数模型

理论上,劳动力要素对产业结构高级化的影响一方面体现在其流动规模上(李实,1997),另一方面体现在其流动特质上,如非正式社会网络能够影响个体就业地点的选择,降低异地就业的倾向(孙晓华等,2023)。据此,我们以数字经济新业态活跃规模刻画劳动力要素的流动规模,以数字经济新业态灵活水平刻画劳动力要素的流动特质,通过业态活跃规模和业态灵活水平两个维度构建数字经济灵活就业新业态发展指数,以刻画新业态发展水平。

在业态活跃规模上,现有研究主要关注该业态从业者的供给水平,如劳动者工作时长(Chen & Sheldon,2016;张杉杉和杨滨伊,2022)以及该业态从业者的产出水平,如劳动者收入(Hall & Krueger,2018;丁守海等,2022)。我们也从业态从业者的供给水平和产出水平两方面来度量业态活跃规模,参考刘子龙等(2023)、张艺和皮亚彬(2022)并结合数据可得性,通过骑手每季度出勤率和平均每日订单量,分别反映劳动力供给水平和产出水平。

在业态灵活水平方面,我们从业态从业者供给的灵活性和产出的灵活性两个维度来度量,具体采用骑手每季度出勤天数的差异以及骑手平均每日订单量的差异两大指标。具体指标如表2-3所示。

表2-3 数字经济灵活就业新业态发展指数

一级指标	二级指标	三级指标
数字经济灵活就业新业态发展指数	业态活跃规模	骑手每季度平均出勤率(各城市骑手每季度平均出勤天数/季度总天数)
		骑手每季度平均日订单量(各城市骑手每季度平均订单量/季度总天数)
	业态灵活水平	骑手总出勤天数的标准差(各城市骑手每季度总出勤天数的标准差)
		骑手的订单量的标准差(各城市每季度所有骑手订单量的标准差)

(1)收入水平与产业结构高级化。收入水平(Inc)[①]:参考杨伟明等(2020)、郭熙保和罗知(2008)等研究,我们利用城市的居民人均可支配收入

[①] 个别城市的个别季度缺失值拟采用年度值平均处理得到。

的对数来测度各城市各季度的收入水平，数据来自 Wind 数据库和各城市的统计月报。考虑部分城市并未公布居民人均可支配收入数据，而分别公布了城镇居民人均可支配收入和农村居民人均可支配收入，我们利用城市第七次人口普查的城镇常住人口和农村常住人口数据估计该城市的居民人均可支配收入。

（2）产业结构高级化（Ind）。结合现有的数字经济灵活就业新业态研究，我们参考干春晖等（2011），利用第三产业 GDP 与第二产业 GDP 的比值测算产业结构高级化水平。

（3）控制变量。考虑到城市季度数据相对有限，本书参考莫怡青和李力行（2022）、纪园园等（2022）汪伟等（2015）等相关研究，主要选取如表 2-4 所示的七个控制变量。

表 2-4 控制变量汇总

变量名称	变量处理方式	数据来源及缺失数据处理
人均 GDP 的对数（lnpgdp）	各城市季度 GDP 数据除以年度常住人口数量后取对数	数据来自 Wind 数据库和各城市的统计月报
人均金融机构存贷款余额对数（lnpfinance）	各城市季度末金融机构存贷款余额除以各城市年度常住人口数量后再取对数	数据来自 Wind 数据库和各城市的统计月报，部分缺失值利用线性插值法填充
人均进出口总额对数（lnpimp）	各城市季度进出口总额数据除以各城市年度常住人口数量后再取对数	数据来自 Wind 数据库和各城市的统计月报
人均财政收入对数（lnpfis）	各城市季度财政收入除以年度人口数量再取对数	数据来自 Wind 数据库和各城市的统计月报，个别缺失值利用线性插值法得到
人均社会商品零售总额对数（lnpcon）	各城市季度社会商品零售总额除以年度人口数量再取对数	月度 GDP 利用各城市季度 GDP 和存量企业数量计算得到
每千人对应的企业数量（pcom）	各城市季度末存量企业数量除以年度人口数量再乘以 1000	数据来自 Wind 数据库
就业率（employment）	各城市季度从业人员数量除以城市年度劳动力总数	各城市季度从业人员数量利用年度数据和存量企业数估计，年度劳动力数据利用人口数据和第七次人口普查中 15~64 岁人口占比估计

（4）计量模型。我们采用如式（2-1）所示的计量模型来实证分析数字经济灵活就业新业态发展水平与产业结构高级化之间的关系。

$$Ind_{i,t}=\alpha_0+\alpha_1 New_{i,t}+\alpha_2 New_{i,t}^2+X_{i,t}\alpha+z_i+\varepsilon_{i,t} \qquad (2-1)$$

其中，$Ind_{i,t}$ 表示城市 i 季度 t 的产业结构高级化水平，$New_{i,t}$ 表示城市 i 季度 t 的数字经济灵活就业新业态的发展水平，$New_{i,t}^2$ 表示城市 i 季度 t 的数字经济灵活就业新业态的发展水平的平方，$X_{i,t}$ 表示一系列控制变量，z_i 表示各城市的个体固定效应，$\varepsilon_{i,t}$ 表示随机扰动项。

为进一步检验收入水平在数字经济灵活就业新业态发展水平与产业结构高级化之间的中介作用，根据 Baron 和 Kenny（1986）提出的三步骤方法，参考王晰等（2020），在式（2-1）的基础上，构建如式（2-2）和式（2-3）所示的计量模型。

$$Inc_{i,t}=\beta_0+\beta_1 New_{i,t}+\beta_2 New_{i,t}^2+X_{i,t}\beta+z_i+\varepsilon_{i,t} \tag{2-2}$$

$$Ind_{i,t}=\gamma_0+\gamma_1 New_{i,t}+\gamma_2 New_{i,t}^2+\gamma_3 Inc_{i,t}+X_{i,t}\gamma+z_i+\varepsilon_{i,t} \tag{2-3}$$

其中，$Inc_{i,t}$ 表示城市 i 季度 t 的收入水平，其余符号含义与式（2-1）相同。若回归系数 α_1、β_1、γ_1 和 γ_3 显著为正，且 α_2、β_2、γ_2 显著为负，则证实收入水平在数字经济灵活就业新业态发展水平与产业结构高级化之间存在中介效应。

我们采取典型城市抽样原则，采集了 2020 年第二季度至 2022 年第四季度美团平台 19 个城市[①]骑手的季度面板数据，通过数据清洗和脱敏，构建起"工作时间—订单量"数据集，刻画不同城市数字经济灵活就业新业态的发展水平，其中包含一线、新一线、二线、三线城市等，19 个城市类别及影响力在全国城市中具有代表性，[②] 可以用于刻画中国数字经济灵活就业新业态的总体特征。根据表 2-3 对各城市数字经济灵活就业新业态发展指数进行测算，由于表 2-3 的各三级指标存在量纲的差异，参考郭峰等（2020）的处理，采用归一化方法对于表 2-3 中的三级指标进行无量纲化处理。完成无量纲处理后，采用因子分析法获取各指标的权重值，基于数据度量出数字经济灵活就业新业态发展指数如图 2-9 所示。

由图 2-9 可知，19 个城市就业灵活度指数整体处于波动之中，波动与期间疫情防控态势高度相关，2020 年第 2 季度至第 4 季度随着防控的逐步放松，数字经济灵活就业新业态发展水平不断提升，2021 年第 1 季度至第 4 季度，数字经济灵活就业新业态发展水平整体保持在高位，2022 年初随着防控加强，数字经济灵活就业新业态发展水平快速下降。然而，2022 年第 4 季度随着防控放松，数字经济灵活就业新业态的发展水平又回到了高位。

（二）平台竞争力指数模型

为对比中美主要平台的竞争力，本节基于平台竞争力的理论基础构建平台综合竞争力模型，包含平台发展竞争力和平台创新竞争力两个平台竞争力二级构念，如表 2-5 所示的平台竞争力模型。

[①] 19 个城市为北京、上海、哈尔滨、南京、无锡、福州、厦门、泉州、武汉、十堰、长沙、南昌、海口、三亚、乌鲁木齐、银川、西安、成都、深圳。

[②] 根据第一财经新一线城市研究所发布的 2023 年城市商业魅力排行榜，所选择的 19 个城市中有一线城市 3 个，新一线城市 5 个，二线城市 6 个，三线城市 4 个，四线城市 1 个。城市覆盖中国的东北、华北、华东、华中、华南、西北、西南七大区域。

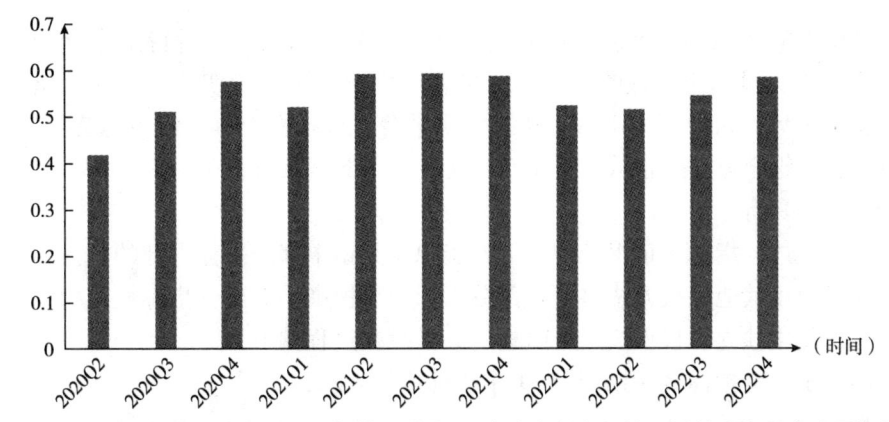

图 2-9　2020 年第 2 季度~2022 年第 4 季度 19 个城市数字经济灵活就业新业态发展指数

表 2-5　平台综合竞争力模型

一级指标	二级指标	三级指标
平台综合竞争力	发展竞争力	年度营业收入
		年度营业收入增速
	创新竞争力	年度研发费用占营业收入比重
		年度研发费用增速
		学术论文产出
		学术论文影响力

在表 2-5 中，平台发展竞争力主要通过平台的年度营收来体现，包含年度营业收入和年度营业收入增速两大指标；平台创新竞争力则从创新投入和创新产出两方面来度量，创新投入主要利用各平台企业的研发费用占营业收入的比重与研发费用的增速来测度，创新产出主要从各平台企业的学术论文产出及其影响力来测度。

根据欧盟委员会《2022 年欧盟工业研发投资记分牌》，及智谱研究《2023 全球数字科技发展研究报告》可知，无论是在发展规模、研发投入还是在创新产出上，中美两国的平台企业均领先于其他国家的平台企业。同时，结合数据可得性，本书主要对比中美两国主要平台企业的竞争力。基于表 2-5 的模型数据可得性和企业代表性，本书选择阿里、腾讯、百度、Alphabet、亚马逊、Meta 六家中美平台企业进行竞争力对比，从各大公司的年度财务报告中获取 2021 财年营业收入、营业收入增速、研发费用占营业收入比重以及研发费用增速数据，从隆云滔等（2022）获取学术论文产出的数据。

为了体现平台的竞争力，参考国际贸易领域 RCA 指数构建的逻辑，采用如式（2-4）所示的指标无量纲处理方法对所有三级指标数据进行无量纲处理。

$$Z_i = \frac{X_i}{\overline{X}} \tag{2-4}$$

其中，X_i 表示各平台特定指标的原始值，$\overline{X}$ 表示六家平台特定指标的平均值，Z_i 表示无量纲化处理的结果，如果 Z_i 大于1，那么说明该平台在该指标上具有竞争优势；如果 Z_i 小于1，那么说明平台在该指标上具有竞争劣势。同理，如果平台的综合竞争力指数大于1，也说明平台整体具有竞争力。反之，则说明平台整体不具有竞争力。

完成上述的指标无量纲处理后，鉴于原始数据中部分指标内部的数据差异较大，如果使用其他赋权方法将会使部分指标权重极高，而部分指标权重极低。故本书考虑使用独立性权重法进行赋权，具体赋权过程如下：

第一步，将指标 Z_i 用余下 $n-1$ 个指标线性表示；

$$\hat{X}_i = a_1 X_1 + \cdots + a_{n-1} X_n \tag{2-5}$$

第二步，计算复相关系数 R，即计算 $\hat{X}_i$ 与 $X_1, \cdots, X_n$ 之间的简单相关系数：

$$R = \frac{\sum (X_i - \overline{X})(\hat{X}_i - \overline{X})}{\sqrt{\sum (X_i - \overline{X})^2 (\hat{X}_i - \overline{X})^2}} \tag{2-6}$$

第三步，根据复相关系数的倒数确定权重。

（三）计量分析

本书主要基于31个省级行政单位的统计数据分析平台创新引领发展的效果，探讨平台发展对数实融合、基础研究等的影响，从而揭示平台创新引领发展的效果及不足。

1. 模型

基于二手数据的实证研究主要采用考虑个体固定效应的回归模型。个体固定效应回归模型[①]主要用于揭示平台发展对于数实融合、基础研究的影响及其机理。

个体固定效应回归模型。本书构建的个体固定效应模型如式（2-7）所示：

$$y_{i,t} = \alpha_0 + \alpha_1 platform_{i,t} + \alpha_c Z_{i,t} + u_i + \varepsilon_{i,t} \tag{2-7}$$

其中，$y_{i,t}$ 表示因变量，$platform_{i,t}$ 表示省份 i 在 t 时期的平台发展水平，$Z_{i,t}$ 表示一系列的控制变量，u_i 表示省份 i 不随时间变化的个体固定效应，$\varepsilon_{i,t}$ 表示随机扰动项。

2. 变量说明

（1）自变量：本书计量分析的自变量为平台发展水平。由于目前并无严格的平台发展水平统计数据，参考纪园园等（2022）、杨伟国和吴邦正（2022）来构建平台发展指数。主要从平台化基础设施维度来构建电商平台发展指数。平台

[①] 本书没有固定时间效应是因为控制变量中包含GDP等与时间高度相关的变量，引入时间固定效应会出现多重共线性问题。

化基础设施是保障平台发展的基础。其中，互联网技术更是平台化交易得以实现的重要前提。结合数据可得性，采用每百人互联网接入端口数量、人均网页数量、每百人域名数量、每百家企业网站数、每百家企业期末使用计算机台数五大指标来刻画平台化基础设施建设水平。表2-6汇总了平台发展指数的构建框架。

表2-6 平台发展指数框架

一级指标	二级指标	单位
平台发展指数	每百人互联网接入端口数量	个/百人
	人均网页数	个/人
	每百人域名数	个/百人
	每百家企业网站数	个/百家
	每百家企业期末使用计算机台数	台/百家

通过国家统计局获取31个省市历年的数据，并参考郭峰等（2020）对原始数据进行归一化处理，归一化处理具体方式见式（2-8）。

$$Z = \frac{X - \min(X)}{\max(X) - \min(X)} \tag{2-8}$$

其中，Z表示处理后的结果，X表示各指标的原始数据。在归一化处理的基础上，本书按照平台发展指数框架采用主成分分析法得到各指标的权重，并最终得到平台发展水平的数据。由于国家统计局关于平台发展的相关数据从2013年开始统计，因此后续所有的实证分析均以2013年作为时间起点。

（2）因变量。

1）数实融合水平。企业数字化转型是数字经济和实体经济的具体体现，因此本书利用各地区上市公司的企业数字化转型水平来度量数实融合水平。利用吴非等（2020）的各省市上市公司财务报告中的数字化转型词频的对数来度量这一变量。由于目前企业上市公司数字化转型统计数据仅公布至2020年，本书采用2013~2020年的数据分析平台发展对于数实融合的影响。

2）基础研究水平。参考孙早和许薛璐（2017）、卫平等（2013）等相关研究，从投入和产出两个角度来构建基础研究水平指数，投入角度主要包括人员和资金的投入，产出角度主要包括专利数量，具体测算如表2-7所示。

表2-7 基础研究水平指数

一级指标	二级指标	三级指标
基础研究水平指数	投入角度	每家企业平均R&D人员数量
		每家企业平均R&D经费
	产出角度	人均发明专利数量对数

通过国家统计局获取 31 个省市历年的数据，并参考郭峰等（2020）对原始数据进行归一化处理，归一化处理与自变量的处理一致。完成归一化处理后，本书采用主成分分析方法得到各指标的权重，最终得到基础研究水平指数。由于目前国家统计局相关的宏观数据仅公布至 2021 年，本书采用 2013~2021 年的宏观数据分析平台发展与基础研究之间的关系。

（3）控制变量。参考谢康等（2021）、赵涛等（2020）等相关研究，选择如表 2-8 所示的控制变量。

表 2-8 控制变量

变量名称	变量说明
人均 GDP 对数	ln（RJGDP）
城市化率	城镇常住人口数量与总人口数量之比
常住人口数量对数	ln（People）
人均教育支出对数	对地方财政教育支出与人口的比值取对数
人均科学技术支出对数	对地方财政科学技术支出与人口的比值取对数
财政分权水平	预算内人均财政支出与中央预算内人均财政支出之比
经济开放度	进出口总额与国内生产总值之比

此外，由于通货膨胀会影响部分变量测度的准确性，如人均 GDP。因此本书以 2013 年为基期，利用居民消费价格指数将相关变量由名义值转换为实际值。

（4）数据来源。该部分的二手数据主要来源于吴非等（2020）、《中国统计年鉴》、Wind 数据库等。

二、平台促进高质量就业的实证研究设计

（一）平台发展影响就业的计量分析

本书主要基于 31 个省级行政单位的统计数据分析电商平台对于就业的综合影响，探讨电商平台对就业总量、就业结构及周边地区就业等的影响，从而揭示电商平台内涵式创造就业与外延式带动就业的双模式机制。

1. 模型

基于二手数据的实证研究主要包含两类实证模型，分别是考虑个体固定效应回归模型以及空间效应分析模型。个体固定效应回归模型主要用于揭示电商平台发展对于就业总量、不同产业的就业人数、不同行业的就业人数、人力资本等的影响及其机理；空间效应分析模型主要用于揭示电商平台发展对于周边地区就业的影响。

（1）个体固定效应回归模型。本书构建的个体固定效应模型如式（2-9）所示：

$$y_{i,t} = \alpha_0 + \alpha_1 platform_{i,t} + \alpha_c Z_{i,t} + u_i + \varepsilon_{i,t} \tag{2-9}$$

其中，$y_{i,t}$ 表示因变量，$platform_{i,t}$ 表示省份 i 在 t 时期的电商平台发展水平，$Z_{i,t}$ 表示一系列的控制变量，u_i 表示省份 i 不随时间变化的个体固定效应，$\varepsilon_{i,t}$ 表示随机扰动项。

（2）空间效应分析模型。本书的空间效应分析以空间杜宾模型为主，部分空间效应分析将根据相关检验的结果调整为空间滞后模型或者空间自相关模型，下面仅展示空间杜宾模型。

$$y_{i,t}=\alpha_0+\rho Wy_{i,t}+\beta_1 Wplatform_{i,t}+\alpha_1 platform_{i,t}+\beta_c WZ_{i,t}+\alpha_c Z_{i,t}+u_i+\varepsilon_{i,t} \qquad (2-10)$$

其中，ρ 表示空间自回归系数，W 表示空间权重矩阵，β_1、β_c 分别表示核心解释变量以及控制变量空间交互项的弹性系数。

2. 变量说明

（1）自变量。本书计量分析的自变量为电商平台发展水平。由于目前并无严格的电商平台发展水平统计数据，参考纪园园等（2022）、杨伟国和吴邦正（2022）来构建电商平台发展指数。具体从平台化基础设施、平台化交易和平台化产品三个维度来构建电商平台发展指数。平台化基础设施是保障电商平台发展的基础。其中，互联网技术更是平台化交易得以实现的重要前提。结合数据可得性，采用每百人互联网接入端口数量、人均网页数量、每百人域名数量三大指标来刻画平台化基础设施建设水平；平台化交易是电商平台发展的具体体现，采用人均电子商务销售额、人均电子商务采购额、有电子商务活动的企业比例三大指标来刻画平台交易状况；平台化产品是电商平台发展的产物，故采用人均快递件数来衡量平台化产品的发展水平。表 2-9 汇总了电商平台发展指数的构建框架。

表 2-9 电商平台发展指数框架①

一级指标	二级指标	三级指标	单位
电商平台发展指数	平台化基础设施（0.340）	每百人互联网接入端口数量（0.275）	个/百人
		人均网页数（0.355）	个/人
		每百人域名数（0.370）	个/百人
	平台化交易（0.342）	人均电子商务销售额（0.366）	元/人
		人均电子商务采购额（0.364）	元/人
		有电子商务活动企业比例（0.270）	%
	平台化产品（0.318）	人均快递件数（1）	件/人

注：括号内数字表示权重数据。

通过国家统计局获取 31 个省市历年的数据，并参考郭峰等（2020）对原始数据进行归一化处理，归一化处理具体方式见式（2-8）。在归一化处理的基础上，本书按照电商平台发展指数框架采用主成分分析法得到各级指标的权重，具

---

① 表中权重数据仅代表依据 2013~2019 年的原始数据计算后的结果。

体权重数据见表2-9，表2-9中权重数据是利用2013~2019年的数据测算得到，后续研究过程中数据的时间范围会有些许变化，权重也会随之调整。由此，最终得到电商平台发展水平的数据。由于国家统计局关于电子商务平台发展的相关数据从2013年开始统计，因此后续所有的实证分析均以2013年作为时间起点。

（2）因变量。主要探讨的因变量包含就业量、就业结构、人力资本水平、就业者收入等维度。其中，就业结构具体包含就业的产业结构、行业结构等。参考杨伟国和吴邦正（2022），就业的产业结构指劳动力在三大产业间的分布情况，因此利用三大产业就业占比来反映就业的产业结构；就业的行业结构指劳动力在行业间的分布情况，拟利用城镇单位相关行业就业占比来反映就业的行业结构。人力资本水平是体现在劳动者身上的资本，拟借助中国人力资本与劳动经济研究中心测算的人均人力资本来度量人力资本水平。诚然，除考虑电商平台发展对于就业的影响之外，还需考虑平台对于工业生产效率的影响，利用平均每家规上工业企业产成品价值来衡量工业企业生产效率。表2-10汇总了本部分各主要因变量的测度方式。

表2-10 本部分因变量汇总

维度	变量名称	定义及测度方法
就业量	就业率	就业率指总就业人数与应就业人口的比重。其中应就业人口的数据根据国家统计局历年公布的人口抽样调查中15~64岁人口占比进行估计
就业结构	第一产业就业占比	第一产业就业人数占总就业人数的比重
	第二产业就业占比	第二产业就业人数占总就业人数的比重
	第三产业就业占比	第三产业就业人数占总就业人数的比重
	城镇单位信息传输、软件和信息技术服务业就业占比	城镇单位信息传输、软件和信息技术服务业就业人数占城镇单位总就业人数的比重
	城镇单位金融业就业占比	城镇单位金融业就业人数占城镇单位总就业人数的比重
	城镇单位制造业就业占比	城镇单位制造业就业人数占城镇单位总就业人数的比重
	人均人力资本	对数化处理
收入	居民人均可支配收入	对数化处理
工业生产效率	规上工业企业平均产成品价值	ln（规上工业企业产成品价值/规上工业企业数量）

（3）控制变量。参考纪园园等（2022）、杨伟国和吴邦正（2022）、柏培文和张云（2021）等相关研究，这里主要引入如下控制变量：①人均GDP（对于数据采用对数化处理）；②城镇化率：城市常住人口占总常住人口的比重；③人均一般性公共服务支出（对于数据采用对数化处理）；④人均教育支出（对于数据采用对数化处理）；⑤财政分权水平：预算内人均财政支出与中央预算内人均

财政支出之比。此外，由于通货膨胀会影响部分变量测度的准确性，如居民人均可支配收入。因此本书以 2013 年为基期，利用居民消费价格指数将相关变量由名义值转换为实际值。

3. 数据来源

该部分的二手数据主要来源于《中国统计年鉴》、《中国人口与就业统计年鉴》、中国人力资本与劳动经济研究中心、Wind 数据库等。

（二）结构方程分析

主要针对腾讯课堂平台上的学员和开课机构进行问卷调查，通过问卷调查并结合二手数据揭示腾讯课平台对于就业的影响。

1. 针对开课机构的问卷调查

2022 年 10~12 月，本书依托腾讯课堂平台向腾讯课堂平台上的开课机构发放调查问卷（具体调查问卷见附录五），调查主要获取三方面的信息：机构的开课信息、机构的师资信息、机构的营收情况（学员数量、收入等）。机构的开课信息将用于分析腾讯课堂平台在哪些方面帮助学员就业；机构的师资信息主要用于腾讯课堂直接促进就业的数量；机构的营收情况便于后续分析腾讯课堂平台帮助学员就业的规模。

2. 针对学员的问卷调查

本书依托腾讯课堂平台的三家典型机构，向腾讯课堂学员发放调查问卷（具体调查问卷见附录六）。

调查问卷主要获取三个方面的信息：①学员在腾讯课堂学习的基本情况，该信息便于后续结合机构侧问卷进行规模分析。②学员对于腾讯课堂课程的满意程度，该将用于分析腾讯课堂在帮助学员就业过程中的优劣势。该部分题项主要是根据 Kirkpatrick 于 1959 年提出的柯氏培训评估模型进行设置，主要从感知层面和行动层面进行评估。感知层面主要对应柯氏培训模型的学习层面，即学员对于课程内容的掌握程度，主要包含学员知识或技能的掌握情况；行动层面主要是评估学员在日常实践中应用课程所学内容的情况。③学员学习腾讯课堂课程后对其就业的影响，该信息将用于分析腾讯课堂间接促进就业的情况。第三部分本质上也对应可循培训评估模型的结果层面，即腾讯课堂学员通过学习相关课程对其就业的改善情况，主要从获得就业机会、提升收入、岗位升级、行业升级等维度进行评估。此外，学员问卷中还包含课程满意度的题项，课程满意度题项则是参考 Homburg 和 Stock（2005）构建的顾客满意度量表进行设置。

除以上主体的信息以外，问卷调查还增加有关疫情影响的题项，预计通过相关题项揭示疫情影响下腾讯课堂推动就业的作用。疫情影响的题项主要包含疫情对于收入、工作晋升机会、工作稳定性、工作灵活性等的影响。其中疫情对于收入、工作晋升机会影响的题项参考 Spector（1985）构建的工作满意度量表中的相关题项；疫情对于工作稳定性、工作灵活性影响的题项参考 Creed 等（2020）构建的工作不稳定量表中的相关维度。相关变量的测度均采用李克特 5 点量表法。

（三）数字经济就业灵活度及其指数模型

1. 数字经济就业灵活度的概念

通常，就业形态包含就业水平、就业成本、就业效率等维度（曾湘泉，2006）。其中，就业水平主要衡量劳动力供给水平，就业成本主要衡量劳动力的产出水平，就业效率主要衡量劳动力的工作效率，考察数字经济灵活就业新业态也可以从上述三个方面来展开。平台创新是数字经济创新的集中体现之一，灵活就业构成平台创新的就业形态，反映数字经济劳动关系的新特征。

（1）劳动力灵活供给水平直接体现了数字经济灵活就业新业态的活跃水平。数字经济中平台的就业创新价值在于为劳动者自由选择工作时间提供了社会条件，劳动者选择平台灵活就业在于其对工作灵活性与自主权的偏好（Schor et al.，2020），而现有研究对于主要通过零工经济平台进入时间（Burtch et al.，2018；Barrios et al.，2022；莫怡青和李力行，2022）、在线劳动力平台的劳动者数量（Huang et al.，2020）等能体现劳动供给的方式来度量数字经济灵活就业新业态的活跃水平隐含假定平台进入时间、平台灵活劳动者数量等劳动供给体现方式与灵活就业新业态活跃水平之间的关系。

（2）灵活劳动产出水平也会影响数字经济灵活就业新业态的活跃水平。除工作时间的灵活性以外，现有研究表明收入是劳动者参与灵活工作的重要因素（Hall & Krueger，2018），美团研究院《2019 年及 2020 年疫情期美团骑手就业报告》也表明，近 60% 的骑手每天配送时间低于 4 小时，且时间灵活和收入可预期成为骑手选择从事该职业的两个主要原因。

此外，灵活劳动的工作效率也影响数字经济灵活就业新业态的活跃水平，因为就业灵活性本质上是劳动者对各种冲击做出反应的能力（Chen et al.，2019），数字经济就业灵活性不仅包括更少的工作时间，更多样性的选择，更主要体现在劳动者自主分配工作时间的自由度（李强和刘凤杰，2021）。这种自由度使劳动者可以根据其自身情况利用工作灵活性来决定工作时间、空间和投入产出比率，因而灵活劳动对于劳动者自身而言具有更高的工作效率，从而能有效地吸引劳动者参与。

因此，我们认为，数字经济灵活就业新业态的活跃水平主要体现在劳动力灵活供给水平、灵活劳动产出水平、灵活劳动工作效率三个方面，反映数字经济新业态对于释放有效需求的水平。据此，我们从有效需求理论视角提出数字经济就业灵活度的概念，指平台创造的劳动力灵活供给水平、灵活劳动产出水平、灵活劳动工作效率三个方面构成的综合指数，以刻画数字经济灵活就业新业态的活跃水平，反映数字经济新业态对有效需求的提升作用。其中，劳动力灵活供给水平指该业态吸纳的劳动力数量或该业态劳动者的工作时长。

一方面，工作灵活性和失业压力构成吸引劳动者进入新业态的主要原因（Hall & Krueger，2018；Huang et al.，2020）。另一方面，高峰时段的动态定价和劳动力的灵活性偏好构成影响劳动者工作时长的主要原因（Chen & Sheldon，2016；张杉杉和杨滨伊，2022）。灵活劳动产出水平指该业态劳动者获取的收入水平。研究表明，灵活劳动产出具有时间单位内可预期的稳定收入，相对高于部分传统产业的收入等特征（Hall & Krueger，2018；丁守海等，2022）。灵活劳动工作效率指该业态劳动者单位时长中的产出水平。有研究认为，灵活劳动者的时均收入水平高于传统业态就业者（丁守海等，2022）。

2. 数字经济灵活度与消费、就业与经济发展的关系

由于现有研究较少全面探讨零工经济与消费、就业以及区域均衡等宏观经济发展之间的关系，而上述提出的数字经济就业灵活度的概念，为更全面地开展零工经济与宏观经济发展关系的实证研究提供了分析框架。因此，本节基于数字经济就业灵活度的概念，探讨零工经济与消费、就业以及区域均衡等宏观经济发展议题之间的关系。

（1）就业灵活度与社会消费水平的关系。如前所述，基于平台的数字经济灵活就业新业态一方面提高了产业在生产和流通环节的效率，进而增加居民的即期消费支出（杜丹清，2017）。另一方面，消费习惯影响边际消费倾向，进而影响有效需求，数字经济新业态有效改变了个体的消费习惯，抑制或减缓了传统消费习惯对于消费需求的负向影响，从而提升消费需求（陈冬梅等，2020；马香品，2020）。而数字经济就业灵活度指数刻画了灵活就业新业态的活跃水平，指数中包含的灵活劳动产出水平和灵活劳动工作效率，与购物、餐饮、出行等社会有效需求直接关联，因而就业灵活度反映了数字经济新业态对有效需求的提升作用，从而对宏观经济发展产生影响。据此，我们认为，就业灵活度的提升与社会消费水平提升之间存在正向关联。

（2）就业灵活度与就业率的关系。数字经济灵活就业新业态作为劳动力的重要职业转换渠道，发挥稳定社会就业的作用。如前所述，基于平台的数字经济灵活就业新业态具有工作灵活度高、工作门槛低、可预期的稳定收入特征，既能为失业者或职业转换者提供短期就业机会，也能为职业性灵活就业者提供长期就业机会，社会失业率和可预期的稳定收入水平正向影响数字经济灵活就业新业态的劳动力供给水平（Huang et al.，2020；杨伟国等，2021）。而从有效需求理论视角来看，由于社会就业量由有效需求决定，就业灵活度本质上体现了数字经济新业态对于消费需求的提升作用。据此，我们认为，就业灵活度的提升会促进社会就业率。

(3) 经济发展水平与就业灵活度的关系。一方面，城市规模构成零工经济产生的基础，即大城市的人口集聚和供需匹配效率更有利于促使零工经济的出现和发展（张传勇和蔡琪梦，2021），具有较大规模的城市，其经济发展水平也较高。因此，经济发展水平对于就业灵活度的提升具有正向促进作用。另一方面，零工经济依托于平台等数字技术，数字技术可能会降低面对面交流的需求，进而降低城市规模的重要性（Gaspar & Glaeser，1998），且随着数字技术的进步，信息、想法、数字（中间）产品等可以通过数字方式交换，使企业或个人可以突破当地人口规模的限制，更好地集成到生产网络和价值链中（Malecki，2017）。因此，数字技术能够弱化经济发展水平对于就业灵活度的促进作用，如现有研究发现城市规模对零工就业的工资具有正的溢出效应，但城市规模对零工工资溢价水平随着数字技术的应用水平而下降（张艺和皮亚彬，2022）。据此，我们认为，经济发展水平与就业灵活度之间存在倒"U"形关系。

3. 数据与实证策略

(1) 数据来源及关键变量的构建。针对就业灵活度，采取典型城市抽样原则，采集2020年5月至2022年12月某众包配送平台九个城市骑手的月度面板数据，通过数据清洗和脱敏，构建起"工作时间—订单量—收入"数据集，刻画不同城市数字经济灵活就业新业态的活跃水平，其中包含7个沿海城市和2个中西部城市，9个城市类别及影响力在全国城市中具有代表性，可以用于刻画中国数字经济灵活就业新业态的总体特征。数据集共包含9个城市16515名骑手的月工作时间、月配送订单量以及月收入的数据，具体样本的描述性特征如表2-11所示。

表2-11 样本的描述性特征

特征维度	均值	标准差	最小值	最大值
工作月份数	5.935	6.894	1.000	32.000
月出勤天数	18.666	9.052	1.000	31.000
日订单量	28.232	14.384	1.000	114.300
月收入	3126.136	2596.650	0.100	17682.391

由表2-11可知，骑手平均工作月份数为5.935，仅占32个月的18.55%，可见骑手的工作持续性较低，行业整体流动性较高；骑手平均月出勤天数为18.666天，平均日订单量为28.232单，平均月收入为3126.136元，但三者的标准差均较高，说明骑手内部差异较大，较充分地体现出该业态的灵活性。

根据数字经济就业灵活度的概念，参考刘子龙等（2023）、张艺和皮亚彬（2022）并结合数据可得性，本节通过骑手每月出勤率、每月平均收入水平和平均每日订单量，分别反映劳动力灵活供给水平、灵活劳动产出水平和灵活劳动工作效率，具体指标测算如表2-12所示。根据表2-12列出的二级指标和主成分分析法，构建就业灵活度指数来度量各城市数字经济灵活就业新业态的活跃水平。

表 2-12 数字经济就业灵活度指数

一级指标	二级指标
就业灵活度指数	劳动力灵活供给水平：骑手每月平均出勤率（各城市骑手每月平均出勤天数/月度总天数）[0.3798]
	灵活劳动产出水平：骑手每月平均工资水平（各城市骑手每月平均工资水平/各城市人均可支配收入）[0.3619]
	灵活劳动工作效率：骑手每月平均日订单量/最大值（各城市骑手每月平均订单量/月度总天数）[0.2583]

注：方括号内数据表示主成分分析的权重。

基于表 2-12 指标体系构建数字经济就业灵活度指数，9 个城市整体各月的就业灵活度指数波动如图 2-10 所示。由图 2-10 可知，9 个城市就业灵活度指数整体处于波动之中，波动与期间疫情防控态势高度相关，2022 年 1~5 月由于春节以及各地疫情防控的影响，整体就业灵活度水平相对较低，2022 年 6~7 月又逐步上升，8~10 月随着各地疫情防控不断加强，就业灵活度明显下降。然而，2022 年 11~12 月就业灵活度又随着全面放开而稳步上升。图 2-11 为 9 个城市 2020~2022 年间的就业灵活度指数，整体上 2021 年的就业灵活度越高，这与宏观经济发展及疫情防控态势相一致。

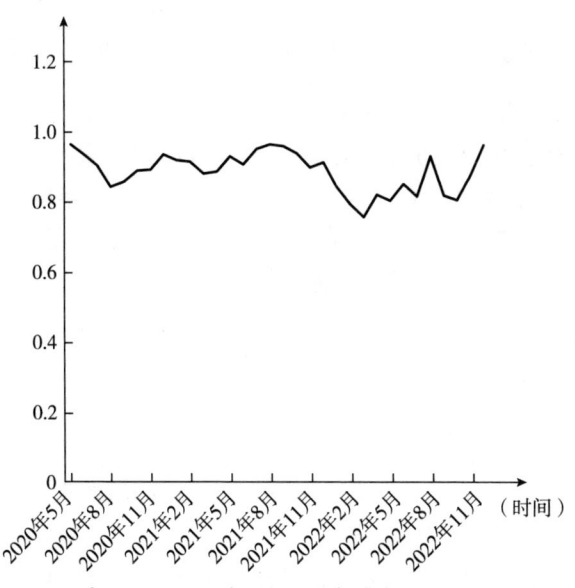

图 2-10 2020 年 5 月~2022 年 11 月 9 个城市就业灵活度的总体变动

（2）社会消费水平、就业率与经济发展水平指标。

1）社会消费水平。参考李林杰等（2007）利用人均社会消费品零售总额对数来度量各城市的消费水平,该变量利用来自各城市月度统计报告的各城市月度社会消费品总额数据除以各城市年度常住人口数量后再取对数得到该变量。考虑到部分城市未单独公布1~2月单独的社会消费品总额数据,本节利用近十年1~2月新增批发零售业和住宿餐饮业企业数量占1~2月新增批发零售业和住宿餐饮业企业数量的总和的比值来分别估计1~2月的社会消费品零售总额。

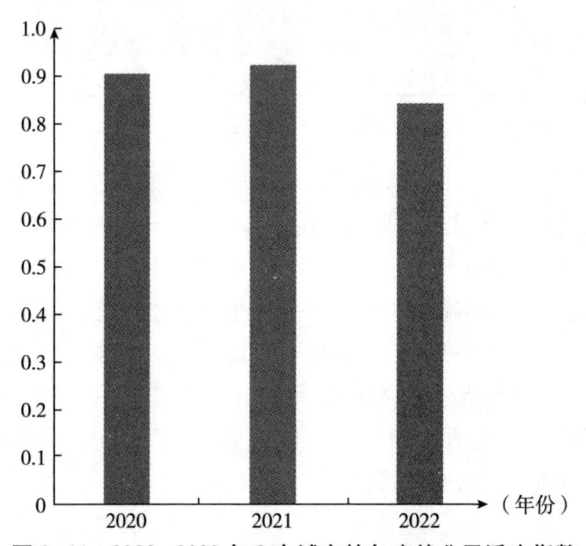

图 2-11 2020~2022年9个城市的年度就业灵活度指数

2)就业率将作为本节分析数字经济灵活就业新业态宏观影响的因变量,就业率利用各城市社会从业人员数量除以各城市劳动力总数计算得到。其中,由于各城市并未公布其月度的社会从业人员数量,仅公布其年度的社会从业人员数量,而企业作为吸纳就业的主要主体,故本节利用如式(2-11)所示的方式估计各城市月度社会从业人员数量。① 而各城市劳动力总数直接利用各城市年度常住人口乘以各城市第七次人口普查报告的15~59岁人口比重来估计。

$$\text{各城市月度社会从业人员数量} = \frac{\text{年度社会从业人员数量}}{12} \times \frac{\text{月度存量企业数量}}{\text{年度存量企业数量均值}} \tag{2-11}$$

经济发展水平作为研究经济发展水平与零工经济新业态的关系的自变量,本节参考罗长远和张军(2009)的研究,采用人均GDP的对数来衡量。由于各城市仅公布各季度的GDP数据,我们采用各城市各月的规模以上工业增加值来估

---

① 其中,年度社会从业人员数量的数据来源于各城市统计年鉴,月度存量企业数量与年度存量企业数量均值的数据均来自Wind数据库。

计各城市的各月的 GDP,① 具体估计如式（2-12）所示，人均 GDP 则通过估计得到的月度 GDP 除以各城市年度常住人口数量进行计算。

$$各城市月度 GDP = \frac{月度规模以上工业增加值}{季度规模以上工业增加值总值} \times 季度 GDP \qquad (2-12)$$

（3）控制变量选择。考虑到各城市月度数据相对有限，我们参考莫怡青和李力行（2022）、张艺和皮亚彬（2022）等相关研究，主要选取如表 2-13 所示的六个控制变量。

表 2-13　控制变量汇总

变量名称	变量处理方式	数据来源及缺失数据处理
人均金融机构存贷款对数	各城市月度金融机构存贷款余额除以各城市年度常住人口数量后再取对数	数据来自各城市月度统计报告，部分缺失数据利用线性插值法补充
人均财政收入对数	各城市月度财政收入数据除以各城市年度常住人口数量后再取对数	数据来自各城市月度统计报告，1~2月缺失数据利用平均处理得到
人均进出口总额对数	各城市月度进出口总额数据除以各城市年度常住人口数量后再取对数	
新增企业数量对数	各城市各月新增企业数量取对数	
新增住宿餐饮业企业数量对数	各城市各月新增住宿餐饮业企业数量取对数	Wind 数据库
新增民营企业数量对数	各城市各月新增民营企业数量取对数	

4. 计量模型

拟采用如式（2-13）所示的计量模型来实证分析就业灵活度与消费需求之间的关系，采用如式（2-14）所示的计量模型来实证分析新业态就业灵活度对于社会就业率的影响；采用如式（2-15）所示的计量模型来实证分析经济发展水平对就业灵活度的影响，基于实证分析结论推理分析就业灵活度对于区域间均衡发展的影响。

$$Y_{1i,t} = \beta_0 + \beta_1 lh_{i,t} + X_{i,t}\beta + \gamma_i + \varepsilon_{i,t} \qquad (2-13)$$

$$Y_{2i,t} = \beta_0 + \beta_1 lh_{i,t} + X_{i,t}\beta + \gamma_i + \varepsilon_{i,t} \qquad (2-14)$$

$$lh_{i,t} = \beta_0 + \beta_1 \ln gdp_{i,t} + \beta_2 \ln gdp_{i,t}^2 + X_{i,t}\beta + \gamma_i + \varepsilon_{i,t} \qquad (2-15)$$

其中，$Y_{1i,t}$ 表示城市 i 月度 t 的人均社会消费品零售总额的对数，$Y_{2i,t}$ 表示城市 i 月度 t 的就业率，$lh_{i,t}$ 表示城市 i 月度 t 的就业灵活度指数，$\ln gdp_{i,t}$ 表示城市 i 月度 t 人均 GDP 的对数，$\ln gdp_{i,t}^2$ 表示城市 i 月度 t 人均 GDP 对数的平方，$X_{i,t}$

---

① 其中，部分城市并未具体公布 1~2 月的规模以上工业增加值，仅公布了 1~2 月的总和，我们利用 Wind 数据库各城市近十年 1~2 月新增第二产业企业数量来估计 1~2 月规模以上工业增加值占 1~2 月规模以上工业增加值总和的比重。

表示一系列控制变量，γ_i 表示各城市的个体固定效应。

第四节 混合研究

一、案例与实证的混合研究

案例研究或质性研究与实证研究或定量研究是人们观察世界的两种基本方式。社会经济发展通常是多维度、多层次和多视角的，采用定性与定量研究方法可以更好地反映或刻画社会经济发展的多维度、多层次和多视角特征（Bergman，2008）。然而，两种认识世界的方式存在明显的区别，Bryman（2016）认为，定性与定量研究两种策略或方法的区别在于：首先，两者的认识论倾向不同，质性研究秉承诠释主义哲学观，定量研究秉承自然科学模型尤其是实证主义哲学观。其次，两者的本体论倾向不同，定量研究以客观主义为出发点，质性研究以建构主义为出发点。

相当时期以来，这两种方法因为哲学基础的分野而各自发展。近年来，更多的学者采取兼容两种研究方法的策略来看待和解释现实。在案例研究中，存在诠释主义与实证主义的不同案例研究范式。在实证研究中，也存在对实证结果的不同解释方式。这些都表明本质上无论是案例研究或质性研究，还是实证研究或定量研究都是观察世界的不同方式或策略。其中，案例研究或质性研究更擅长从过程视角观察世界，实证研究或定量研究更侧重从因果律视角来观察和认识世界。这两种观察世界的方式可以让观察更富有多样性和层次性，相互之间发挥互补作用。

无论是案例研究或实证研究，研究者都是在处理客观现实还是建构起来的现实之间做选择，都是在做假设检验还是探索性的分析之间进行决策（朱迪，2012）。这些选择与决策都应该与数据是通过何种方法收集来的无关，在混合研究中应遵守两个原则：①区分数据收集方法，如案例研究的半结构性访谈，实证研究的截面或面板数据等；②不同的研究策略采用不同的数据收集方式和处理方法（Bergman，2008）。例如，案例研究中的数据处理不可能实现完全一致的结果，案例研究或质性研究数据每一部分之间不可能都能达到高度一致性，这类数据反映的复杂社会过程和机制也不应该被缩减到一个静止或简单的变量，因而编码形式和分析方法在不同数据上会有所变化（Mason，2017）。据此，本书在处理案例研究或质性研究数据时，会采用多种形式逻辑来进行分析和提取，而不是采用单一方式来处理质性数据。

案例研究中有关数据饱和与理论饱和也是一个有争议的议题。通常，数据饱和被表达为研究者没有从新增加的数据中获得新发现。在本书案例研究中，我们区分数据饱和与数据质量的关系，强调数据质量高可能包含了数据饱和，而数据不饱和未必会导致数据质量不高。按照我们的理解，数据饱和有以下三个判别的相对标准或条件：①案例数据证据的数量来源充足。诚然，是否充足也是一个相对模糊的概念，这里的充足性是针对研究者自身对案例数据的认识和把握而言的。②案例数据证据之间呈现清晰的关联，形成完整的故事线。同样地，数据证据之间是否呈现出清晰的关联性，而且这些关联性之间是否浮现出完整的故事线，也是相对案例研究者而言的。③案例数据证据链条呈现完整的过程逻辑。证据链对于不同的社会主体有不同的条件或形式逻辑判别标准，如公检法三者对证据链有不同的侧重点那样，对于呈现出完整过程逻辑的证据链在不同主体看来有不同的标准，但从案例研究者主体来说却具有唯一性。

对于理论饱和问题，首先需要明确对理论的简要理解。简单地说，理论就是概念及概念之间的内在关系或逻辑结构。在本书案例研究中，理论饱和的三个条件或判别标准包括以下三个方面：①核心概念的内涵与外延清晰。核心概念是理论系统的基石，概念清晰构成案例研究理论饱和的第一个条件。②概念之间的逻辑关系清晰，具有自洽性。概念与概念之间的内在关系不仅做到边界清楚，而且概念逻辑推演分析过程清晰，排除自我循环论证，逻辑结构上形成概念的自洽。③概念之间的关系呈现完整的过程逻辑。这是案例研究理论饱和的重要标准或条件，因为过程逻辑或机制逻辑是案例研究重点考虑的方面。

实证研究中同样存在数据饱和与理论饱和的问题，只是表现的形式不同，如数据的信度与效度，稳健性检验等。总之，在观察世界的策略或方式上，案例研究与实证研究具有一致性：①它们观察和解释世界的假设是一致的，案例研究强调的假设称为情境，实证研究强调的假设称为条件。②它们观察和解释世界的两种方式背后都存在着实证主义与诠释主义的倾向。③它们观察和解释世界的关键要素，都是通过数据、故事和理论的方式来实现，只是实现的侧重点或关注点不同而已。现有研究中也有不少研究将案例研究与实证研究相结合，如 Siggelow（2001）首先通过实证研究阐明当外部环境发生变化时，公司组织应相应地采取怎样的行动来与环境互动的问题，并开发了一份新的针对环境变化的分类表；其次详细阐述丽斯·克莱伯恩时装公司外部环境如何变迁、公司管理层在每个如何作出决策以及因此导致的结果，并进一步基于案例验证实证研究阶段得到的分类表的科学性。

本书倡导将案例研究与实证研究相结合的混合研究方法来探讨平台创新、竞争与就业问题，在于认为这种方式可以更多维度地考察平台发展的特征和规律，而不是认为这种方式比其他方式可以更加逼近平台的客观存在。

二、平台创新、竞争与就业的混合研究

案例研究与实证研究的混合研究方法适用于平台创新、竞争与就业研究，主要在于：

首先，平台是典型的双边市场，通过撮合消费者与厂商来实现多层次、多维度、多视角的盈利和竞争优势。如前所述，平台是拥有众多买家和卖家的具有双边市场功能的数据要素高度聚集与交易场所，天然具有交叉网络外部效应，形成交叉补贴、生产者与消费者界限模糊、竞争与治理相互激励与约束三个特征，平台创新与竞争和垄断高度融合于一体。采取案例研究与实证研究相结合的混合研究方法，可以较好地解剖平台创新、竞争与就业之间的内在边界与相互关系。

其次，平台创新、竞争与就业三者之间既相互关联又相互影响，平台创新不仅包括平台自身创新，而且包括平台促进数实融合及促进传统企业国际竞争等多个维度，甚至影响到不同城市之间产业或区域的技术外溢效应。采取案例研究与实证研究相结合的混合研究方法，可以更好地在提炼理论概念基础上深化平台与外部环境条件之间的因果关系，深化对平台创新、竞争与就业之间内在关系特征的认识和理解。

最后，平台创新、竞争与就业是涉及不同层次、不同维度、不同视角甚至不同学科背景的交叉研究议题。平台是数字经济中数据要素最为集中和最为活跃的场所，平台创新构成数字经济创新发展的极点而备受多学科理论研究者关注，也备受业界和政府关注。如何评价平台创新、竞争与垄断、就业创造与就业替代以及平台监管等问题，都需要从多学科视角，从不同维度和多层次来进行探讨，可以更好地避免无限夸大平台作用或有意降低平台价值的两种倾向，使平台创新、竞争与就业获得正常的发展环境。

本书采取分段式混合研究策略，即针对平台创新与竞争、平台促进高质量就业、促进平台创新、竞争与就业的政策分析，分别采取混合研究方法展开研究。例如，在平台创新与竞争方面，从企业考察、案例分析、统计和观察上来看，灵活就业新业态构成数字经济的创新特征，且对宏观经济发展构成重要影响，但既有文献缺乏灵活就业新业态与收入水平、产业结构高级化之间关系的深入探讨，本书联合消费需求和劳动力要素两个产业结构高级化的重要影响因素，剖析数字经济灵活就业新业态对产业结构高级化的影响，提出数字经济灵活就业新业态发展水平的概念，以此刻画平台创新来建立实证研究模型。在平台促进高质量就业方面，从企业调研、案例分析等来看，平台发展使大量劳动力在产业间发生转移，同时依托其信息载体的功能帮助劳动力提升人力资本水平，但既有文献缺乏平台发展推动劳动力产业间转移、人力资本提升的过程分析和实证证据，本书通过案例研究和实证研究的混合研究方法，利用宏观经济数据佐证了平台发展对劳动力产业间转移和人力资本提升的影响，并通过案例研究和实证研究初步刻画了过程机制。

综上所述，本章主要从平台创新构成数字经济创新极点的思想及理论框架出发，依据数字经济创新极点的"铁三角"分析框架，从平台促进创新、竞争与就业三个维度阐述本书的研究设计与研究方法，为平台创新、平台竞争、平台促进高质量就业，及平台治理与政策等研究提供研究思路和方法论基础。

第三章 平台创新

本章主要围绕平台创新如何形成，平台创新如何成为数字经济创新极点，以及平台创新如何引领数字经济发展三个关键科学问题展开探讨。平台创新是与数字创新、技术创新、产品或服务创新、商业模式创新、制度创新及生态系统创新并列的一类创新行为或领域。从平台内部与外部的综合视角来看，平台创新主要由内部创新与外部创新组成，且平台内部创新活动最终体现在平台外部创新行为中。然而，由于条件和数据所限，本书所言的平台创新主要是从平台外部视角考察的创新活动。

根据第二章提出的平台创新研究框架，平台通过自身创新、促进数实融合、促进基础研究、促进产业结构高级化来引领经济发展，并对数字经济发展产生关键性影响。本章在平台创新生态系统及相关理论基础上，采用案例研究与实证研究相结合的混合研究方法，阐述平台如何通过自身创新、促进数实融合、促进基础研究、促进产业结构高级化来引领经济发展。

第一节 平台创新生态系统及相关理论

平台创新与竞争是数字经济创新与竞争的集中体现之一。对于平台创新与竞争，虽然有不同的看法或认识，但中国数字经济发展实践表明，平台经济不仅是数字经济发展的主要方式之一，而且构成数字经济发展的动力基础之一。2022年12月，中央经济工作会议指出支持平台企业在引领发展、创造就业、国际竞争中大显身手。目前，中国平台整体上已经发挥出一定的引领发展作用，据国家信息中心数据，2021年在线外卖收入占全国餐饮业收入的比重达到21.4%，同比提高4.5个百分点。同时，数据平台在推动全国网上零售增长方面发挥主导作用，据国家统计局数据，2022年全国网上零售额达137853亿元，同比增长4.0%。平台创新引领发展成为中国乃至全球数字经济发展的重要现实议题，亟待对此展开更为系统、深入的理论研究。当前，创新生态系统理论为平台创新引领发展研究提供了重要的理论基础，可以从创新生态系统理论视角构建平台创新的研究框架。

一、平台创新生态系统

平台创新构成数字经济创新极点的一个重要理由，是平台创新不会是单打独斗的局部创新，或仅限于某个产业领域的创新，而会基于交叉网络外部性自然而然地形成创新生态系统来实现创新的社会化影响，如微信就是一个具有全球经济社会意义的社会化创新产品。平台创新不仅源于数据要素的新投入及其带来的要素新组合，而且通过数据要素极大地改变既有市场竞争要素和市场竞争方式，数字经济的市场结构从产品竞争、企业竞争、供应链竞争转变为以平台创新为中心的国家或区域竞争。在这种背景下，创新生态系统理论开始备受平台创新研究者的关注，平台创新生态系统研究由此得到快速发展。

我们知道，创新生态系统理论源于生物学中的生态系统理论。Tansley（1935）最早提出生态系统的概念，通常是指在企业、政府、研究者与工人之间建立一种新的创新合作体系（美国竞争力委员会，2004），是一种多主体互动的创新体系或结构。目前，创新生态系统的研究主要集中在结构、动态化、战略与商业模式、区域创新生态、国际化和治理模式等领域（戎珂等，2023），强调创新生态系统是在促进创新实现的环境下，创新主体基于共同愿景和目标，通过协同和整合生态中的创新资源，搭建通道和平台，共同构建以"共赢"为目的的创新网络（柳卸林等，2015）。或者说，创新生态系统是一个区间内各种创新群落之间及创新环境之间，通过物质流、能量流、信息流的联结传导，形成共生竞合、动态演化的开放复杂系统（李万等，2014）。

Moore（1993）将企业生态系统定义为基于组织互动的经济联合体，认为企业生态系统是一种由客户、供应商、主要生产商、投资商、贸易合作伙伴、标准制定机构、工会、政府、社会公共服务机构和其他利益相关者等具有一定利益关系的组织或者群体构成的动态结构系统。该动态结构系统会随着时间推移而演变，并对成员合作、竞争和创新等产生多维度影响。或者说，企业创新生态系统是由一个与核心企业或平台相关，包含供需两端的参与者，并通过创新来创造和利用新价值的相互联系的组织构成的网络（Autio & Thomas，2014）。在该系统中，企业整合各自的投入和创新成果从而产生共同一致、面向客户的解决方案（Adner，2006）。生态位是企业创新生态系统研究的一个重要概念，创新生态系统由占据不同但彼此相关的生态位的企业所组成，一旦其中的一个生态位发生变化，其他生态位相应地也会发生变化（Iansiti & Levin，2004）。

可以说，不同视角下企业创新生态系统的概念内涵略微有不同，但总体思想具有相似性（蒋石梅等，2015）。据此，本书将平台创新生态系统定义为指围绕某个平台形成的多主体互动创新的创新结构或体系，具有随时间变化的协同演化特征。

（一）平台生态系统与平台发展

平台是指双边市场中通过产品或服务，聚集不同用户群的场所（Eisenmann et al.，2006）。或者说，平台是多边的或多个利益相关者聚集的场所，平台为来自不同边的两个或多个经济参与者（包括互补资产的提供者）提供接口。案例研究表明，企业战略、市场需求、动态能力构成平台创新的关键影响因素，包括战略引导、战略规划、社会痛点、客户需求、整合能力、技术能力等因素（何永清等，2021）。

现有文献从组织形态、架构和活动、模块化特征等视角定义了平台生态系统，形成多种理解或概念。例如，强调平台生态系统是数字时代下依托于平台企业而涌现的一种创新生态系统（孙永磊等，2023）。具体地，平台生态系统以平台领导者、参与者、互补者之间的互利合作和互动为基础，参与者和互补者向平台领导者移动并靠拢，平台领导者对参与者和互补者进行控制和协调，并利用互补性和相互依赖性进行互动（Lescop et al., 2013）。又如，强调平台生态系统突破时空限制，激活离散分布的潜在资源，使超大规模协作、分布式创新成为可能，社群化内部创新平台和外部创新平台有机地将物与物、人与物以及人与人对应的数字相链接，突破了传统创新壁垒，实现了线上线下创新主体、创新资源、创新关系的不断融合（张宝建等，2022）。

从组织形态角度，平台生态系统是以平台企业为中心的组织，通过开源的技术及标准，将一系列互补者连接到中心平台（Jacobides et al., 2018）。从架构和活动的角度，平台生态系统包括平台企业、互补者和最终用户组成的多边市场（Hein et al., 2020）。基于平台的数字多边生态系统主要包括平台领导者，来自平台不同边的参与者（互补资产提供者、供应商）等。研究表明，开放程度和创新策略构成平台生态系统发展的两个关键点（Adner, 2006）。平台在互补层面的开放程度，是为每个互补产品选择的创新策略的总体结果。平台生态系统的创新性也基于平台的开放性和创新策略，通过利用足够程度的开放性，借助有效的创新策略，可以在数字生态系统竞争中获得关键优势，因而现有研究将开放性视为直接和间接影响平台创新或竞争成功的关键影响因素。

可以认为，平台生态系统既能推动平台企业的发展，还能推动平台生态系统其他企业的发展，同时还促进数字经济社会的发展。平台生态系统主要通过推动平台创新从而推动平台企业的发展。由于平台生态系统的交互性、开放性、网络效应等带来的资源聚集，平台生态系统的创新问题逐渐成为学者关注的热点（Tatikonda, 1999; Gawer & Cusumano, 2014; Eckhardt et al., 2018）。早期学者从技术管理视角出发，研究平台型企业的模块化创新、集成式创新（Tatikonda, 1999），后续学者基于开放性生态系统关注开放式创新（Chesbrough & Bogers, 2014）、衍生型创新（Gawer & Cusumano, 2014）、互补型创新（Nambisan et al., 2018）等创新模式。

现有平台创新的研究大体可以划分为两大层面，即平台商业模式创新与平台和互补者的合作创新。在平台商业模式创新领域，研究主要关注以下三个方面：

(1) 平台进行商业模式创新的动因研究，认为平台商业模式创新的动因是供求双方的规模经济与范围经济在平台上的良性互动产生空间效应，以及满足消费时间价值增值所产生的网络时间溢出效应（冯华和陈亚琦，2016）。同时，大数据能力、双边市场效益系数、平台型企业服务质量系数，也构成平台型企业商业模式创新的关键驱动因素（田剑和徐佳斌，2020）。

(2) 平台进行商业模式创新的路径研究，强调在快速变化的商业环境下，互联网平台企业可通过构建社交网络、对交易方向进行调整、增加用户价值和私人定制等方式来实现商业模式创新（Wirtz et al.，2010）。或者，平台企业可通过发掘市场用户需求、创造新消费需求、注重创新技术开发市场、创新商业模式吸引风险投资、谋求政府支持和实施可持续性发展策略等方式实现颠覆性创新（徐德力，2013）。

(3) 平台企业商业模式创新的特征及关键成功因素研究，认为多边平台企业商业模式创新以信息系统能力为特征，同时信息系统能力、属性和多边平台发展结果在不同企业发展阶段表现出很大差异（Tan et al.，2015）。因此，平台企业商业模式成功的关键因素，包括双边间网络效应范围和深度以及双边消费者的差异化分布，还包括用户规模、市场规模、企业无形资产、现金流、明确的客户定位、庞大的市场规模、对市场需求的快速反应能力、顺应与重塑环境的能力、基于瓶颈的可持续创新能力以及对开放式创新模式的运用（Evans & Schmalense，2010；李红等，2012；张娜娜等，2014）。此外，平台构建情境的不同会促进企业形成不同的迭代创新模式演化路径，优势—过程—路径的动态能力三维分析框架能够有效地解析迭代创新开发—测量—认知的动态循环过程，迭代创新模式演化也会影响平台企业的构建以及动态能力价值的实现（朱晓红等，2019）。

针对平台创新生态系统的研究，部分文献聚焦于平台与互补者合作创新领域，尤其是针对平台与互补者合作创新模式，平台如何激励互补者合作创新的探讨。在平台与互补者合作创新模式层面，从合作伙伴类型视角认为，平台型企业作为生态圈领导者，根据创新知识分享、价值创造、社会关系特点选择相应的跨界搜索模式，推动创新知识流动和资源整合来提高服务创新绩效，由此与合作伙伴建立长期稳定的跨界合作机制，形成技术型、商业型、技术—商业整合型三种跨界合作模式，或平台领导与用户创业协同发展的嵌入式开放创新模式（彭本红等，2017；金杨华和潘建林，2014）。在激励互补者进行合作创新层面，认为平台采取授予互补者访问权限与直接放弃控制权等不同方式，但与直接放弃控制权相比，授予互补者访问权限方式对生态系统创新绩效产生积极影响，更有助于提高互补者开发速度，表明加强资源丰度、关系强度和网络密度等因素，均能有效促进平台成员间资源共享和知识创新并最终实现价值共创，因而平台通过选择开放程度和开放方法来控制互补者数量,对于提高平台的异质性创新水平,激励创新动机和增加创新绩效有重要影响(Cenamor & Firshammar,2021;Boudreau,2010;江积海和李琴,2016)。

总之,现有相关代表性研究较好地阐述了平台生态系统中平台的商业模式创新,以及平台与互补者合作创新的主要特征与关键成功因素,表明在平台创新生态系统中平台自身的创新,及平台与互补者协同创新均构成推动平台创新的重要实现途径。

(二)平台生态系统促进数实融合

促进数字经济和实体经济深度融合(以下简称数实融合),也是平台创新生态系统中平台创新的重要实现途径之一。其中,平台生态系统对其他企业发展和数字经济社会发展的影响及其影响机制,也构成平台创新促进数实融合研究的一项主要内容。

平台生态系统对其他企业发展的影响及机制的研究形成以下两个主要方向:

(1)平台生态系统推动其他企业创新从而促进其发展的研究,形成三方面主要结论:①认为平台创新形成数字技术应用的社会教育,推动知识和信息在社会群体中的传播和扩散,使企业更有利于开展产品的前瞻性开发,调动了企业的创新性和主动性,平台由此推动其他企业的创新活动而促进其发展(Arthur,2007;Guire et al.,2012;Glavas & Mathews,2014);②认为平台的不同创新模式对线上生产企业和线下生产企业的创新水平产生影响,并通过数字技术间接影响创新,从而有效地推动企业尤其是中小企业开展市场创新、产品创新、渠道创新、研发创新和组织创新(欧阳耀福,2023;叶秀敏,2018;刘德胜和李光红,2021);③认为平台通过招募或吸引其他生态企业嵌入其创新生态系统,生态系统中的企业可以多渠道、短时间、低成本、高质量地寻求所需的创新合作资源,平台生态嵌入对企业的创新柔性具有倒"U"形影响,并受到数据赋能的正向调节(宋华和李梦吟,2020;赵慧娟等(2022)。

(2)平台生态系统促进产业内企业间的信息分享,提升产业组织运行效率研究,也形成两方面主要研究结论:①认为平台生态系统改变了传统产业的生产方式、管理方式和供应链,提高供应链上下游企业之间的信息共享而提升企业绩效,对供应链与价值链融合有显著正向影响进而提升了产业组织的运行效率(王可和李连燕,2018;肖静华等,2015;郑湛等,2019;石漳铭和杜琳,2022);②认为平台引领产业结构升级的路径主要有两条,即平台优化产业内的资源配置效率与水平、优化产业布局与结构,促进传统产业向高附加值产业转变,同时平台减少产业间信息不对称、打破时间和空间壁垒,将原本分散的产业融合起来实现产业间跨界融合与关联协作(姜琪和刘欣,2023;陈威如和王节祥,2021;纪园园等，2022）。

平台生态系统不仅推动平台自身的发展和相关企业的发展，也对数字经济社会的发展形成起促进作用。具体而言，数字技术的快速应用和普及，显著推动了中国区域创新效率水平提升，为数字经济时代国家提升区域创新效率提供了新动能（韩先锋等，2019），如美团平台不仅促进了区域内的消费增加与升级，而且促进了中国不同区域之间的消费服务均等化，因为消费平台构成链接消费服务供需双方的关键设施。通过降低消费信息搜寻成本，平台不仅能够刺激消费潜力，而且可以促进消费升级（夏杰长和刘睿仪，2022）。在平台经济发展中，中国多数头部平台企业具有科技创新属性，拥有丰富的知识产权与专利技术，是数字时代科技创新的主力军，可以依靠新技术孵化新业态，为引领发展注入新动能（夏杰长和杨昊雯，2023），因而平台创新行为及其衍生出来的平台生态系统具有技术创新增长极的社会功能，在不同阶段对数字经济发展形成福利提升效应和福利分配效应（蔡跃洲和顾雨辰，2023）。在实现机制上，认为平台生态系统主要通过丰富的数据资源和技术资源推动社会创新，开展市场竞争和促进消费与就业，从而对数字经济社会的发展产生影响。其中，政府平台组织能够在常态化的科层组织基础上实现对复杂社会需求的灵活回应（宋锴业，2020）。

总体上，现有研究主要从三个层面探讨平台生态系统的创新问题：①聚焦平台生态系统中平台商业模式创新以及平台与互补者的合作创新的特征及关键成功因素；②聚焦平台生态系统影响其他企业创新发展的机理及效果；③聚焦平台生态系统对社会发展的影响，如社会创新、消费等。可以说，这三个方面研究推进了平台生态系统创新理论发展。然而，相关研究较少涉及平台生态系统对于基础研究等领域的影响及其机理，对平台生态系统如何推动数字经济社会发展，及与其他因素推动之间的差异也缺乏深入分析。

目前，平台生态系统创新研究形成以下四个方面的新要求：①现有平台生态系统相关的创新研究将生态系统内部创新、推动其他企业创新以及社会创新分开探讨，有待构建统一的平台生态系统创新体系，及该创新体系与国家创新体系的关系有待进一步明晰；②在平台生态系统内部创新研究中，现有研究对于平台生态系统中平台自身的技术创新投入、产出及特征等议题探讨有待进一步强化，深化平台技术创新对其他主体影响的研究；③在平台生态系统推动其他企业发展的研究中，有待加强平台生态系统对实体企业数字化转型效果的影响及其在实体企业数字化转型进程中作用的探讨，进一步深化平台生态系统在数字经济与实体经济融合进程中的作用；④在平台生态系统促进社会发展的研究中，进一步加强平台生态系统对于基础研究影响及其机制的探索，有待深入剖析平台生态系统发展推动社会发展与其他因素推动社会发展的差异等。要回答好这些新问题，均会或多或少涉及平台创新的突破性创新本质问题。

二、平台创新的突破性创新本质

渗流理论（percolation theory）认为，早期加入通信网络的用户会形成若干互不相关的小型网络，随着用户密度的增加超过某个阈值后，就会形成能够连接远距离用户的信息通道，使通信网络由局部小型网络迅速转变为具有广泛连接性的网络，称为网络相变（phase transition）。这种相变现象较好解释平台创新对数字经济相变的影响特征，即平台创新本质上是整合技术创新、商业模式创新与制度创新的一次突破式数字创新，形成工业经济过渡到信息经济，再转变为数字经济的相变。

在组织层面的概念中，突破式创新指组织大规模打破以往技术、流程和组织格局，建立新的技术、流程和组织格局，对原有的观点、过程、程序、产品和技术进行大幅度的变革，使其脱离原有的发展轨迹（Bouncken et al.，2018）。在经济形态或经济活动视角下，突破式创新是指新经济形态打破以往经济形态的稳定结构或路径而形成的根本性变革。

为什么说平台创新是一次突破式创新或破坏式创新？一方面，数字技术创新使数据成为新生产要素，平台是数字经济中数据要素最为集聚的场所，构成数字经济创新中最活跃的社会主体，平台活动形成多层次、多领域的全新要素投入和引发既有要素的大幅度新组合，同时对既有产业或业态进行多层次、多领域的完全替代或部分替代，引发社会结构脱离原有发展轨道。另一方面，平台创造出诸多新商业模式，尤其是围绕平台形成数字生态系统的多维盈利模式，这些新兴商业模式既对原有产业的商业模式形成替代效应，也形成创造效应。同时，平台内部治理逐步构建起数字经济的制度创新。这些内部治理的新规则表明，平台内部形成的"平台主—互补性企业"的制度创新与治理规则是维系平台运营发展的制度基础，政府对平台的规制等外部治理需要与平台内部治理规则相互联系、相互调适乃至相互妥协来推动数字经济平稳发展。平台创新带来的这种社会主体双层治理结构，是一次完全脱离以往政府单层治理结构的发展路径，使平台创新具有鲜明的突破式创新特征。

通常，数字创新指创新过程中基于信息通信技术（ICT）及其组合形成新技术、新产品、改进生产过程、变革组织模式与制度及创建新商业模式等活动（Yoo et al.，2010；Nambisan et al.，2017；刘洋等，2020）。为什么说平台创新是一次整合性的数字创新？我们知道，平台创新不仅是数字平台自身的创新，更重要的是其引发市场结构、社会网络、个体行为选择发生了根本性改变，这种改变既体现在产品与技术创新领域，如平台数据交易的涌现推动数据驱动的企业与用户互动创新进而促进企业创新绩效，也体现商业模式与制度创新领域，如平台借助其信息优势地位既通过商业模式创新来撮合用户参与，又通过制度创新来激励与约束用户参与，在内部治理规则上形成诸多制度创新活动。因此，平台创新活动本质上是一次集成技术创新、商业模式创新及制度创新的数字创新。

正是借助对技术创新、商业模式创新及制度创新的整合，平台构建起突破式数字创新的基础，进而推动经济形态或经济活动从工业经济过渡到信息经济，再转变为数字经济的相变过程。平台创新的突破性创新本质并非是空中楼阁形成的，信息化与工业化融合形成的信息化跃迁（肖静华等，2006），信息化带动工业化与工业化促进信息化两条路径的间断平衡（谢康等，2012），为数字跃迁（Digital Quantum Leap）提供了重要的社会经济基础，拉兹·海飞门（Raz Heiferman）等《数字跃迁：数字化变革的战略与技术》对此做了较为系统的阐述。单宇等（2021）通过探索性案例研究对企业数字化转型中的数字跃迁过程进行了剖析。因此，可以认为，企业数字化转型战略与变革的微观层面，以及"两化"融合的产业结构变革层面，均为平台突破式创新奠定社会经济基础。

第二节 平台自身的创新

在平台创新生态系统中，平台自身创新是平台创新的源泉和基础，包括平台技术创新、产品或服务创新、制度创新、商业模式创新等。从数字经济创新极点的思想出发，平台自身创新构成数字经济创新极点的源泉和基础。探讨平台自身的创新，首先需要关注全球平台企业的创新活动。近年来，全球平台企业纷纷开展生态系统层面的创新活动，以在全球数字经济发展中战略更具竞争力的生态位或社会网络节点。平台的这些创新活动主要体现在创新投入、产出两个方面。因此，本节主要从平台创新的投入与产出两方面分析平台自身的创新，并在此基础上提炼和归纳平台创新的主要特征。

一、平台创新投入

平台研发投入构成平台企业创新的首要指标。结合数据的可得性，我们主要选取阿里巴巴、腾讯、京东、百度、美团、滴滴六家平台企业的数据来概括阐述中国平台创新投入的总体发展情况，表3-1和图3-1分别列出2019~2022年这六家平台企业的研发投入。

表3-1 2019~2022年中国平台企业研发投入　　　　单位：亿元

公司	2019年	2020年	2021年	2022年
阿里巴巴	430.80	572.36	554.65	567.44
腾讯	303.87	389.72	518.80	614.00
京东	110.28	161.49	163.32	168.93

续表

公司	2019 年	2020 年	2021 年	2022 年
百度	183.00	195.13	221.00	214.16
美团	84.46	109.00	167.00	207.00
滴滴	53.47	63.17	94.15	95.00
总计	1165.88	1490.87	1624.77	1866.53

注：由于字节跳动未上市，因此本书无法获取其年度财务数据。

根据表3-1转换为图3-1的柱状图形，可以更为直观地观察到中国主要平台企业2019~2022年研发费用波动情况。由图3-1可知，阿里巴巴和腾讯构成中国平台企业创新投入的双子星，京东、百度、美团三家平台企业位于第二梯队，滴滴属于第三梯队。其中，腾讯和美团创新投入增长迅速，其他四家平台企业创新投入大体处于平稳增长或保持状态。从增长率来看，腾讯研发投入增长最为迅猛，阿里巴巴自2020年大幅增长后基本处于平稳维持状态。在第二梯队中，百度和京东的研发投入大体维持稳定，美团研发投入增长较为明显。第三梯队中滴滴的研发投入维持较为稳定的增长或持平。

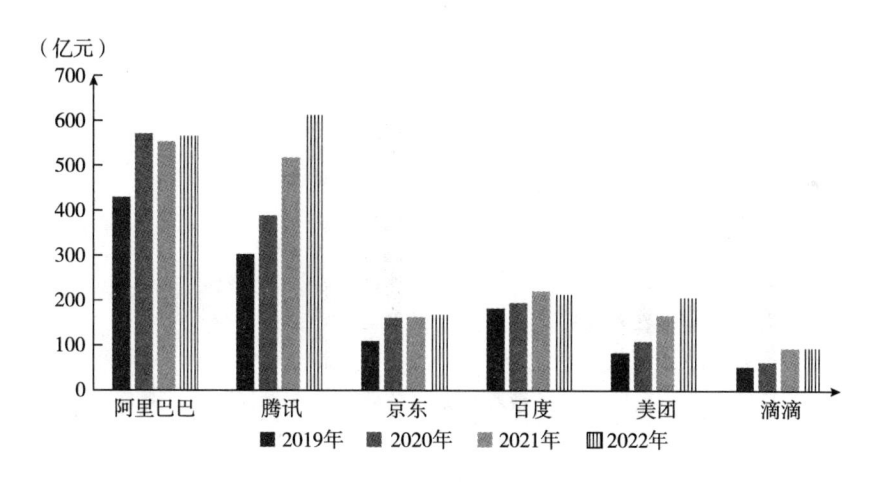

图 3-1　2019~2022 年中国平台企业研发投入

其中，这些平台企业研发投入占营业收入的比重如表3-2和图3-2所示。由图3-2可以清楚地看出，百度在中国六家平台企业中研发投入占营收的比重是一枝独秀，长期维持在17%~18%，投入比例最为显著。阿里巴巴、腾讯和美团研发费用占营收比重总体处于第二梯队，大体维持在6%~11%，但腾讯和滴滴研发费用占营收比重的增长速度在不断加快。京东研发费用占营收比长期维持在1%~2%，位于第四梯队。由表3-2和图3-2的变动结构及趋势可以看出，中国平台企业在不同的创新战略下采取不同的创新投入战略或策略,既与中国平台企业的营收规模、市场结构、要素禀赋等因素相关,也与平台企业的战略愿景或目标、企业文化等组织因素相关。例如,百度研发投入占营收的比重高出腾讯、阿里50%以上,一个重要原因是百度营收规模远远小于阿里和腾讯。又如,京东研发投入占营收的比例小,与其服务体系规模化如物流体系建设投资周期和运营结构有着密切联系。

表3-2 2019~2022年中国平台企业研发投入占营收比重　　　　单位:%

公司	2019年	2020年	2021年	2022年
阿里巴巴	8.45	7.98	6.50	6.53
腾讯	8.05	8.08	9.26	11.07
京东	1.91	2.17	1.72	1.61
百度	17.04	18.22	17.75	17.32
美团	8.66	9.50	9.32	9.41
滴滴	3.45	4.46	5.42	6.75
总计	6.39	6.46	6.05	6.32

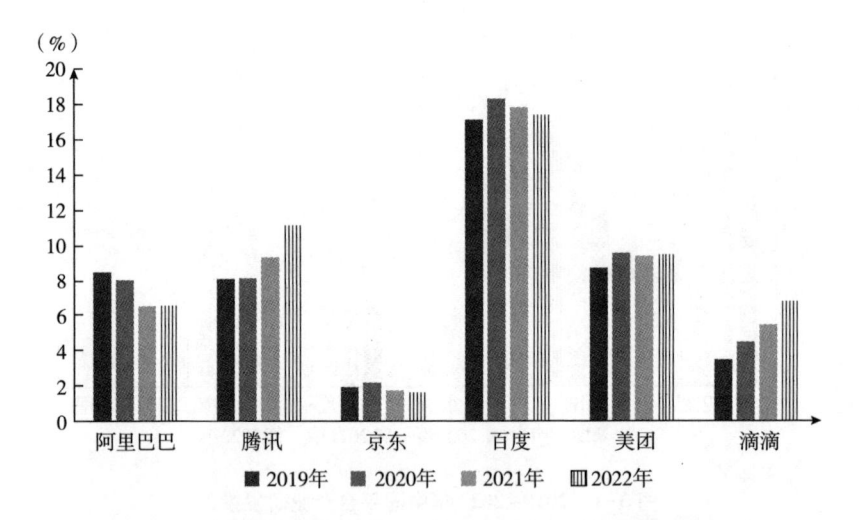

图3-2 2019~2022年中国平台企业研发投入占营收的比重

总结上述讨论,我们将中国平台企业研发投入的总体特征概括为以下三点:

(1) 平台企业的研发经费逐年增加,但研发投入占营业收入的比重总体趋于稳定。2019~2022年,阿里巴巴、腾讯、京东、百度、美团和滴滴六家代表性平台企业的研发经费从1165.88亿元增加至1866.53亿元,年均增速约17%,表明中国主要平台企业研发经费保持快速增加。其中,除阿里巴巴以外,腾讯、京东、百度、美团、滴滴五大平台企业的研发经费从2019~2022年均保持增加，腾讯和百度的创新投入增速最为明显。以腾讯为例，2022年，腾讯研发开支超过614亿元，在全国工商联发布的2023中国民营企业500强中排名第一。然而，从研发投入占营业收入的比重来看，2019~2022年中国主要平台企业的研发投入占营业收入的比重大体稳定在6.0%~6.5%，滴滴、腾讯研发投入占营业收入的比重大体有所上涨，阿里巴巴则有所下降，京东、百度、美团则无明显变化。

（2）腾讯、百度等平台企业在研发上大力投入，京东、阿里巴巴的研发投入相对较小。2022年腾讯的研发费用超越阿里巴巴，位居六大平台企业之首，且研发费用占营业收入的比重突破10%；而百度历年的研发费用占营业收入的比重均超过15%，研发投入成为百度的重要支出。反观京东和阿里巴巴，阿里巴巴的研发费用占营业收入的比重逐年下滑，从2019年的8.45%下滑至2022年的6.53%，其2022年研发费用占营业收入的比重位居六大平台企业的倒数第二，而京东历年研发费用占营业收入的比重均在2%，整体占比较低。

（3）平台已成为当代中国科技创新的重要社会主体和推动力量。根据国家统计局《2021年全国科技经费投入统计公报》，2021年中国全社会R&D投入约27864亿元，比2020年增长14.2%。根据表3-1可知，2021年阿里巴巴、腾讯、京东、百度、美团和滴滴六家代表性平台企业的研发投入1624.77亿元，约占全国R&D投入的5%，且平台企业研发费用的年均增速也高于全社会R&D投入的增加速度。同时，根据国家统计局《2021年全国科技经费投入统计公报》，规模以上工业企业的R&D投入占主营业务收入的比重约为1.33%，即平台企业的研发投入占营入比重，比规模以上工业企业高出3.5~3.9倍。因此，无论从平台企业科技投入占全社会科技投入的比重，还是从平台科技投入占营收比重与规模以上工业企业相比来看，平台已成为当代中国科技创新的重要社会主体和推动力量。

二、平台创新产出

平台创新产出可以从多个维度和层次来描述或刻画，如平台自身新产品或新服务营收占市场营收的比例、平台专利申请或批准数量、平台技术外溢效应等。同样受限于数据可得性，我们主要采集相关平台企业的专利数据来阐述平台创新的产出，如表3-3和表3-4所示的阿里巴巴、腾讯、京东、滴滴、美团等平台企业的专利申请数量、专利授权数量（由于各平台企业未完整公布历年数据，表中数据有所缺失）。

由表3-3和表3-4以及结合相关数据和报道可知，中国平台企业技术创新产出主要体现出以下三个方面的特征：

表 3-3　2020~2022 年中国主要平台企业专利申请数量情况　　　单位：件

公司＼时间	2020年3月	2021年3月	2021年底	2022年3月	2022年底
阿里巴巴	26303	14010	—	14138	—
腾讯	37000	—	—	—	62000
京东	—	—	—	—	9000
美团	—	5355	—	—	—
滴滴	—	—	3246	—	—

表 3-4　2020~2022 年中国主要平台企业专利授权数量情况　　　单位：件

公司＼时间	2020年3月	2021年3月	2021年底	2022年3月	2022年底
阿里巴巴	11836	13359	—	13942	—
腾讯	14000	—	—	—	30000

（1）中国平台企业创新实力不断增强，创新产出不断增加，但平台企业之间的创新产出表现不均衡。表3-3和表3-4的数据表明，中国平台企业的创新成果数量在不断增加，如2020~2022年腾讯专利申请数量和专利授权数量大体实现成倍增长，专利申请数量从2020年3月的3.7万件增加到2022年底的6.2万件，专利授权数量从2020年3月的1.4万件增加到2022年底的3万件，体现出中国平台企业在创新产出上的强劲力量。同时，阿里巴巴的创新产出表现相对平稳，2020年3月专利申请量2.6万件下降到2022年3月的1.4万件，但专利授权数量依然从2020年3月的1.18万件增加到2022年3月的1.39万件。这说明在腾讯与阿里巴巴两个平台创新龙头之间形成不均衡的创新产出结构。

（2）中国平台企业正日益成为中国创新产出的重要力量。根据国家知识产权局知识产权发展研究中心发布的《中国民营企业发明专利授权量报告（2021）》，腾讯、百度等平台企业进入榜单前十，腾讯位居第二，百度位居第九。以腾讯为例，截至2023年6月，腾讯在全球主要国家和地区的专利申请公开总数超过6.6万件，专利授权数量超过3.3万件，在全球互联网公司中排名第二。据此可以认为，中国平台企业自身创新产出的质量不断提升，平台创新成为推动中国经济创新发展的重要力量。

（3）平台企业成为数字经济创新发展的主力军。数字经济的发展依赖于数字技术的不断创新，以AI领域为例，Statista根据LexisNexis PatentSight的数据统计认为，截至2021年，腾讯和百度持有AI专利数量在全球位于前两名，均超过9000例。总体来看，在AI创新领域，平台企业已经逐步成为中国数字技术创新的主力军，通过推动和普及应用AI技术的社会化创新在中国数字经济创新发展中发挥出引领发展的作用。

三、平台创新特征

综合上述中国平台企业创新投入与产出的现状、特征与发展趋势，可以将现阶段中国平台自身创新概括为两点：①中国平台创新从追赶者转变为并行者，在部分领域成为全球领先者，成为推动全球数字经济创新发展的重要力量；②中国平台创新从单一平台快速到生态系统创新的新阶段，构建起多层次、多维度、多结构的平台创新体系，成为推动中国经济创新发展的重要力量。

第一，全球数字技术发展的底层基础大体自20世纪50~70年代中期形成的，数字技术尤其是互联网技术在20世纪90年代至21世纪初在全球得到推广和普及。中国平台企业由于历史原因难以跨越数字技术底层基础，技术创新没有成为中国平台企业创新中最为突出的领域，产品和服务创新、商业模式创新和制度创新构成中国平台企业创新的主要领域。同时，技术创新和生态系统创新的投入在不断增加，对平台未来创新产出提供了重要的基础和动力源泉。总体来看，中国平台依靠自身创新，从追赶者转变为并行者，甚至在部分领域成为全球领先者，构成全球数字经济创新发展的重要推动力量之一。

例如，从微信到共享单车，再到TikTok，中国平台商业模式创新对全球产生了极其重要的影响。据第一财经网的报道，在俄罗斯，阿里巴巴旗下的速卖通已经成为家喻户晓的名字，基于"海外仓"模式，莫斯科已成功跻身物流"当日达"国际城市行列。此外，无理由退货、千人千面导购、在线分期付款等中国电商解决方案也在海外落地。在美国，头条系短视频国际版TikTok已经成为美国用户表达自我和认识新朋友的平台，全球安装量总和已经超过11亿次。在日本，以微信为代表的即时通信软件，通过小程序等形式大大促进了产品交易与服务的创新发展，被日本商户视为提升服务能力的利器。

第二，由于中国市场人口众多、消费多元化分层明显，为平台创新提供了海量数据资源和多样化的创新场景和需求，如美团平台根据中国不同菜系开发出多种菜系点餐系统，借助平台双边市场特征形成庞大的中国菜系点餐与供应体系，这在全球平台创新场景中是独一无二的。因此，中国平台企业的技术创新可以基于多元化的业务需求和多场景创新来迭代检验创新，如中国平台企业涉及的跨产业跨场景业务范围相对广，但各业务之间的技术关联性强，为平台的技术创新提供了可靠的内部验证基础和条件，从而提高平台技术创新、商业模式创新等创新活动的成功率。

例如，2010年，蚂蚁开始建设OceanBase数据库，从淘宝的收藏夹业务开始，一点一点替换掉了MySQL和甲骨文。同期，阿里巴巴开始大刀阔斧去IOE。由于云计算的普及，大幅降低了企业IT的一次性投入，带动了数据库、专有云等底层软件的市场空间,为中国企业创造了弯道超车的路径。到2013年5月17日,支付宝完全下线了IBM小型机和EMC存储设备,随着当年7月,淘宝广告业务不再使用甲骨文数据库,整个阿里实现了数据库的自主可控,甲骨文也丢掉了自己在亚洲最大的数据库客户。2019年8月,蚂蚁集团的分布式关系型数据库OceanBase圆满通过数据库领域权威机构TPC的TPC-C测试,超越老牌数据库巨头Oracle登顶第一。然而,经历一年努力后,OceanBase再次登顶,将纪录又提高了11倍。可以说,OceanBase在蚂蚁和阿里体系内的成长,其实是国内互联网公司技术创新路径的一个缩影:通过自身多元化业务的优势,让自研产品在丰富的业务场景里不断验证,最终实现替代。① 总的来说,中国平台创新快速从单一平台转变为生态系统创新的新阶段,逐步构建起多层次、多维度、多结构的平台创新体系。目前,平台创新已成为推动中国经济创新发展的重要力量。

总之,无论从创新投入与产出,还是从创新特征视角来分析,平台创新已成为当代中国科技创新的重要社会主体和重要推动力量,也成为全球数字经济创新发展的重要力量之一。更为重要的是,平台自身创新形成的创新外溢效应也促进了中国经济的数字化转型,这集中体现在平台促进当代中国经济加速实现数实融合上。

第三节 平台促进数实融合

一、基于平台数字跳跃的数实融合跃升

在非平台情境下,以企业资源计划(ERP)为代表的信息技术管理创新也在推动企业或产业信息技术与业务流程和管理的融合,形成信息化与工业化融合(以下简称两化融合)的发展。然而,与平台创新相比,ERP等信息技术管理创新面临技术部署复杂、成本高、可拓展复制性低,对实施人员素质和技能要求高等一系列成本约束。但是,自20世纪90年代中期以来,中国企业信息化的发展为当今数实融合提供了重要的社会经济基础和企业转型管理基础。具体地,中国推进数实融合难以照搬或照套发达国家的经验,因为中国推进数实融合的总体情境与发达国家不同。首先,在社会环境中,发达国家的信息化、数字化是在较为发达的城市化基础上发展起来的,企业和社会的管理制度为信息化、数字化提供了支撑条件,中国则缺乏这样的成熟条件;其次,在产业环境中,发达国家的信息化、数字化是在成熟的工业化基础上发展起来的,随着机械化、电气化、自动化、网络化、数字化和智能化的进步而兴起,呈现串联的梯度发展格局。中国信

---

① 蚂蚁集团数据库产品负责人、OceanBase解决方案和产品总经理师文汇于2022全国CIO大会上的主旨演讲《OceanBase助力企业数字化转型》等。

息化、数字化是在工业化还没有完成的环境下成长起来的，呈现并联的同步发展格局。在企业环境中，发达国家的信息化、数字化是在社会公共管理和企业管理理论、方法和工具较为成熟的基础上发展起来的。中国信息化、数字化则缺乏自身管理思想和工业化基础，但中国信息技术或数字技术实现了跨越式发展，形成应用领先的发展格局。因此，中国数实融合体现出中国情境的特色。

在学术上，融合（convergence）指相合在一起，一体化或相互匹配。融合在经济学和生物学中称为趋同，在数学中称为收敛。数实融合指数字经济与实体经济相互作用和相互促进，以实现技术效率的过程或过程状态。通过这个过程或过程状态，实现数字产业化与产业数字化。从静态角度来看，数实融合是一种过程状态或结果。从动态角度来看，数实融合是一个过程。其中，技术效率指在既定的数字化条件下实体经济投入成本最小化，或在既定的实体经济约束下数字化投入成本最小化。

数实融合在实现层面体现为数字技术与实体业务流程融合，即IT和实体经济融合，这在企业创新层面主要体现在IT-业务战略匹配上。IT-业务战略匹配包括知识、社会、结构等维度匹配，涉及不同的具体实现路径和方式。中国实践表明，自20世纪90年代中期至今，数实融合发展经历三个阶段：第一阶段是基础性融合或数实融合1.0阶段，如软件厂商主导下的企业资源计划（ERP）与业务融合，形成信息化与工业化融合发展，体现在企业信息化、产业信息化与国民经济信息化等不同层面。第二阶段是中度融合或数实融合2.0阶段，如物联网、大数据、人工智能等新一代信息技术与业务融合，社会经济迈入数字化转型，形成数字技术对实体企业或产业的全流程再造过程。第三阶段是以平台打通企业数据连接的"任督二脉"赋能各行业数字化从研发端到销售端的全过程为标志，通过实体企业与平台的创新生态系统协同推动企业平台化战略转型，以及人工智能在实体经济全过程运营与管理中的应用与模式创新，从而形成深度融合或数实融合3.0阶段。

与之前的两化融合发展相对平稳相比，平台创新促进数实融合具有明显的非间断平衡跃升特征，这主要源于平台的数字跳跃。具体地，基于平台数字跳跃的数实融合跃升具有数据要素成为数实融合关键生产要素、跨行业多层次渗透、伴随数字技术及其数字生态系统跳跃三个主要特征。因此，平台进入数实融合市场后，形成基于平台数字跳跃的融合质变或跃升（见图3-3）。

首先，平台创新促进的数实融合具有数据生产要素成为数实融合关键生产要素的特征。如前所述，平台是数字经济中数据生产要素最为基础和活跃的场所，平台形成的数据要素交易机制及其创新最能反映数据要素的配置效率及其配置方向。在平台与实体企业创新合作中，平台依托数据要素寻找最为高效的配置方式

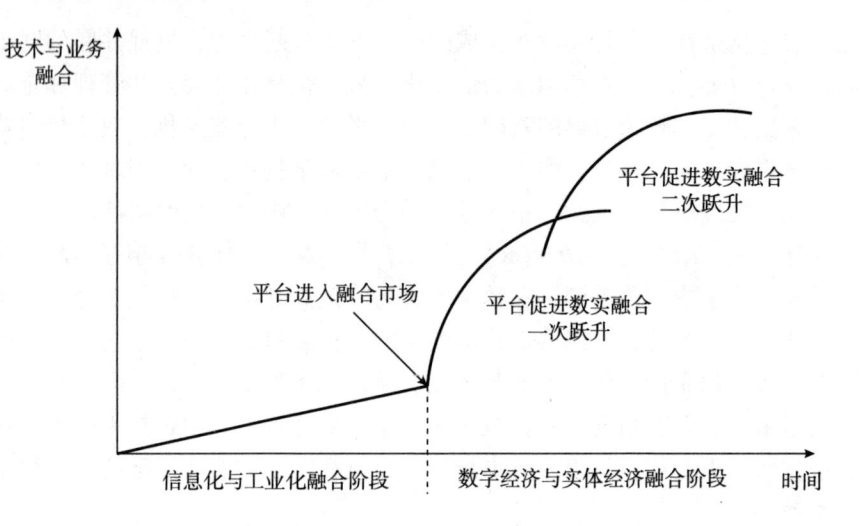

图 3-3　基于平台数字跳跃的数实融合跃升间断平衡发展

和确定要素配置方向，实体企业依托平台数据要素构建最高效率的创新场景和确定创新投资方向，这在以往两化融合中是难以实现的。因此，才会有诸多传统企业在实施多年 ERP 甚至实现智能制造基础上与平台合作开展数实融合，如索菲亚家居、天虹商场与微信生态的合作等。

其次，基于平台数字跳跃的数实融合跃升具有跨行业多层次渗透的特征。与以往两化融合相比，平台依托其数字跳跃的结构优势进入数实融合市场后，不像以往两化融合那样行业间的扩散具有明显滞后性，两化融合的广度和深度变化相对缓慢。平台创新促进数实融合的广度在不同行业之间扩散迅速，形成跨行业互动创新的新趋势。平台创新促进数实融合的深度介入最基础的企业管理行为中，如门店导购的促销行为管理。

最后，基于平台数字跳跃的数实融合跃升具有伴随数字技术及其数字生态系统跳跃的特征。以大数据、物联网、人工智能等为代表的新一代数字技术及其数字生态系统推动数实融合形成两次跃升，目前平台正在推动以数据要素为基础的数实融合第一次跃升，平台正在酝酿或初步涌现出以人工智能为基础的数实融合第二次跃升。例如，2023 年钉钉推出数字员工的概念及其 AI 模型，对 17 条产品线、55 大场景的智能化进行改造，并面向生态伙伴和客户开放智能化底座 AI PaaS，试图用大模型帮助钉钉生态系统将原有数字化产品和服务进行二次创新。

目前，钉钉生态、微信生态、飞书生态等平台依托数字跳跃在各自领域促进数实融合实现质变和跃迁，形成了不同的数实融合赋能模式。

二、平台促进数实融合的两类模式

目前，中国平台企业赋能数实融合形成拓展式与生成式两类主要模式。拓展式赋能指平台将一套完整封闭的数字化工具和使用方式提供给实体企业，实体企业直接使用，从而推动实体企业数字化转型，以钉钉促进数实融合模式为代表。生成式赋能指平台提供一个开放的基础平台，实体企业基于自身需求创新性地使用基础工具，从而推动实体企业数字化转型，以腾讯公司微信生态（以企业微信和小程序为主）促进数实融合模式为代表。

（一）拓展式赋能

钉钉（DingTalk）是阿里巴巴旗下企业级智能移动办公管理平台。2015年钉钉发布1.0版本着力即时通信，助推内部沟通提效；三个月后便推出2.0版本关注内部协同，实现通信协同跃迁；2016年6月发布的3.0版本着力开放平台向外突破，深耕企业级服务市场；2017年发布的4.0着力智能办公硬件"跨界"整合，打造软硬件一体的平台生态；2020年伴随着疫情的肆虐，钉钉推出的5.0版本致力于打造资源高效配置的良性平台化生态圈。2022年3月，钉钉实施PaaS First Partner First生态开放战略，推动产品服务PaaS化。2023年8月，在17条产品线、55个场景全面接入大模型基础上，推动智能化再造。钉钉发展过程中的关键事件时间轴如图3-4所示。

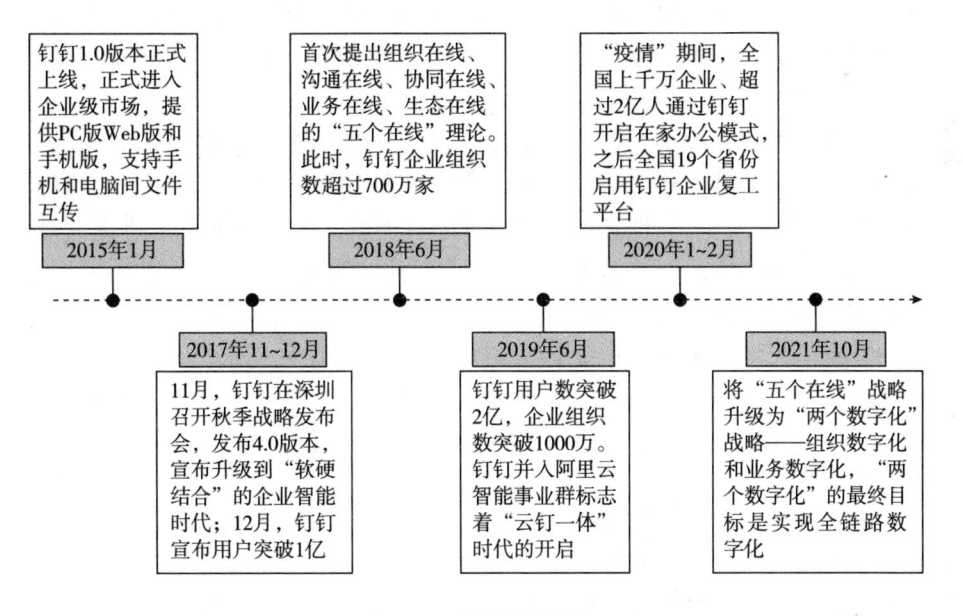

图3-4 钉钉发展历程

据2023年8月钉钉生态大会披露，截至2023年3月，基于钉钉平台连接独立软件服务商（ISV）、咨询生态、销售与交付服务商，及硬件生态厂商等生态伙伴5000多家，应用数超1000万，其中低代码应用数超800万。软件付费企业数达10万家。其中，小微企业占58%，中型企业占30%，大型企业占12%。付费日活跃用户数（DAU）超2300万。钉钉拓展式赋能企业数字化转型，促进数实融合呈现以下两个特征：

首先，钉钉拓展式赋能呈现"协同赋能—生态赋能—场景赋能"的特征（缪沁男等，2022）。在成立初期，钉钉聚焦组织内部数字化需求、打造在线协同平台的阶段，该阶段钉钉通过调研发现需求，快速修复bug，快速迭代版本，及时满足所有需求（见钉钉赋能）。最终实现内部资源协同，获得在线协同能力。在战略发展期，钉钉通过开放平台引入了大量的第三方应用服务商，让他们为不同行业的企业提供个性化的数字产品，开放平台的构建提升了企业与第三方服务商之间的协同程度，初步实现生态赋能。在战略成熟期，钉钉聚焦不同组织在不同场景下的数字化需求，打造场景管理能力的阶段，实现场景赋能。从整体上来看，钉钉的赋能模式以钉钉自身为主导，自身打造丰富的产品或功能供企业结合自身需求应用。

其次，中小企业成为拓展式赋能的重要对象群体，如钉钉生态中小微企业占比近60%。阿里研究院和钉钉联合发布的《"小巨人成长记"——巧用数字生产力工具，加快中小企业数实融合步伐》指出，在数字化技术的赋能之下，在短短几年时间里，许多中小企业基于"钉钉平台+低代码"的方式，构建了一套全新的数字化产品和解决方案。其宣称，全国超过60%的专精特新"小巨人"都在钉钉上。具体而言，中小企业数字化转型和实现数实融合面临缺理念、缺认知、缺资金、缺技术、缺人才、缺手段和缺工具等现实困难，同时中小企业数实融合面临转型实施规划模糊、理念难以贯彻等固有不足，数字化转型受到诸多制约。平台借助自身技术优势、数据优势、管理优势和认知优势，构建标准模板和行业解决方案相结合的拓展式赋能模式，适合于解决中小企业数实融合中的痛点和难点，可以高效率地推动中小企业实现数字化转型，进而促进数实融合。

例如，2014年4月，钉钉团队开启了"接地气"模式，希望通过走访企业客户来发掘真正的市场需求。例如，康帕斯负责人吐槽钉钉的灰度版本，不仅交互界面不美观，而且功能不好用，一会儿消息丢失，一会儿应用闪退。结果第二天，康帕斯提的所有意见都被吸收采纳了，原来钉钉团队当晚实现了bug的紧急修复和迭代。钉钉团队与调研企业达成一致意见，调研企业需要对每个版本提出改进建议，钉钉会快速迭代，功能做到企业满意为止。又如，河北鑫宏源印刷包装有限责任公司成立于2003年，自2012年开始为工厂引入第一套ERP管理系统起，共历经四次数字化变革。作为中小企业中数字化转型的先行者，鑫宏源在数字化转型过程中探索出一条基于钉钉低代码开发平台的低成本、易操作、高效率的数字化之路。通过钉钉低代码开发平台，鑫宏源快速构建企业全场景数据库，搭建了由销售、生产、物业、人力资源等20个模块组成的数字化管理系统，以百万之内的成本在短期内迅速落实数字化转型，显著提高企业的运营效率。[①]

诚然，拓展式赋能模式不是从天而降自然拥有的，而是平台企业在市场竞争压力下的创新行为及其结果。例如，从事件系统理论视角来看，钉钉平台的数字化创新能力源于其对不同事件及其冲突的反应模式及其创新决策，如针对被动型事件，钉钉采取重组式创新扫描与吸收数字创新机会，同时采取分布式创新创造主动型事件来提升平台数字资源的利用和探索能力，在此过程中持续减少被动型事件的随机冲突影响而提升主动型事件的创造力（罗兴武等，2021）。这样，通过构建数字化底座能力（基础能力和基础产品），钉钉将这些能力和产品作为数实融合的基础架构或底座开放给生态伙伴，形成行业应用，人财物产供销研等场景的专业应用，推动数字化硬件生态化体系的发展。在此过程中，钉钉及其生态也在变化，从管家式赋能向更具有自主性的赋能模式演化，具有向生成式赋能模式趋同的特征。

（二）生成式赋能

微信生态通过向传统企业提供企业微信、小程序、视频号等产品为传统企业数字化转型赋能。而传统企业依托微信生态并结合个性化需求创新性地使用相关产品，从而实现自身的数字化。由于数据限制，本书将微信生态生成式赋能主要聚焦微信生态内的企业微信和小程序对于传统企业的赋能。企业微信于2016年上线，其是腾讯微信团队出品的通信与办公软件，定位是"企业专属连接器"，以"连接创造价值"为理念，帮助企业连接组织内部、直接连接消费者、连接上下游。其拥有丰富的OA应用，和连接微信生态的能力，可帮助企业连接内部、连接生态伙伴、连接消费者。企业微信发展的关键事件时间轴如图3-5所示。

截至2022年初，应用企业微信的企业和组织数超1000万，活跃用户数超1.8亿，连接微信活跃用户数超5亿。企业微信服务商超12万家，核心服务商超6000家，生态服务能力覆盖97个行业，与连接微信相关的独特接口超1400个，第三方应用超2000个。其中，每1小时有115万企业员工通过企业微信与微信上的用户进行1.4亿次的服务互动，表明企业微信日益介入中国企业生产经营方式与数字化管理转型中。

[①] 钉钉赋能事例资料根据网络二手资料整理。

企业微信发展历程

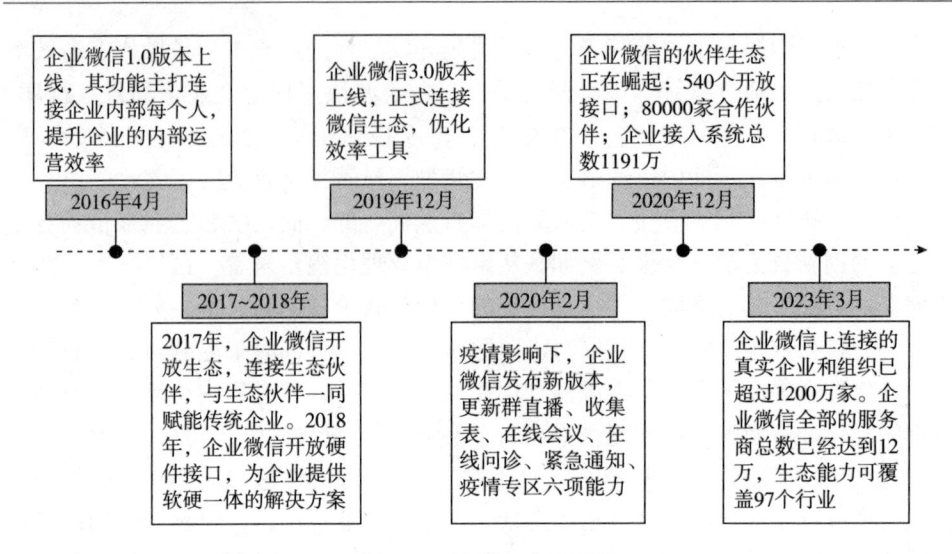

- **2016年4月**：企业微信1.0版本上线，其功能主打连接企业内部每个人，提升企业的内部运营效率
- **2017~2018年**：2017年，企业微信开放生态，连接生态伙伴，与生态伙伴一同赋能传统企业。2018年，企业微信开放硬件接口，为企业提供软硬一体的解决方案
- **2019年12月**：企业微信3.0版本上线，正式连接微信生态，优化效率工具
- **2020年2月**：疫情影响下，企业微信发布新版本，更新群直播、收集表、在线会议、在线问诊、紧急通知、疫情专区六项能力
- **2020年12月**：企业微信的伙伴生态正在崛起：540个开放接口；80000家合作伙伴；企业接入系统总数1191万
- **2023年3月**：企业微信上连接的真实企业和组织已超过1200万家。企业微信全部的服务商总数已经达到12万，生态能力可覆盖97个行业

图 3-5　企业微信发展历程

  2017 年 1 月微信小程序正式上线，这是一种不需要下载安装即可使用的应用，实现应用"触手可及"的简化技术梦想，如用户扫一扫或者搜一下即可打开应用。概括地说，小程序是一种低代码的轻量级应用程序，通过在各种移动设备上运行形成多种应用场景（王德胜等，2020）。与传统 App 应用相比，体积小、启动速度快、操作简便成为小程序的三个优势。根据小程序官网介绍，小程序注册商家超过 600 万，核心系统可用率达到 99.99%，在售商铺超过 4 亿，订单处理速度可以达到 10 万笔/秒。微信小程序发展的关键事件轴如图 3-6 所示。

小程序发展历程

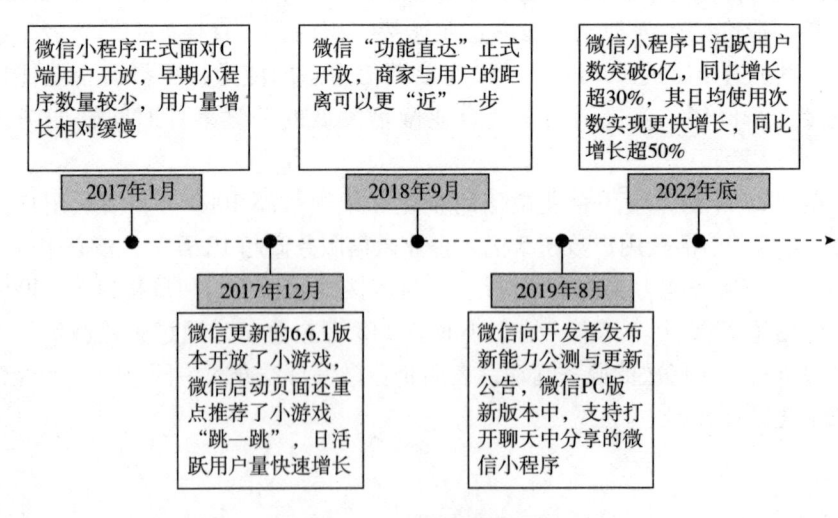

- **2017年1月**：微信小程序正式面对C端用户开放，早期小程序数量较少，用户量增长相对缓慢
- **2017年12月**：微信更新的6.6.1版本开放了小游戏，微信启动页面还重点推荐了小游戏"跳一跳"，日活跃用户量快速增长
- **2018年9月**：微信"功能直达"正式开放，商家与用户的距离可以更"近"一步
- **2019年8月**：微信向开发者发布新能力公测与更新公告，微信PC版新版本中，支持打开聊天中分享的微信小程序
- **2022年底**：微信小程序日活跃用户数突破6亿，同比增长超30%，其日均使用次数实现更快增长，同比增长超50%

图 3-6　小程序发展历程

2020年1月微信视频号开启内测，以图片和视频为主，发布长度不超过1分钟的视频，或不超过9张图片，可以链接文字和公众号文章。区别于订阅号和服务号，微信视频号作为内容记录与创作平台，成为用户了解他人和认识世界的一个新兴数字窗口。2023年1月，据视频号团队披露，2022年总用户使用时长超过朋友圈总用户使用时长的80%，直播的看播时长增长156%，直播带货销售额增长800%。为此，微信视频号推出和完善平台创作分成计划。

本书中，我们将企业微信、小程序和视频号统称为微信生态。因案例素材所限，主要探讨以企业微信和小程序为主的生成式赋能模式。从案例访谈来看，微信生态促进数实融合主要经历三个阶段：探索阶段、探索+拓展阶段、拓展阶段。在探索阶段，基于行业高度黏性的行业经验知识和平台企业的技术兼容性，平台与行业企业进行探索性共创。在生成针对行业痛点的解决方案的同时，对平台原生能力进行优化迭代，打造符合行业需求的数字化基础设施。在平台的基础功能上，企业研发新的管理、经营模式，提升行业经营效率，从而实现对行业的赋能。在"探索+拓展"阶段，平台赋能数实融合主要是基于平台与行业内头部企业共创的商业运营模式，行业内的其他企业结合企业自身数字化条件和基础，探索了适用于本企业的线上运营解决方案，在行业既有经验和知识的基础上，实现了高效的企业运营模式数字化创新。在拓展阶段，平台赋能数实融合是基于平台与其他行业企业共创的原生能力和解决方案，企业结合自身行业特征和企业的数字化能力对这些原生能力进行灵活组合与应用，以此打造新颖的行业解决方案，反哺平台创新生态，为行业数字化转型赋能。在这一阶段，平台利用自身能力大范围扩展使得大量中小企业能够利用平台较为完备且易用的基础功能，从而促进大量中小企业实现低成本的数字化。

概括来看，以微信生态赋能模式为代表的生成式赋能也具有两个主要特征：

（1）平台与实体企业在促进与约束的冲突结构获取平衡。实体企业依托平台生成式创新的场景涌现与平台创新的生成式边界约束之间形成相互促进与制衡的结构，推动该模式的演化发展。例如，微信生态与深圳天虹商场有限公司（以下简称天虹）构建战略联盟，共创商业价值。在这个过程中，微信生态强调生成边界的约束而天虹商场则注重生成涌现的开拓，两者之间既相互促进又相互制约。

2018年，企业微信与天虹共同成立了智慧零售实验室，立足于深耕多年的行业洞察和数字化经验，天虹利用企业微信与微信的连接能力进行了共创。借助本次共创，天虹探索了通过企业微信添加顾客微信，并通过企业微信经营客户的完整模式，实现了5万名导购与顾客的数字化连接，解决了"离场交易"的行业难题。通过会员数据沉淀能力，企业微信让天虹更加精准地了解客户的喜好，为其提供心仪的商品。天虹与企业微信共创，持续夯实整个零售数字化基建，打造符合消费者需求且提升零售业经营效率的数字化产品，如 SCRM 工具。同时也重点提升在线销售的能力，最大力度推广全员分销，凭借全员分销系统打造百万级的明星单品。如今，天虹连接了 1700 万数字会员，2022 年天虹 1~11 月线上平台 GMV 达 52 亿元。天虹在数字化方面的深度实践，也是对微信生态内工具包应用能力的经验积累，这种基于实践的经验可以对微信生态工具形成信息反馈，在一定程度上帮助微信生态内工具持续进化，适应市场需求。此外，天虹通过小程序收银，打通了线上团购、代金券和线下核销场景，实现了支付核销一体化，既满足线上为线下引流赋能，又能将用户再次引流至线上，实现线上线下的流量闭环。①

微信生态与天虹商场的战略合作构建起其对不同行业管理经验的认知基础，尤其是通过与不同行业标杆企业的战略合作，形成了更具专业化的通用型数实融合模板和基础方法（通常称为行业解决方案），再拓展到行业内部，如与百果园合作形成生成式赋能模式后，再在全国果蔬零售批发行业中快速复制扩散，与索菲亚家居形成生成式赋能模式后，再在欧派、林氏木业等全国定制家居行业中快速复制扩散。具体地，企业微信与生鲜连锁超市百果园合作，构建起平台+超市连锁的数字化转型与创新合作模式。同时，微信生态与定制家居标杆企业索菲亚家居合作，构建起平台+定制家居深度融合的数字化转型与创新模式。上述案例中均需要合作双方采取互动创新模式，才能最终形成平台创新促进数实融合的过程。

例如，百果园作为 2001 年在深圳成立的中国第一家水果连锁专卖店，借助"四力"（包括组织力、运营力、商品力、产品力）增长模型的诊断，将沉淀在导购个人微信中的用户迁移至企业微信，打通企业微信与企业会员 CRM 系统。截至 2023 年，百果园通过企业微信连接约 1300 万名顾客。在建立 CRM 的同时，为了配合线下门店不断拉新，百果园建立了社群运营的标准流程，并在重点城市进行布局和试点。试点门店的社群日均分享次数高于全国门店均值 1 倍，小程序店均订单高于全国 7%，形成企业自己的私域运营解决方案，实现了企业运营模式的创新。

又如，索菲亚在全国有 4000+门店，其依托微信生态优化自身的客户运营，大体可以划分为三个阶段：第一阶段，其通过微信公众号的内容吸引了大量用户关注索菲亚，但索菲亚无法与用户建立联系。第二阶段，其开始使用小程序，索菲亚通过小程序获取用户的联系方式，便于终端后续联系用户，促成交易，但小程序的运营主要还是公域用户的运营。第三阶段，索菲亚进一步通过企业微信连

---

① 微信生态赋能天虹数字化转型与创新的资料根据笔者访谈、现场交流和网络二手资料整理。

接客户，实现私域用户的运营。借助企业微信，索菲亚为客户搭建了从售前、售中到售后的全生命周期线上服务体系。在此过程中，索菲亚一方面使用企业微信提供的基础功能；另一方面其又结合自身所在行业的特征，在企业微信"连接客户""客户群""关键词回复"等一系列原生能力的基础之上，借助于企业微信的开放性和系统集成能力，打通内外部系统数据链路，创新出了"一客一群"的服务模式。在客户确认交易后，服务人员通过企业微信，建立专属服务群，在利用会话辅助工具实现与客户高效沟通的同时，在内部管理系统的支撑下，根据系统对订单状态的跟踪，在项目实施的不同阶段自动拉入相关服务人员，为客户提供量房报告、设计沟通、预约安装、安装进度汇报等全流程服务。依托企业微信的基础功能创新形成的"一客一群"服务模式帮助索菲亚实现了用户服务价值的升级。除了优化其客户运营以外，索菲亚还依托微信生态优化了其对经销商的管理模式，提升了管理效率。

这种数实融合赋能模式的关键在于平台与实体标杆企业之间保持高度互动，形成相互之间刺激与反应相互结合的开放式创新模式。在案例访谈中，平台与实体企业均明确自己的双重角色，既是赋能者，也是被赋能者；既是创新的主导者，也是创新的最终用户。这种双重角色与创新行为由生成式赋能模式的文化结构决定。

（2）平台与实体企业跨行业的知识采集与知识整合构成生成式赋能模式的基础。平台依托其数字生产要素优势与标杆企业的行业经验优势之间形成知识结构互补，通过跨行业知识采集和知识整合，平台将其数字创造力转移给实体企业，实体企业将其行业经验转移给平台企业，形成生成式赋能模式的知识基础。例如，在微信生态赋能瑞幸咖啡事例中，平台将跨行业创造力转移给瑞幸咖啡，提升其运营效率。2020年4月，瑞幸从全国4000多家门店筛选出了50家门店进行试点，以门店为触点通过企业微信连接瑞幸用户。5月，瑞幸开始以每天50~100家门店的节奏在全国正式推广应用企业微信。7月，瑞幸全国门店通过企业微信连接了180万用户，其中有110万用户加入了近万个围绕门店建立的用户社群。2年后，瑞幸通过企业微信连接的用户已接近2000万。据统计，瑞幸最开始连接的180万用户，每天贡献直接单量超3.5万杯，通过群内提醒促成下单超10万杯，占到了当时单量的10%。同时，加入社群后，这些用户月消费频次提升30%，周复购人数提升28%，月活提升近10%。瑞幸还以企业微信作为底座，接入第三方天气系统，设定了天气机器人自动值守，结合用户的所在城市、门店、喜好口味等标签，通过体贴的"一对一"推送能力做好用户服务。所有给消费者发的推送，不管是社群消息，还是1V1消息，都由总部统一生成素材任务，把任务直接发到店员手机，由店员确认执行，利用数字化工具大大地提升了企业的管理效率。

同样，在微信生态赋能中小企业数字化转型事例中也是如此。例如，钇虹精密为一家只有40人的小工厂，2023年初将整个生产流程都搬到了企业微信上。而这一变革每年的支出仅为7000元，该企业依托企业微信实现了在低成本的条件下的全流程数字化。全康电子用企业微信免费原生的能力"打卡""即时通信""审批"，三步免费搭建"人人会用"的数字化车间。疫情影响下，烟霞绸艺遍布全国的30多家门店超过一半关停，该公司开始想方设法自救，转型线上，做小程序，试着乘上数字化的快车。截至2022年6月，该公司小程序目前有2万~3万名注册粉丝，活跃用户约占1/10，活跃用户客单价突破千元，处于行业领先地位。这种跨行业知识创造力的双向转移过程，构成生成式赋能模式的一个主要特征。[①]

综上所述，上述对于企业微信、小程序和视频号组成的微信生态构建的生成式赋能模式的探讨，仅仅是初步的。未来，对这些生成式赋能模式的实践经验和管理模式的总结和提炼，依然有待加强和提升。

（三）两类模式分析

这里，我们参考缪沁男等（2022）、单宇等（2021）、陈威如和王节祥（2021）等相关案例研究，结合一手访谈以及公开二手数据，从赋能工具（钉钉和微信生态两大平台）的特征、赋能过程两大层面对以钉钉为代表的拓展式赋能模式及以微信生态（主要以企业微信和小程序为主）为代表的生成式赋能模式进行对比，具体对比分析如表3-5所示。

表3-5 拓展式赋能与生成式赋能的对比

		拓展式赋能 （以钉钉为例）	生成式赋能（以微信生态为例）
赋能工具	功能多样性	颇为全面的功能	基础功能完备、易用
	系统开放性	低	高
	系统集成能力	弱	强
赋能过程	参与主体	主要是平台与被赋能企业	平台、被赋能企业与第三方服务商
	赋能环节	企业内部管理	企业内部管理+外部客户（尤其是C端）管理
	被赋能企业的自主性	低	高

在赋能工具的特征上面，拓展式赋能的赋能工具的功能相对全面，但其系统的开放性以及与其他系统的集成能力相对较弱，因此拓展式赋能下的被赋能企业

---

① 微信生态赋能实体企业或产业的事例资料根据作者访谈、现场交流和网络二手资料整理。

能够使用的功能相对全面，但被赋能企业较难针对自身特性进行个性化的开发。而生成式赋能的赋能工具的基础功能完备、易用，但其系统的开放性高，与其他系统的集成能力强，因此生成式赋能下的被赋能企业能够利用的平台功能有限，但其可以基于第三方资源和自身企业的能力开发个性化的功能，从而满足自身个性化的需求。而在整个赋能过程中，拓展式赋能主要参与者包含平台和被赋能企业，主要赋能企业内部管理这一环节，由于其工具的特征使被赋能企业在赋能过程中的自主性相对较低；而生成式赋能的主要参与者则包含平台、被赋能企业以及第三方服务商，其主要赋能企业内部管理和外部客户管理两大环节，被赋能企业在赋能过程中自主性相对较高。

通过上面的对比以及案例材料，可以认为，中小企业构成拓展式赋能的重要赋能对象主要有两方面原因：①中小企业缺乏数字化相关的人才，也缺乏足够的资金投入数字化相关的开发；②中小企业业务更为简单，客户量相对较小，个性化需求也相对较少。然而，生成式赋能一方面能够适合大企业的需求，大企业拥有较多的数字化人才，也拥有足够的资金可用于数字化相关的开发；此外，大企业的业务相对复杂，客户数量庞大，个性化需求较多。另一方面由于基础功能的完备性和易用性，加之生成式赋能的平台生态日益完善，数字化成本不断降低，生成式赋能也能有效地推动中小企业的数字化。

综上所述，平台创新赋能数实融合的两种模式不存在本质区别，两者之间存在互补性。平台通过拓展式赋能方式可以较好地解决中小企业缺资金、缺人才、缺技术的渐进式转型瓶颈来推动中小企业数实融合，通过生成式赋能方式形成产业链数字创新生态可以较好地解决产业链龙头或高端企业的跨越式转型瓶颈来推动产业数实融合，两者对于推动数实融合发挥了互补性效应，共同推动了中国经济数实融合的发展。

需要说明的是，由于我们掌握飞书的数据或资料不足，没有对飞书促进数实融合的赋能模式进行探讨。目前，从有限二手数据和报道等资料来看，飞书赋能模式似乎更贴近以钉钉为代表的拓展式赋能模式，未来待条件成熟后再详细补充这部分的讨论。

三、平台促进数实融合的微观机制

数实融合的核心是数字化（或信息化）与工业化的融合，这在我们的数字经济创新系列研究中的第三本《数字经济创新变迁——"两化"融合、数实融合与人工智能》中给予详细讨论，这里仅强调数字化与工业化融合的本质是两者的技术效率，这在微观管理层面集中体现在数字技术与业务的匹配或融合（以下简称IT-业务匹配）（张延林等，2020）。在管理信息系统（MIS）领域，IT-业务匹配是一个经典的理论问题，形成诸多理论成果。这里，我们将IT-业务匹配思想应用于考察平台促进数实融合的微观机制，以此阐述平台促进数实融合的内在原理。

在平台促进数实融合理论研究与企业实践中，虽然数字技术与组织战略和流程的匹配构成重要的促进因素，但组织制度及文化也会对数实融合进程产生关键性影响。例如，某个拥有多个子公司的大型集团最初存在较多的信息孤岛，集团财务部数据收集和统计效率低下，需要规定各个子公司在每月 25 日之前关账开始核算和汇总财务报表，然后逐级汇总上报形成集团合并报表，逾期未交就进行惩罚。自推行新的集成化信息系统后，信息孤岛被打通，但集团仍按以往制度要求各子公司每月 25 日提交财务报表，全集团财务汇总核算效率依然没有得到实质性提升。可见，IT 与业务在制度层面的匹配是最终决定数字化转型与创新价值的关键一环。平台促进数实融合的关键不仅体现在数据聚合地等可以较好观察的领域，更重要的是平台构成促进数实融合制度创新的前沿领域，制度创新构成平台促进数实融合的核心价值所在。

据此，本节拟从不完全契约理论出发，依次回答以下三个研究问题：①组织原有制度与离散化的 IT 匹配水平如何，制度在其中发挥怎样的作用？②平台与原有制度的匹配水平如何，数字技术在其中发挥怎样的作用？③平台技术进步与新制度的匹配水平如何，与原有匹配有何差异？

（一）不完全契约理论视角的基础模型

不完全契约理论认为，尽管理论上契约可以详细规定各种可能情形下当事人的权利和责任进而有效地预防机会主义行为，但完全预测和规定各类可能问题是高成本的也是不现实的，而且对各类机会主义行为都进行惩罚也是难以保障的。因此，不完全契约理论主张在自然状态实现后通过再谈判来解决纠纷，重心就在于对事前的权利（包括再谈判权利）进行机制设计或制度安排。在机制设计或制度安排中，推动信息共享，提升信息透明度，或形成信息可追溯是关键环节之一。

据此，我们设计一个三阶段概念模型：第一阶段为离散的 IT 或平台还未出现阶段。在该阶段中，大数据没有实现社会化集成，即离散的 IT 与既有制度相匹配，但因信息难以共享而使数据社会化流程不匹配，制度或契约的不完全程度高。第二阶段为平台涌现，形成大数据的社会化集成。在该阶段，平台经济的创新活动与既有制度的稳定结构不匹配，但由于数据的跨界流动推动了信息共享，尤其是社会活动大数据的积累使流程与既有制度形成匹配，制度或契约的不完全程度得到降低。第三阶段为平台经济推动新制度的涌现，且通过制度创新提升服务个性化的竞争力。在该阶段，平台经济不仅与数字化新制度实现匹配，而且与数字化新制度也实现更高信息集成和共享的流程匹配，通过最大化降低制度或契约的不完全程度，推动实体经济数字化转型与创新，提升数实融合水平推动经济高质量发展（见图 3-7）。

第三章　平台创新

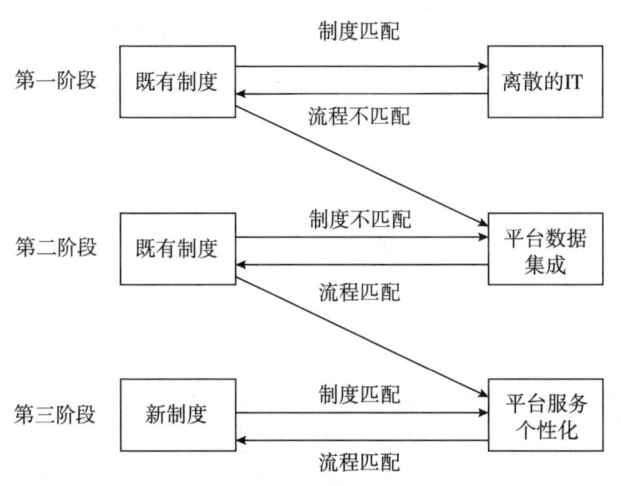

图 3-7　不完全契约视角的平台促进数实融合三阶段

通常，组织制度分为显性制度与隐性制度，前者指一般以契约方式明确规定社会主体行为的权力、义务和违规风险等，后者指包括但不限于组织文化、非正式规范、共同心理预期等内容。为简单化，图 3-7 概念模型中不对显性制度与隐性制度做区分。同时，强调数据或信息对于制度执行的影响主要体现在发现问题、提供解决问题的证据、公布按制度所解决的问题三个方面。例如，如果搜寻信息的成本较低、速度较快，那么发现问题也会较快；如果证据较多，那么解决问题时确定责任人和使责任人信服的成本就较低；如果信息共享成本较低，那么就会有更多的信息被共享，进而会使更多的社会主体了解制度的存在并确信制度的效力。据此，图 3-8 的逻辑图围绕以上三个与制度执行相关的数字技术因素，即信息搜寻成本、信息应用成本和信息展示成本来探讨平台的技术与制度匹配模式及技术与制度的融合效率。其中，匹配的效率由问题发现滞后性、问题有效覆盖率、数实融合效率三方面衡量。

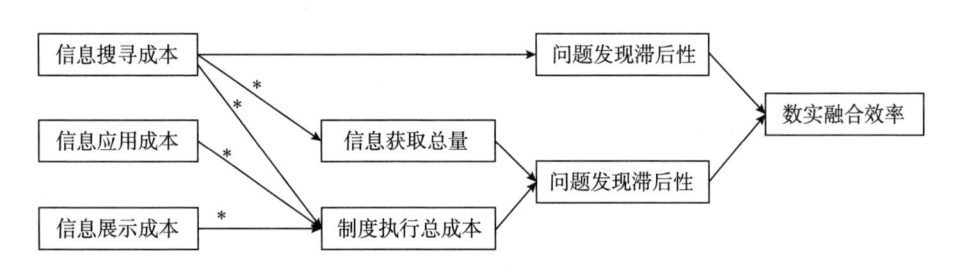

图 3-8　不完全契约视角的平台促进数实融合

注：＊表示匹配过程，其他直线表示直接影响过程。

· 113 ·

在模型分析之前，表3-6给出各符号的概念定义和数学界定。

表 3-6　基础模型符号的定义

符号	概念	意义解释
$[\underline{\theta},\overline{\theta}]$	绩效接受集	在此范围内，是制度规定所可以接受的工作绩效或者数值指标，凡是小于最低值的都要惩罚责任人且解决问题，而超过最大值的都要给予奖励
N	问题总类型	假设社会主体面临 N 类运营问题或管理问题，且每类问题都有一个制度规定的绩效接受集。在现实中每个接受集是不同的，但是在模型中为简化运算假定拥有同样的接受集
ρ	问题发生概率	由于在每天的社会主体运营中，并不是每类运营问题会发生，假设每类问题发生的概率都是 ρ，且彼此独立
t	问题发现滞后性	表示问题发生之后，社会主体经过多长时间才能发现。且假设 $t \in [1,N]$，1表示最短时间内发现，N 表示最长时间内发现。并定义既有制度与既有技术匹配时问题发现滞后性为 t_o，既有制度与平台匹配时为 t_N，而新制度与平台匹配时为 t_A
S	信息搜寻成本系数	由于发现社会主体解决问题需要收集信息，假设在既有技术下单个问题的搜寻成本为 S_o，在平台经济中搜寻成本为 S_N，且 $S_o > S_N$
A	信息应用成本系数	由于执行制度解决问题需要利用已有信息，假设在既有技术下单位信息的应用成本为 A_o，在平台下应用成本为 A_N，且 $A_o > A_N$
E	信息展示成本系数	由于需要通过展示制度执行情况以构建制度的威慑力和效力，假设在既有技术下单位信息的展示成本为 E_o，在平台下展示成本为 E_N，且 $E_o > E_N$
σ	信息获取量	表示对一类问题进行搜寻时所获取的信息，定义 σ_0 为既有技术的单位问题信息获取量，σ_N 为平台创新可以带来的额外单位问题信息获取量
I	制度执行总成本	制度执行总成本包括三个部分，分别为整体信息量、信息使用总成本和信息展示总成本。并定义既有制度与既有技术匹配时制度执行总成本为 I_o，既有制度与平台匹配时为 I_N，而新制度与平台匹配时为 I_A
π	问题解决覆盖率	刻画通过制度所解决的问题占实际所发生问题的比率，并定义既有制度与既有技术匹配时问题解决覆盖率为 π_o，既有制度与平台匹配时为 π_N，新制度与平台匹配时为 π_A
C	融合效果	刻画制度执行的效果，但是以一种负面的形式计算，衡量问题导致的损失持续了多长时间。或者，在一共损失多少效率后问题才得到解决。定义既有制度与既有技术匹配时融合效果为 C_o，既有制度与平台匹配时为 C_N，新制度与平台匹配时为 C_A

首先，讨论既有制度与离散的 IT 情况下的组织问题解决效率和机会主义行为的限制效率。假设在离散的 IT 系统支持下，组织的信息系统或数据体系没有实现整合，且信息或数据的汇总仍需要人工完成，假定组织在发现运作问题和治理机会时，遵循这样一种问题搜寻策略，即逐个搜寻每一类业务领域，检查是否存在机会主义导致的问题，且假设问题发生在第一阶段，而搜寻共进行两个阶段。这样，所有发生的问题都会被发现，但不一定立刻被发现。对于任意一个发生问题的业务领域，当问题发生时，搜寻可能进行在任何一个位置，既可能在该领域的前面（还没搜寻到该领域），又可能在该领域的后面（已搜寻过该领域，但没有发现问题）。据此，可以判断，问题发现滞后性为 $t_o = \dfrac{N}{2}$。

同时，由于既有制度与离散的 IT 匹配的情况为基础情境，假设问题解决覆盖率为 π_o，且受制度执行总成本和信息获取总量 $2N\sigma_o$ 的影响。其中，π_o 与制度执行总成本 I_o 呈负相关，I_o 越小则 π_o 越大，而 I_o 越大则 π_o 越小；π_o 与 $2N\sigma_o$ 呈正相关，$2N\sigma_o$ 越大则 π_o 越大。由前面论述可知，制度执行总成本受信息搜寻成本、信息使用成本和信息展示成本影响，则可定义：

$$I_o = f(2NS_o, 2N\sigma_o A_o, 2N\sigma_o E_o) \tag{3-1}$$

且 $\dfrac{\partial f}{\partial S_o} > 0$，$\dfrac{\partial f}{\partial A_o} > 0$，$\dfrac{\partial f}{\partial E_o} > 0$，表示随着三种成本系数的增大，制度执行总成本都会增大。

其次，讨论既有制度与离散的 IT 匹配下的数实融合效果。由于在离散的 IT 支持下既有制度并不能涵盖所有出现问题的业务领域，尽管部分问题得到解决，但仍有许多问题被忽略或遗漏。同时，由于问题不是立刻被发现，即使解决问题不需要时间，问题也会带来一定的损失。据此，可以定义：

$$C_o = N\rho\pi_o(\underline{\theta}-\theta)\dfrac{N}{2} + N\rho(1-\pi_o)(\underline{\theta}-\theta)\dfrac{3N}{2} \tag{3-2}$$

由于既有制度针对离散的 IT 的特点和能力而设定，可以认为既有制度和离散的 IT 达成一种匹配状态或实现低水平的数实融合。例如，企业管理者需要每月 30 日或 31 日获得当月汇总财务报表信息，但考虑到技术上难以支持，即使财务人员满负荷工作也难以实现。因此，企业往往会给予相应的制度安排，如不要求每月 30 日或 31 日汇总财务报表，而是要求次月 5 日前汇总财务报表，否则就罚款等。此时的制度安排主要针对偷懒这一机会主义行为，而不是针对财务工作能力或工作效率的约束。从这个角度分析，假定既有制度与离散的 IT 在治理维度上是匹配的。然而，由于实际业务需求仍然是每月 30 日或 31 日需要获得汇总财务报表，因此，组织的业务流程与 IT 能力是不匹配的，即图 3-7 中的第一阶段，离散的 IT 与既有制度是匹配的，但与业务流程不匹配。

（二）扩展模型：平台与既有制度匹配

随着平台的涌现，社会经济中出现数据集成化后的社会化信息共享平台。这里我们将平台视为一种社会创新的信息共享平台不是指平台的数据全社会共享或平台数据属性上是一种公共品，而是指社会通过平台数据实现了一种事实上的"大数据信息共享"，只是这种信息共享的租金为平台所独占。事实上，平台的涌向极大地降低了社会经济中的信息孤岛，形成数据集成后的信息透明化或可追溯，如所谓个人网络行为的信息透明和数字痕迹的可追溯。从宏观视角来看，平台的这种数据集成式系统都会内嵌管理思想、行业解决方案和最佳实践，为社会活动提供最通用的流程和最通用的制度。从微观视角来看，平台这种集成的数据模式降低了信息的存储、处理、整合、筛选成本，加速了企业信息的流转，也扩充了制度决策所需要的信息外延边界。基于平台对经济发展的这一基础性作用，下面分析平台带来的搜寻成本的变化如何影响问题发现滞后性。为简单化，假设企业的问题搜寻成本预算为 $2NS_o$，即原有制度与离散的 IT 匹配情况下企业对所有业务领域进行两次搜寻的总成本。由于平台可以通过数据系统自动收集信息、整理信息、筛选信息，从而降低问题搜寻成本，即 $S_N<S_o$。在原有预算的约束下，通过平台可以进行 $\frac{2NS_o}{NS_N}$ 次搜寻，相当于每次搜寻时长（对 N 类业务领域都搜寻一次的时间）仅为原始情况的 $\frac{S_N}{S_o}$ 倍。由于两者采用同样的搜寻机理，且问题的发生概率和时间与搜寻方法无关，在平台与既有制度匹配情境下，问题发现滞后性 $t_N=\frac{N}{2}\frac{S_N}{S_o}$。据此，可以得到命题 1：

命题 1：平台在数字经济运行中发挥显示器的作用，降低社会主体的信息搜寻成本，缩短管理者搜寻问题所需的时间，从而提升发现问题的及时性，为社会主体及时解决问题奠定知识基础。

此时，制度执行总成本为：

$$I_N=f\left(2NS_o,\ 2N\frac{S_N}{S_o}\sigma_o A_N,\ 2N\frac{S_N}{S_o}\sigma_o E_N\right) \tag{3-3}$$

与 $I_o=f(2NS_o,\ 2N\sigma_o A_o,\ 2N\sigma_o E_o)$ 相比可见，在信息搜寻成本方面，两者完全一致；在信息应用成本方面，由于制度没有变化，因此即使平台为获得更多类型的信息提供了可能，目前制度执行所应用的还是传统的信息，但在平台支持下这个信息的总量变多了，但同时应用成本系数变低了，总体而言两者的应用总成本关系不确定。同理，两者的展示总成本关系也不确定。这样，尽管在既有制度的平台情境下信息获取总量增加 $\left(2N\frac{S_N}{S_O}\sigma_O > 2N\sigma_O\right)$，但由于 I_N 和 I_O 的大小关系不确定，最终的问题解决覆盖率关系也不确定。据此，可以得到命题2：

命题2：数字经济中存在一组信息应用成本系数和信息展示成本系数的临界值，当成本系数低于该临界值时，平台可以降低制度执行总成本而提升解决问题的全面性。当成本系数高于该临界值时，平台则会引发信息过载问题，导致制度执行总成本提升而降低管理者解决问题的全面性。

在平台处于原有制度环境的情况下，平台促进数实融合的效果由式（3-4）给出：

$$C_N = N\rho\pi_N(\underline{\theta}-\theta)\frac{N}{2}\frac{S_N}{S_O} + N\rho(1-\pi_N)(\underline{\theta}-\theta)\frac{3N}{2} \tag{3-4}$$

与 $C_O = N\rho\pi_O(\underline{\theta}-\theta)\frac{N}{2} + N\rho(1-\pi_O)(\underline{\theta}-\theta)\frac{3N}{2}$ 相比较可见，在平台处于原有制度环境的情况下，问题解决覆盖率出现变化，问题发现滞后性得到缓解，不能覆盖的问题带来的不利影响不变。据此，可以得到命题3：

命题3：即使降低了管理者解决问题的全面性，平台的出现仍然可能在整体上提高既有制度环境下促进数实融合的效果。

通过命题2可见，平台的出现既可能对既有制度的效果带来正面影响，也可能为既有制度的效果带来负面影响。该影响与既有制度和平台的匹配程度有关，更准确地讲，与内嵌在平台中的制度创新、管理思想、通用流程和通用制度等有关。例如，平台不仅创造出数字经济的数据集成场所，更重要的是创造出数字经济的新制度，并且，正是这种制度创新推动数字经济向着更高的平台与制度匹配度方向演进发展。

（三）拓展模型：新制度与平台服务个性化匹配

随着平台之间的竞争加剧，平台之间及平台内部的竞争促使平台推动更为广泛和深层次的个性化服务创新，从而使平台促进数实融合发展到图3-7的第三阶段，即平台个性化服务创新与新制度的匹配阶段。在该阶段，数字技术依然降低信息搜寻成本，问题发现滞后性为 $t_A = t_N = \frac{N}{2}\frac{S_N}{S_O}$。同时，新制度不同于既有制度，新制度会充分利用数字技术获得额外信息，如企业问题存在可契约化要素和不可契约化要素，平台对于产量、销售、数字痕迹行为这类可契约化要素提供了更为透明的分析工具和认知，同时对社会主体是否一致在岗位工作或如何从事岗位工作等这类传统上不可契约化的要素，也部分或全部转变为可契约化，如灵活就业平台对骑手的在岗工作时间和工作路径等以往难以契约化的要素形成数据化，从而极大地扩展了可契约化的社会行为或组织行为范畴。平台充分利用这部分信息补充原有制度，并用于新制度的应用和展示，从而极大地提升新制度与平台的社会化匹配水平。同时，由于新制度利用了这些信息，尤其是机会主义行为下的私人信息，制度设计在利益让渡方面出现了新的改进空间或帕累托改进条件，能否充分发挥平台技术的作用，利用技术带来的信息共享红利，成为新制度与平台匹配的主要创新方向。

与平台和既有制度匹配的情况不同，平台的个性化服务创新与新制度匹配不仅获取了传统的 σ_O 信息，也获取了额外的 σ_N 信息，这样，信息获取总量改变为 $2N\frac{S_N}{S_O}(\sigma_O+\sigma_N)$。此时，制度执行总成本为：

$$I_A = f\left(2NS_O,\ 2N\frac{S_N}{S_O}(\sigma_O+\sigma_N)A_N,\ 2N\frac{S_N}{S_O}(\sigma_O+\sigma_N)E_N\right) \tag{3-5}$$

与 $I_N = f\left(2NS_O,\ 2N\frac{S_N}{S_O}\sigma_O A_N,\ 2N\frac{S_N}{S_O}\sigma_O E_N\right)$ 相比可见，信息获取成本没有变化，信息应用和信息展示成本系数没有变化，但总成本增加了。并且，由于获取的信息总量 $2N\frac{S_N}{S_O}(\sigma_O+\sigma_N)$ 较之前的 $2N\frac{S_N}{S_O}\sigma_O$ 多，管理者最终解决问题的全面性仍然不能确定。据此，可以得到命题 4 和推论 1：

命题 4：制度创新与平台个性化服务的匹配主要体现在委托人利用额外信息和优化代理人因私人信息而获取利益的让渡两个方面，如果制度创新针对额外获取的信息和额外的信息应用展示手段而设定，那么，管理者最终能够提高解决问题的全面性。如果制度创新本身不能利用平台个性化服务带来的新信息，或者对于新信息的利用具有负面性，那么，最终会降低管理者解决问题的全面性。

推论 1：平台促进数实融合的核心是平台数字技术与制度的匹配或融合，其本质是一个技术效率问题。当制度创新围绕新的数字技术所能提供的新信息及新的信息应用手段和展示手段来实现时，平台形成数字技术与制度的融合。此时，平台数字技术如大数据分析发挥市场显示器的作用，通过快速整合、筛选信息针对机会主义问题建立制度安排。制度安排在平台内部发挥治理的作用，通过正式契约或隐性规范对机会主义行为进行有效约束或解决，并对潜在的机会主义行为产生威慑作用。

在制度创新或新制度与平台个性化服务匹配情况下，平台促进数实融合效果由式（3-6）给出：

$$C_A = N\rho\pi_A(\underline{\theta}-\theta)\frac{N}{2}\frac{S_N}{S_O} + N\rho(1-\pi_A)(\underline{\theta}-\theta)\frac{3N}{2} \tag{3-6}$$

与 $C_N = N\rho\pi_N(\underline{\theta}-\theta)\frac{N}{2}\frac{S_N}{S_O} + N\rho(1-\pi_N)(\underline{\theta}-\theta)\frac{3N}{2}$ 和 $C_O = N\rho\pi_O(\underline{\theta}-\theta)\frac{N}{2} + N\rho(1-\pi_O)(\underline{\theta}-\theta)\frac{3N}{2}$ 相比较可见，当平台个性化服务与制度创新匹配时，管理者解决问题的全面性得以最大化。同时，问题发现的及时性也是最高的，两者相结合产生了最优化的数实融合效果。据此，可以得到命题5和推论2：

命题5：当制度创新与平台个性化服务形成匹配或融合时，尽管问题发现及时性与既有制度下平台匹配时一样，但解决问题的全面性要高于既有制度下平台情况和离散的IT情况，进而带来最优化的数实融合绩效。相反，任何不匹配的情况都会在及时性或效率性方面存在问题。

推论2：在平台数字技术与制度匹配过程中，如果数字技术不能有效地匹配制度，那么制度会存在问题发现不及时和解决问题全面性低的困境。如果制度不能匹配数字技术，那么数字技术会带来过载的信息导致制度运转乏力，使平台数字技术提供的新信息和发现的新问题无法实现商业价值。

通过命题4和命题5可以认为，平台数字技术具有的信息功能部分替代既有制度中激励机制对机会主义行为的约束功能，构成数字技术与制度创新匹配的关键因素。同时，业务流程也与数字技术保持不同状态的匹配，如图3-7中第一阶段制度低水平匹配和流程不匹配，第二阶段制度部分匹配与流程匹配，发展到第三阶段最终实现制度与流程双匹配。

下面集中探讨平台数字技术与制度匹配的结果。表3-7对于各个结果指标进行了比较，由于部分公式过于复杂，并未在表中给出。

表3-7 平台不同匹配结构下的多指标比较

	既有制度下离散的IT	既有制度下平台数据集成	新制度下平台个性化服务
问题发现滞后性	$t_O = \frac{N}{2}$ 严重	$t_N = \frac{N}{2}\frac{S_N}{S_O}$ 不严重	$t_A = \frac{N}{2}\frac{S_N}{S_O}$ 不严重
信息获取总量	$2N\sigma_O$ 少	$2N\frac{S_N}{S_O}\sigma_O$ 中	$2N\frac{S_N}{S_O}(\sigma_O+\sigma_N)$ 多
制度执行总成本	I_O 最低或中或高	I_N 最低或中	I_A 中或高
问题解决覆盖率	π_O 中或低	π_N 低或中	π_A 高
数实融合绩效	C_O 低或中	C_N 中或低	C_A 高

在问题发现滞后性方面，平台数据集成优于离散的IT状态，经济中只要平台涌现，就会提高经济运行中发现问题的及时性，且效果一样，与制度无关，也不存在匹配问题。在信息获取量方面，平台数字技术为实体经济提供获取信息的基础，而获取何种信息则受到平台内部制度及外部治理制度的影响。简言之，离

散状态下数字技术的信息获取量低于平台数据集成,既有制度下的信息获取量低于制度创新后的状态。在制度执行总成本方面,由于制度创新对信息的用量更大,新制度的执行总成本一定高于原有制度,即$I_N<I_A$。由于平台数据集成会降低单位信息应用成本和单位信息展示成本,这一降低会弥补过大信息量带来的成本问题,进而I_O与I_N和I_A的关系不确定,会形成三种可能,即$I_N<I_A<I_O$,或$I_N<I_O<I_A$,或$I_O<I_N<I_A$。在问题解决覆盖率方面,由于平台内部或外部制度创新有效利用了新信息,其问题解决覆盖率最高,另外两种情况的比较则受到数字技术下信息应用成本系数和信息展示应用成本系数的影响,它们越小时既有制度下平台数据集成的覆盖率越高,越可能超过原有制度下离散的数字技术的基础覆盖率。在平台促进数实融合绩效方面,由于及时性和覆盖率都是最高的,因而平台个性化服务与制度创新组合后促进数实融合的绩效最优,另外两种情况的大小比较与平台数字技术作用下的信息搜寻成本有关。该成本越低,原有制度下平台数据集成对问题发现的及时性越强,平台促进数实融合的效果越有可能超过既有制度下离散的 IT 情况。

通过上述讨论表明,平台促进数实融合需要通过数字技术与制度匹配来构建赋能模式,如拓展式赋能和生成式赋能模式的本质都是实现平台数字技术与制度的匹配,及推动实体组织中数字技术与制度的匹配。其中,必然存在平台数据集成与既有制度的低水平匹配到不匹配,再到实现平台个性化服务与制度创新的高水平匹配过程,从而逐步形成不同的平台促进数实融合发展路径和发展阶段。无论是拓展式赋能模式还是生成式赋能模式,都会经历平台技术与制度之间的冲突与匹配,平台与实体组织之间的技术与制度冲突与匹配,最终逐步形成数字技术与制度创新的融合。

四、平台促进数实融合的效果

上述从案例层面考察了平台赋能数实融合的两种不同模式,从企业微观层面剖析平台数据集成后构建起来的不同匹配结构下的服务创新效率,表明平台通过提高社会化的"信息共享"效率,使原有传统的双边市场效率得到实质性提升,平台通过改善全社会的信息效率而获得经济租金。那么,平台促进数实融合的理论研究结论需要通过实证研究来进行验证和完善。接下来,重点分析平台促进中国经济数实融合的发展成效。

基于中国 31 个省份 2013~2020 年的数据,对平台发展促进数实融合开展实证研究,涉及变量的描述性统计见表 3-8。其中,标准差最大为财政分权水平,最小为城市化率,表明中国省市之间城市化率差异最小,但财政收入差异最大,区域间经济发展实力的不均衡非常明显。该特征并非能够依靠单一经济形态可以得到根本性改变。

表3-8 平台发展与数实融合的描述性统计

变量	样本量	均值	标准差	最小值	最大值
平台发展水平	248	0.218	0.131	0.062	0.888
数实融合水平	248	3.244	0.612	1.099	4.422
人均GDP对数	248	10.794	0.394	10.003	11.880
城市化率	248	0.594	0.125	0.239	0.896
常住人口数量对数	248	17.345	0.842	14.969	18.654
人均教育支出对数	248	7.600	0.328	7.047	8.770
人均科学技术支出对数	248	5.355	0.755	4.100	7.481
财政分权水平	248	7.383	3.900	3.803	24.139
经济开放度	248	0.253	0.261	0.008	1.257

（一）基准回归结果

采用个体固定效应回归模型的回归结果如表3-9所示。由表3-9可知，平台发展对数实融合的影响是显著的，即平台发展推动了企业数字化转型从而助推中国经济的数实融合发展。诚然，城市化率和教育投入也会对数实融合的发展产生影响。其中，平台发展和教育支出的显著性较强，城市化率相对较弱，原因可能在于城市化率更多地作为基础设施条件来影响融合，平台和教育则分别从社会化创新和人力资本两个方面来促进数实融合的发展。据此，可以认为，平台与教育投入、城市化水平均构成推动中国经济实现数实融合的市场化主导力量，且平台和教育投入对数实融合的影响高于城市化水平的影响。因此，在未来发展中，既然需要大力推动教育投入和城市化水平，也需要大力推动平台发展，将平台发展置于与教育投入、城市化发展同等的战略发展地位。

表3-9 平台发展与数实融合回归结果

变量	数实融合水平
平台发展水平	2.803**
	(1.111)
人均GDP对数	0.014
	(0.599)
城市化率	5.085*
	(2.538)
常住人口数量对数	−0.146
	(1.556)
人均教育支出对数	1.059**
	(0.514)
人均科学技术支出对数	−0.242
	(0.165)
财政分权水平	−0.028
	(0.049)

续表

变量	数实融合水平
经济开放度	-0.067
	(0.676)
常数项	-4.544
	(27.400)
样本量	248
R-squared	0.782

注：括号内为稳健型标准误；*表示 p<0.1，**表示 p<0.05，***表示 p<0.01。

（二）稳健性检验

（1）工具变量检验。本节参考封志明等（2011）、柏培文和张云（2021）等研究采用地形起伏度来作为工具变量。地形起伏度这一工具变量满足"严外生"与"强相关"的条件，地区地形起伏度越平坦，越有利于信息传输、软件业等基础设施的建设，从而带动当地平台的发展。然而，由于本书是基于面板数据的分析，而地形起伏度是截面数据，为满足分析需要，参考 Nunn 和 Qian（2014）的做法，利用上一年全国互联网上网人数的对数与地形起伏度构建面板数据的工具变量用于分析。同时，利用工具变量的回归结果表明，上述研究发现的平台发展促进数实融合的结论依旧成立，具体结果见表3-10。根据表3-10的结果，可以认为，平台发展促进数实融合的结论总体上是稳健的。

表3-10 工具变量回归结果

变量	第一阶段：平台发展水平	第二阶段：数实融合水平
工具变量	0.195***	
	(0.051)	
平台发展水平		8.878***
		(3.058)
人均 GDP 对数	0.100*	-1.111
	(0.058)	(0.832)
城市化率	0.131	0.957
	(0.244)	(3.299)
常住人口数量对数	-0.285***	2.446
	(0.106)	(2.195)
人均教育支出对数	0.028	0.940
	(0.033)	(0.575)
人均科学技术支出对数	-0.010	-0.164
	(0.011)	(0.186)
财政分权水平	-0.001	-0.013
	(0.005)	(0.064)
经济开放度	-0.352***	2.620
	(0.082)	(1.558)
可识别检验<P 值>	7.21***	
	<0.001>	

续表

变量	第一阶段：平台发展水平	第二阶段：数实融合水平
弱 IV 检验	33.49 ［16.38］	
F 值	14.81***	40.71***
观测值数量	248	248
个体固定效应	是	是

注：上表利用 K-Paaprk LM statistic 进行可识别检验，其中<>内为相应统计量的 P 值。利用 Cragg-Donald Wald F statistic 进行弱 IV 检验，其中［］内为 Stock-Yogo weak ID test critical values 在 10%显著性水平上的临界值；括号内为稳健型标准误；* 表示 p<0.1，** 表示 p<0.05，*** 表示 p<0.01。

在表 3-10 中，第一阶段回归的 F 值显著，说明工具变量与自变量之间存在较强的关联。由弱 IV 检验结果显示，Cragg-Donald Wald F 统计量大于 Stock-Yogo 在 10%显著性水平上的临界值，即工具变量通过弱工具变量检验。此外，可识别检验 K-Paaprk LM 统计量均在 1%显著性水平上拒绝原假设，即工具变量满足可识别性。根据第二阶段的回归结果，平台发展水平与数实融合水平之间的正向关联依旧显著，由此说明平台发展能够有效地推动企业数字化转型从而促进数字经济与实体经济的融合。

（2）更换变量度量方式。参考纪园园等（2022）来构建平台发展指数，具体从平台化基础设施、平台化交易和平台化产品三个维度来构建平台发展指数。平台化基础设施是保障平台发展的基础。其中，互联网技术更是平台化交易得以实现的重要前提。结合数据可得性，采用每百人互联网接入端口数量、人均网页数量、每百人域名数量三大指标来刻画平台化基础设施建设水平；平台化交易是平台发展的具体体现，采用人均电子商务销售额、人均电子商务采购额、有电子商务活动的企业比例三大指标来刻画平台交易状况；平台化产品是平台发展的产物，故采用人均快递件数来衡量平台化产品的发展水平。

表 3-11 汇总了新的平台发展指数的构建框架。诚然，该框架依然有待进一步完善。

表 3-11 平台发展指数框架

一级指标	二级指标	三级指标	单位
平台发展指数	平台化基础设施	每百人互联网接入端口数量	个/百人
		人均网页数	个/人
		每百人域名数	个/百人
	平台化交易	人均电子商务销售额	元/人
		人均电子商务采购额	元/人
		有电子商务活动企业比例	%
	平台化产品	人均快递件数	件/人

采用上述度量方式的回归结果如表3-12所示。由表3-12可知，平台发展依旧显著促进了数实融合。由此说明，平台发展促进中国经济数实融合的结论是稳健可靠的，此结论适合于研讨相关政策和措施。

表3-12 新的平台发展度量与数实融合回归结果

变量	数实融合水平
新的平台发展水平	1.734* (0.972)
人均GDP对数	0.156 (0.697)
城市化率	7.465*** (2.362)
常住人口数量对数	−1.192 (1.585)
人均教育支出对数	0.926* (0.496)
人均科学技术支出对数	−0.302* (0.168)
财政分权水平	−0.025 (0.045)
经济开放度	−0.537 (0.573)
常数项	12.475 (30.326)
样本量	248
R-squared	0.776

注：括号内为稳健型标准误；*表示$p<0.1$，**表示$p<0.05$，***表示$p<0.01$。

（三）异质性分析

为进一步考虑平台发展对于不同行业数字化转型的影响差异，结合数据集特征，我们主要分析平台发展对于泛家居行业、批发零售和住宿餐饮业、服装服饰制造业、食品饮料行业数实融合水平的影响，结果如表3-13所示。

由表3-13可知，目前，平台发展对于服装服饰制造业的数字化转型促进作用最为明显，该实证结果均可以从目前中国跨境电商或国内电商中服装电商模式的影响力均最为显著中找到案例或佐证。诚然，该结论与本节模型采用的平台数据有关，也与服装服饰制造业数字化转型在中国各传统行业中处于领先位置有关，具体原因依然有待进一步分析。同时，平台发展对于泛家居行业、批发零售和住宿餐饮业、食品饮料行业的数字化转型的促进作用尚不明显。我们认为，上述结果在一定程度上受到样本量不足的影响，尤其是这些行业基础数据缺失或难以构建面板数据，对平台促进这些行业的数字化转型成效，未来有待进一步研究。

表 3-13　平台发展与不同行业数实融合回归结果

变量	泛家居行业	批发零售和住宿业	服装服饰制造业	食品饮料行业
平台发展水平	0.734 (2.348)	0.355 (1.870)	4.633* (2.409)	2.386 (1.960)
人均 GDP 对数	2.888 (2.605)	-0.385 (1.373)	-0.851 (1.789)	0.079 (0.813)
城市化率	6.920 (13.717)	7.598 (5.355)	1.158 (5.614)	7.255 (4.892)
常住人口数量对数	-4.189 (12.600)	-2.631 (3.396)	2.903 (3.025)	-3.290 (2.585)
人均教育支出对数	-0.555 (3.020)	0.577 (1.253)	1.636 (1.624)	1.282 (0.997)
人均科学技术支出对数	0.768 (0.476)	-0.354 (0.346)	0.205 (0.485)	-0.173 (0.209)
财政分权水平	-0.023 (0.190)	-0.194** (0.073)	-0.349* (0.193)	0.055 (0.113)
经济开放度	0.545 (0.846)	-1.894 (1.314)	1.434 (1.013)	-0.068 (1.325)
常数项	39.167 (214.422)	48.373 (55.943)	-52.164 (53.904)	45.161 (47.256)
样本量	68	224	140	227
R-squared	0.530	0.232	0.393	0.524

注：括号内为稳健型标准误；* 表示 $p<0.1$，** 表示 $p<0.05$，*** 表示 $p<0.01$。

（四）中介机制分析

平台发展水平、区域创新创业水平与数实融合水平。国内外文献大都认为平台经济主要通过规模效应和竞争效应推动了产业技术的扩散、应用和创新，增强了产业技术效率，提升了其整体生产效率（Cardona et al., 2015；李海舰等，2014）。具体地，平台推动的数字技术应用促进了企业研发的积极性，降低了运营成本并提高资产回报率，从而提升企业的创新性和主动性（Glavas & Mathews, 2014；Popa et al., 2018）。同时，平台创新或数字经济通过降低交易成本和减少资源错配来提升制造业生产效率，及社会创业活跃度（黄群慧等，2019；赵涛等，2020）。因此，平台发展能够有效地促进区域创新创业。基于数字技术的创新应用，越来越多的数字产品和服务将会被创造出来，在满足人们需求的同时，也将物质世界的运作与网络世界的数字融合起来，其多样性、连通性和多主体间的相互依赖性等复杂社会技术系统的特征给现代企业组织与管理、商业模式、信息系统、数据智能算法等带来了深刻的影响（Benbya et al., 2020；Adner et al., 2019）。因此，区域创新创业水平在平台发展水平与数实融合水平中起到中介作用。

本书利用北京大学开放数据中心发布的中国区域创新创业指数来度量中国

31个省份2013~2020年的区域创新创业水平,具体检验结果由表3-14所示。由表3-14可知,区域创新创业水平在平台发展水平与数实融合水平中起到部分中介作用。进一步根据sobel检验结果可知,平台发展水平直接影响数实融合水平的效应量为2.314,平台发展水平通过区域创新创业水平间接影响数实融合水平的效应量为0.489。①

表3-14 区域创新创业水平的中介效应检验结果

变量	模型1 区域创新创业指数	模型2 数实融合水平
平台发展水平	0.203* (0.117)	2.314** (1.013)
区域创新创业指数		2.408* (1.228)
人均GDP对数	−0.045 (0.065)	0.122 (0.535)
城镇化率	1.390*** (0.275)	1.738 (2.406)
常住人口数量对数	−0.094 (0.187)	0.081 (1.604)
人均教育支出对数	0.049 (0.065)	0.943* (0.494)
人均科学技术支出对数	−0.012 (0.017)	−0.214 (0.154)
财政分权水平	−0.008 (0.006)	−0.009 (0.046)
经济开放度	−0.037 (0.086)	0.022 (0.640)
常数项	1.829 (2.943)	−8.948 (27.523)
观测值数量	248	248
R-squared	0.805	0.802
个体固定效应	是	是

注:括号内为稳健型标准误;*表示p<0.1,**表示p<0.05,***表示p<0.01。

平台发展水平、人均人力资本与数实融合水平。平台的快速发展提升了对于高素质劳动力的需求。与此同时,劳动力通过主动或被动地利用各类平台,享受网络带来的便捷和知识传播的优势,进一步提高自身的素质水平(何宗樾和宋旭光,2020)。因此,平台的快速发展可以通过促进劳动力素质提升从而提升人力资本,企业数字化转型需要高素质的人才支撑。因此,人均人力资本在平台发展

---

① 表格未具体体现该效应量,该效应量可通过表格中的0.203×0.408计算得到。

水平与数实融合水平中起到中介作用。

利用中国人力资本与劳动经济研究中心的人均人力资本数据来检验人均人力资本的中介作用，具体检验结果如表3-15所示。

表3-15 人均人力资本在平台发展与数实融合之间的中介效应检验结果

变量	模型1 人均人力资本	模型2 数实融合水平
平台发展水平	0.499** (0.189)	1.475 (0.911)
人均人力资本		2.661*** (0.946)
人均GDP对数	0.210*** (0.073)	-0.544 (0.563)
城镇化率	3.917*** (0.345)	-5.338 (4.387)
常住人口数量对数	-0.734*** (0.182)	1.809 (1.472)
人均教育支出对数	-0.143** (0.068)	1.441*** (0.444)
人均科学技术支出对数	0.029 (0.022)	-0.318* (0.160)
财政分权水平	-0.008 (0.008)	-0.007 (0.037)
经济开放度	-0.020 (0.123)	-0.015 (0.485)
常数项	14.616*** (3.132)	-43.439 (25.594)
观测值数量	248	248
R-squared	0.969	0.811
个体固定效应	是	是

注：括号内为稳健型标准误；*表示 p<0.1，**表示 p<0.05，***表示 p<0.01。

由表3-15可知，人均人力资本水平在平台发展水平与数实融合水平中起到中介作用。进一步根据sobel检验结果可知，平台发展水平直接影响数实融合水平的效应量为1.475，平台发展水平通过人均人力资本间接影响数实融合水平的效应量为1.328。

根据实证结果，可以得到两个研究结论：首先，区域创新创业水平在平台发展水平与数实融合水平起到中介作用；其次，人均人力资本在平台发展水平与数实融合水平中起到中介作用。这两个研究结论表明，区域创新创业水平和教育投入形成的人均人力资本对于平台促进数实融合具有重要的促进作用，构成平台发展促进数实融合的两个关键性实现路径。区域创新创业水平与人均人力资本构成平台发展促进数实融合的内在机制,再次说明以平台为核心的数字经济发展不仅具有创新驱动特征,而且与以往经济形态一样人的能力的发展或教育投入对于数字经济发展同样具有决定性的促进作用,这符合内生经济增长理论的基本结论(见图3-9)。

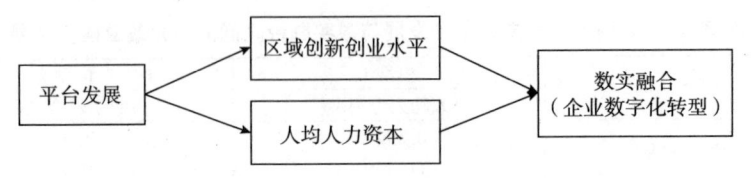

图3-9 平台创新促进经济数实融合的实现机制

图3-9表明,平台创新主要通过区域创新创业水平和人均人力资本来促进经济数实融合的发展。这两个中介变量均与国家知识创新体系或创新创业体系相关,如教育投入或知识创新需要依托基础科学研究的形成长期影响。相对于应用研究而言,基础研究的发展更有赖于研究环境的长期稳定性,平台对基础研究的投入,进一步推动其成为当代中国科技创新的重要社会主体和推动力量。为此,下面重点关注平台如何促进基础研究问题。

第四节 平台促进基础研究

一、基础研究与平台创新

根据柳卸林和何郁冰(2011)的研究,基础研究是一种无国家边界、由好奇心驱动,且不受资助资金和应用前景等现实状况所干扰的科学研究领域。或者说,基础研究旨在探索新的科学原理,了解某种现象和实验的潜在基础,因而没有明确的、可预见的产品或工艺用途或效用(Bush,2020)。相反,与基础研究具有低程度的独占性而且考虑长期回报不同,应用研究的目标聚焦于将产业共性技术知识在特定市场中广泛推广应用,专用性强且能产生短期回报(Calderinia & Garroneb,2001)。因此,从某种意义上来讲,从事基础研究需要具备一个隐含条件,即无须为钱发愁,或没有必要为所花的钱确定一个明确或隐含的回报目标。按照柳卸林和何郁冰(2011)的说法,长期以来,我国科技战略过于强调以应用为导向,无论政府或企业都倾向于投资试验发展和应用研究。如果不能解决长时间以来忽视基础研究投入和相应的激励机制等问题,那么难以有效解决中国长期加大研究开发投入、高强度技术引进却难使中国企业走上创新大道的难题,因为核心技术背后是长期的基础研究积累,目前面临的"卡脖子"技术背后,我们都存在大量的基础性原理认识的缺失。

例如,对基础研究到产业化的一种通俗理解表述为基础创新为0~1,1~N为应用研究,追求形成一种从基础研究到产业化全链条发展的全体系发展模式

（江风益和全知觉，2022）。然而，按照上述基础研究的定义和理解，0~1也属于应用研究，因为0~1的过程隐含或明确地存在1的目标。基础研究不存在0~1的过程，而是好奇心驱动下对0的思考和观察，至于将来是什么总体上是不知道的，可能随机出现1或可能就是0。因此，本书界定的基础研究与现有文献定义的基础研究，或国家科技系统定义的基础研究存在分歧或区别。

研究表明，经济的长远增长率和基础科学知识的长远增长率成正比，决定基础科学知识长远增长率的最终变量为经济体中的人力资本存量（杨立岩和潘慧峰，2003）。由图3-9可知，平台发展通过人均人力资本为中介促进数实融合。同样地，平台也会通过促进基础研究来推动经济长期增长，这是平台创新的重要社会经济价值之一。

二、平台促进基础研究的方式

目前，平台企业具体促进基础的方式总体以资金资助方式为主，形成自由探索与目标锁定两类促进基础研究的资助模式。前者以腾讯"新基石研究员项目"和"科学探索奖"为代表，通过资助相关研究者的自由探索来促进基础研究；后者以阿里达摩院为代表，通过确定具体行动目标，直接从事相关基础科学研究。这两类模式各有特点，均区别于国家或地方自然科学基金、科技部等部委的项目资助方式，与国家或地方基础研究基金，共同促进中国基础研究的发展。

（一）腾讯"新基石研究员项目"和"科学探索奖"

2022年，腾讯公司宣布10年内出资100亿元人民币，成立新基石科学基金会，独立运营，长期稳定地支持一批杰出科学家潜心基础研究、实现"0~1"的原始创新。"新基石研究员项目"是一项聚焦原始创新、鼓励自由探索、公益属性的新型基础研究资助项目。项目设置数学与物质科学、生物与医学科学两个领域，并鼓励学科交叉研究。资助金额为每人每年300万元或500万元，连续资助5年。"新基石研究员项目"首期计划资助60人，实际入选58人，其中数学与物质科学领域30位，生物与医学科学28位。

这里，我们根据结构性访谈和二手资料进行分析。腾讯"新基石研究员项目"的代表性学者如下所示。例如，中国科学院理化技术研究所研究员吴骊珠梦想再现光合作用的过程，早在1771年科学家就发现植物的光合作用，但直到20世纪人类才利用物理学、化学、生物学的技术手段进行光合作用研究。自然界的光合作用是在生物体光合蛋白膜上进行的化学反应，吴骊珠研究员要做的是在生物环境之外，通过识别和协同形成结构和功能集成的人工光合系统，在温和条件下实现"圣杯"的化学反应。期待通过持续研究，人类不仅掌握在现在看来仍然神秘的植物光化学过程，并且知道如何比自然更加高效地获取所需产品。倘若如此，即使在遥远的将来，煤炭、石油的供应完全枯竭，人类文明也不会因此而受到影响。又如，清华大学医学院教授祁海则希望能够找到一条操控免疫记忆之道，让人类能够抵御复杂环境中的各种病毒，治愈自身免疫的顽疾，还能改良和完善现有各种疫苗。他也坦承，"我还没有看到确切的路径，也不知道跳一跳是不是能够得到"①。

总体来看，腾讯通过"新基石研究员项目"促进基础研究的模式整体呈现以下特征：腾讯主要通过资金支持来自高校、科研机构的科研人员来推进基础研究，且其支持的领域与腾讯自身业务的关联相对较少，且其高度关注研究项目的创新性，对于项目的容错空间相对较大。

除了"新基石研究员项目"以外，腾讯还设立了"科学探索奖"来资助基础研究。"科学探索奖"于2018年设立，是一项由腾讯成立的新基石科学基金会出资、科学家主导的公益奖项，是目前国内金额最高的青年科技人才资助项目之一，每位获奖人将在5年内获得总计300万元人民币。相较于政府对于基础研究的资助，腾讯的"科学探索奖"对于基础研究的资助更为灵活，没有明确的回报要求，科学家能够更加自由地探索具有挑战性的前沿议题，覆盖了基础科学和前沿技术10大领域，包括数学物理学、化学新材料、天文和地学、生命科学、医学科学、信息电子、能源环境、先进制造、交通建筑、前沿交叉（见附录二和附录三）。

例如，2022年科学探索奖得主，澳门大学麦沛然教授认为，腾讯的"科学探索奖"对研究员是没有回报的要求，科研工作者可以获得较为稳定的支持，更为灵活地去走访企业、高校，开展相关研究，其给科研工作者足够的底气去开展高难度的研究。目前，麦沛然教授通过腾讯"科学探索奖"的资助开展降低芯片能耗的研究，尽量使部分电子产品不需要利用电池。其团队在腾讯科学探索奖的资助下目前在降低芯片功耗领域取得了部分有重要价值的原创成果，如其团队发现过去是用电来处理的一些主动的电路慢慢可以用被动的电路来驱动，这一发现进一步突破了经典的教科书体系。

总结来看，无论是"新基石研究员项目"还是"科学探索奖"，腾讯支持基础研究的方式能够对现有国家科技资助体系形成较好的补充，由于其不对研究者设定任何回报要求，经费使用规则更为灵活，研究者能够更加自由且稳定地探索难度较大且具有重要创新价值的基础研究议题，从而推动基础研究的发展。而基础研究的发展能够帮助我国应对国际科技竞争、实现高水平科技自立自强，推动构建新发展格局、实现高质量发展。此外，腾讯"科学探索奖"也带动了更多社会资金投入基础研究资助，阿里巴巴、美团、小米、美的、红杉中国等企业先

---

① 根据腾讯提供的新基石基金会新基石研究员项目资料。下同。

后建立了基础研究奖项或资助计划。

（二）阿里达摩院

2017年10月11日，阿里巴巴宣布成立全球研究院——阿里巴巴达摩院，致力于探索科技未知领域，以人类愿景为驱动力，开展基础科学和创新性技术研究。达摩院由全球建设的自主研究中心、高校联合实验室、全球开放研究计划三大部分组成，涵盖量子计算、机器学习、基础算法、网络安全、视觉计算、自然语言处理、下一代人机交互、芯片技术、传感器技术、嵌入式系统等，涵盖机器智能、智联网、金融科技等多个产业领域。同步揭晓的"达摩院"学术咨询委员会阵容空前强大，首批公布的十人中有三位中国两院院士、五位美国科学院院士，其中包括人工智能领域世界级泰斗Michael I. Jordan、"人类基因组计划"领军人物George M. Church。

截至2022年底，成立五年以来，通过直接参与的目标锁定模式，达摩院已经完成了一流科技研究院建制，搭建了完整的"科学—技术—产品"研究体系，先后在国际顶级技术赛事上获得60多项世界第一，发表1000多篇国际顶级论文。

阿里达摩院除了依托自身进行相关领域的基础研究以外，其还通过达摩院青橙奖来激励其他相关领域的基础研究者。阿里达摩院对于基础研究的促进模式整体呈现以下特征：阿里达摩院通过主动参与推进基础研究，且其关注的基础研究领域均以阿里相关业务为核心，依托阿里达摩院的研究成果一方面推动全社会的技术发展水平，另一方面也能高效地推进阿里相关业务的发展。

（三）两类资助模式分析

基于上述的案例材料和一手访谈数据，本书从资助领域、资助回报要求、资助对象、资助灵活性等方面来对比以腾讯"新基石研究员项目"和"科学探索奖"为代表的自由探索模式和以阿里达摩院为代表的目标锁定模式以及国家和地方自然科学基金、部委项目的资助，具体对比结果如表3-16所示。

表3-16　资助模式对比

	自由探索	目标锁定	国家及地方自然科学基金委与部委资助
资助领域	基础研究大部分领域	自身业务相关基础研究领域	基础研究大部分领域
资助领域的不确定性	高	一般	低
资助对象	全社会的优秀科研工作者	加入组织的科研工作者	全社会的优秀科研工作者
资助的回报要求	没有明确回报要求	目标明确	有一定的资助回报要求
资助灵活性	高	一般	低

在资助领域方面，以腾讯"新基石研究员项目"和"科学探索奖"为代表的自由探索模式和国家及地方自然科学基金委与部委的资助大体接近；而以阿里达摩院为代表的目标锁定模式则重点资助与阿里自身业务高度相关的基础研究领域，相关领域的不确定性中等。在资助对象上，自由探索模式依旧与国家及地方自然科学基金委与部委的资助大体接近，两者均资助全社会优秀的科研工作者，而目标锁定模式则资助组织内的科研工作者。因此，以腾讯"新基石研究员项目"和"科学探索奖"为代表的自由探索模式与国家及地方自然科学基金委与部委对于基础研究的资助主要是通过为社会中其他的科研主体提供资金支持的方式来间接推动基础研究，而以阿里达摩院为代表的目标锁定模式则是通过直接增加社会中的特定领域的科研力量来直接推动基础研究。

尽管自由探索模式与国家及地方自然科学基金委与部委的资助均是间接推动基础研究，但两者又有明显差异。首先，自由探索模式的资助领域的不确定性更高，能够有效推动基础研究领域的突破式创新；其次，在资助的回报要求方面，自由探索模式的资助没有明确的回报要求；最后，在资助的灵活性方面，自由探索模式的资助更为灵活。因此，自由探索模式资助下的科研工作者能够更加自由地探索具有高风险的前沿领域。

上述案例表明，平台对基础研究的目标锁定模式与自由探索模式均促进了中国的基础研究，并形成区别于现有国家和地方自然科学基金、部委项目资金资助的促进模式。平台对基础研究的资助及其模式创新，既是对国家促进基础研究的补充，也是国家创新体系的一次结构性创新。

三、平台促进基础研究的效果

平台促进基础研究的案例分析表明，平台推动的自由探索模式对中国国家创新体系建设是一个创新举措，本节拟通过实证研究方式来验证该举措的成效，拟基于中国 31 个省区市 2013~2021 年的数据，分析平台发展对基础研究的促进作用及其促进机理。表 3-17 列出本节实证研究涉及的所有变量的描述性统计结果。由表 3-15 可知，标准差最大的指标依然是财政分权水平，其次是常住人口数量对数。标准差最小的指标依然是城市化率，其次是平台发展水平。

表 3-17 平台发展与基础研究的描述性统计

变量	样本量	均值	标准差	最小值	最大值
平台发展水平	279	0.209	0.128	0.054	0.921
基础研究水平	279	0.199	0.136	0.000	0.956
人均 GDP 对数	279	10.824	0.400	10.003	11.981
城市化率	279	0.599	0.124	0.239	0.896
常住人口数量对数	279	17.346	0.841	14.969	18.658

续表

变量	样本量	均值	标准差	最小值	最大值
人均教育支出对数	279	7.616	0.329	7.047	8.770
人均科学技术支出对数	279	5.388	0.757	4.100	7.485
财政分权水平	279	7.383	3.868	3.803	24.139
经济开放度	279	0.252	0.257	0.008	1.257

（一）基准回归结果

采用个体固定效应回归模型的回归结果如表3-18所示。由表3-18可知，平台发展推动了基础研究，成为基础研究投入的重要社会主体。根据部分国家的公开数据，2018年法国、日本、韩国、美国等国的基础研究经费投入约占总科研经费投入的12%～23%，中国发布的《2021年全国科技经费投入统计公报》显示，中国基础研究经费投入仅占科研经费的6.5%。可见，中国基础研究的投入似乎落后于美国等国的投入。

表3-18 平台发展与基础研究水平回归结果

变量	基础研究水平
平台发展水平	0.387* (0.193)
人均GDP对数	0.122 (0.072)
城市化率	-1.099*** (0.391)
常住人口数量对数	0.148 (0.241)
人均教育支出对数	0.147* (0.079)
人均科学技术支出对数	0.027 (0.020)
财政分权水平	-0.001 (0.012)
经济开放度	0.076 (0.073)
常数项	-4.393 (4.035)
样本量	279
R-squared	0.462

注：括号内为稳健型标准误；*表示$p<0.1$，**表示$p<0.05$，***表示$p<0.01$。

通常认为，主要限制中国基础研究投入的原因在于企业层面的基础研究投入相对较少，以美国为例，2015年联邦政府、企业、高等学校、非营利部门及州政府对基础研究投入比例分别为44.0%、28.2%、12.3%、12.7%和2.8%。而中国基本由政府投入基础研究,根据科技部2020年发布的数据,2020年企业投入基础研究的经费仅占基础研究经费的6%。

因此,平台企业投资基础研究能够有效改善基础研究的投入结构,推动基础研究的进一步发展。国家政策也正在鼓励引导更多社会捐赠资金进入基础研究领域,腾讯以设立基金会形式资助基础研究领域就是典型代表。

(二)稳健性检验

(1)工具变量检验。本书的工具变量与第三节一致。利用工具变量的回归结果显示本书所发现的平台发展促进基础研究的结论依旧成立,具体结果如表3-19所示。

表3-19 工具变量回归结果

变量	第一阶段:平台发展水平	第二阶段:基础研究水平
工具变量	0.168*** (0.040)	
平台发展水平		1.056* (0.537)
人均GDP对数	0.071 (0.056)	-0.002 (0.108)
城市化率	0.096 (0.252)	-1.421*** (0.341)
常住人口数量对数	-0.231** (0.093)	0.379 (0.328)
人均教育支出对数	0.048 (0.031)	0.125 (0.090)
人均科学技术支出对数	-0.005 (0.009)	0.032 (0.022)
财政分权水平	-0.003 (0.004)	0.002 (0.012)
经济开放度	-0.350*** (0.077)	0.351* (0.204)
可识别检验<P值>	7.61*** <0.006>	
弱IV检验	38.78 [16.38]	
F值	17.23***	11.42***
观测值数量	279	279
个体固定效应	是	是

注:上表利用K-Paaprk LM statistic进行可识别检验,其中<>内为相应统计量的P值。利用Cragg-Donald Wald F statistic进行弱IV检验,其中[ ]内为Stock-Yogo weak ID test critical values在10%显著性水平上的临界值;括号内为稳健型标准误;* 表示 $p<0.1$,** 表示 $p<0.05$,*** 表示 $p<0.01$。

在表3-19中,第一阶段回归的F值显著,说明工具变量与自变量之间存在较强的关联。由弱 IV 检验结果显示，Cragg-Donald Wald F 统计量大于 Stock-Yogo 在 10%显著性水平上的临界值，即工具变量通过弱工具变量检验。此外，可识别检验 K-Paaprk LM 统计量均在 1%显著性水平上拒绝原假设，即工具变量满足可识别性。根据第二阶段的回归结果，平台发展水平与基础研究水平之间的正向关联依旧显著，由此说明平台发展能够有效推动基础研究。

（2）更换变量度量方式。采用第三节更换变量度量的方式，具体回归结果如表 3-20 所示。由表 3-20 可知，平台发展依旧显著促进了基础研究，进一步说明平台发展促进基础研究的实证结果是稳健的。

表 3-20　新的平台发展度量与基础研究水平回归结果

变量	基础研究水平
新的平台发展水平	0.496***
	(0.134)
人均 GDP 对数	0.070
	(0.062)
城市化率	−0.639*
	(0.318)
常住人口数量对数	0.046
	(0.219)
人均教育支出对数	0.093
	(0.076)
人均科学技术支出对数	0.017
	(0.018)
财政分权水平	0.001
	(0.012)
经济开放度	0.093
	(0.069)
常数项	−1.856
	(3.777)
样本量	279
R-squared	0.514

注：括号内为稳健型标准误；* 表示 p<0.1，** 表示 p<0.05，*** 表示 p<0.01。

（三）中介机制分析

平台发展水平、人均人力资本与基础研究水平。互联网不仅能直接促进区域创新效率，还可通过加速人力资本积累、金融发展和产业升级间接对区域创新效率产生积极影响（韩先锋等，2019）。杨立岩和潘慧峰（2003）的研究表明，决定基础科学知识长远增长率的最终变量为经济体中的人力资本存量。因此，可以认为，人均人力资本在平台发展水平与基础研究水平中起到中介作用。

我们继续利用中国人力资本与劳动经济研究中心的人均人力资本数据来检验人均人力资本的中介作用。由于中国人力资本与劳动经济研究中心的人均人力资本数据仅公布至2020年，故我们在中介机制分析时，采用2013~2020年的数据进行分析，具体检验结果如表3-21所示。根据sobel检验结果，人均人力资本水平在平台发展水平与基础研究水平中起到部分中介作用，平台发展水平直接影响基础研究水平的效应量为0.222，平台发展水平通过人均人力资本间接影响基础研究水平的效应量为0.086。

表3-21 人均人力资本在平台发展与基础研究之间的中介效应检验结果

变量	模型1 人均人力资本	模型2 基础研究水平
平台发展水平	0.308* (0.166)	0.222 (0.147)
人均人力资本		0.168 (0.114)
人均GDP对数	0.095 (0.067)	0.059 (0.073)
城镇化率	-0.946*** (0.323)	-1.610*** (0.523)
常住人口数量对数	0.153 (0.242)	0.277 (0.271)
人均教育支出对数	0.139* (0.076)	0.163** (0.077)
人均科学技术支出对数	0.023 (0.018)	0.018 (0.021)
财政分权水平	-0.001 (0.011)	0.000 (0.010)
经济开放度	0.016 (0.085)	0.020 (0.094)
常数项	-4.154 (4.088)	-6.623 (4.689)
观测值数量	248	248
R-squared	0.432	0.448
个体固定效应	是	是

注：括号内为稳健型标准误；* 表示 p<0.1，** 表示 p<0.05，*** 表示 p<0.01。

综上所述，平台发展促进基础研究的结论是稳健的。同时，通过机制分析表明，平台发展既直接影响基础研究水平，也通过人均人力资本间接影响基础研究。其中，平台发展促进基础研究主要依靠教育投入提升人均人力资本，即国家或区域人均教育水平越高，越能推动平台对基础研究的影响。这也可以解释为何在教育投资相对弱的区域，即使平台发展起来也难以推动基础研究。

上述实证结果也为平台投资基础研究提供了战略性启示：对于腾讯、阿里等平台而言，促进基础研究的投入需要借助教育投入为基础，只有在教育投入更高的区域或行业中，平台投资基础研究才会对基础研究的发展形成更好的推动作用。

第五节　平台创新促进产业结构高级化

一、产业结构变迁与平台创新

产业结构变迁是指生产要素在经济各部门和不同产业之间的重新配置，以及经济各部门和不同产业产值的比重变化，主要包含产业结构高级化与产业结构合理化两个维度。产业结构高级化指经济增长中主导产业依次更替的过程，主要以服务化在经济中的比重来刻画。产业结构合理化是指三大产业之间的比例均衡和协调程度，刻画要素投入和产出的耦合程度（干春晖等，2011；李洪亚，2016）。现有数字经济影响中国产业转型升级的研究也主要从这两个方面展开，分析数字技术对提升产业结构高级化与合理化的作用（Castellacci，2010）。

例如，中国新基建投资与产业结构转型升级呈正向关系，且新基建投资显著高于传统基建投资对 GDP 增长的拉动力（郭凯明等，2020）。同时，由于产业结构变迁是各类投入要素、有形资源及无形资源在不同产业和行业之间交互与联结的结果（史丹和张成，2017），数字技术在不同产业中的融合与渗透，将促进生产要素、资源在产业间的顺畅流动及合理配置，形成"两化"深度融合过程。从"两化"融合视角探讨数字经济与产业结构变迁的关系，可以更好地考察数字经济与产业结构变迁的内在机理。

目前，对"两化"融合与产业结构关系的实证研究形成了两个主要结论：①具有方向和大小矢量特征的"两化"融合，促进产业结构高级化，并对产业结构合理化具有较好的调适作用，指出"两化"融合耦合程度、"两化"融合增值能力显著促进产业结构高级化与合理化发展进程（焦勇和杨蕙馨，2017a）；②"两化"融合对产业结构高级化与合理化的影响具有明显的区域异质性，不同区域的产业结构高级化与合理化存在复杂性，"两化"融合对于经济发达地区并非一定比欠发达地区更有价值。同样地，信息产业与制造业融合背景下的产业结构高级化与合理化也存在类似现象（焦勇和杨蕙馨，2017b）。

（一）平台变革产业结构高级化的新内涵

现有产业结构高级化研究主要来自工业经济时代的理论框架，缺乏面向数字经济的产业结构高级化理论框架，但以下两方面研究为数字经济产业结构高级化的前沿探讨提供了基础：

（1）产业结构高级化与数据要素的关系探讨。产业结构高级化实质是各产业的经济技术水平及其结构关联水平，资本创新、劳动创新与产业创新构成驱动产业结构高级化的三类关键创新要素（刘飞和王欣亮，2018）。数字经济环境下，数据要素既是一种资本密集型投资的资本创新，也是一种有赖于数据分析能力的劳动创新，同时又是一种新兴的技术密集型产业创新，不仅对企业、产业高质量发展形成显著影响，而且影响不同产业之间的高级化过程（Tambe et al.，2020），数据积累过程也是产业结构高级化和平台化的资本积累过程（曲佳宝，2020）。因此，数据要素构成数字经济产业结构高级化的重要标志。

（2）数据要素影响产业结构高级化的机制研究。从影响方式来看，国家和地区产业结构的差异主要由人力资本结构的差异造成，人力资本质量是促进产业结构升级的长期性因素（刘智勇等，2018）。同样地，数字经济的资源配置效率提升效应持续挖掘中国人力资本存量的效能，通过提高劳动者就业技能与产业技术的匹配度来实现产业结构的转型升级（李静和楠玉，2019），中国不同地区的人力资本红利和数据要素对各自的产业结构高级化均呈现积极影响（俞伯阳和丛屹，2021）。同时，数据要素通过提升人力资源质量进而促进产业结构高级化。同时，数据要素具有显著的行业异质性，工业互联网的流量不仅难以复制消费互联网的流量红利，而且即使在同一个行业中不同企业的数据流量与成本也千差万别（马永开等，2020）。因此，不同行业的数据要素差异构成影响产业间结构高级化的重要因素，数字技术一方面通过替代效应冲击低技能劳动力，另一方面通过提升效应提高对原有岗位员工的技能要求（Michaels et al.，2014）。产业间数据要素积累的差异形成劳动力质量的结构差异，构成数字经济产业结构高级化差异的重要影响因素。

据此，提出一个平台创新变革产业结构高级化的新内涵。长期以来，二三产业比值构成产业结构高级化的关键实证指标，集中体现了工业经济时代产业结构高级化特征。然而，在数字经济情境下，数据构成关键生产要素，数据要素不仅对企业、产业高质量发展形成显著影响，而且影响不同产业之间的高级化过程。我们考虑，将二三产业数据要素比值与二三产业比值共同视为平台变革产业结构高级化的关键指标，以此探讨数字经济产业结构高级化的新内涵。

平台创新对产业结构高级化的影响具有显著的产业差异性，影响速率从第一产业到第三产业逐渐增强，具体表现为降低第一产业结构占比，促使产业结构向第二和第三产业转移。同时，"两化"融合视角的数字经济对产业结构高级化会形成明显的空间溢出效应，数据要素对产业结构高级化具有积极影响，且当数据要素积累到一定阶段将提升中国人力资本红利对产业结构高级化的积极影响。诚然，上述分析属于思想的探讨。限于数据所限，本书的实证研究依然遵循现有产业结构高级化的内涵开展。

（二）平台变革产业结构合理化的新内涵

近年来，学者呼吁要根据数字经济时代产业结构边界模糊性或跨边界融合的特征,重新考察数字经济产业结构合理化的新特征,如智能制造、人工智能产业的发展既包含第二产业,也离不开第三产业的支持与服务(Teece,2018;Patel,2018)。但总体而言,当前对数字经济背景下产业结构合理化内涵变革的研究还很匮乏,但以下两方面研究为探讨数字经济产业结构合理化新框架提供了基础:

(1)数字经济中三大产业结构相对模糊,跨边界融合越来越多,以往清晰产业结构边界条件下界定的产业结构变迁难以满足数字经济产业结构变迁的分析条件(Kordo,2019;Srinivasan & Venkatraman,2018),现有基于经济数量增长的投入产出效率逻辑的产业结构合理化框架难以适应以经济环境效率为主要逻辑的数字经济绿色增长(廖雪华,2019)。

(2)现有研究对产业结构合理化刻画的逻辑思路主要聚焦在经济数量增长或经济增长速度范畴,强调产业结构合理化与经济增长之间存在稳定的关系(李洪亚,2016),体现投入产出效率逻辑,但未对经济增长带来的环境代价给予充分考虑(Fritz & Koch,2018)。当数量增长达到一定程度后,可持续的绿色增长成为经济高质量发展的关键所在,有必要从经济环境效率逻辑出发构建新的产业结构合理化分析体系。

我们注意到,富裕国家的劳动力质量要比贫穷国家的质量高出一倍,因为较高的劳动力质量有助于提高生产资料、固定资产的充分利用,增加单位投入的经济产出,基于合理的产业结构以及较高的知识资本或劳动力质量对效率的提高具有积极作用。据此,在廖雪华(2019)等基础上,我们提出产业结构增长合理化与质量合理化的分析框架,以此探讨数字经济变革产业结构合理化的新内涵。

从现有基于经济数量增长的投入产出效率逻辑的产业结构合理化框架难以适应以经济环境效率为主要逻辑的数字经济增长的角度出发,探讨增长合理化与质量合理化分析框架的必要性和可能性。如文献所述,产业结构增长合理化指以经济增长为导向的、基于三大产业结构之间的投入产出效率的产业结构合理化。增长合理化即原有产业结构合理化的内涵。产业结构质量合理化指以经济绿色增长为导向的、基于三大产业间经济—环境效率的产业结构合理化。其中,经济—环境效率指单位经济增长的环境成本。同时,将劳动力质量纳入数字经济产业结构合理化的内涵中,而不是作为产业结构高级化的关键影响因素之一。人力资源质量或人力资本水平是产业或区域高质量发展的集中体现与关键影响因素之一,刻画单位经济增长的软环境成本。据此,我们认为,能够以产业结构偏离度刻画增长合理化,以产业劳动力质量偏离度刻画质量合理化,以此探讨数字经济变革产业结构合理化的新内涵。

例如,以产业增加值的比重与该产业的劳动力比重的差异程度来刻画增长合理化,偏离度越高,增长合理性越低。以产业增加值的比重与该产业的高质量劳动力比重的差异程度来刻画质量合理化，偏离度越高，质量合理化越低。其中，可从投入法（教育水平）或产出法（工资水平）角度来核算产业的高质量劳动力比重。

（三）平台创新改变既有产业结构变迁的路径

在上述产业结构高级化与合理化新内涵基础上，我们尝试性提出如图3-10所示的平台创新促进产业结构变迁的分析框架。需要说明的是，由于二三产业比值与增长合理化为现有高级化指标与合理化内涵，二者组合关系即为现有高级化与合理化的关系，可以重点探讨图3-10中其他两个新指标构成的三对组合关系，包括高级化新机制与合理化新机制之间组合关系的实证研究，形成二三产业比值与质量合理化组合关系、二三产业数据要素比值与增长合理化组合关系、二三产业数据要素比值与质量合理化组合关系三对组合关系的新机制特征。

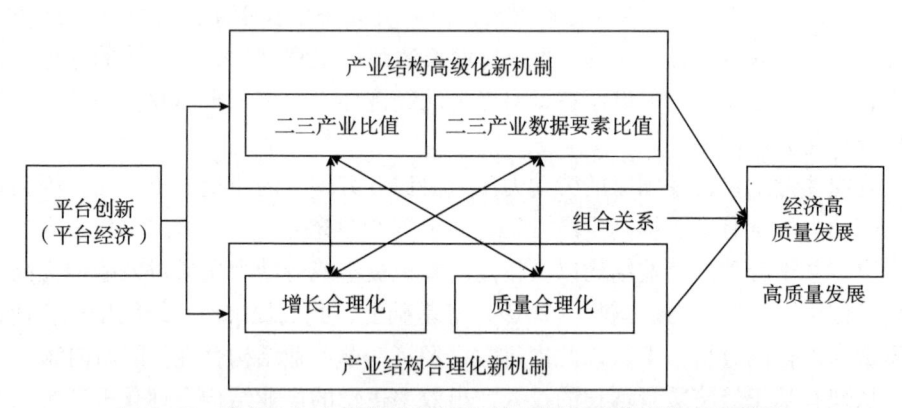

图3-10 高级化与合理化新内涵形成转型升级新机制的理论模型

图3-10理论模型是一个纯思想实验的分析结果。目前，无论是理论上还是实证数据和方法上都难以进行实证研究。但是，这不妨碍我们思考这个有趣的问题，即基于工业经济形成的产业结构高级化与合理化分析框架是否依然适合于平台创新或数字经济创新。限于数据可得性，下面的研究依然遵循既有产业结构高级化的框架进行分析。同时，由于缺乏相应数据，本书没有进行平台创新促进产业结构合理化的探讨。

二、基准回归与稳健性检验

（一）基准回归结果

本节采用个体固定效应模型探讨数字经济灵活就业新业态发展水平与产业结构高级化之间的关系，并剖析收入水平在数字经济灵活就业新业态发展水平与产业结构高级化之间的中介作用，所涉及变量的描述性统计如表3-22所示。由表3-22可知，各城市的产业结构高级化指数以及数字经济灵活就业新业态发展水平的极差和标准差相对较大，这表明19个城市的产业结构高级化和数字经济灵活就业新业态的发展水平存在较大的波动范围，也说明本节选取的19个样本城市之间差异较大，颇具代表性。

表3-22 变量的描述性统计

变量	mean	sd	min	max
Ind	2.208	1.454	0.624	8.507
New	0.541	0.102	0.206	0.796
New2	0.303	0.108	0.042	0.633
Inc	9.389	0.292	8.734	10.004
lnpgdp	10.241	0.387	9.229	10.937
lnpfinance	13.162	0.578	11.852	14.523
lnpimp	8.951	1.335	6.032	11.197
lnpfis	7.798	0.665	5.941	9.692
lnpcon	9.327	0.349	8.477	10.013
pcom	82.079	36.710	32.723	198.653
employment	0.720	0.115	0.370	1.034

表3-23则展示了本节的基准回归结果。第二列的回归结果表明，数字经济灵活就业新业态发展水平的回归系数显著为正（$\alpha_1=7.999$，$SE=1.966$），而数字经济灵活就业新业态发展水平的平方的回归系数则显著为负（$\alpha_2=-7.741$，$SE=1.702$），初步说明数字经济灵活就业新业态发展水平与产业结构高级化之间存在倒"U"形关系。而倒"U"形关系检验结果则进一步表明上述倒"U"形关系是显著的（$t=3.60$，$p=0.001$），数字经济灵活就业新业态与产业结构高级化存在倒"U"形关系的假设得到验证。

表3-23 基准回归结果

变量	模型1 Ind	模型2 Ind	模型3 Inc	模型4 Ind
New		7.999*** (1.966)	1.457** (0.552)	6.723*** (1.973)
New2		-7.741*** (1.702)	-1.312** (0.514)	-6.592*** (1.717)
Inc				0.875** (0.383)
lnpgdp	0.884 (0.873)	0.901 (0.833)	-0.157** (0.071)	1.039 (0.846)
lnpfinance	0.644 (1.045)	0.638 (0.914)	0.369*** (0.107)	0.315 (0.894)
lnpimp	-0.245 (0.143)	-0.250 (0.155)	0.044 (0.030)	-0.289* (0.159)

续表

变量	模型 1 Ind	模型 2 Ind	模型 3 Inc	模型 4 Ind
lnpfis	-0.185 (0.153)	-0.261 (0.181)	0.034 (0.027)	-0.290 (0.183)
lnpcon	1.022* (0.535)	0.971 (0.606)	0.292*** (0.068)	0.715 (0.597)
pcom	-0.004 (0.010)	-0.003 (0.010)	0.001 (0.001)	-0.004 (0.010)
employment	-8.250* (4.180)	-8.429* (4.064)	-1.313*** (0.239)	-7.280* (3.836)
Constant	-14.964 (11.105)	-15.833 (10.351)	3.229* (1.615)	-18.659* (10.565)
Observations	209	209	209	209
R-squared	0.199	0.224	0.375	0.239
个体固定效应	是	是	是	是

注：括号内是稳健型标准误；* 表示 $p<0.1$，** 表示 $p<0.05$，*** 表示 $p<0.01$。

在上述假设验证基础上，本节进一步考虑收入水平的中介效应。由表3-23的第三列可知，在数字经济灵活就业新业态发展水平对收入水平的回归中，数字经济灵活就业新业态发展水平的回归系数显著为正（$\beta_1 = 1.457$，$SE = 0.552$），而数字经济灵活就业新业态发展水平的平方的回归系数则显著为负（$\beta_2 = -1.312$，$SE = 0.514$）。由表3-23的第四列可知，在数字经济灵活就业新业态发展水平、收入水平对产业结构高级化的回归中，数字经济灵活就业新业态发展水平的回归系数显著为正（$\gamma_1 = 6.723$，$SE = 1.973$），且该系数较未引入收入水平时明显下降，收入水平的回归系数也显著为正（$\gamma_3 = 0.875$，$SE = 0.383$）而数字经济灵活就业新业态发展水平的平方的回归系数则显著为负（$\beta_2 = -6.592$，$SE = 1.717$），该系数同样较未引入收入水平时明显下降，说明数字经济灵活就业新业态的发展通过影响居民的收入水平来影响产业结构高级化。收入水平在数字经济灵活就业新业态发展水平与产业结构高级化之间起到中介作用的假设得到验证。

（二）稳健性检验

1. 工具变量

为保证本节主要结论的稳健性，解决核心解释变量的内生性问题，本节采用工具变量方法来进行回归分析。参考黄群慧等（2019）、赵涛等（2020）等研究，本节选择各城市在1984年的历史数据作为数字经济灵活就业新业态发展水平的工具变量。一方面，数字经济灵活就业新业态的发展高度依赖于互联网等通信技术的发展，而各城市历史上的电信基础设施会从技术水平和使用习惯等因素影响到后续阶段互联网技术的应用，故该工具变量满足"强相关"要求；另一方面,邮局等传统通信设施对经济发展的影响随着使用频率下降而逐渐减弱,满足"严外生"要求。然而,由于本节是基于面板数据的分析,而1984年各城市的邮局数据是截面数据,为了满足分析需要,参考 Nunn 和 Qian(2014),利用上一季度全国移动互联网流量与1984年各城市每百万人的邮局数量乘积的对数(下文简称 Instrument)构建面板数据的工具变量用于分析,结果见表3-24。

表3-24 工具变量回归结果

变量	第一阶段 New	第一阶段 New2	第二阶段 Ind
Instrument	1.040** (0.408)	1.026*** (0.385)	
Instrument2	−0.023** (0.009)	−0.023*** (0.009)	
New			72.783* (40.356)
New2			−69.535* (35.367)
lnpgdp	0.181** (0.072)	0.183** (0.072)	0.868 (0.982)
lnpfinance	0.325*** (0.081)	0.351*** (0.089)	0.276 (2.261)
lnpimp	−0.018 (0.046)	−0.019 (0.047)	−0.290 (0.355)
lnpfis	0.033 (0.021)	0.026 (0.020)	−0.892 (0.704)
lnpcon	0.189*** (0.055)	0.195*** (0.057)	0.389 (1.617)
pcom	−0.001** (0.000)	−0.001** (0.000)	0.001 (0.013)
employment	0.046 (0.198)	−0.010 (0.211)	−9.926** (4.128)
Kleibergen-Paap rk LM statistic	9.59*** <0.002>		
Anderson-Rubin Wald test	5.29** <0.016>		
F值	4.24**	4.81**	6.59***
Observations	209	209	209
个体固定效应	是	是	是

注:上表利用 K-Paaprk LM statistic 进行可识别检验,其中<>内为相应统计量的P值。利用 Anderson-Rubin Wald test 进行弱IV检验,其中<>内为相应统计量的P值;括号内为稳健型标准误;* 表示 p<0.1,** 表示 p<0.05,*** 表示 p<0.01。

在表3-24中,第一阶段回归的F值显著,说明工具变量与自变量之间存在较强的关联。由弱 IV 检验结果显示，Anderson-Rubin Wald test 统计量在5%显著性水平上显著，即工具变量通过弱工具变量检验。此外，可识别检验 K-Paaprk LM 统计量均在1%显著性水平上拒绝原假设，即工具变量满足可识别性。根据第二阶段的回归结果，数字经济灵活就业新业态发展水平与产业结构高级化之间的倒"U"形关系依旧显著。由此，进一步说明，在一定限度内，数字经济灵活就业新业态的发展能够显著推动产业结构的高级化，而当数字灵活就业新业态发展水平过高时，该业态的发展不利于产业结构的高级化。

2. 剔除部分数据

由于本节采用的是各城市的季度宏观数据进行分析，而部分城市的统计月报中公布的季度数据缺失较为严重，故在基准回归中，本节主要采用线性插值法估计相应的缺失值。为进一步保证本节结论的稳健性，本节将在剔除部分季度缺失严重的城市样本后，再次进行个体固定效应回归分析，回归结果如表 3-25 第一列所示。由表 3-25 第一列可知，在剔除三个季度数据缺失严重的城市样本后，在数字经济灵活就业新业态发展水平对产业结构高级化的回归中，数字经济灵活就业新业态发展水平的回归系数依旧显著为正，而数字经济灵活就业新业态发展水平平方的回归系数依旧显著为负，这说明本节的主要结论在剔除部分缺失数据严重的城市样本后依旧显著，再次表明了本节主要结论的稳健性。

表 3-25 剔除部分数据的回归结果和分组回归结果

变量	缩减样本后 Ind	高数字基础设施水平 Ind	低数字基础设施水平 Ind
New	8.553*** (1.729)	15.837** (6.272)	7.009** (2.854)
New2	−8.525*** (1.644)	−15.955** (6.107)	−6.462*** (1.935)
lnpgdp	1.568** (0.694)	1.578** (0.628)	0.872 (1.284)
lnpfinance	−1.825* (0.889)	−0.829 (0.911)	1.387 (1.262)
lnpimp	−0.119 (0.236)	−0.221 (0.486)	−0.188 (0.217)
lnpfis	−0.152 (0.175)	−0.081 (0.227)	−0.270 (0.271)
lnpcon	0.918 (0.662)	0.307 (0.690)	1.118 (0.827)
pcom	0.018** (0.008)	0.007 (0.006)	−0.005 (0.010)
employment	−7.731* (3.923)	−3.559 (2.178)	−11.421* (5.707)

续表

变量	缩减样本后	高数字基础设施水平	低数字基础设施水平
	Ind	Ind	Ind
Constant	5.913	−5.249	−24.455
	(6.568)	(11.154)	(23.561)
Observations	176	88	110
R-squared	0.271	0.160	0.326
个体固定效应	是	是	是

注：括号内为稳健型标准误；*表示 p<0.1，**表示 p<0.05，***表示 p<0.01。

三、机制分析

（一）路径分析

区别于现有数字经济灵活就业研究，上述基准回归与稳健性检验结果表明，数字经济灵活就业新业态与产业结构高级化存在倒"U"形关系，当数字经济灵活就业新业态发展处于较低水平时，新业态的发展能够显著推动城市产业结构的高级化。然而，当数字灵活就业新业态发展水平过高时，新业态的发展反而不利于产业结构的高级化。同时，收入水平在数字经济灵活就业新业态发展水平与产业结构高级化之间起到中介作用，即数字经济灵活就业新业态的发展通过影响居民的收入水平从而影响产业结构高级化。上述结果首次实证检验了数字经济灵活就业新业态与产业结构高级化之间的关系特征，揭示了数字经济灵活就业新业态影响产业结构高级化的实现路径，从数字经济灵活就业新业态视角再次强化了 Acemoglu 和 Guerrieri（2008）、Alvarez-Cuadrado 等（2017）从理论上强调的要素供给结构变化既推动产业结构升级又影响要素分配结构和收入水平等结论。同时，从劳动力要素变化视角阐述了基于平台的资本密集型与劳动密集型服务业高度结合的扩张过程，认为在数字经济灵活就业新业态与产业结构高级化的倒"U"形关系，意味着要素收入分配结构既可能正向促进也可能负向阻碍产业结构高级化，不会只单向加深结构性就业或收入矛盾。原因在于，数字经济灵活就业新业态的劳动力要素收入分配结构既受平台服务标准化的影响，如算法规划路线，也受平台服务规模化的影响，如骑手服务的社会组织化等。本节的研究不仅深化了罗峰（2021）等对零工经济特征的逻辑推演结论，而且通过度量零工经济发展水平刻画出零工经济的特征与规律。

由于就业选择是中国低收入群体陷入低收入陷阱的关键传导机制之一（史新杰等，2022），收入水平在新业态发展水平与产业结构高级化之间的中介路径表明，超过30%的低收入劳动者可以通过数字经济灵活就业来避免长期陷入低收入陷阱。平台发布的就业报告从描述性统计视角认为，新业态的从业者主要为技能水平相对较低的群体，现有研究也多从新业态成为低技能群体收入重要渠道，促进收入公平视角来强调新业态的社会经济贡献。本节实证结果表明，除对稳就业发挥作用外，数字经济灵活就业新业态这种看似"劳动密集型产业"同时能够促进产业结构高级化，尤其是新业态通过促进收入水平进而推动产业结构高级化的路径特征，意味着数字经济灵活就业新业态的发展不能仅仅考虑其稳就业的社会经济价值，还可以从促进产业结构转型升级角度充分释放数字经济灵活就业新业态的社会经济价值，因为新业态为低技能群体提升收入赋能，劳动者通过主动或被动地利用各类平台，享受网络带来的便捷和知识传播的优势提高劳动技能（何宗樾和宋旭光，2020），进而依托平台标准化服务与规模化网络形成获取更高收入的潜力。

（二）影响分析

理论上，数字基础设施投资产生的正外部性刺激产业投资需求与消费需求，通过收入效应、价格效应等方式影响产业结构转型升级（Hulten et al.，2006；郭凯明等，2020；郭凯明和王藤桥，2019）。行业研究表明，数字基础设施投资对能源产业高级化发挥显著促进作用（张恒硕和李绍萍，2022），企业微观视角的实证结果也表明，数字基础设施对数据资源从可能生产要素转变为现实生产要素具有显著促进作用，进而提升企业创新绩效（谢康等，2021）。因此，理论上数字基础设施对数字经济灵活就业新业态推动产业结构高级化具有促进作用。

考虑不同数字基础设施水平下数字经济灵活就业新业态对产业结构高级化影响程度的差异，根据2022年新华三集团测算的中国城市数字经济发展指数，在数字基础设施指数[①]中，将城市数字基础设施指数高于19个城市平均值的8个城市定义为高数字基础设施水平组，低于19个城市平均值的11个城市定义为低数字基础设施水平组，分组进行回归，回归结果如表3-25的第二、第三列所示。由表3-25第二、第三列可知，无论是在高数字基础设施水平组还是在低数字基础设施水平组，数字经济灵活就业新业态的发展水平依旧与产业结构高级化呈倒"U"形关系。进一步地，对比表3-25第二、第三列和表3-23第二列新业态发展水平及其平方的回归系数可发现，在高数字基础设施水平组，新业态发展水平及其平方的回归系数均显著大于不分组情形和低数字基础设施水平组，说明数字基础设施水平能够放大新业态发展水平对于产业结构高级化的影响，形成"放大器"效应，尤其在高数字基础设施水平的城市中，数字经济灵活就业新业态发展水平与产业结构高级化的倒"U"形关系更为明显。

---

① 各城市数字基础设施指数网址：http://deindex.h3c.com/2022/Insight/Citycompare/.

第六节 平台创新总结与讨论

从平台创新构成数字经济创新极点的思想出发，本章通过案例研究和实证分析的混合研究方式，阐述数字经济创新极点具体是如何形成的。首先，平台自身创新构成数字经济创新极点的源泉和基础；其次，平台通过自身创新形成不同赋能模式促进数实融合，通过变革基础研究资助方式推动国家基础研究创新体系的创新。这样，平台创新促进了当代中国科技创新和市场创新，通过区域创新创业水平、人均人力资本水平促进数实融合，通过加速人力资本积累有效促进基础研究水平的提升，进而推动中国产业结构高级化。可以说，平台生态系统中的平台创新，已成为当代中国推动基础研究发展、创新水平、推动数实融合和产业结构高级化的重要社会力量。

一、主要研究结论

本章阐述了平台创新如何形成，平台创新如何成为数字经济创新极点以及平台创新如何引领数字经济发展的内在机制，形成三个方面主要研究结论。

第一，平台企业构成中国数字经济创新不可或缺的社会主体，是中国科技创新的重要社会主体和推动力量。2019~2022年，阿里巴巴、腾讯、京东、百度、美团和滴滴六家代表性平台的研发投入从1165.88亿元增加至1866.53亿元，年均增速约17%。其中，2021年，六大平台研发投入1624.77亿元，约占全国R&D投入的5%，平台研发投入占营收比超出规模以上工业企业3.5~3.9倍，表明平台创新在中国创新驱动发展中发挥了引领作用，在相当程度上决定数字经济创新发展的空间。同时，中国平台企业研发费用正在快速增加，从研发投入总量来看，腾讯和阿里2022年分别达到614亿元和567亿元，远远高于其他平台企业。腾讯更是一直保持着高增长，2019~2022年研发投入平均增长率达到26.4%，高于阿里的9.6%。腾讯和百度研发占营收比重较高，2022年分别为11.07%和17.32%。

第二，平台创新主要体现在平台自身创新、推动数实融合、促进基础研究三个主要领域。

首先，平台自身创新构成数字经济创新极点的源泉和基础，具有三个主要特征：①实现从创新追赶到创新领先的重大转变，以微信、抖音为代表的创新成为一项具有全球创新意义的成果；②以海量数据为基础，以多元化业务创新场景为目标的超大市场规模创新，且能通过良好的通信基础设施来快速检验和调整的社会化创新；③扎根中国情境，高度适应中国区域、城乡、组织、社群千差万别的市场需求，在高度个性化、分层化中解决市场痛点的过程中不断创新，形成中国平台与国际平台相比的竞争优势。

其次，平台构成推动中国经济实现数实融合的市场化主导力量。我国数实融合自20世纪90年代中期至今经历三个阶段：第一阶段是基础性融合或数实融合1.0阶段，第二阶段是中度融合或数实融合2.0阶段，第三阶段是深度融合或数实融合3.0阶段。平台打通企业数据连接的"任督二脉"，赋能各行业数字化从研发端到销售端的全过程、实体企业与平台的创新生态系统协同推动企业平台化战略转型、人工智能在实体经济全过程运营与管理中的应用与模式创新，构成数实融合3.0阶段的三个重要标志。其中，平台通过拓展式与生成式两类模式来促进数实融合。以钉钉为代表的平台主要通过拓展式赋能实体企业数字化转型，帮助企业实现数实融合。以企业微信为代表的平台通过"探索－探索＋拓展－拓展"三阶段模式赋能不同行业企业数字化转型，形成诸多数字创新生态系统来推动产业数实融合。这两类平台赋能数实融合方式形成互补效应，共同推动中国经济数实融合的发展。

实证研究表明，平台、教育投入和城市化水平，构成推动当代中国经济数实融合的三类市场化主导力量。在数实融合发展中，要将促进平台发展与促进城市化水平置于同等重要的战略地位。其中，平台和教育投入分别从社会化创新和人力资本两个方面来影响数实融合，城市化水平作为数实融合的基础设施条件来发挥影响。平台与城市化水平在推动中国经济数实融合中表现出不同的影响特征：虽然平台影响的力度没有城市化水平大，但影响的显著性高于城市化水平；城市化水平影响的显著性虽然没有平台的影响高，但影响的力度比平台大。其中，区域创新创业水平、人均人力资本水平构成平台促进数实融合的两个关键实现路径，表明以平台为基础的数字经济具有创新驱动特征，同时具有内生经济增长的规律。因此，平台创新既依赖区域创新创业和人均人力资本水平，又会促进区域创新创业和人力资本的投入，通过经济数字化转型而不断推动数实融合的发展。现阶段平台促进数实融合成效最显著地出现在服装服饰制造业中，因为相对于其他行业而言中国服装服饰产业不仅具有比较优势而且具有竞争优势，数字技术与产业比较优势和竞争优势结合后形成更低的数实融合成本。

最后，平台成为当代中国推动基础研究发展的新社会力量。通过自由探索模式与目标锁定模式的不同模式，平台创新推动中国基础研究的创新发展，尤其是通过加速人力资本积累有效促进基础研究水平的提升，平台创新对当代中国基础研究的发展产生互补效应，形成区别于现有国家和地方自然科学基金、部委项目资金资助的促进模式。平台对基础研究的资助及其模式创新，既是对国家促进基础研究的补充，也是国家创新体系的一次市场化结构性创新。平台已成为当代中国推动基础研究发展的社会力量。可以预期，随着平台对基础研究的稳定、长期投入，平台将会对当代中国乃至未来中国实现基础研究创新的根本性进步产生越来越重要的社会经济影响。

第三，平台创新尤其是平台经济下的灵活就业新业态给人们一种感觉，似乎觉得网约车司机、外卖骑手等灵活就业新业态会对产业结构高级化产生不利影响，但本章的理论分析与实证研究结果表明，与不少人的感觉相反，平台成为当代中国产业结构高级化的重要推动力量。本节以数字经济灵活就业新业态发展指数来刻画平台创新，采用2020年第二季度至2022年第四季度美团平台19个城市的面板数据，通过刻画三者的关系特征进一步阐明了数字经济灵活就业新业态对宏观经济的多样性影响。研究发现：①数字经济灵活就业新业态的发展对产业结构高级化具有倒"U"形影响；②收入水平在数字经济灵活就业新业态发展水平与产业结构高级化之间起到中介作用；③数字基础设施水平对新业态促进产业结构高级化具有"放大器"效应，在数字基础设施水平更高的城市，数字经济灵活就业新业态发展水平对产业结构高级化的影响程度更大。

二、讨论

平台自身的创新源于交叉网络外部性带来的市场高度不确定性，一方面，平台对客户的招募与聚合不完全是自然垄断的属性，更需要平台通过技术创新、商业模式创新和制度创新形成对客户招募与聚合的激励，平台在招募与聚合过程中面临各种市场不确定性因素的影响，如新技术带来的市场颠覆式破坏等。另一方面，平台对客户的招募与聚合面临其他平台的竞争威胁与垄断挑战，平台之间为了实现技术、商业模式和制度创新而展开的竞争激烈程度远远高于传统市场结构，几乎没有一个平台可以稳定地在一个时期内享受创新带来的垄断租金，平台之间面临着内部和外部的各类"跨界打劫"的交叉竞争。因此，平台自身的创新具有高度不确定性或偶然性，即使一时创新获取租金也会面临随时被替代的风险。

然而，创新风险与收益并存，平台自身创新的这种高度不确定性也带来了具有广泛社会影响的成果，最明显的成果之一是平台创新构成数字经济创新极点。正是由于平台创新构成数字经济创新极点，平台创新可以推动数实融合，促进基础研究和产业结构高级化，平台企业成为中国数字经济创新不可或缺的社会主体，是中国科技创新的重要社会主体和推动力量。例如，平台创造出数字经济灵活就业新业态，并通过该新业态的发展对产业结构高级化具有倒"U"形影响。因此，如何保持平台创新的活力，如何使平台创新在成为数字经济创新极点过程中创造出更高的社会福利，均是需要着重考虑的。这就涉及对平台竞争与垄断问题。

第四章 平台竞争

第三章讨论表明，作为数字经济创新极点的平台创新，使平台企业成为当代中国科技创新的重要力量和社会主体，不仅有效推动企业的平台化发展和数字化转型，促进数实融合，而且通过促进基础研究的发展和产业结构高级化对中国创新驱动战略的实施产生重要影响，进而对数字经济发展形成引领作用。从数字经济创新极点的思想出发，平台创新构成竞争的基础，两者紧密相关，构成平台创新"铁三角"结构的两个重要支点，尤其是平台创新使纵向（垂直）竞争为主横向（跨行业）为辅的工业经济市场结构转变为纵横交错的数字经济网格市场结构，形成市场结构创新。本章拟围绕平台竞争创造出怎样的新市场结构、平台如何开展国际化竞争及中美平台的竞争力结构三个主要问题，阐述平台引发的新市场结构对国内和国际市场竞争的影响。

第一节 平台竞争的理论

一、平台竞争与垄断

本书中，参考谢富胜和吴越（2022）的定义，平台竞争指平台企业间基于用户、注意力、数据、算法等因素的赢家通吃式动态竞争和组织竞争，平台的主要竞争策略包含价格机制、补贴机制、系统开放策略、排他协议等。同时，参考李韬和冯贺霞（2023）的定义，平台垄断指平台作为市场交易主体为获取超额利润，通过大数据、智能算法等数字化资源和手段，以单独或联合的方式实施垄断协议、滥用市场支配地位，以及通过行政权力排除、限制竞争的垄断行为等。

由于数字经济或平台经济的特性，如长尾效应、网络外部性等，平台企业所处的市场结构与传统市场结构存在显著差异。一方面，大型互联网平台类企业凭借先入优势占据大量用户资源，使各自领域内市场份额高度集中；另一方面，这类企业的巨大成功也吸引中小型互联网平台类企业进入市场或传统企业线上转型。高度集中的市场结构说明行业存在垄断或垄断趋势；而大量企业进入与退出，又说明行业是一个可竞争市场（Katz & Shapiro，1985，1992；Liebowitz & Margolis，1994；傅瑜等，2014；曲创和刘重阳，2016）。

因此，在新的市场结构中平台企业的竞争与垄断行为也体现出新的特征，如竞争与垄断的关系也不像工业时代那样泾渭分明，在数字技术和应用的驱动下，平台经济下市场开放度越高，竞争越激烈、技术创新速度越快，市场集中度越高，形成的行业垄断性也越强（李怀和高良谋，2001）。这样，在数据、技术、资本、商业模式的创新、为用户提供更高质量的产品和服务等多因素驱动下，竞争必然产生垄断，垄断本身依然会引起竞争（李韬和冯贺霞，2023）。然而，平台企业为持久地维持垄断地位，必须进一步开展创新，持续的创新既有助于巩固平台的竞争优势甚至获得垄断地位，也有助于已经具有垄断地位的平台进一步巩固垄断地位。这样，数字经济环境下的平台垄断、竞争与创新互为对立的统一关系，互为犄角，相互影响而密不可分。

现有相关代表性研究主要从以下四个方面探讨平台竞争问题：①平台经济模式下涌现的新兴市场结构及特征（李怀和高良谋，2001；傅瑜等，2014；苏治等，2018）；②在新的市场结构中平台企业的竞争行为及影响因素（Armstrong，2006；Bolt & Tieman，2008）；③考虑平台企业在国际市场中的竞争问题（Li et al.，2019；Brouthers et al.，2016；Ojala et al.，2018）；④平台企业对其他主体在国内市场和国际市场竞争力的影响（Shaheer & Li，2020；Lehdonvirta et al.，2018；邬爱其等，2021）。这些研究大体均认为平台创新推动平台市场结构变革使平台经济的竞争与垄断出现新特征，下面，分别对上述四个方面研究进展和主要结论进行归纳提炼，为本章研究提供理论基础。

（一）平台竞争与垄断及其市场结构创新

对于平台竞争与垄断对市场结构创新的影响，相关代表性研究主要从平台竞争与垄断的基础与边界、平台竞争与垄断的市场结构特征两方面展开探讨，并形成相应的结论。

首先，对于平台竞争与垄断的基础与边界问题，认为自然垄断和交叉网络外部性构成平台竞争与垄断的两个重要基础：

一方面，平台企业具有网络产业企业的一般特征，如规模经济、范围经济和固定成本沉没性，有一定程度的自然垄断性质（姜奇平，2013；傅瑜等，2014）。平台经济边际收益递增和网络外部性的特性使得平台垄断区别于传统垄断，经济数字化转型形成的竞争会必然出现垄断或寡头垄断的市场结构（李丹和吴祖宏，2005），因而平台具有自然垄断的属性，但其垄断地位本身并不会对社会产生负面影响，关键是其利用垄断地位开展的垄断行为。从平台两端消费者类型和平台两边归属情况来看，平台企业长期竞争的结果是"赢者通吃"或多平台共存，分别对应市场的垄断与竞争结构（Chen & Tse，2008；李雪静，2014）。

另一方面，交叉网络外部性构成平台企业竞争与垄断的重要基础。现有研究基于 Hoteling 模型考虑具有双边市场特征的平台在交叉网络外部性影响下如何进行定价补贴，表明平台竞争情形下平台的定价受到交叉网络外部性、用户归属及收费模式的影响（Armstrong，2006）。此外，现有研究进一步考察存在交叉网络外部性情境下用户对平台的态度如何影响平台竞争策略，发现当卖家认为平台同质时，交叉网络外部性的存在不仅使平台更倾向于采用通过补贴买家来间接吸引卖家的竞争策略，而且会向高弹性一方收取低价来吸引高弹性的用户，再利用高弹性的用户吸引低弹性的用户，并向低弹性的用户收取高价，从而实现利润最大化（Armstrong & Wright, 2007; Bolt & Tieman, 2008）。国内对 IOS 平台与 Androi 平台的竞争关系研究表明，当平台存在交叉网络外部性时，外生的硬件厂商数量将影响均衡市场结构，不同硬件厂商数量情形下平台会有不同的进入与退出策略（魏如清等，2013）。同时，考虑平台竞争中广告商的归属及消费者的广告偏好时，平台获取的利润明显受交叉网络外部性的影响（程贵孙，2010）。

因此，平台经济较低的市场进入壁垒与完全竞争相似，高度的市场集中度符合寡头垄断市场结构特征，垄断与竞争并存构成平台行业市场结构的新特征，如所谓"跨界打劫"的平台跨界竞争问题，因为大型平台在跨界竞争中具有明显的资源优势（荆文君等，2022），导致平台竞争与垄断的边界变得越来越模糊，竞争与垄断之间相互渗透和影响。

其次，对于垄断与竞争在平台行业的具体并存形式有不同结论，形成平台竞争与垄断的市场结构特征探讨。较为有代表性的研究认为，信息产品市场出现竞争和垄断同时被强化的态势，进而演化出一种竞争性垄断的新市场结构，即平台行业的市场结构为竞争性垄断结构（李怀和高良谋，2001），因为平台经济弱化了企业在规模经济、产品差异化方面的进入壁垒，导致市场竞争的程度提高。此外，虽然平台经济竞争导致市场集中度提高，但因为平台竞争的手段多样化，平台企业难以广泛使用垄断行为来谋取市场超额利润，形成垄断与竞争呈相互强化的趋势（巨荣良，2003；张丽芳和张清辨，2006），其看起来高利润更多来源于数据集成后的市场信息租金。例如，搜索引擎行业的市场结构虽然呈现寡头垄断，但从整体上来看竞争，主体呈多样化趋势（姒琪莹，2010）。

在上述分析基础上，针对平台竞争与垄断的市场结构提出若干代表性观点。一种观点认为，平台市场呈现出单寡头竞争性垄断的市场结构，消费者在产品同质、厂商较多的情况下会自觉聚焦于特定的一家厂商，导致市场集中度特别高，但需求多样化又使市场可以容纳多个厂商，并指出互联网平台类企业的垄断只是结构表象，竞争才是本质特征（傅瑜等，2014）。另一种观点认为，竞争性垄断结构难以准确刻画平台经济新市场结构的特征，平台企业的垄断势力与结构正在固化致使进入壁垒高筑阶段，这与竞争性垄断的市场结构特征相悖（徐齐利，2017）。因此，平台经济的市场结构属于一种分层式垄断竞争结构，即平台市场中的垄断与竞争共存形式是分层式的，大型平台及其主营业务形成垄断层，中小平台及其衍生业务形成竞争层（苏治等，2018）。

我们知道，在工业经济市场结构中，大部分企业均在特定的主营产业领域开展竞争,部分企业通过跨行业投资等模式进入其他行业,但较少参与其他行业的竞争,同时跨行业投资行为对于企业的主营产业领域的竞争结构影响较小。现有对平台的新市场结构研究主要将传统产业组织理论中的竞争与垄断相关理论应用于平台之间的关系研究中,缺乏将平台跨行业运营,平台与行业企业连接等行为纳入到平台市场结构的分析框架中。然而,当前,平台企业通过技术赋能等方式进入其他行业,其他行业企业的绩效对于平台企业之间的竞争产生重要影响,使平台之间的竞争不再局限于平台自身的行动,还取决于跨行业其他企业的行动。因此,有待对平台竞争与垄断新特征导致的新市场结构进行深入探索。

(二)平台竞争与垄断的国际化

平台竞争与垄断的国际化研究主要围绕两个问题展开:①与既有企业国际化相比,平台竞争与垄断的国际化有何主要特征?②与既有企业国际化机制相比,平台竞争与垄断的国际化机制有何新特征?前者探讨平台企业跨国经营与传统企业跨国经营的异同,后者探讨平台企业区别于传统企业国际化的赋能机制,强调平台企业国际化主要面临的是局外人劣势等。

对于平台竞争与垄断国际化有何新特征的研究,认为平台生态系统的发展,不仅取决于平台自身,而且取决于基于平台连接的其他主体,因而平台国际化过程与传统企业国际化过程存在一定的差异(Stallkamp & Schotter, 2019; Ojala et al., 2018; Brouthers et al., 2016)。首先,在国际竞争力来源上,传统跨国企业主要依靠产品和服务的国际市场竞争力,平台在国际市场中获得和保持竞争优势不仅仅依赖于企业的特定优势,还依赖于跨边界的生态系统特定优势(Li et al., 2019; Nambisan et al., 2019)。其次,在国际化挑战上,平台在国际化进程中面临的挑战与传统企业国际化也存在差异。在国际化过程中,平台面临较少的外来者劣势,但局外人劣势问题更加严重(Brouthers et al., 2016)。因此,平台在国际市场的成功与否依赖于平台主能否吸引和维持当地市场的生态系统参与者,能否在不同地域构建起新的创新生态系统。然而,这又受制于东道国信息通信技术(ICT)等基础设施提供方的影响(Ojala et al., 2018)。

此外,这类研究着重探讨平台生态系统的国际化对于企业国际化的正面作用,发现数字企业跨越地理边界的能力可能被高估了,平台及其生态系统在国际化过程中依然面临诸多困难,新兴经济体跨国公司经常会面临制度障碍,在参与集体行动、构建海外创新生态系统方面受到诸多制度性挑战,如数字生态企业的国际化可能主要面临用户、互补者、制度三个维度的生态整合劣势(Rong et al., 2022)。

关于平台赋能传统企业国际竞争机制的研究,强调跨境平台能够有效助力其他企业参与国际竞争。首先,跨境平台能够有效降低其他企业国际化的交易成本。跨境平台可以帮助企业降低国外市场信息搜索成本,降低企业间的沟通与协调成本 (Rialp-Criado et al., 2018; Manyika & Lund, 2016; Lehdonvirta et al., 2018)。其次,跨境平台通过链接来自不同地域的参与者,提高了企业对当地市场、交易对象交易历史和行为等信息的可得性,降低了跨国交易的不确定性 (de la Torre & Moxon, 2001)。最后,跨境平台能够帮助企业学习到跨国经营的相关知识和经验,如企业积极使用跨境平台与国外市场客户进行交流,可以帮助企业发现不同文化下消费者偏好的差异 (Yamin & Sinkovios, 2006)。例如,企业利用国外社交平台可以帮助其克服对国外市场信息缺乏的不利影响,有助于开发国外用户的独特需求,削弱国家间距离对企业国际化扩张速度的负面影响 (Shaheer & Li, 2020)。

根据既有相关研究及结论,未来研究中可探索的三个方向:①对平台企业用户之间的竞争及其对平台竞争影响的研究;②从平台企业竞争与垄断特征出发探讨平台市场结构的创新;③从国际市场竞争视角提炼中国平台企业的国际化特征,通过构建可比较的分析框架来具体剖析中国平台企业的国际竞争力。

二、平台竞争与垄断的新特征

综上分析可以认为,区别于以往竞争市场结构,平台竞争具有基于数字技术生成性、跨行业跨组织边界纵横一体化、竞争与垄断边界模糊三个新特征。

平台凭借数字技术的分层模块化架构,使交互层、应用层、设备层等任意层的组件混同形成的创新具有扩散效应、级联效应 (Yoo et al., 2010)。这里,平台竞争的生成性是指在明确主体独立性基础上,平台吸纳拥有不同技能的行为主体参与平台创新活动,通过混合重组等方式形成大规模、多样化的数字创新涌现。通常,数字技术生成性具有涌现与难以预测两个特征 (Nambisan et al., 2017),平台竞争的生成性也是如此。例如,互补性主体与平台合作构建创新生态系统后,将会产生更大潜力的非预设的、新颖的服务场景或服务流程 (Zittrain, 2008; Yoo et al., 2012)。随着 ChatGPT 等大模型的出现和普及应用,生成性概念迅速进入寻常百姓的认知中。然而,虽然生成性带来的不可预测对于某种场景下的消费或娱乐而言是一种愉悦的体验,但对要求稳定可预见的组织管理如企业成本管理与风险控制而言,生成性带来的不可预测是灾难性的。就服务来说,生成性的误用很可能增加服务管理的不确定性,加剧组织的不确定性冲突带来的负面影响 (Fürstenau et al., 2023)。因此,平台竞争的生成性既有可能带来更具潜力的创造力,也会带来更具潜在破坏性的竞争替代和隐性的垄断优势。

平台竞争还具有跨行业、跨组织边界纵横一体化特征。区别于工业经济的纵向竞争与垄断市场结构,如福特汽车对汽车产业的垄断,或石油寡头的产业纵向垄断,平台竞争与垄断是全方位、跨产业链和多层次的,即以平台主为核心的创新生态系统之间的竞争与垄断，既涉及信息技术制造产业、家电或服装制造业，又涉及通信服务、商贸服务等第三产业，以及农业林业等第一产业。这种既有产业链纵向竞争结构，又有跨行业跨组织横向竞争结构，形成平台竞争与垄断的纵横一体化竞争结构。这种纵横一体化竞争结构自身既包含不同领域或跨领域的垄断性子平台或厂商，又包含相同领域或跨领域的竞争性子平台或厂商，这些子平台或厂商既竞争又合作的多层次自我演化的生成性竞合结构，由此形成了平台竞争与垄断的第三个新特征。

平台竞争的第三个新特征是竞争与垄断边界模糊，且两者之间的模糊边界会根据外部市场结构态势的变化而变化。一方面，因为平台竞争与垄断的生成性、纵横一体化结构使平台竞争与垄断之间会相互转化，某个发展阶段或情境中侧重竞争，在另外一个发展阶段或情境中侧重垄断或垄断竞争，如某个阶段平台在商贸领域的垄断是极其不稳定的，其他平台跨界进入的成本或门槛低，导致该领域垄断随时可能转变为竞争市场结构。另一方面，平台竞争与垄断边界模糊还源于平台网络外部性，平台与平台之间构建起复杂多变的社会网络，从平台背后的投资方，到平台主异质性，再到平台的互补性厂商或消费者个体异质性，这些都使平台与平台之间的网络外部性充满着不确定性或随机性，如 A 平台对 B 平台的竞争有可能导致 C 平台"被动地"提升或降低了垄断地位。

综上所述，可以认为平台竞争与垄断的边界或结构不再像以往那样清晰或相对固定，而是既模糊又即时变化，无论是竞争性垄断结构，还是垄断性竞争结构或分层式垄断竞争结构，似乎都难以准确刻画平台竞争的市场结构特征，如大型平台并非完全采取类似以往那样的垄断行为，而是采取综合平衡机制等内部治理规则来推动平台短期与长期利益的平衡，平台互补性企业也并非都是采取竞争性行为，基于平台生态系统互补性企业之间也存在垄断与竞争的市场结构。因此，对于平台竞争与垄断的市场结构新特征刻画，依然有待进一步探索。这里，我们进行一种探索性思考：平台竞争与垄断的三个新特征表明，如果按照工业经济形态的竞争与垄断二分法框架来剖析平台，似乎是在用旧瓶子装新酒，平台经济所形成的市场结构是竞争与垄断合二为一且相互增强的市场结构，平台竞争即垄断，垄断即竞争，两者既相互增强又相互制衡，取决于平台内部治理与外部治理之间的动态调适。

类似以往技术进步那样，平台垄断与竞争合二为一的市场结构也与数字技术进步属于一种技能偏向型进步有关，同样的平台市场结构在不同特质的社会主体运营下，也可能呈现出偏向垄断或偏向竞争的市场结构，在宏观层面则体现为既对就业形成替代效应，又形成促进效应。这就涉及平台促进高质量就业的问题。

第二节 平台的市场结构创新

一、网格市场结构案例：企业微信

通过企业微信案例剖析网格市场结构的形成过程及其特征，具体来看，网格市场结构的形成包含企业微信自身的纵向扩张以及横向跨行业赋能两大过程，下面从两大过程具体分析其形成机制。

（一）企业微信的纵向扩张过程分析

企业微信的纵向扩张是其产品不断迭代创新的过程，从成立之初的企业内部员工的连接工具到当下的企业内外部连接器，产品功能不断迭代，其所涉及的企业运营领域也不断扩张，逐步成为企业各个环节相互贯通的连接器。典型的纵向扩张案例如企业微信与微信的打通助力企业营销；企业微信上线的对外收款功能助力企业财务管理。

而企业微信的纵向扩张中用户需求是重要的驱动因素，为了不断完善企业微信的功能，满足用户需求，企业微信为其核心客户建立针对性的沟通反馈渠道，如企业微信团队成员与索菲亚建立的需求沟通群，且需求沟通群中始终保持着高频互动。企业微信基于需求沟通群广泛收集需求，并通过对大量需求的评估推动平台创新，从而纵向扩张。总的来说，企业微信的纵向扩张过程是在用户需求驱动下平台不断进行创新的过程。

正因为企业微信平台不断创新，其产品扩张到用户企业的运营管理的诸多环节，用户企业与企业微信平台的融合程度不断加深，形成了较高的转移成本以及较强的锁定效应。

（二）企业微信的横向跨行业赋能分析

企业微信的横向跨行业赋能是指企业微信通过向非相关行业企业提供基础的技术赋能非相关行业企业运营管理并提升其在垂直产业内竞争优势的过程。企业微信目前基于自身技术已经进入多个非相关行业，如泛家居行业（索菲亚）、零售行业（天虹）、制造业（五菱宏光）、珠宝行业（周大福）等。具体来看，企业微信的横向跨行业赋能大体包含四个阶段：

第一阶段，企业微信提供基础服务。在这一阶段，企业微信平台向用户企业提供包含基础功能的产品，用户企业开始使用企业微信，在企业微信的帮助下，用户逐步厘清企业微信的基本功能及其特点。

第二阶段，用户创造性使用。在这一阶段，用户企业基于自身所处行业特征，利用第三方服务商以及企业内部的 IT 能力创造性地使用企业微信，使企业微信的功能能够更加贴合企业业务需求，如索菲亚基于企业微信推出的"一客一群"等。

第三阶段，用户经验输出。用户企业创造性使用经验反向输出到企业微信，企业微信基于用户创造性使用经验积累用户企业所处行业知识并进一步优化产品。

第四阶段，企业微信深入跨行业赋能。基于从用户企业处获取的行业知识以及优化后的产品，企业微信能够进一步深入用户企业同行业的其他企业，甚至能够将优化的产品功能进一步应用于其他相近的行业，如将索菲亚的"一客一群"理念推广到其他耐用品销售行业。企业微信的横向跨行业赋能过程就是上述四个阶段的循环过程中，通过上述四个阶段的循环，企业微信横向跨行业赋能的范围不断扩大，深度不断加深，如企业微信赋能索菲亚所处泛家居行业的经销商。

（三）网格市场结构

企业微信的纵向扩张和横向跨行业赋能逐步形成了以企业微信为核心的特殊市场结构，我们将其定义为网格市场结构，网格市场结构是指平台企业在特定垂直领域内参与市场竞争，并通过技术横向进入其他产业，其他产业垂直领域的竞争结构与平台企业自身垂直领域的竞争结构相互影响的市场结构。具体以企业微信为例，在纵向（垂直）领域，企业微信不断进行创新，完善自身产品，逐步实现企业运营管理的全流程服务，在这一纵向扩张过程中，企业微信逐渐与原本服务企业不同环节的类似企业展开竞争，企业微信的纵向竞争对手数量不断增加。而在横向跨行业赋能方面，一方面，企业微信赋能了不同行业企业参与自身产业垂直领域的竞争，如企业微信帮助索菲亚有效实现对经销商的管理，提升其在自身产业链内的竞争力，同时帮助大量经销商提升管理效率，从而提升经销商的竞争力；另一方面，索菲亚等用户企业提供的行业经验和创造性使用方法也对企业微信的纵向扩张和进一步的横向跨行业产生促进作用，此外，由于网络效应的存在，用户企业数量的增加也能极大地推进平台企业横向跨行业赋能。因此，平台企业的横向跨行业赋能使得平台企业的竞争与其他行业的竞争相互关联。

与网格市场结构相对的是传统工业经济下纵主横辅的市场结构，即传统的各企业主要在特定垂直产业领域内参与市场竞争，并通过资本横向进入其他产业，其他产业垂直领域的竞争结构与企业自身垂直领域的竞争结构基本无关联的市场结构。我们在《数字经济创新模式——企业与用户互动的适应性创新》（2023）中，提出与科层制相对应的网格制概念，指数字经济环境下组织资源集中与分散处于相对和变动状态、组织的分层模块化结构支撑多层次的规则异构性和多主体的决策自主性、多管理区域灵活组合形成多元化组织创新的一种组织制度或社会秩序。因此，网格制是一种社会秩序或组织制度，形成区别于科层制的规则、权力和行动。随着网格制在产业组织中的扩散和强化，逐步形成与科层制相互补充的组织制度新结构，并通过平台竞争与垄断行为不断得到增强而融入网格市场结构中，构成网格市场结构的新制度基础。简单地说，平台在特定垂直领域内参与市场竞争，同时进入其他产业，形成其他产业垂直领域的竞争与平台自身垂直领域的竞争相互影响的市场结构，在组织制度层面是通过网格制来实现和增强的。

基于企业微信的案例和现有研究进一步对比数字经济下平台企业主导形成的网格市场结构和工业经济下传统企业主导形成的纵主横辅的市场结构，具体对比结果如表4-1所示。

表4-1 网格市场结构与纵主横辅市场结构对比

		网格市场结构	纵主横辅市场结构
形成机制	纵向扩张	需求驱动	成本驱动
	横向跨行业	技术	资本
结构特征	结构可扩展性	高	低
	市场主体数量	多	少
竞争特征	竞争关联性	高	低

首先，从形成机制上对比数字经济下的网络市场结构和工业经济下的纵主横辅市场结构。传统的产业组织理论认为，纵向一体化的动因在于节约成本（包括生产成本、交易成本等），如果通过市场交易实现特定目标的成本高于以企业自行实施的方式实现该目标的成本，那么经营者有充足的动力采取并购、自营等纵向一体化方式介入相邻市场（马辉，2022）。因此，传统工业经济下企业纵向扩张的驱动力主要是成本。而数字经济下的网格市场结构中平台企业纵向扩张的则是以需求为驱动，通过全方面满足用户需求，提高用户的转换成本，形成锁定效应。在横向跨行业方面，传统工业经济下企业横向跨行业的方式主要是依托资本进行，企业难以将自身所处行业的知识有效迁移至其他行业，同时也无法将其他行业经验有效转移至自身。而数字经济下的网格市场结构中平台企业的横向跨行业是通过数字技术实现的，而数字技术具有较强的示能性，同时能够积累大量包含知识的数据要素，因此，网格市场结构中平台企业能够与被赋能企业紧密关联。其次，从结构特征上来看，由于资本的有限性，传统工业经济下企业的横向跨行业是存在一定限制的，纵主横辅的市场结构扩展空间有限，市场结构内企业主体数量相对有限，并且存在明显的边界。而数字技术的通用性和网络外部性的存在使得网格市场结构中平台企业的横向跨行业赋能基本没有限制，市场结构可扩展的空间极大，市场结构内企业主体数量庞大。最后，从竞争的关联性来看，传统工业经济下的纵主横辅市场结构中，不同行业企业之间通过资本相互关联，但彼此之间的行为相对独立，企业间较难形成知识或核心资源的迁移，因此不同行业企业的竞争之间基本不存在关联，而正如前文所述，网格市场结构中平台企

业与其他行业之间的竞争存在较强的关联性。

总的来说,平台的不断创新涌现了一种不同于纵向(垂直)竞争为主横向(跨行业)为辅的工业经济市场结构的新型市场结构即纵横交错的数字经济网格市场结构,而网格市场结构的可扩展空间大,市场结构中企业主体数量多,平台企业的竞争与其他行业企业的竞争紧密关联。

二、网格市场的竞争与垄断

(一)网格市场竞争与垄断的内涵

网格市场中的竞争与垄断包含多个层面。

首先,核心平台企业在纵向垂直领域与其他类似企业的竞争,由于平台企业不断扩展自身业务,如企业微信或钉钉平台的不断创新,平台企业在纵向垂直领域的竞争范围不断扩大,竞争对手数量逐步增加。但由于平台业务的不断扩展,用户企业的转移成本不断提高,锁定效应不断增强,使用户企业的数量又得到进一步提升。同时,用户企业为平台企业的纵向扩张提供支撑,形成以平台为中心的多层生态型企业或产业链条。从这一层面来看,纵向扩张同时催生了网格市场结构的竞争与垄断,导致平台的竞争与垄断之间的边界难以像工业经济那样可以准确界定。例如,网络市场竞争的平台垄断通常采取更多的服务提供方式来实现,一方面形成对消费者福利的改进,另一方面形成对其他平台竞争的壁垒,这种平台服务创新产生的消费者福利改进与垄断地位增强并存现象,是平台经济中竞争与垄断边界模糊的重要原因之一。

其次,网格市场结构中核心平台横向进入的其他产业内企业之间的竞争。一方面,平台横向跨行业赋能使同行业企业的竞争力均得到提升,尤其是大量缺乏数字技术能力的中小企业能够利用先进经验,有效提升自身能力,从而使同行业企业之间的竞争加剧。另一方面,平台横向跨行业赋能提升产业垂直领域中的核心企业的竞争优势,其能更好地依托平台管控产业上下游,使其在产业中具有垄断权力。从这一层面来看,横向跨行业赋能也推动了网格市场的竞争与垄断,竞争与垄断的边界进一步模糊,如以钉钉平台为代表的拓展式赋能,及以企业微信、小程序等微信生态为代表的生成式赋能,都属于横向跨行业赋能,在推动数实融合的同时不断强化自身的垄断与竞争地位。

最后,网格市场结构中核心平台企业之间的相互之间竞争。不同的核心平台企业形成的不同子网格市场结构之间也会存在竞争,而这种竞争首先是具有垄断地位的平台企业之间的竞争,即垄断性竞争。其次是由于核心平台企业之间的竞争又与其他行业的竞争格局高度关联,以泛家居行业为例,具有竞争优势的泛家居行业企业所加入的核心平台企业也将在赋能泛家居行业领域形成其他核心平台企业不具有的竞争优势,从而吸引更多泛家居行业企业加入,从而使核心平台企业在赋能泛家居行业形成垄断。因此，核心平台企业又将在多个不同的细分行业内开展竞争，核心平台企业之间的竞争范围又将进一步拓宽。

可以认为，传统工业经济市场结构下以单一行业为边界来区分竞争与垄断，由于在网格市场结构中行业竞争关系之间的关联性难以按照行业边界来界定竞争与垄断关系，竞争与垄断并存，竞争与垄断的边界进一步模糊。网格市场结构中竞争与垄断并存，两者边界进一步模糊，是网格市场结构中基于网格制涌现出来的服务创新结果。下面，拟从"双十一"等电商节日订单激增情况下的平台服务创新为例，进一步阐述网格市场的竞争与垄断问题。

（二）网格市场竞争中的服务创新

下面以电商订单激增压力下激励消费者延时收货的价格补偿策略来探讨网格市场竞争与垄断的服务创新及由此导致的边界模糊性问题。现有研究针对如"双十一"这类电商购物节带来的物流"爆仓"问题，多从内部能力改善到外部环境优化等方面提出解决方案，较少从供应链供需平衡角度探讨解决方案，如从平台竞争性地使用价格补偿策略从供应链视角快速解决问题的研究不足。在其他领域，虽然也有价格补偿策略的研究，但依然缺乏供给与需求确定情况下补偿价格最优化的相关研究。接下来，我们阐述订单激增压力下激励消费者延时收货的价格补偿策略来阐述网格市场服务创新问题。简要地说，下面针对补偿价格、消费者选择和包裹价格三个变量间的关系分别给出不同的假设，讨论当消费者需求远大于物流组织配送能力情况下，平台给出补偿价格的管理策略。结合实际情况，代入具体数值求解补偿价格及利润，为平台设计补偿价格策略提供管理启示。结果表明，当平台面临节日订单激增压力下，可以通过价格补偿策略，利用消费者价格敏感性偏好的差异性对消费者需求进行分流，进而提高平台竞争的利润而实现帕累托改进。该结果表明，在网格市场竞争中，平台根据消费者对物流补偿价格的不同选择，对消费者需求的紧迫性进行划分，以此规划包裹配送时间来实现运输分流，使组织的运输能力可以满足各时间段包裹的运输需求的同时，提升了自身的市场垄断地位。

在网络竞争市场中，假设每件包裹的价格为 $P_0(P_0>0)$，由于包裹价格与包裹中商品的价值正相关，为简单化，将两者视为相等。假设消费者在短时间内产生的需求全部转化为平台的物流压力，即总需求量、消费者数量、包裹数量相同，同时总需求量 D 大于平台的配送能力 $N(D>N)$，迫使平台使用价格补偿策略。平台提供补偿价格 P_1，有 d_1 数量的消费者不愿意延时收货，有 d_2 的消费者愿意延时收货，愿意延时的占总人数的比例为 k。在物流配送中，包裹配送产生的所有成本统一为 C_0，每件包裹延时送达均造成固定损失 C_1。平台的单位利润有两种情况：①没有补偿情况下，没有延时的单位利润 $r_0=P_0-C_0>0$，配送延时

的单位利润 $r_1=P_0-C_0-C_1>0$；②提供补偿情况下，没有延时的单位利润 $r_2=P_0-C_0-P_1>0$，配送延时的单位利润 $r_3=P_0-C_0-P_1-C_1\geq 0$。假设平台以利润最大化为目的，即采取价格补偿策略后的利润 R 不应小于原来的利润 $R_0(R\geq R_0)$。构建以下基础模型：在不进行价格补偿的情况下，平台利润为：

$$R_0=r_0N+r_1(D-N)=r_0D-C_1(D-N) \tag{4-1}$$

在 $2N\geq D$ 的情况下，采取价格补偿策略后，平台利润为：

$$R=r_0\times\min(d_1,N)+r_1\times\max(d_1-N,0)+r_2\times\min(d_2,N)+r_3\times\max(d_2-N,0) \tag{4-2}$$

因此，转化为求最优解的问题，目标函数为：$\max R=r_0\times\min(d_1,N)+r_1\times\max(d_1-N,0)+r_2\times\min(d_2,N)+r_3\times\max(d_2-N,0)$

约束条件为：

$$R\geq R_0 \tag{4-3}$$

$$P_0,\ r_0,\ r_1,\ r_2,\ r_3>0;\ P_0>C_0 \tag{4-4}$$

$$C_1>0;\ C_1\geq P_1\geq 0 \tag{4-5}$$

$$2N\geq D>N>0;\ 1\geq k\geq 0 \tag{4-6}$$

求解：平台利润 R 的最大值，与对应的最优补偿价格 P_1。

下面对基本模型进行拓展分析。模型1、模型2和模型3简化补偿价格对消费者需求的分流作用，对补偿价格、消费者选择和包裹价格三个变量间的关系分别给出不同的假设。模型1讨论补偿价格与消费者选择无关的情况，模型2讨论补偿价格与消费者选择延时收货的人数正相关的情况，模型3讨论补偿价格与包裹价格正相关的情况。这3个模型均假设 $2N\geq D$，平台仅对消费者的选择进行一次区分。模型4推广到一般情况，假设 $D\gg N$，平台设计不同的补偿价格策略对消费者选择进行多个区间的划分。

1. 模型1

假设消费者选择延时收货与否和补偿价格之间没有任何关系，即无论补偿价格 P_1 为多少，均有 d_2 的消费者愿意延时收货。其中，d_1、d_2 和 N 之间的大小关系不确定，可分为以下三种情况进行讨论：

（1）讨论1：$d_1,d_2\leq N$。由于 d_1-N 和 d_2-N 均小于0，代入式（4-2）得目标函数：

$$R=r_0d_1+r_2d_2=-kDP_1+r_0D \tag{4-7}$$

在基础模型的基础上，新增约束条件：$kD\leq N$，$(1-k)D\leq N$

联立式（4-1）、式（4-3）和式（4-7），求得 $C_1\dfrac{D-N}{kD}\geq P_1$。同时，结合式

(4-4)～式（4-6）得 $C_1 \times \dfrac{D-N}{kD} \geq P_1 \geq 0$。根据式（4-7）可知，平台利润 R 与补偿价格 P_1 呈一次函数关系，因此在 $P_1=0$ 处取得最大值 r_0D。

（2）讨论2：$d_1 \geq N$，$d_2 \leq N$。由于 $d_1-N \geq 0$，$d_2-N \leq 0$，代入式（4-2）得目标函数：

$$R = r_0N + r_1(d_1-N) + r_2d_2 = -kDP_1 + r_0D - C_1[(1-k)D-N] \tag{4-8}$$

在基础模型的基础上，新增约束条件：$kD \leq N$，$(1-k)D \geq N$。

联立式（4-1）、式（4-3）和式（4-8），求得 $C_1 \geq P_1$。同时，结合式（4-4）、式（4-5）和式（4-6）得 $C_1 \geq P_1 \geq 0$。由新增约束条件得 $k \leq 0.5$。根据式（4-8）可知，平台利润 R 与补偿价格 P_1 呈一次函数关系，因此在 $P_1=0$ 处取得最大值 $r_0D - C_1[(1-k)D-N]$。

（3）讨论3：$d_1 \leq N$，$d_2 \geq N$。由于 $d_1-N \leq 0$，$d_2-N \geq 0$，代入式（4-2）得目标函数：

$$R = r_0d_1 + r_2N + r_3(d_2-N) = -kDP_1 + r_0D - C_1(kD-N) \tag{4-9}$$

在基础模型的基础上，新增约束条件：$kD \geq N$，$(1-k)D \leq N$。

联立式（4-1）、式（4-3）和式（4-9），求得 $C_1 \times \dfrac{1-k}{k} \geq P_1$。同时，结合式（4-4）、式（4-5）和式（4-6）得 $C_1 \times \dfrac{1-k}{k} \geq P_1 \geq 0$。由新增约束条件得 $k \geq 0.5$。根据式（4-9）可知，平台利润 R 与补偿价格 P_1 呈一次函数关系，因此在 $P_1=0$ 处取得最大值 $r_0D - C_1(kD-N)$。

综上所述，将模型1的解汇总如表4-2所示。

表4-2　模型1最优补偿价格与利润

讨论	P_1 范围	R 表达式	R_{max}	最优解
1	$\left[0, C_1 \times \dfrac{D-N}{kD}\right]$	$-kDP_1 + r_0D$	r_0D	0
2	$[0, C_1]$	$-kDP_1 + r_0D - C_1[(1-k)D-N]$	$r_0D - C_1[(1-k)D-N]$	0
3	$\left[0, C_1 \times \dfrac{1-k}{k}\right]$	$-kDP_1 + r_0D - C_1(kD-N)$	$r_0D - C_1(kD-N)$	0

由表4-2可知：①在补偿价格与消费者选择无关的情况下，可通过价格补偿，实现消费者的分流从而获得更高的利润。要获得更高的利润，补偿的价格 P_1 应落在一定范围内，范围上限是延时送达损失 C_1 相关的函数。②利润是补偿价格 P_1 的一次函数，补偿价格越低，利润越大。平台要想获得更高的利润，应满足讨论1的条件，即使是否接受价格补偿的消费者人数均小于平台的最大配送

能力，此时 R_{max} 接近于理想利润 r_0D。可见，平台对消费者的聚焦招募是其获取垄断地位的前提条件。③此模型适用于商品用途是送礼等时效性的情况。此时，消费者对商品的需求较为紧急，有时间限制，不会因为补偿价格而延迟收货时间。因此，平台不需要提供过高的补偿价格，甚至不必提供价格补偿，以避免不必要的成本。

2. 模型2

假设消费者对价格是敏感的，引入变量 $\alpha(\alpha>0)$，使每补偿价格1个单位，有 α 位消费者愿意延时收货。即 $d_1=D(1-k)=D-\alpha P_1$，$d_2=Dk=\alpha P_1$。与模型1类似，模型2分以下三种情况进行讨论。

讨论1：d_1，$d_2 \leqslant N$。目标函数为 $R=r_0d_1+r_2d_2=-\alpha P_1^2+r_0D$，增加约束条件为 $d_1=D-\alpha P_1 \leqslant N$，$d_2=\alpha P_1 \leqslant N$。

讨论2：$d_1 \geqslant N$，$d_2 \leqslant N$。目标函数为 $R=r_0N+r_1(d_1-N)+r_2d_2=-\alpha P_1^2+\alpha C_1P_1+r_0D-C_1(D-N)$，增加约束条件为 $d_1=D-\alpha P_1 \geqslant N$，$d_2=\alpha P_1 \leqslant N$。

讨论3：$d_1 \leqslant N$，$d_2 \geqslant N$。目标函数为 $R=r_0d_1+r_2N+r_3(d_2-N)=-\alpha P_1^2-\alpha C_1P_1+r_0D+C_1N$，增加约束条件为 $d_1=D-\alpha P_1 \leqslant N$，$d_2=\alpha P_1 \geqslant N$。

同样地，对模型2求解，得出结果如表4-3所示。

表4-3 模型2最优补偿价格与利润

讨论	P_1 范围	R 表达式	R_{max}	最优解
1	$\left[\dfrac{D-N}{\alpha}, \sqrt{C_1 \times \dfrac{(D-N)}{\alpha}}\right]$	$-\alpha P_1^2+r_0D$	$r_0D-\dfrac{(D-N)^2}{\alpha}$	$\dfrac{D-N}{\alpha}$
2	$[0, C_1]$	$-\alpha P_1^2+\alpha C_1P_1+r_0D-C_1(D-N)$	$r_0D+\dfrac{\alpha}{4}C_1^2-C_1(D-N)$	$\dfrac{C_1}{2}$
3	$\left[\dfrac{N}{\alpha}, \dfrac{\alpha C_1-\sqrt{(\alpha C_1)^2+4\alpha D}}{-2\alpha}\right]$	$-\alpha P_1^2-\alpha C_1P_1+r_0D+C_1N$	$r_0D-\dfrac{N^2}{\alpha}$	$\dfrac{N}{\alpha}$

由表4-3可知：①在补偿价格与消费者接受延时的人数正相关的情况下，可通过价格补偿实现消费者的分流，从而获得更高的利润。平台为获得更高的利润，补偿的价格 P_1 应落在一定范围内，范围上限是延时送达损失 C_1 相关的函数。②平台利润是补偿价格 P_1 的二次函数。在讨论1和讨论3中，平台补偿价格越低，利润越高。在讨论2中，当平台补偿价格为延时送货损失 C_1 的一半时，利润最大。要想获得更高的利润，应满足讨论1的条件，即使是否接受价格补偿的消费者人数均小于平台的最大配送能力。此时 R_{max} 为 $r_0D-\dfrac{(D-N)^2}{\alpha}$。当单位价格导致消费者延时的人数 α 越大，R_{max} 越大。③此模型适用于商品为日常用品、衣服、食品等常规且不紧急的商品。消费者需求没有紧迫性，对时间没限制，如

果平台补偿价格合理，那么会选择延迟收货时间。此时，平台应根据实际情况调整补偿价格，最好地实现分流以提高整体利润。

3. 模型3

假设平台提供的补偿价格 P_1 参照包裹的价格 P_0。引入变量 $\beta(1 \geq \beta \geq 0)$，使 $P_1 = \beta P_0$。问题转化为求最优的补偿系数 β 的解的问题。在模型2的基础上，假设 α 已知，即 $d_1 = D(1-k) = D - \alpha P_1 = D - \alpha\beta P_0$，$d_2 = Dk = \alpha P_1 = \alpha\beta P_0$。与模型1和模型2类似，模型3分以下三种情况进行讨论：

（1）讨论1：d_1，$d_2 \leq N$。目标函数为 $R = r_0 d_1 + r_2 d_2 = -\alpha\beta^2 P_0^2 + r_0 DR$，增加约束条件为 $d_1 = D - \alpha\beta P_0 \leq N$，$d_2 = \alpha\beta P_0 \leq N$。

（2）讨论2：$d_1 \geq N$，$d_2 \leq N$。目标函数为 $R = r_0 N + r_1 (d_1 - N) + r_2 d_2 = -\alpha\beta^2 P_0^2 + \alpha C_1 \beta P_0 + r_0 D - C_1 (D-N)$，增加约束条件为 $d_1 = D - \alpha\beta P_0 \geq N$，$d_2 = \alpha\beta P_0 \leq N$。

（3）讨论3：$d_1 \leq N$，$d_2 \geq N$。目标函数为 $R = r_0 d_1 + r_2 N + r_3 (d_2 - N) = -\alpha\beta^2 P_0^2 - \alpha C_1 \beta P_0 + r_0 D + C_1 N$，增加约束条件为 $d_1 = D - \alpha\beta P_0 \leq N$，$d_2 = \alpha\beta P_0 \geq N$。

类似于模型1和模型2，对模型3求解，得出结果如表4-4所示。

表4-4 模型3最优补偿价格与利润

讨论	β 范围	R 表达式	R_{max}	最优解
1	$\left[\dfrac{D-N}{\alpha P_0}, \sqrt{C_1 \times \dfrac{(D-N)}{\alpha P_0^2}}\right]$	$-\alpha\beta^2 P_0^2 + r_0 DR$	$r_0 D - \dfrac{(D-N)^2}{\alpha}$	$\dfrac{D-N}{\alpha P_0}$
2	$\left[0, \dfrac{C_1}{P_0}\right]$	$-\alpha\beta^2 P_0^2 + \alpha C_1 \beta P_0 + r_0 D - C_1 (D-N)$	$r_0 D + \dfrac{\alpha}{4} C_1^2 - C_1 (D-N)$	$\dfrac{C_1}{2P_0}$
3	$\left[\dfrac{N}{\alpha P_0}, \dfrac{\alpha C_1 - \sqrt{(\alpha C_1)^2 + 4\alpha C_1 D}}{-2\alpha P_0}\right]$	$-\alpha\beta^2 P_0^2 - \alpha C_1 \beta P_0 + r_0 D + C_1 N$	$r_0 D - \dfrac{N^2}{\alpha}$	$\dfrac{N}{\alpha P_0}$

由表4-4可知：①在补偿价格与包裹价格正相关的情况下，平台可通过价格补偿实现消费者的分流，从而获得更高的利润。然而，平台要获得更高的利润，补偿系数 β 应落在一定范围内，范围上限是延时送达损失 C_1 相关的函数。②平台利润是补偿系数 β 的二次函数，在讨论1和讨论3中，平台补偿系数越低，利润越高。在讨论2中，当平台补偿价格为延时送货损失的一半时，利润最大。要想获得更高的利润，应满足讨论1的条件，是否接受即让价格补偿的消费者人数均小于平台的最大配送能力，此时 R_{max} 为 $r_0 D - \dfrac{(D-N)^2}{\alpha}$。当单位价格导致消费者延时的人数 α 越大，R_{max} 越大。③此模型适用于汽车、家电等价格较高的商品。消费者对商品的需求没有紧迫性，愿意接受价格补偿并延迟收货时间。此时，平台可根据实际情况调整补偿价格，最好地实现分流来提高利润。

4. 模型4

在模型1、模型2和模型3中，平台仅对消费者做出一次区分，进而求解相应的最大利润与最优补偿价格区间。然而，现实中，消费者的需求D可能远大于平台的最大物流量N。如果平台仅对消费者进行简单的一次区分，仍然会存在很大的"爆仓"压力。因此，平台应给出不同的补偿价格，利用消费者价格敏感性的差异进行多次分流，保证各时间段内的需求量均小于自身的最大运输能力。因此，在模型4中，假设$(n+1)N \geq D > N$，其中n为正整数，即平台通过n次合理的划分可以保证各区间的需求均小于自身的最大物流能力，以保证准时配送。这里，平台提供n种补偿价格，将消费者意愿收货的时间分成$n+1$个区间。这样，在第i个区间的需求人数为n_i（$i=0, 1, 2, \cdots, n$, $\sum_{i=0}^{i=n} n_i = D$），对应的补偿价格为P_{1i}（$P_1 \geq P_{1i} \geq 0$, $i=0, 1, 2, \cdots, n$）。为方便计算，令补偿价格从0开始递增，并且满足$P_{1i} = \frac{i}{n} P_1$。同时，消费者的选择符合一定规律，在面临补偿价格P_{1i}和$P_{1(i+1)}$的选择时，总有$\frac{n_i}{n_{i+1}} = \frac{1-k}{k}$。由此，平台通过不同补偿价格将消费者需求划分为$n+1$个区间，补偿价格与对应的需求量如表4-5所示。

表4-5 模型4消费者选择

区间（i）	0	1	$\cdots$	$n-1$	n
补偿价格（P_{1i}）	$\frac{0}{n}P_1$	$\frac{1}{n}P_1$	$\cdots$	$\frac{n-1}{n}P_1$	$\frac{n}{n}P_1$
需求量（n_i）	$k^0(1-k)^n D$	$k^1(1-k)^{n-1}D$	$\cdots$	$k^{n-1}(1-k)D$	$k^n D$

因此，平台的总利润为：

$$R = \sum_{i=0}^{i=n}(r_0 - P_{1i})n_i \tag{4-10}$$

对式（4-10）求和，得模型4的目标函数：

$$R = -\frac{k(1-k^n)}{(1-k)n}DP_1 + r_0 D \tag{4-11}$$

约束条件为$R \geq R_0$, $P_0, r_0, r_1, r_2, r_3 > 0$, $P_0 > C_0$, $(n+1)N \geq D > N \geq n_i \geq 0$, $1 \geq k \geq 0$。可求解出利润R的最大值，与对应的最优补偿价格P_1，联立式(4-1)、式(4-3)和式(4-11)，求得$C_1 \frac{(D-N)}{D} \frac{(1-k)n}{k(1-k^n)} \geq P_1$。同时，结合式(4-4)、式(4-5)和式(4-6)得$C_1 \frac{(D-N)}{D} \frac{(1-k)n}{k(1-k^n)} \geq P_1 \geq 0$。根据式(4-11)可知，平台利润

R 与补偿价格 P_1 呈一次函数关系,因此在 $P_1=0$ 处取得最大值 r_0D。结果如表 4-6 所示。

表 4-6 模型 4 最优补偿价格与利润

讨论	P_1 范围	R 表达式	R_{max}	最优解
模型 4	$\left[0, C_1 \dfrac{(D-N)}{D} \dfrac{(1-k)n}{k(1-k^n)}\right]$	$-\dfrac{k(1-k^n)}{(1-k)n}DP_1+r_0D$	r_0D	0

由表 4-6 可知:①平台可通过价格补偿实现消费者分流,从而获得更高的利润。要获得更高的利润,最大补偿价格 P_1 应落在一定范围内,范围上限是延时送达损失 C_1 相关的函数;②平台利润是补偿价格 P_1 的一次函数,补偿价格越低,利润越大;③第 i 个区间需求量与补偿价格的比值 $\alpha_i = \dfrac{n_i}{P_{1i}} = \dfrac{k^i(1-k)}{i} \dfrac{nD}{P_1}$。$\alpha_i$ 即补偿价格对消费者选择的影响系数。α_i 递减,说明平台配送延时越长,消费者对补偿价格的敏感度越低。

综上所述,虽然上述④个模型在假设条件上有差异,但在结论上呈现出较强的一致性:①平台通过价格补偿策略可减少损失,缓解物流压力来提升服务满意度。如果能保证各区间内的需求量均低于平台的配送能力,则将获得更高的利润;②平台利润 R 与补偿价格 P_1 呈现一定的函数关系,在 P_1 的取值范围内,补偿价格 P_1 越低,平台的利润 R 越大;③平台选择延时的消费者占比 k 越大,利润 R 越小;④平台单位价格导致消费者延时的人数 α 越大,利润 R 越小;⑤平台对消费者划分的区间数 n 越大,利润 R 越大。因此,在网格市场上,平台的服务创新能力既能够提升消费者剩余又能提升自身的垄断地位,垄断与竞争之间的边界变得模糊。

(三) 网格市场服务创新的博弈分析

选取模型 2 的讨论 1 为例进一步阐述平台与消费者双方的博弈策略。假设平台可以选择使用补偿策略即"补偿",或不使用该策略即"不补偿",消费者可选择延时收货即"接受",或按时收货即"不接受"。博弈双方的行动和支付矩阵如表 4-7 所示,其中,商品对其价值为 P_2,消费者被迫延时收货损失为 C_2。

表 4-7 模型 2 讨论 1 的博弈分析

		消费者	
		不接受	接受
平台	不补偿	$\begin{bmatrix} r_0D-C_1(D-N), & D(P_2-P_0)- \\ C_2(D-N) & \end{bmatrix}$	$[r_0D-C_1(D-N), D(P_2-P_0)-C_2(D-N)]$
	补偿	$\begin{bmatrix} r_0D-C_1(D-N), & D(P_2-P_0) \\ C_2(D-N) & \end{bmatrix}$	$[-\alpha P_1^2+r_0D, D(P_2-P_0)+\alpha P_1^2]$

可见，当平台采取价格补偿策略，消费者部分接受延时，是一个帕累托改进，平台与消费者的收益组合为$(-\alpha P_1^2+r_0D, D(P_2-P_0)+\alpha P_1^2)$。

下面采集国家邮政局数据，将现实数据代入模型4中以验证价格补偿策略对平台的作用。以2013年11月11日为例，天猫淘宝、京东、苏宁易购等主要平台全天共产生订单快递物流量约1.8亿件，各快递企业共处理6000多万件。2013年全国规模以上快递服务企业业务收入累计完成1441.7亿元，业务量累计完成91.9亿件。平台委托的第三方物流公司行业平均毛利率为12%～15%。行业延误率约1%，每笔赔偿邮费的3～10倍。因此，每件包裹均价为1441.7÷91.9=15.5元。如果按时到达，取利润率为15%时，那么单位包裹的利润为15%×P_0=2.35元。如果延时到达，取延时赔偿倍数为8，那么单位包裹的延时损失为1%×8×P_0=1.25元。在短时间内消费者需求达到1.8亿元，而平台委托的物流公司配送能力仅为6000万元。假设在每次选择时均有20%的消费者愿意延时。平台委托的物流公司将消费者分为6个区间。

为简化计算，对各变量的值取整，代入式（4-1）得平台委托的物流公司在2013年11月11日可获得利润2.73亿元。由表4-6中补偿价格P_1的表达式，可得$1.05 \geqslant P_1 \geqslant 0$，即补偿价格需在此区间，并且$P_1$越小物流公司利润越大。取$P_1=1$，代入式（4-11），求得采取价格补偿策略后，平台委托的物流公司利润为4.15亿元。此时，平台委托的物流公司设计的各区间价格及对应的需求量如表4-8所示。

表4-8 补偿价格及对应需求量

补偿价格（元）	0	0.2	0.4	0.6	0.8	1
需求量（万）	14400	2880	576	115.2	23.04	5.76

由上述算例可知，当平台委托的物流公司最高提供仅相当于包裹价格的6.7%（1元）的补偿价格，并将消费者需求划分为6个区间时，即可将利润提高50%。因此，合理的补偿价格的确可以帮助平台或平台委托的物流公司提高利润，既提升消费者剩余又提升平台服务创新形成的网络市场垄断地位。

上述平台服务创新既强化了平台的竞争，又同步强化了平台的垄断势力，是平台基于网格制展开竞争与垄断后涌现出来的网格市场结构。区别于传统工业经济的市场结构，平台竞争与垄断不是一种边界清晰的产业组织行为，而是一种基于组织科层制向网格制转变形成的产业组织行为，通过服务创新既提升消费者总体福利，又强化平台自身的垄断势力，使平台的竞争与垄断高度一体化。我们认为，平台竞争与垄断的高度一体化，构成数字经济创新极点的一个新经济基础。

第三节 平台的国际化与竞争

平台经济形成的网格市场结构，自然会对平台的国际化及其市场竞争产生重要影响。本节通过分析 TikTok、微信、滴滴三家参与国际竞争较成功的中国平台企业的国际化历程及成效、国际化模式、国际化挑战，以及国际化关键成功因素，从中提炼中国平台企业参与国际竞争的模式与经验。

一、TikTok 的国际化

（一）TikTok 的国际化历程及成效

2017 年 9 月，抖音国际版发布。2017 年 11 月，字节跳动收购了成立于中国，主营美国市场的 APP Music.ly，并同时从猎豹移动手中收购了新闻分享平台 News Republic，以进一步扩大个性化推荐新闻领域的布局。这些收购与投资帮助抖音获得了更多的运营经验与国际市场。2018 年 8 月，字节跳动将 Music.ly 整合到了 TikTok 中，并在三个月内获得 3000 万用户。

目前，TikTok 已经成功进入国际主流市场。截至 2019 年 12 月，TikTok 在 App Store 和 Google Play 上的累计下载量超过 15 亿，连续两年位于全球热门移动应用（非游戏）全年下载量榜单前五名。结合多个第三方数据调研机构的测算，TikTok 已进入全球超 150 个国家和地区，用户量超过社交媒体巨头 Meta 旗下四款头部 App "FoA"（Facebook、Instagram、Messenger、WhatsApp）用户总和的一半，是除 Facebook、Messenger 外最快达到 10 亿用户量级的社交产品，也是目前唯一累计下载量超过 30 亿的 App。

（二）TikTok 的国际化模式

基于数字平台的特性，TikTok 的国际化呈现以全球化运营为核心，本土化的团队进行区域管理的特征。TikTok 从上线之初就定位于全球市场，在全球超 100 个国家上线，但由于各地区的文化、法律等存在差异，明星大 V 也有地域属性，因此，TikTok 在全球各地的运营完全采取本地化运营的模式。例如，在美国市场的运营需要高度关注少数裔群体，在中东地区需要高度关注宗教信仰的影响，而拉美市场则相对开放。典型事例材料如下。

以 TikTok 本地化运营为例，TikTok 在不同地区运营方式存在差异。在日本，TikTok 请的是日本超人气歌手彭薇薇、女子偶像团体 E-Girls、Youtube 红人 Ficher's 来进行推广；在美国，TikTok 请的是脱口秀主持人吉米·法伦（Jimmy Fallon）和滑板运动员/演员托尼·霍克（Tony Hawk）来进行推广；在印度尼西亚，上线的第一天就请了 100 多位网红和明星进行了一个线下派对来进行推广……这些例子都是 TikTok 深耕本地化运营的直观表现。①

（三）TikTok 的国际化挑战

总体来看，TikTok 在目前的国际化进程中主要面临以下四类挑战：

（1）各地法律法规差异较大。例如，TikTok 至今没能在北美实现平台内交易闭环的主要原因是面临州际贸易壁垒，美国各州电商税法、监管政策不同，难以统一合规口径。又如，欧洲对于数据安全的严格管控，欧洲是个人隐私保护最严格的地区，TikTok 面临的广告合规环境相比本土公司显然更加严格。例如，TikTok for Business 旗下程序化移动广告平台 Pangle，截至 2023 年 6 月，其仅进入 36 个国家和地区的投放白名单，欧洲仅有白俄罗斯，而北美不包括美国。这意味着在欧美大部分国家和地区，广告用户无法以 Pangle 为中介接入更多外部媒体流量。

（2）文化融合。作为一家在全球拥有 10 万名员工的互联网公司，跨国管理、文化融合等问题对字节跳动颇具挑战，如最基础和现实的语言关、跨时区沟通带来的超时加班、外国员工对企业文化的认同等。例如，2021 年 3 月，字节跳动斥巨资进入英国，在伦敦租下"万花筒大楼"作为英国总部。TikTok 在英国已经打通电商闭环，但业绩不及预期。2022 年 6 月，GMV 没有达到"全年 20 亿英镑"目标的一半。2022 年 6 月，TikTok 欧洲电商业务负责人"不应提供产假"的不当言论引发争议，英国电商团队近半数员工离职。国内这类以补贴快速"跑马圈地"、加班文化等管理运营方式，一旦在欧美复制，就可能引发严重的劳工纠纷问题。2022 年 7 月，据英国《金融时报》报道，TikTok Shop 在欧洲和美国的扩张计划已被暂时搁置。

（3）国际关系的负面影响。目前由于国际关系的负面影响，TikTok 在经营上面临多个地区被下架风险。在欧盟、美国和加拿大，TikTok 均受到长期数据安全调查。

（4）国际领先平台企业的竞争。尽管 TikTok 是短视频行业的先行者，用户规模也较为可观，但相较于传统的国际领先平台企业，如 Instagram、Youtube 来说，TikTok 的全球用户规模还处于相对落后的位置，而目前传统的国际领先平台企业也已经纷纷布局短视频业务，并推出了一系列的创新业态。相较于在用户端已经有多年积累的传统国际领先平台企业，TikTok 面临较大的挑战。

（四）TikTok 国际化的关键成功因素

概括来看，在 TikTok 的国际化进程中，主要有两方面的因素促成其国际化的成功：①全球化的企业文化与本地化运营模式的结合。TikTok 从上线开始就定

---

① 根据字节跳动相关人员的访谈和网络二手数据资料整理。下同。

位于全球市场，立足于全球市场的运营，全球大多数区域均有TikTok的运营团队。TikTok的管理体系中也体现全球化的企业文化，例如，在TikTok中不论员工的肤色、国籍等特质，仅从员工的绩效来考虑员工的晋升等；又如，TikTok会让来自不同国家或地区的员工进行交流，突破文化差异的壁垒。除了立足全球化的企业文化以外，TikTok在各个国家或地区的运营也高度关注本地化，通过本地化运营模式，有效应对各地文化、法律法规差异的挑战。②基于技术不断的迭代创新。TikTok高度注重自身产品的技术创新，通过高素质的研发团队不断优化自身的算法，使自身产品更优，同时整合更多生态如电商等，从而通过TikTok更好地服务全球用户。此外，TikTok也高度关注竞争对手的创新，积极学习竞争对手的创新，从而使自身的产品能够始终具备竞争力。

二、微信的国际化

（一）微信的国际化历程及成效

2011年1月，微信上线，同年进入国际市场。2011年10月，微信开始支持繁体中文语言界面并加入英文语言界面；12月实现支持全球100个国家的短信注册。如今，WeChat成为海外用户和中国亲友、客户等保持沟通和联系的重要工具，是海外商家连接中国消费者、为中国消费者提供服务的渠道之一。

目前，微信和微信国际版WeChat合并月活数超过13亿，覆盖200多个国家和地区，在全球范围内支持20多种语言。2015年，微信支付开始发展跨境业务，通过打造便捷高效的移动支付工具，微信支付助力跨境支付结算速度提高，相比手续繁杂、耗时长、成本高的传统结算方式进一步简化跨境商户结算流程，显著提升跨境结算效率。微信支付已为境外69个国家和地区提供高效的移动支付工具，支持26个币种结算。用户无论是海外消费购物、出境旅游、国外留学缴费，都能享受便利快捷的支付服务。

2023年，通关开放后，微信支付境外交易活跃情况已经超过疫情前峰值，过去三年疫情下微信持续拓展商户接入微信支付，微信支付境外活跃商户增长了近5倍，新加坡活跃商户数增长了8倍。除了微信支付以外，2022年1月，微信公开课披露，微信小程序在境外业务中增长迅速，月度交易活跃小程序数量增长268%，月日均交易笔数增长897%。

（二）微信的国际化模式

微信的国际化主要以国际版WeChat及微信支付为主，涵盖整个微信生态。微信支付通过与服务商、境外商户、银行、学校、旅游局等合作伙伴开展合作，推动微信支付在餐饮、百货、便利超市、旅游景点、出行等场景的覆盖，并不断通过低门槛、丰富的数字化工具，为合作伙伴持续创造价值。主要优势在于能够充分发挥各自优势，共建共赢，不断通过行业口碑实现更广覆盖。除了微信支付以外，微信生态智慧解决方案，整合了一系列丰富实用的数字化工具，切实有效地帮助海外本地商家提高经营效率，提升服务品质，实现智慧经营。近年来，智慧模式还进一步拓展到了城市服务场景，如小程序购票、退税、扫码预约旅游服务等，已经在瑞士、荷兰、日本、韩国等多个国家和地区落地。从整体上来说，微信支付的国际化主要以全球华人聚集区域为业务拓展核心，通过与当地政府或企业开展合作来进行国际化。

例如，2023年4月21日，新加坡旅游局与微信支付在上海举办战略签约仪式，新加坡旅游局局长陈建隆与微信支付国际业务总裁李培库代表双方签订为期三年的战略合作备忘录，双方将携手为中国游客带来更加智慧便捷的跨境旅游体验，并不断通过微信生态，助力新加坡的数字化升级。新加坡旅游局局长陈建隆先生在欢迎致辞中提到，中国作为新加坡最重要的客源国之一，正以强劲的回暖态势呈现出有目共睹的稳健复苏。新加坡旅游局对中国市场也抱有坚定的信心，相信通过共同的努力，将为中国消费者打造出心之所向的最佳目的地。[1]

（三）微信的国际化挑战

概括来看，目前，微信生态的国际化进程中主要面临三个主要挑战：①文化差异。海外没有类似微信生态的互联网产品，且中外文化差异较大，微信需要在用户培育和沟通方面付出较大的时间和精力。②国际竞争激烈。尽管海外没有类似微信生态的互联网产品，但在微信生态所涉及的部分领域存在较多的国际领先企业，如社交领域的Facebook，其全球月度活跃用户在30亿左右，而WeChat的全球用户规模与国际领先的平台企业存在较大差距。③国际关系的负面影响。由于国际关系的负面影响，微信支付面临金融牌照申请难等问题，这些问题导致产品推进速度慢。其中，WeChat也曾经因为美国政治问题甚至面临下架风险。

（四）微信国际化的关键成功因素

目前，促成微信生态推动国际化的关键成功因素，主要包含以下两个方面：①多元且开放的微信生态。微信生态包含了多元化的产品，涉及生产生活的诸多方面，从而能够有效通过单一产品满足消费者多元化的需求。此外，微信生态是一个高度开放的生态，其通过与服务商合作，能够高效地为境外商户提供培训、技术等支持，帮助商户更好地理解和接入微信生态；其通过与银行、收单机构等金融机构的创新合作，实现合规接入与智慧支付结算。②精准定位用户群体，做好产品和服务。目前，WeChat主要服务海外华人、留学生以及需要和中国亲友、客户等保持沟通和联系的群体，微信跨境支付主要服务中国游客以及当地华人、留学生，让他们在海外也能获得与国内一致的便捷支付体验。该用户定

---

[1] 根据微信生态访谈和网络二手数据资料整理。下同。

位一方面极大地降低了用户教育成本,另一方面能够为用户提供更加有针对性的优质服务。

三、滴滴的国际化

(一)滴滴的国际化历程及成效

滴滴公司的国际化布局开始于2015年,2015年的下半年,滴滴出行先后投资了新加坡的Grab、印度的Ola、美国的Lyft,从而在东南亚、印度和美国等出行服务主要战场进行了布局。从2016年开始,滴滴陆续布局大洋洲、拉丁美洲、欧洲、非洲等地区。在大洋洲,滴滴于2018年在墨尔本设立了澳新总部,由当地人才负责运营,滴滴北京和硅谷的团队提供产研协同;6月在墨尔本上线快车业务;2020年11月滴滴正式上线新西兰,在新西兰奥克兰提供快车服务。在拉美市场,2018年1月滴滴通过投资99 taxi进军拉美市场,后又将中国市场运营的先进经验引入拉美市场。在巴西市场上岸后,滴滴在2018年以本尊身份进入墨西哥,随后又在2019年登陆智利和哥伦比亚,正式开启在拉美的圈地运动。在非洲市场,2017年8月8日,滴滴出行宣布投资中东北非地区移动出行企业格令(Careem)正式进军非洲市场。

目前,滴滴公司在亚太、拉美、非洲、中亚和俄罗斯等地16个国家近4000个城市提供网约车、出租车召车、代驾、顺风车等多元化出行服务,并运营车服、外卖、货运、金融业务。滴滴的跨境出行合作网络已触达北美、东南亚、南亚、南美1000多个城市,覆盖了全球六成人口。

(二)滴滴的国际化模式

滴滴的国际化整体为输出"资金+商业模式+核心技术"的模式。一方面通过投资本地企业能够有效地降低文化、法律法规等差异的冲击;另一方面采用技术输出的模式能够有效提升被投资企业自身的能力,促进被投资企业更好地发展,从而形成"双赢"的结果。依靠"资本+技术"的输出,滴滴不仅与当地出行服务平台联手,也将自己融入到智慧城市的布局中。滴滴正在打造中国企业出海的新模式。

例如,滴滴投资99 taxi就属于一个典型国际化事例。2018年1月,滴滴先是投资了1亿美元取得99 taxi 10%的股份,后来又以6亿美元进行了全资收购。滴滴与99 taxi的合作协议明确了除了资本层面以外,滴滴同时还会向99 taxi提供技术、产品、运营经验、业务规划等全方位战略支持。例如,拉美存在大面积的城郊和低收入地区,治安条件普遍不理想,而滴滴把中国验证过的女性专车、行程分享、紧急联系人等功能移植到99 taxi,一年内帮平台降低了20%的事故率。对滴滴来说,99 taxi带来的是一块宝贵的试炼场。首次投资99 taxi时,99 taxi已在巴西运营了5年,覆盖全国550个城市,拥有14万名司机和1000万下载用户，可以直接为滴滴提供本土经验和市场份额。①

（三）滴滴的国际化挑战

滴滴在国际化的竞争中主要面临以下两方面的挑战：

（1）激烈的竞争格局。除了 Uber 这一全球性竞争对手以外，各个国家也存在大量的本土网约车巨头。目前，在拉美市场，滴滴已经成为第二大网约车平台，但在其他地区，滴滴的竞争对手却异常强大。在俄罗斯市场，本土的网约车巨头 Yandex 和 Citymobil 已经牢牢占据了市场，滴滴难以进入。在英国市场，滴滴原本计划在 2021 年进入，但计划最终被搁置。此外，来自俄罗斯的 inDriver 也在快速向滴滴的拉美市场施压，对滴滴构成了威胁。

（2）本土化难度大。滴滴在国内取得成功的经验和文化并不一定适用于国外市场。乘客的心理、司机的心理、用户习惯等都不尽相同，国内员工与国外员工的理念、价值观等也存在差异，这给滴滴的国际化扩张带来了很大的挑战。

（四）滴滴国际化的关键成功因素

滴滴国际化进程最关键的成功因素在于输出"资本+商业模式+核心技术"的国际化模式。滴滴投资海外，既为获取"真金白银"，更为推进科技升级。在滴滴各项投资项目中，科技合作是一项重要内容，涵盖了智能交通、移动出行技术和产品开发及运营等各个方面。目前，滴滴已和国内 20 多个城市展开智慧交通合作，内容涵盖了红绿灯大数据优化、潮汐车道设计等方面，且已引起了新加坡、巴西、韩国和美国的同行和城市管理者的关注。滴滴还根据需要派驻工作人员奔赴海外，帮助合作伙伴提升技术和运营能力。此外，滴滴还将合作拓展到网约车之外，希望通过合作激励科技创新，助推地区交通产业向前突破，释放本地区互联网经济潜力。

四、中国平台国际化总结

通过分析 TikTok、微信、滴滴三家国际化扩张较为成功的中国平台企业，可以提炼中国平台企业国际化的三个主要特征：

（1）商业模式创新支撑中国平台企业顺利国际化。TikTok、微信的顺利国际化的关键就在于其所创造的新兴商业模式，TikTok 通过短视频这一新兴业态吸引全球用户，微信基于其独特的生态满足用户日常生活多方面的需求来实现国际化。此外，滴滴在国际化进程中也以输出"资本+商业模式+核心技术"的方式不断开拓新的海外市场。商业模式创新是中国平台企业能够实现国际化的重要成功因素。

（2）本地化运营有效帮助中国平台企业减少文化、法律法规等方面差异的

---

① 根据滴滴访谈和网络二手数据资料整理。下同。

负面影响。无论是 TikTok，还是微信、滴滴，其在国际化的进程中都高度关注本地化运营。TikTok 在全球各地都基于当地文化特征组建了以当地人才为核心的运营管理团队，微信的国际化以与服务商、境外商户、银行、学校、旅游局等合作伙伴开展合作的形式实现，滴滴的国际化也主要通过投资各地本土的服务商来开拓市场。

（3）各地消费习惯、文化、法律法规差异是制约中国平台企业国际化的重要因素。以在线支付为例，由于世界其他各国尚未养成在线支付的消费习惯，中国平台企业在中国的经营模式较难直接在其他国家复制。此外，由于各地文化和法律法规的差异，中国平台企业的国际化进程会经历不同程度的挑战，如 TikTok 受到欧美国家的数据安全审查，微信支付的金融牌照申请难等。

第四节 中美平台竞争力比较

根据第二章构建的平台综合竞争力模型，结合数据可得性，选择阿里、腾讯、百度三家中国平台企业，及 Alphabet、亚马逊、Meta 三家美国平台企业为代表，对中美平台综合竞争力及其二级指标进行比较分析。

一、发展竞争力

（一）营业收入及增速

平台发展竞争力是一个综合概念，存在多层次、多维度的内涵。通常，营业收入构成企业发展的关键评价指标。考虑到数据可得性和指标合理性，本节拟从平台营业收入的角度来评估比较中美主要平台企业的发展竞争力，2019~2022 财年中美主要平台企业的营业收入如表 4-9 所示。

表 4-9 2019~2022 财年中美主要平台企业营业收入　　　单位：亿美元

公司	2019 财年	2020 财年	2021 财年	2022 财年
阿里巴巴	732.96	1031.46	1226.70	1249.17
腾讯	542.54	693.21	805.45	797.45
百度	154.46	153.97	179.02	177.84
亚马逊	2805.11	3860.64	4698	5140
Alphabet	1619	1825	2576	2828
Meta	707	859.65	1179.29	1166

由表 4-9 可知，在营业收入规模上，中美平台企业大体呈现两方面特征：首先，中国平台营收规模总体落后于美国。除阿里巴巴超过 Meta 的营收外，亚马逊、Alphabet 两家美国平台营收规模领先于其他平台，亚马逊营收规模更是突破 5000 亿美元，均领先于中国平台；其次，中国平台营收增速大体与美国平台接近，但与美国平台存在一定差距。2019~2022 财年，亚马逊、Alphabet、Meta 三

家美国平台营收的平均增速分别为21%、19%、17%。阿里巴巴、腾讯、百度三家中国平台营收的平均增速分别为19%、14%、5%。其中，阿里巴巴、腾讯的营收增速与美国平台较接近，百度相对落后。

总体而言，近三年中国平台企业营收增速出现不同程度的放缓，尤其是阿里巴巴近年营收增长明显放缓。这种状况如果长期持续下去，不仅不利于中国平台参与国际竞争，而且不利于中国数字经济创新发展。

中国平台企业营业收入上的劣势也在其他方面有所体现，将中国和美国主要平台企业的营业收入汇总除以两国的GDP可以得到如图4-1所示的结果，由图4-1可知，从2019~2022年中国主要平台企业营业收入占中国GDP比重大体维持在10%~13%，且上升较缓慢；而美国主要平台企业营业收入占美国GDP的比重则大体在25%~35%，且上升较为明显。中国主要平台企业营业收入占中国GDP比重，约为美国主要平台企业营业收入占美国GDP比重的1/3，这表明美国平台企业在国民经济中的重要性强于中国主要平台企业，由此也说明中国平台企业还有较大的发展空间。

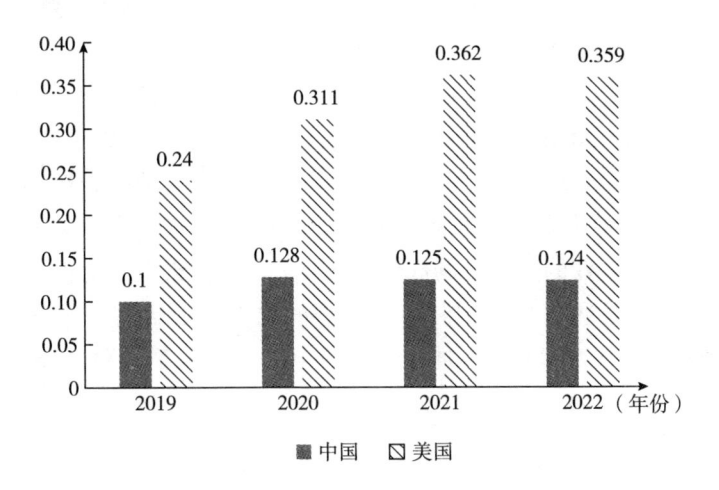

图4-1　2019~2022年中美主要平台企业营收占两国GDP的比重

此外，利用《财富》发布的世界500强企业名单及各企业的营收数据统计中美两国世界500强企业的总营收，并计算中美两国主要平台企业占其世界500强企业营收的比重，结果如图4-2所示。由图4-2可知，从2019~2022年中国主要平台企业营业收入占其世界500强大体维持在2%~4%，波动相对较小；而美国主要平台企业营业收入占美国GDP的比重则大体在4%~7%，上升明显。这一结论也进一步佐证了中国主要平台企业的发展相对落后于美国主要平台企业，发展空间广大。

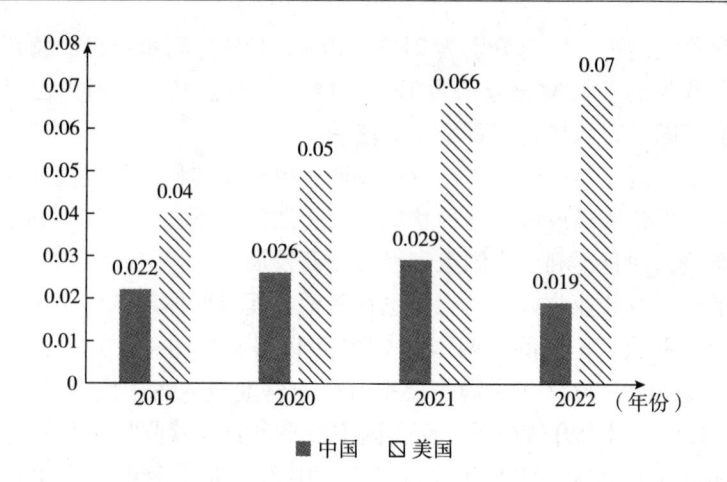

图 4-2　2019~2022 年中美主要平台企业营收占两国世界 500 强企业营收的比重

（二）发展竞争力指数

本节从营业收入及其增速两个方面测算中美平台企业 2021 财年的发展竞争力，具体计算结果见表 4-10。由表 4-10 可知，在发展竞争力方面，中国平台企业与美国平台企业存在较大的差距，亚马逊的发展竞争力约为阿里巴巴的两倍、腾讯和百度的三倍，Alphabet 和 Meta 的发展竞争力也显著领先于中国平台企业。具体来看，中国平台企业在营业收入增速上与美国平台企业差距较小，但总体也处于落后位置；而在营业收入方面，中国平台企业与美国平台企业存在较大差距。这与中美平台企业的国际市场规模高度相关，以搜索引擎为例，尽管百度在中国市场占据较大比重，但在国际市场占据的比重远远落后于谷歌。根据 StatCounter 的数据，截至 2023 年 4 月，谷歌的全球市场份额高达 92%，而百度不到 1%。

表 4-10　2021 财年中美平台企业发展竞争力比较

公司	营业收入竞争力	营业收入增速竞争力	发展竞争力
阿里巴巴	0.69	0.94	0.82
腾讯	0.45	0.92	0.69
百度	0.10	0.92	0.51
亚马逊	2.64	0.96	1.80
Alphabet	1.45	1.11	1.28
Meta	0.66	1.08	0.87

二、创新竞争力

通过平台竞争力模型，不仅可以获得中美两国主要平台的发展竞争力指数，也可以计算中美两国主要平台的创新竞争力指数。该部分主要从创新投入和创新产出两大层面,对比分析中美两国主要平台企业的创新竞争力指数,从创新驱动战略视角考察中美两国主要平台的国际竞争力状态。

(一)创新投入

这里,主要通过比较分析中美六家平台企业的研发费用及研发费用占营业收入的比重来具体考察平台的创新投入状况。表4-11和表4-12分别给出2019~2022财年中美六家平台企业研发费用及研发费用占营业收入比重的数据。

表4-11 中美六家平台企业研发费用　　　　单位:亿美元

公司	2019 财年	2020 财年	2021 财年	2022 财年
阿里巴巴	61.95	82.31	79.76	81.60
腾讯	43.70	56.04	74.60	88.29
百度	26.32	28.06	31.78	30.80
亚马逊	359.31	427.40	560.52	732.13
Alphabet	260.18	275.73	315.62	395.00
Meta	136	184	247.00	353.00

表4-12 中美六家平台企业研发费用占营业收入比重　　　　单位:%

公司	2019 财年	2020 财年	2021 财年	2022 财年
阿里巴巴	8.45	7.98	6.50	6.53
腾讯	8.05	8.08	9.26	11.07
百度	17.04	18.22	17.75	17.32
亚马逊	12.81	11.07	11.93	14.24
Alphabet	16.07	15.11	12.25	13.97
Meta	19.24	21.40	20.94	30.27

由表4-11和表4-12的数据可以得到中美两国平台企业研发投入存在以下两方面的特征:

(1)美国主要平台企业的研发投入及其占营业收入的比重明显领先于中国平台企业。美国主要平台企业的研发投入均在百亿美元以上,明显领先于中国主要平台企业,且其从2019~2022年的平均年增速约为22%,在一定程度上高于中国平台企业。美国主要平台企业的研发费用占营业收入的比重总体高于10%,由此可见,美国主要平台企业对于研发活动的整体投入高于中国主要平台企业。

(2)中国部分平台企业的研发投入处于稳步增长中,而美国大部分平台企业基本处于稳定之中。腾讯等中国平台企业研发费用占营业收入的比重正在快速增加,而除Meta以外,大部分美国平台企业的研发费用占营业收入的比重整体处于波动之中,较为稳定。中国部分平台企业正日益重视研发活动的价值。

（二）创新产出

接下来，分析中美两国主要平台的创新产出情况。根据构建的模型，利用隆云滔等（2022）基于 Scopus 文摘库、Scival 分析平台和律商联讯（LexisNexis）PatentSight 数据库，获取中美平台企业 2016~2021 年学术论文产出情况，以此刻画中美两国主要平台企业的创新产出情况来展开比较分析，具体数据如表 4-13 所示。

表 4-13　2016~2021 年中美六家平台企业学术论文数量及影响力

公司	论文数（篇）	发表在领域前 10% 期刊的论文比例（%）
阿里	2786	45.3
腾讯	2718	52.2
百度	1496	44.9
亚马逊	2207	33.8
Alphabet	8797	49.8
Meta	2919	48.0

由表 4-13 可知，在创新产出上，Alphabet 的论文数处于领先地位，腾讯、阿里巴巴等中国平台企业领先于亚马逊且增速优于美国平台企业；在学术论文影响力上，以发表在领域前 10% 期刊的论文比例来看，腾讯相关的学术论文影响力处于领先地位，中国平台企业的学术论文影响力略微领先美国平台企业。

除学术论文外，专利申请数量也是对比平台创新产出的重要指标，但由于目前各平台专利数据公布尚不完善，无法纳入指标体系，因此我们仅根据已有数据进行简要对比。根据华夏泰和发布的研究报告，2017~2021 年美国主要平台企业的专利申请数量如图 4-3 所示。

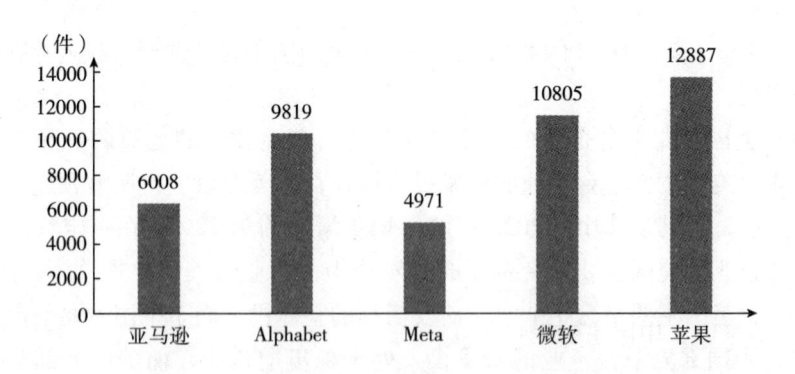

图 4-3　2017~2022 年美国平台企业专利数量

根据图 4-3、表 3-3 和表 3-4，从专利视角来看，可以从以下三个方面比较中美两国平台企业的主要特征：

（1）近年来，中国主要平台企业的专利申请量高于美国主要平台企业。由图4-3、表3-3和表3-4的数据可知，中国主要平台企业近年的专利申请量领先于美国主要平台企业，尤其以腾讯为代表。根据隆云滔等（2022），律商联讯（LexisNexis）PatentSight数据库的企业专利数据表明，2016~2021年，专利持有数量前10位的全球互联网企业中，前4家均是中国互联网企业，为腾讯、阿里巴巴、百度和小米。由此可见，中国主要平台企业创新产出快速增加。

（2）中国主要平台企业的专利价值正快步追赶美国主要平台企业，根据隆云滔等（2022）、律商联讯（LexisNexis）PatentSight数据库的企业专利数据表明，2016~2021年，专利资产指数前10位的全球互联网企业中，中、美各五家，分别是腾讯、百度、阿里巴巴、小米、京东以及苹果、Alphabet、微软、亚马逊、Meta。智谱研究发布的《2023全球数字科技发展研究报告》也表明以阿里巴巴为代表的中国平台企业进入全球数字技术高价值专利数量前10强榜单，但与微软、Alphabet等美国主要平台企业还存在一定差距。

（3）中国主要平台企业的海外专利布局不如美国主要平台企业，但中国主要平台企业正在加快海外专利布局。律商联讯PatentSight数据库的企业专利数据表明，2016~2021年，美国企业所持专利的市场影响力普遍超过中国企业，其原因在于腾讯、阿里巴巴、百度等传统互联网企业的专利主要在国内申请，只有不到半数的专利在美国、日本、欧洲等进行了申请。近年来，各大中国互联网平台企业都在积极进行专利的海外布局。

（三）创新竞争力指数

综合平台创新投入与产出的相关数据，测算得到中美主要平台企业的创新竞争力指数，见表4-14。由表4-14可知，总体来看，中国平台企业的创新竞争力也一定程度上落后于美国平台企业。细分来看，在研发投入强度方面，Meta、百度处于领先位置，而阿里巴巴则相对落后，Meta研发投入强度约为阿里巴巴的3倍；在研发费用增速方面，Meta、腾讯、亚马逊处于领先位置，而阿里巴巴相对落后，但整体差距相对较小；而在学术论文产出方面，Alphabet显著领先于其他平台企业，中国平台企业与美国平台企业之间存在一定的差距；在学术论文影响力方面，中国平台企业略优于美国平台企业，腾讯处于领先地位，整体差距相对较小。总的来说，中国主要平台企业在创新竞争中与美国企业存在一定差距，腾讯整体表现逐步接近美国主要平台企业，中国平台企业应当进一步加强研发投入，提升平台企业创新水平。

表 4-14 2021 年中美平台企业创新竞争力指数

公司	研发投入占营收比重	研发费用增速	学术论文产出	学术论文影响力	创新竞争力
阿里巴巴	0.53	0.78	0.80	0.96	0.78
腾讯	0.75	1.07	0.78	1.11	0.93
百度	1.45	0.91	0.43	0.95	0.93
亚马逊	0.97	1.06	0.63	0.72	0.84
Alphabet	1.00	0.92	2.52	1.05	1.38
Meta	1.71	1.08	0.84	1.02	1.15

三、平台综合竞争力

基于本书第二章提出的平台竞争力模型，以及上述平台发展竞争力和创新竞争力的测算结果，可得到中美两国主要平台的综合竞争力指数，具体结果如表4-15所示。其中，中美两国主要平台企业均存在两个梯队结构，阿里巴巴和腾讯构成中国平台竞争力的第一梯队，百度为第二梯队；亚马逊和Alphabet构成美国平台竞争力的第一梯队，Meta为第二梯队。

表 4-15 2021 年平台综合竞争力指数

公司	发展竞争力	创新竞争力	综合竞争力
阿里巴巴	0.82	0.78	0.80
腾讯	0.69	0.93	0.81
百度	0.51	0.93	0.72
亚马逊	1.80	0.84	1.32
Alphabet	1.28	1.38	1.33
Meta	0.87	1.15	1.01

由表4-15并综合表4-10和表4-14，可得到以下三个结论：

（1）从总体来看，2021年中国主要平台企业的竞争力约为美国主要平台企业的64%，中国平台企业与美国平台企业存在一定的差距。具体来看，Alphabet、亚马逊、Meta三家美国平台企业的竞争力均领先于中国平台企业，其中Alphabet、亚马逊的竞争优势极为明显。而中国平台企业的综合竞争力大体接近，腾讯略微领先。

（2）发展竞争力是制约中国平台企业竞争力的关键因素，中国主要平台企业的发展竞争力约为美国主要平台企业的51%，中国主要平台企业的营业收入远落后于美国平台企业，营业收入增速与美国平台企业则较为接近。营业收入上的落后与中国平台企业的国际市场规模较小存在较大关联，中国平台企业还存在较大的发展空间。

（3）中国主要平台创新竞争力约为美国主要平台创新竞争力的78%，创新层面中美平台大体接近。在研发投入方面,美国主要平台企业明显领先于中国。在创新产出方面,以学术论文为例,中国平台企业的创新产出不断增加,创新影响力也不断提高,与美国主要平台企业差距正在日益缩小,尤其在创新影响力方面有赶超趋势,但在创新产出及积累方面,中国平台企业与美国平台企业还存在些许差距。

为了更好地对比中美两国平台竞争力的差距,考虑以 2021 年中美两国 GDP 的差距以及中美两国世界 500 强企业的营收差距来作为参照,具体如图 4-4 所示。

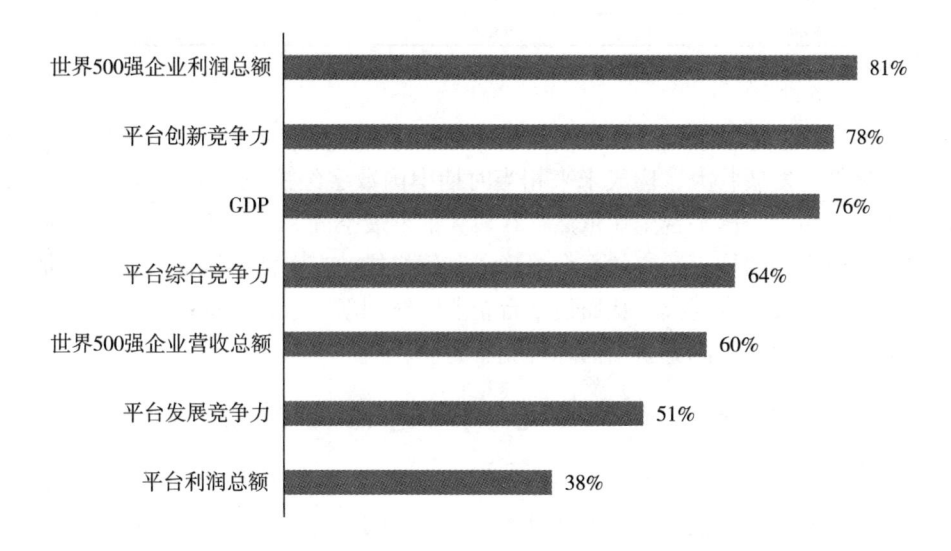

指标	比例
世界500强企业利润总额	81%
平台创新竞争力	78%
GDP	76%
平台综合竞争力	64%
世界500强企业营收总额	60%
平台发展竞争力	51%
平台利润总额	38%

图 4-4　2021 年中美平台竞争力及其他指标的比较

由图 4-4 可知,中美两国在平台创新竞争力上的差距相对最小,而中美两国平台发展综合竞争力的差距大于两国 GDP 的差距。2021 年,中国平台的综合竞争力约为美国的 64%,与当年中国 GDP 为美国 76% 相比低 12 个百分点。中国平台创新竞争力约为美国的 78%,与美国的差距在缩小,但总体差距明显。美国平台优势主要体现为平台发展竞争力,中国平台发展竞争力只有美国的 51%,且与当年中国世界 500 强企业营收约为美国 60% 相比低 9 个百分点。

图 4-4 也表明,2021 年中国世界 500 强企业的利润总额约为美国的 81%。经计算,2021 年中国三家平台企业的利润总额约为美国三家平台利润总额的 38%。这表明从盈利维度来比较,中国平台的盈利能力在国际竞争中更不容乐观,即中国平台企业利润总额占美国主要平台企业利润总额的比重比当年中国世界 500 强企业利润总额占美国世界 500 强企业利润总额的比重低 43 个百分点。

盈利能力的差距对中国平台参与国际竞争的基础能力构成不利影响（见表4-16）。

表 4-16　中美主要平台企业 2021 财年的净利润　　　单位：亿美元

公司	净利润	总和
阿里巴巴	323.29	
腾讯	216.14	566.51
百度	27.08	
亚马逊	333.64	
Alphabet	760.33	1487.70
Meta	393.70	

资料来源：各企业上市公司年报。

总的来说，中国平台与美国平台相比存在明显差距，尤其是在发展竞争力方面。促进平台发展壮大，构成未来相当时期中国数字经济发展的主旋律。诚然，该结论也表明，中国平台企业依然存在较大的发展空间和发展潜力。因此，如果采取与网格市场结构不适应的平台治理或监管措施，有可能会限制中国平台加强创新投入并扩大自身规模，从而使平台企业收缩创新并放慢国际扩张步伐，有可能影响中国平台在国际竞争中的综合竞争力。

第五节　平台竞争总结与讨论

通过分析平台创新推动市场结构的创新，以及市场结构创新对国内市场和国际市场竞争的影响，我们主要得到以下五个方面的结论：

（1）微信、钉钉、飞书、拼多多等平台的不断创新，涌现了一种不同于纵向（垂直）竞争为主横向（跨行业）为辅的工业经济市场结构的新型市场结构即纵横交错的数字经济网格市场结构。区别于以往的经典垄断与竞争结构，网格市场结构有三个主要特征：①形成以平台为中心的多层生态型企业或产业链条，导致网格市场的竞争与垄断之间的边界难以像工业经济市场结构那样可以准确界定；②网格市场结构中核心平台横向进入的其他产业内企业之间的竞争，在推动数实融合的同时不断强化自身的垄断与竞争地位；③网格市场结构中核心平台企业之间的相互之间竞争，垄断性竞争与竞争性垄断相互交叉影响，核心平台企业在多个不同的细分行业内开展竞争，竞争范围具有生成性。

（2）平台不仅创造出区别于工业经济的网格市场结构，而且通过网格市场结构成为数字经济创新的极点。平台通过服务创新在提升消费者剩余的同时，也在同步提升网络市场的竞争与垄断地位，从而推动数字经济创新的演化与发展。在此过程中，平台在特定垂直领域内参与市场竞争，通过技术横向进入其他产业，形成其他产业垂直领域的竞争结构与平台自身垂直领域的竞争结构相互影响的市场结构。纵横交错的网格市场结构可扩展空间大，企业主体数量多，平台竞争与其他行业企业的竞争紧密关联。因此，基于工业经济形成的市场监管模式难以完全适用于网格市场结构，需要针对网格市场探索新的监管模式。

（3）商业模式创新与本地化运营支撑中国平台企业顺利国际化，各地消费习惯、文化、法律法规差异是制约中国平台企业国际化的重要因素。TikTok、WeChat、滴滴顺利国际化的关键就在于其所创造的新兴商业模式，且无论是TikTok，还是WeChat、滴滴，其在国际化的进程中都高度关注本地化运营。而由于各地文化和法律法规的差异，中国平台企业的国际化进程会经历不同程度的挑战。

（4）中美两国平台构成全球平台经济的两大主体。在美国平台中，Alphabet、亚马逊的综合竞争力极为明显，两者处于同样的竞争水平位置上，Meta的综合竞争力则低了两个竞争档位。在中国平台中，腾讯与阿里的综合竞争力也位于同一竞争水平位置上，百度的综合竞争力则低了一个竞争档位。在中美综合竞争力上，中国平台的综合竞争力约为美国的64%，中美平台综合竞争力的差距明显。其中，Alphabet和亚马逊的综合竞争力超出腾讯和阿里约5个竞争档位，Meta也超出百度约3个竞争档位。

（5）中国平台的发展竞争力约为美国的51%，表明美国平台的发展竞争力构成对中国平台的绝对优势。中国平台的创新竞争力约为美国的78%，表明在创新层面上中美平台的竞争力最为接近，但中美平台的差距依然明显。具体来看，在发展竞争力领域上，中国平台的营收远落后于美国，但营收增速与美国较为接近。在创新竞争力层面，中国平台的研发投入总额及研发投入强度落后于美国，学术论文上中国平台的创新产出不断增加，创新影响力持续提高，与美国平台的差距在缩小，在创新影响力方面有赶超趋势。总之，在创新产出及积累方面，中国平台与美国还存在差距。

总体来看，中国平台竞争力与美国相比存在明显差距。促进平台发展壮大，构成中国未来相当时期促进数字经济高质量发展的主旋律。

第五章　平台促进高质量就业与规模

平台促进高质量就业构成平台作为数字经济创新极点的关键内涵之一。本章以平台促进就业的相关代表性文献为理论基础，依据本书第二章构建的平台促进高质量就业的规模测算框架，探讨平台通过内涵式直接创造就业、内涵式间接创造就业及外延式带动就业三种方式来促进社会就业，同时通过替代效应形成对局部就业的抑制，以此阐述平台促进高质量就业与规模问题。需要说明的是，基于数据可得性以及目前各平台的规模，本章聚焦消费平台对于就业规模的影响，暂不考虑规模较小的工业互联网平台，主要测算微信、抖音、快手、京东、淘宝、滴滴、美团、饿了么、腾讯课堂九个平台对就业规模的影响，从而对平台促进中国就业的总体规模进行总体估计。

第一节　平台促进就业的理论

一、就业与高质量就业

（一）就业理论

《新帕尔格雷夫经济学大词典》对就业理论定义为：就业理论实际上是有关非自愿性失业的理论。本书中，参考陈晴晔（2008）、乔榛（2006）等研究，简要回顾古典经济学的就业理论、凯恩斯就业理论、发展经济学就业理论、新古典综合学派就业理论以及马克思的就业理论，为探讨平台就业理论提供必要的理论基础。

古典经济学的就业理论以萨伊定律为基础，从完全竞争的市场结构出发，劳动供求相互作用决定实际工资和就业水平，供求平衡时的就业量就是充分就业量。因此，古典经济学就业理论认为，大量和长期的失业是不可能存在的，可能存在的是摩擦性和自愿性失业。然而，1929~1933年经济危机，大规模的失业问题使古典经济学的就业理论备受挑战，凯恩斯就业理论应运而生。凯恩斯就业理论认为，资本主义社会的就业量是由有效需求来决定的，而有效需求不足是资本主义经济中经常存在的现象，因此资本主义经济经常处于失业的状态，而且表现一定的周期性。

在凯恩斯等就业理论基础上，20世纪50年代发展经济学的兴起推动了就业理论的演进。发展经济学重点关注发展中国家的经济问题，代表人物为刘易斯等。发展经济学就业理论认为，劳动力利用不足、人力资源大量闲置是发展中国家经济发展的严重困扰。而且发展中国家的劳动力市场是以农村和城市相分割的二元劳动力市场为特征,城乡间的二元结构等会引起社会利益向两极方向分化。20世纪60年代末,主要资本主义国家陷入"滞胀"期,针对凯恩斯理论难以解决众多现实问题的困境,新古典综合学派就业理论兴起。新古典综合学派就业理论提出结构性失业等观点,结构性失业指因结构的变化,劳动力的供给和需求在职业、技能、产业、地区分布等方面不协调所引起的失业,结构性失业的存在必然引起失业与工作空位并存。

上述主要阐述了经济学中经典的就业基础理论。此外,马克思的就业理论也是较为经典的就业基础理论。马克思将失业看作是一种与资本主义制度密切相关的现象,强调过剩的工人人口是资本主义基础上的财富发展的必然产物,但这种过剩人口反过来又成为资本主义积累的杠杆,构成资本主义生产方式存在的一个条件。2008年金融危机带来全球性就业压力,一国经济结构对总需求与分配产生越来越重要的影响。针对经济增长带动就业增长的就业模式面临的诸多困难,现代货币理论学派提出以财政政策为主的就业保障理论,期待运用合理的需求管理政策在促进充分就业的同时实现经济增长和价格稳定,强调失业是一种货币现象,因而政府有责任增加开支以减轻失业,通过"创造更多的货币"来满足就业和"资金又从何而来"的现实难题,通过增加政府开支解决失业问题(贾根良和楚珊珊,2020)。

总的来说,经典的就业基础理论从不同视角剖析了失业的原因,古典经济学认为大量和长期的失业是不可能的,凯恩斯就业理论认为有效需求是影响失业的关键因素,发展经济学聚焦城乡二元结构与就业之间的关系,新古典综合学派探讨结构与失业的关系,马克思就业理论对失业进行制度分析。可以认为,经典的就业基础理论从多个视角和层次阐述了就业的影响因素,如有效需求、结构、城乡二元结构、结构和制度等,这些分析及其结论为我们分析平台促进高质量就业提供了重要的理论基础,但总体来看依然缺乏直接针对平台促进高质量就业的指导性基础理论。

(二)高质量就业

党的十九大报告提出,"要坚持就业优先战略和积极就业政策,实现更高质量和更充分就业"。就业质量再次被列为政府宏观就业领域的优先目标。党的二十大报告指出,要强化就业优先政策,健全就业促进机制,促进高质量就业。现阶段,高质量就业构成中国实现共同富裕的根基与保障。一般认为,就业包括就业的数量、结构和质量三个方面,其中充分就业主要聚焦就业的数量,而高质量就业是高质量发展的内在要求,但学术界对什么是高质量就业缺乏定论(赖德胜,2017)。2010年前后,国内学术界开始涉及高质量就业的相关研究,但前期多限于对国内外就业质量评价与现状的描述性研究和初步的统计分析,与当前高质量发展视野下的高质量就业内涵存在差别。例如，从社会学视角提出人职匹配度、工作性质稳定性、劳动报酬相对合理性、劳动条件相对完善性、晋升机会的相对公正性、社会保护的相对健全性、工作挑战的适度性、利益表达机制的相对完备性、工作决策空间的相对自由性及工作满意度十个维度来评价就业质量（陈成文和周静雅，2014）。在近期研究中，也探讨就业质量指数、数量指数、质量综合指数、质量协调度指数以及质量协调发展指数（张抗私和韩佳乐，2022）。

研究发现，人力资本利用效率与就业质量紧密联系，高质量就业激发劳动者的生产积极性，打破长期以来资本深化的束缚，推动人力资本深化和技术创新（苏丽锋和赖德胜，2018）。例如，人才配置对全要素生产率具有显著的倒"U"形影响，中国有限的人才资源过度配置到金融业显著降低制造业全要素生产率。研究发现，在其他条件不变的情况下，如果能够将高质量的人力资本配置到制造业中，全要素生产率可以继续增长 2.7%（王启超等，2020）。研究表明，工业智能化显著降低制造业就业份额，增加服务业特别是知识和技术密集型的现代服务业的就业份额，从而促进行业就业结构高级化而有助于实现高质量就业（王文，2020）。

综上所述，现有研究主要从就业总量、就业结构或劳动力产业结构转移两个视角来探讨高质量就业问题，潜在地将就业的规模扩张、就业结构高级化作为高质量就业的两项重要指标。这为本书探讨平台促进高质量就业提供了研究思路和方法论基础。

二、平台与数字经济就业

（一）数字经济就业结构

数字经济的就业既包括传统的数字化转型增加的就业总量，也包括平台创造的新业态带来的新增就业总量。同时，也涉及传统产业转型升级淘汰的就业岗位及平台创新与竞争造成的就业替代效应，具体表现在就业总量、就业结构、收入等多维度。

研究认为，随着人工智能及自动化的推进，就业总量在就业替代效应与抑制效应共同作用下将保持基本稳定（蔡跃洲和陈楠，2019），或者说数字经济不必然减少就业规模，而是替代效应与抑制替代效应并存，导致数字经济没有减少就业（孟祺，2021）。数字经济的发展存在显著的就业创造效应与就业替代效应，其就业创造效应与就业替代效应的内在机理在于，数字经济不仅通过提升生产率、促进产业部门创新以及技术扩散三条路径形成就业创造效应，也通过提高生产率、智能技术发展、产业结构转型三条路径形成就业替代效应（胡拥军和关乐宁，2022）。其中，数字经济就业替代效应主要是信息技术显著提升资本积累效率，降低劳动力的比较优势，在劳动力市场上更多表现为机器替代人，进而导致大量劳动力失业。数字经济就业促进效应是数据要素与信息技术共同组合衍生新业态，吸纳大量劳动力，从而重构劳动力要素的配置。数字经济就业创造效应与就业替代效应本质上体现了技术、劳动力、数据和资本等要素之间的相互关系（柏培文和张云，2021）。

数字经济对就业结构也构成重要影响，这与新古典综合学派的结构性失业理论相契合。1980~2015年，在美国5000万个新增就业岗位中有60%与新增职位有关（Lin，2011）。其中，智能化在替代传统劳动力工作岗位的同时，也在创造出新的更加复杂的任务岗位，且在这些新增岗位中知识和技能型劳动力更具有比较优势（Acemoglu & Restrepo，2017）。在中国国内，虽然各区域就业质量平均不高，区域分化差异较明显，但数字经济加速了产业结构转型升级，带动了就业结构优化和就业质量提升，其中互联网和电信业、软件业、电商零售业、科学技术业显著增加第三产业就业比重和各省就业质量的水平（戚聿东等，2020）。在此过程中，人工智能的发展对就业的结构性冲击不可避免，中间层岗位容易被替代，就业结构将呈两极化趋势，且被替代行业中教育和技能水平较低、年龄偏大人群所受损失最大，并扩大收入差距（蔡跃洲和陈楠，2019）。数字经济对就业结构的具体影响，表现为制造业内部促进高技术密集型就业数量但减少劳动密集型产业和中技术密集型产业就业数量，在服务业上体现为数字经济促进包括生产性服务业、消费性服务业和公共组织的就业规模。行业产出和人均受教育程度也对就业规模和结构有一定的积极作用（孟祺，2021）。

例如，数字普惠金融持续影响中国劳动力市场的就业结构，具体表现在数字普惠金融总体上提高就业者的小时工资率与工作自主性、降低工作时长，但也抑制就业者参与社会保障项目，且这种抑制作用在非标准就业者群体中较为显著。同时，数字普惠金融对工作满意度的提升效应集中于自雇群体，主要通过降低工作时长、增加小时工资率的途径来实现。然而，社会保障项目的参与不足抵消了数字普惠金融对非标准就业者工作满意度的正向影响（郭晴等，2022），表明数字经济对就业结构的影响具有双面性或非线性特征。

数字经济促进就业公平问题也是学术界关注的方向。研究认为，与报纸、期刊等传统信息获取渠道相比，数字技术显著提升乡村居民选择非农就业的概率。同时，互联网的使用与乡村居民就业收入、就业满意度之间显著正向关系，原因在于互联网提升了乡村居民的信息获取能力，有效扭转存在于乡村居民群体中的风险厌恶意识，使之内生出"主动求变"的思想自觉，引致内因驱动的多样化就业，这种内生的就业选择带来更高的就业质量（张世虎和顾海英，2020）。

平台作为数字经济发展的重要载体，其发展能够显著降低交易成本、降低信息不对称，从而对就业产生了重要影响。目前，对于平台促进就业质量的研究存在不同认识。主要体现在以下两类：一类观点认为，平台大力推动零工经济的普及，因为数字技术和互联网平台的崛起大大拓宽了零工经济的适用场景，催生大批新就业形态，使灵活就业人员在劳动者中的比例大幅上升，导致大量工作出现从线下到线上、固定到灵活、单一到多元等方面的转变（莫怡青和李力行，2022）。具体而言，平台对产业、行业和技能层面的就业结构有显著影响，且对就业结构的影响存在"U"形关系。拐点前，平台显著降低第三产业与第二产业就业的比值、高技术行业就业占比及高技能与低技能劳动者就业的比值。拐点后，显著提升第三产业与第二产业就业的比值、高技能行业就业占比和高技能与低技能劳动者就业的比值。产业结构升级与人力资本存量在平台促进就业结构中发挥中介作用（杨伟国和吴邦正，2022）。另一类观点认为，从工资收入、劳动强度、就业保障和主观感知四个维度来看，与传统就业形态进行相比，平台就业的收入优势明显，但需付出更长的劳动时间代价，收入—闲暇替代效应明显，但在叠加工作环境、安全性、能力提升等方面存在劣势，总体来看平台就业的收入优势没有带来更高的就业质量（丁守海等，2022）。

上述不一致结论或观点的主要原因之一在于研究者使用了不同的观察视角或研究维度。因此，要推进或深化平台与就业关系的研究，首先需要建立平台与就业的合适理论分析框架。由于数字经济不仅对就业总量产生重要影响，也影响就业结构、就业性质和收入等多个方面。为聚焦研究主题，基于现有理论分析的维度来探讨平台促进高质量就业的机制与影响，需要建立本书第二章提出的平台促进高质量就业的理论分析框架来展开探讨。

（二）数字经济就业结构的实践参照

平台创新、竞争与垄断对社会就业与消费形成直接或间接影响。因此，阐述平台创新的新特征，平台竞争的新特征，离不开对平台促进就业的讨论。据58同城《2022中国就业市场年度观察》显示，以平台就业为代表的灵活就业规模不断扩大，平台与就业的关系成为重要现实议题。其中，平台或第三方先后发布平台促进就业的测算结果，图5-1为小程序、公众号和视频号构成的微信生态促进就业的影响状况。

图5-1表明，2014~2021年，微信生态促进就业的规模呈现三个主要特征：①带动就业总量从1008万个增长到4618万个，形成远高于其他经济方式带动就业的增长；②微信生态带动就业增长呈现停滞与极速两种结构，在2016~2018年三年期间微信生态带动就业的增长率较为缓慢，2019~2021年微信生态年均创造就业机会净增长551万个，年均增长率55.8%，在宏观上发挥出2.5~2.75个GDP增长点的就业补偿效用；③随着国内国际双循环系统的发展，微信生态带动就业增长的潜力较大，微信生态与其他平台生态带动就业的综合影响呈

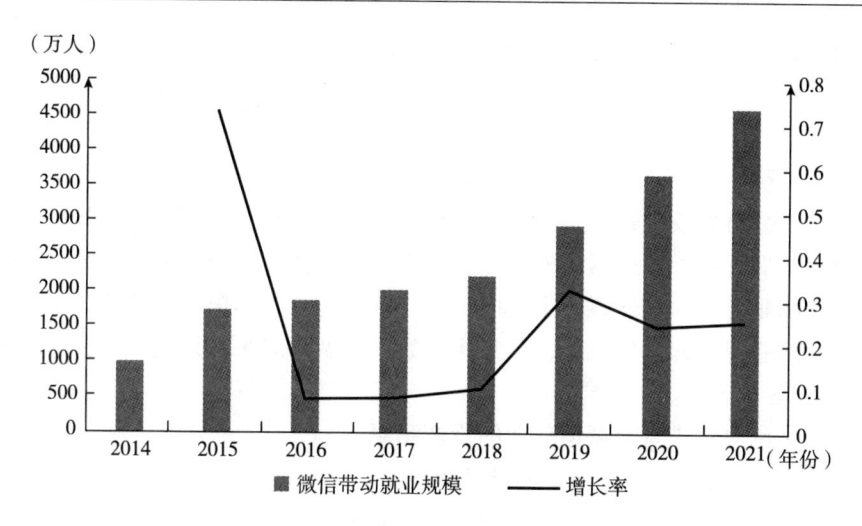

图 5-1　2014~2021 年微信生态带动就业情况①

现更加合理的产业结构与市场结构。

同期，阿里巴巴、字节跳动、美团、滴滴、饿了么、百度、京东等中国其他平台生态也在拉动市场就业。中国人民大学劳动人事学院《阿里巴巴全生态就业体系与就业质量研究报告》显示，2019 年阿里巴巴全生态就业体系中共蕴含就业机会 6901 万个，即阿里巴巴生态在 2019 年为 6901 万人带来过获取收入的机会。其中，电子商务平台带动就业机会 4976 万个，服务新消费平台带动就业机会 553 万个，大文娱平台带动就业机会 302 万个。据国家统计局数据，2021 年中国社会灵活就业人员约 2 亿人，同期全国就业人数同比减少 412 万人，但平台企业员工仍在增加。

根据微信生态、阿里生态等带动就业的实践参照，可以认为，平台创新与竞争促进了数字经济的社会就业，对产业资源配置和优化乃至对全社会高质量发展均具有重要影响。因此，需从多维度、多层次、多视角综合评估和看待平台创新与竞争问题。就平台促进高质量就业而言，需要根据新的研究视角来构建平台带动就业的分析框架，如从平台创新与竞争视角来剖析和评估平台对就业的综合影响，这就需要结合既有就业理论对平台促进就业进行新的探讨。其中，平台创新、平台竞争、平台促进高质量就业构成平台经济研究的三个基础性研究课题。对这三个基础性研究课题的探讨，可以从数据新生产要素视角来重新审视平台创新在数字经济创新中的角色和地位，将平台创新视为数字经济创新极点，可以较

---

① 2014~2020 年的数据来自于中国信通院发布的数据报告，2021 年的数据来自于中国劳动和社会保障科学研究院。

好地阐述和解释平台创新与数字经济创新的内在关系。

第二节 平台内涵式创造就业的规模

如第二章所述，公众号运营、小程序开发等平台内涵式创造就业形式，是指平台通过创造新兴就业岗位等方式来增加就业，形成"从无到有"式的就业方式。例如，平台基于数据网络外部性和双边市场特性衍生新兴商业模式，创造新职业或新就业岗位，这均属于平台内涵式创造就业。根据第二章图 2-6 提出的平台内涵式创造就业的分析框架，采集相关数据，展开对平台内涵式创造就业规模的评估测算。

一、平台内涵式直接创造就业的规模测算

（一）平台内涵式直接创造的就业方式

根据国家市场监督管理总局发布的《互联网平台分类分级指南》，互联网平台可以划分为网络销售类平台、生活服务类平台、社交娱乐类平台、信息资讯类平台、金融服务类平台、计算应用类平台六类，其中前四类平台规模较大，本节将重点测算前四类平台对就业的影响，以京东、淘宝为代表网络销售类平台及以在线职业教育平台腾讯课堂为代表的信息资讯类平台产生的新兴就业岗位较少，其内涵式直接创造就业较少。然而，以微信、抖音、快手为代表的社交娱乐类平台产生大量的新兴就业岗位，它们主要通过推动内容创作者就业来直接促进就业。以滴滴、美团、饿了么为代表的生活服务类平台主要通过线上劳务交易直接促进就业，滴滴等创造了网约车司机就业新业态，美团、饿了么等创造了骑手等新兴就业岗位来直接促进就业。这里，将骑手和网约车司机视为新兴就业岗位的本质在于其就业的灵活性。与电商平台带动快递员就业不同的是，快递员往往与快递公司之间建立明确的劳动关系，工作的灵活性和流动性较低，而骑手和网约车司机群体则较少与公司或平台建立明确的劳动关系，工作的灵活性和流动性较高。

（二）平台内涵式直接创造就业的规模测算

由于各平台的就业报告并未严格公布 2021 年促进就业的规模，因此我们基于各平台的就业报告和估计方法来估计各平台内涵式直接创造就业的规模。由于京东、淘宝并未在就业报告中显示直接创造就业的规模，其促进就业以其他促进方式为主。本部分仅考虑其他七大平台直接促进就业的规模，七大平台内涵式直接创造就业规模测算方法如表 5-1 所示。

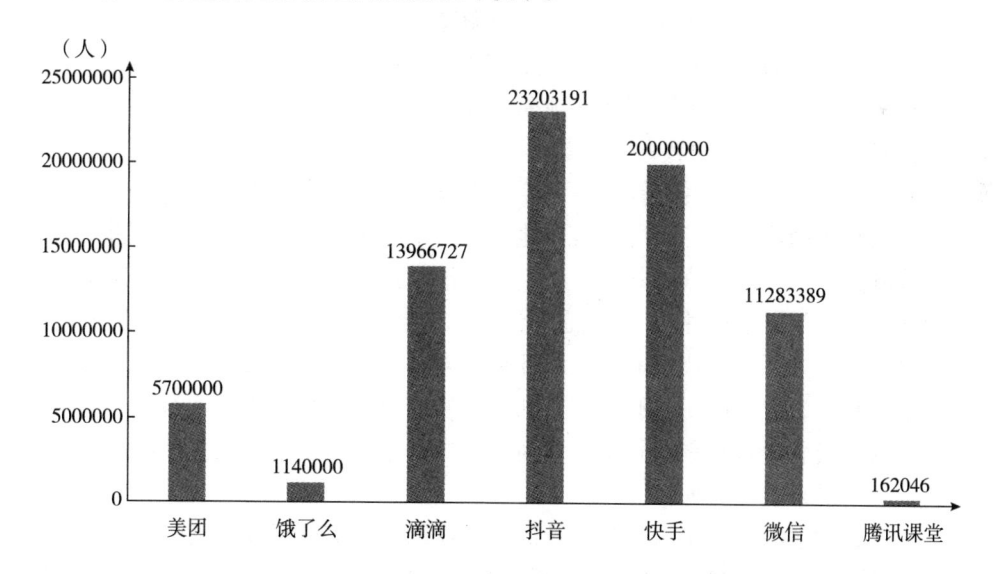

表 5-1　平台内涵式直接创造就业的规模估计测算方法

平台	测算方法
美团	2021 年美团企业社会责任报告公布的骑手数据
饿了么	饿了么《2022 年蓝骑士发展和保障报告》公布的骑手数据
滴滴	《滴滴平台就业体系与就业数量测算》公布的 2018 年直接带动就业机会×（2021 年相对 2018 年 GDP 增长率+2021 年相对 2018 年第三产业 GDP 增长率）/2
微信	微信 2021 年带动就业人数×中国信通院发布的《创新生态共同体，助力经济新动能——2017 年微信经济社会影响力研究》报告中公布的直接带动就业占比
抖音	《灵工时代——抖音拉动就业研究报告》公布的直接带动就业机会×（2021 年相对 2020 年 GDP 增长率+2021 年相对 2020 年第三产业 GDP 增长率）/2
快手	中国人民大学劳动人事学院课题组发布的报告公布的数据
腾讯课堂	腾讯课堂方提供数据+机构问卷调查数据

按照如表 5-1 所示的测算方法，测算各平台内涵式直接创造就业的规模为 7500 万个左右，各平台内涵式直接创造就业的规模如图 5-2 所示。由图 5-2 可知，抖音和快手平台内涵式直接创造就业的规模最为庞大，两者总体上大体接近。同时，虽然滴滴和微信平台紧随抖音和快手平台，但存在较为明显的数量差距。美团平台构成内涵式直接创造就业的第三梯队，第四梯队由饿了么、腾讯课堂构成，两者直接促进就业的规模相对较小。

（人）

平台	人数
美团	5700000
饿了么	1140000
滴滴	13966727
抖音	23203191
快手	20000000
微信	11283389
腾讯课堂	162046

图 5-2　2021 年平台内涵式直接创造就业的规模估计

图 5-2 的规模估计仅包括部分平台内涵式直接创造就业情况，缺失其他主要平台及大量二线平台内涵式直接创造就业的数据。综合其他相关平台的数量与规模，我们以 2/8 法则估算，其他平台内涵式直接创造就业规模估计 1500 万人

(7500万人的20%),两者为9000万人左右。一项基于网约车、网络送餐等四类主要数字经济新业态的实证研究表明,2020年中国数字经济新就业形态的就业总体规模在5463万~6433万人(马晔凤和蔡跃洲,2021)。该结果在相当程度上佐证了上述对平台内涵式直接创造就业规模的测算结论。

据国家统计局公布的数据,2021年灵活就业人员约2亿,但同期全国就业人数同比减少412万人。这样,2021年平台内涵式直接创造就业的规模估计占全国灵活就业总数的45%左右。如果按照国家统计局灵活就业人员约2亿为总数,其他55%来自平台内涵式间接创造和外延式带动就业形成的。

上述测算结果依旧存在些许误差,主要体现在以下两个方面:①尽管我们已经采用2/8法则估算了其他平台内涵式直接创造就业的数据,但估计上依旧可能存在遗漏。受限于数据,拼多多、58同城等核心平台并未纳入测算。②由于平台内涵式直接创造的就业岗位中包含大量的灵活就业岗位,劳动力可以在多个平台就业。受限于数据,我们的估计中并未严格考虑劳动力在多个平台就业的情况。因此,上述规模估计的结论需要获得其他不同方式数据的进一步验证或修正,如2021年国家统计局灵活就业总数的统计范围与我们估计范围的一致性问题,这是后续研究有待完成的重要工作。

二、平台内涵式间接创造就业的规模测算

根据第二章图2-6提出的平台内涵式间接创造就业分析框架,采集相关数据,对平台内涵式间接创造就业的规模进行测算。

(一)平台内涵式间接创造就业的测算方法

本部分依旧仅考虑网络销售类、生活服务类、社交娱乐类以及信息资讯类平台内涵式间接创造就业的情况。具体地,以京东、淘宝为代表的网络销售平台主要通过电商平台上的商家及其上下游企业来带动就业;以微信、抖音、快手为代表的社交娱乐类平台则主要间接促进了数字设备以及数字技术等相关领域的就业;以美团、饿了么为代表的配送服务平台同样通过商家及其上下游企业来带动就业,以滴滴为代表的出行服务平台则主要通过促进汽车产业上下游就业来带动就业;以在线职业教育平台腾讯课堂为代表的信息资讯类平台则主要通过提升劳动者技能水平来改善就业。

京东、淘宝等电商平台对于就业的促进作用得到实证研究的支持。由于后续中介变量的数据仅公布至2019年,因此我们选取2013~2019年的数据探讨电商平台发展对于就业率的影响,各变量的测度见第二章第三节,各变量的描述性统计如表5-2所示。

表 5-2 2013~2019 年电商平台发展与就业总量的描述性统计

变量	观测值数量	均值	标准差	最小值	最大值
电商平台发展指数	217	0.134	0.132	0.011	0.809
城镇私营单位和个体就业占比	217	0.519	0.093	0.299	0.749
人均 GDP 对数	217	10.771	0.393	10.003	11.880
城镇化率	217	0.588	0.126	0.239	0.896
人均一般性公共服务支出对数	217	6.990	0.407	6.460	8.881
人均教育支出对数	217	7.580	0.326	7.047	8.766
财政分权水平	217	7.367	3.908	3.803	24.098
就业率	217	0.767	0.074	0.560	1.000

基于 Hausman 检验结果，本节采用个体固定效应回归模型分析电商平台发展对于就业率的影响，具体回归结果如表 5-3 所示。由表 5-3 可知，电商平台的发展能够显著提升就业率。

表 5-3 电商平台发展与就业率回归分析结果

变量	模型 1 就业率
电商平台发展水平	0.235***
	(0.074)
人均 GDP 对数	-0.044
	(0.087)
城镇化率	0.129
	(0.453)
人均一般性公共服务支出对数	0.016
	(0.024)
人均教育支出对数	-0.056
	(0.055)
财政分权水平	0.004
	(0.006)
常数项	1.410
	(0.857)
观测值数量	217
R-squared	0.129
个体固定效应	是

注：括号内为稳健型标准误；* 表示 $p<0.1$，** 表示 $p<0.05$，*** 表示 $p<0.01$。

下面进行机制分析与讨论。电商平台的快速发展促进了大量的个体依托电商平台进行创业，根据清华大学经管学院与阿里研究院对造物节小微商家的调研和测算，国内 18~30 岁的年轻人差不多每 80 个人中就有一个淘宝卖家。诚然，该数据的具体结果可能存在统计或调查偏差，或随环境条件的变化而有较大的出入，但该结果反映了淘宝平台或电商平台对于中国当代青年群体创新的活动具有举足轻重的影响，因而可以认为，电商平台的发展通过促进个体创业，充分激发民营经济的活力，直接或间接带动城镇私营单位和个体就业人数占比不断攀升，从而从整体上使中国劳动市场的就业率得到提升。

在实证研究中，考虑城镇私营单位及个体就业占比在电商平台发展与就业率之间的中介作用。城镇私营单位和个体就业占比，指城镇私营单位和个体就业人数占城镇单位就业人数与城镇私营单位和个体就业总人数的比重，具体回归结果见表5-4。

表5-4　城镇私营单位及个体就业占比中介效应检验结果

变量	模型1 城镇私营单位及个体就业占比	模型2 就业率
电商平台发展水平	0.320*** (0.078)	0.198*** (0.060)
城镇私营单位及个体就业占比		0.116** (0.055)
人均GDP对数	-0.011 (0.073)	-0.043 (0.054)
城镇化率	1.375*** (0.302)	-0.031 (0.234)
人均一般性公共服务支出对数	0.052 (0.036)	0.010 (0.027)
人均教育支出对数	-0.087 (0.064)	-0.046 (0.047)
财政分权水平	-0.001 (0.007)	0.004 (0.005)
常数项	0.082 (0.671)	1.400*** (0.492)
观测值数量	217	217
R-squared	0.641	0.151
个体固定效应	是	是

注：括号内为稳健型标准误；*表示$p<0.1$，**表示$p<0.05$，***表示$p<0.01$。

由表5-4初步可知城镇私营单位及个体就业占比在电商平台发展与就业率中起到部分中介作用。进一步根据sobel检验结果可知，电商平台发展直接影响就业率的效应量为0.198，电商平台发展通过城镇私营单位及个体就业占比间接影响就业率的效应量为0.037。

为确保结论的准确性，本节采用以下两种稳健性检验的方法来确保或提高研究结论的稳健性。首先，采取工具变量法。参考封志明等（2011）、柏培文和张云（2021）等采用地形起伏度来作为工具变量的做法，构建工具变量来评估研究结论的稳健性。简单地说，地形起伏度这一工具变量满足"严外生"与"强相关"的条件，地区地形起伏度越平坦，越有利于信息传输、软件业等基础设施的建设，从而带动当地电子商务平台的发展。但由于本节是基于面板数据的分析，而地形起伏度是截面数据，为了满足分析需要，又参考 Nunn 和 Qian（2014），利用上一年全国互联网上网人数的对数与地形起伏度构建面板数据的工具变量用于分析。利用工具变量的回归结果显示，本节发现的电商平台发展促进就业率的结论依旧是成立的。其次，采取替换核心解释变量的方法。基于数据可得性，采用每百家企业拥有的网站数量和每百人使用计算机台数来作为平台化基础设施的替代变量，将其与平台化交易和平台化产品的指标重新合成电商平台发展指数，并将其作为新的解释变量进行回归，所得到的结论依旧成立，具体回归结果如表5-5 所示。

表5-5 新电商平台发展指数与就业总量回归分析结果

变量	模型1
	就业率
新电商平台发展指数	0.206*
	(0.105)
人均 GDP 对数	−0.005
	(0.081)
城镇化率	0.039
	(0.458)
人均一般性公共服务支出对数	0.027
	(0.024)
人均教育支出对数	−0.044
	(0.056)
财政分权水平	0.004
	(0.006)
常数项	0.869
	(0.816)
观测值数量	217
R-squared	0.103
个体固定效应	是

注：括号内为稳健型标准误；*表示 $p<0.1$，**表示 $p<0.05$，***表示 $p<0.01$。

鉴于平台经济的空间溢出效应，我们利用 SDM 模型进一步考虑电商平台发展对周边地区就业率的影响。Moran's I 指数结果显示平台发展水平以及就业率都存在明显的空间效应，空间回归结果如表5-6 所示。由表5-6 可知，基于地理距离矩阵和经济地理距离矩阵的分析结果表明，就业率的空间自相关系数均显著为负，而平台发展水平的交互项系数均显著为负，由此说明平台发展水平对周边地区就业的就业率存在显著的负面影响。上述结论从人力资本视角证明了平台经济对周边地区的就业具有虹吸效应，即平台发展水平高的地区创造了大量的就业机会，吸引了周边地区大量高素质的劳动力就业，而难以就业的劳动力人口则留在当地，导致周边地区就业率下降而形成虹吸效应。

表 5-6　平台经济对就业虹吸效应的空间计量分析

变量	地理距离矩阵	经济地理距离矩阵
ρ	−1.243*** (0.248)	−1.030*** (0.230)
电商平台发展水平	0.160*** (0.058)	0.180*** (0.0589)
W×电商平台发展水平	−0.984*** (0.189)	−0.857*** (0.194)
控制变量	是	是
直接效应	0.209*** (0.065)	0.221*** (0.064)
溢出效应	−0.581*** (0113)	−0.558*** (0.121)
总效应	−0.372*** (0.084)	−0.337*** (0.096)
Log L	725.12	722.98
R-Squared	0.374	0.367

注：括号内为稳健型标准误；* 表示 $p<0.1$，** 表示 $p<0.05$，*** 表示 $p<0.01$。

（二）平台内涵式间接创造就业的规模估计

与上述研究一致，本部分根据平台内涵式间接创造就业的定义，将基于各平台公布的就业报告以及估计方法来测算各平台内涵式间接创造就业的规模，具体测算方法如表 5-7 所示。

表 5-7　平台内涵式间接创造就业的规模测算方法

平台	测算方法
京东	2021 年京东高质量就业图鉴公布的数据
淘宝	《阿里巴巴全生态就业体系与就业质量研究报告》公布淘宝 2019 年促进就业数量×（2021 年相对 2019 年 GDP 增长率+2021 年相对 2019 年第三产业 GDP 增长率）/2
美团	《生活服务平台就业生态体系与美团点评就业机会测算报告》公布的间接带动就业机会×（2021 年相对 2018 年 GDP 增长率+2021 年相对 2018 年第三产业 GDP 增长率）/2
饿了么	美团 2021 年间接带动就业机会数×（饿了么 2021 年骑手数量/美团 2021 年骑手数量）

续表

平台	测算方法
滴滴	《滴滴平台就业体系与就业数量测算》公布的 2018 年间接带动就业机会×（2021 年相对 2018 年 GDP 增长率+2021 年相对 2018 年第三产业 GDP 增长率）/2
微信	微信 2021 年带动就业人数×中国信息通信研究院发布的《创新生态共同体，助力经济新动能——2017 年微信经济社会影响力研究》报告公布的间接带动就业占比
抖音	《灵工时代——抖音拉动就业研究报告》公布的间接带动就业机会×（2021 年相对 2020 年 GDP 增长率+2021 年相对 2020 年第三产业 GDP 增长率）/2
快手	中国人民大学劳动人事学院课题组发布的报告公布的数据
腾讯课堂	腾讯课堂月度活跃用户×权重（改善就业比重，来源于问卷调研）×12

按照表 5-7 的测算方法，测算平台内涵式间接创造就业的规模为 2 亿左右，平台内涵式间接创造就业的规模如图 5-3 所示。由图 5-3 可知，淘宝和微信平台内涵式间接创造就业的规模最为庞大，京东、美团、抖音、快手和腾讯课堂平台紧随其后，饿了么、滴滴间接促进就业的规模则相对较小。

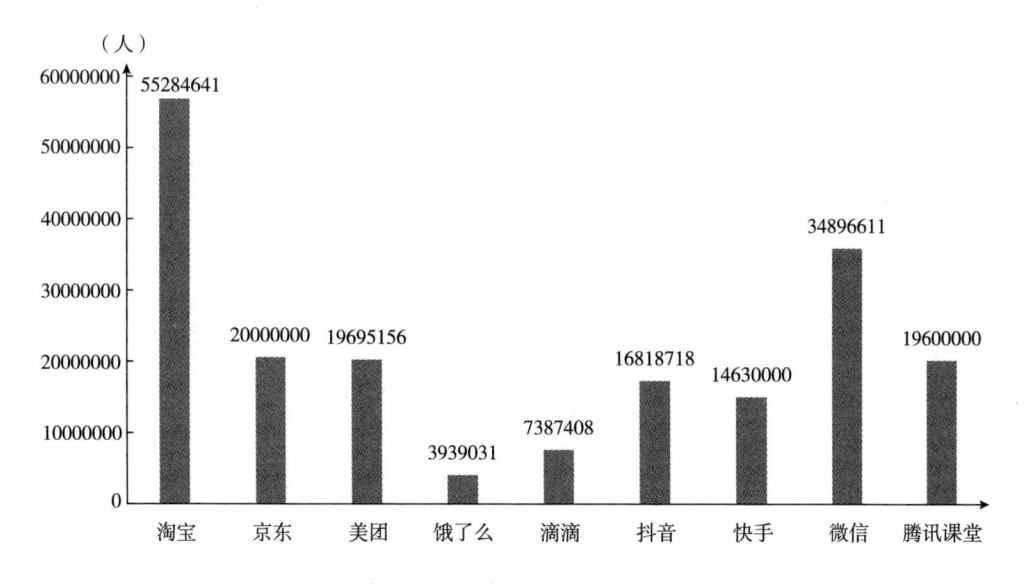

图 5-3　2021 年相关平台内涵式间接创造就业的规模估计

参照图 5-2 估计总量的 2/8 原则，以图 5-3 的估计结果为基数，2021 年平台内涵式间接创造就业的规模约为 2.4 亿。这样，2021 年平台内涵式创造就业的规模估计约为 3.3 亿。

与平台内涵式直接创造就业的测算一致，上述测算结果依旧存在些许误差，主要体现在以下两个方面：①尽管我们已经采用 2/8 法则估算了其他平台内涵式间接创造就业的数据，但估计上依旧可能存在遗漏。受限于数据，拼多多、58同城等核心平台并未纳入测算。②由于劳动力可以依托多个平台就业，但因为数据限制，我们的估计中并未严格考虑劳动力依托多个平台就业的情况。

第三节　平台外延式带动就业的规模

一、平台外延式带动就业的具体方式

平台除内涵式创造就业外，也像其他新技术带动就业那样发挥外延式带动就业的作用。如第二章所述，外延式带动就业指平台通过提升生产效率，促进规模扩大所拉动的就业，如以往邮政邮递员扩大为快递公司的快递员，形成"从有到多"式的就业方式。本部分依旧仅考虑网络销售类、生活服务类、社交娱乐类以及信息资讯类平台外延式带动就业的情况。

同样，不同的平台外延式带动就业的侧重点不同，以京东、淘宝为代表的网络销售平台主要通过扩大物流行业的规模，提升了快递员的需求。以美团、饿了么为代表的配送服务平台作为重要的线上展示平台可以降低商家的宣发成本，提高效率，从而促进就业。其他类型的平台均主要通过内涵式创造就业，外延式带动就业规模相对较小。

二、平台外延式带动就业的规模测算

与前文一致，本部分根据平台外延式带动就业的定义，将基于各平台公布的就业报告以及估计方法来测算平台外延式带动就业的规模。具体测算方法如表5-8所示。

表5-8　平台外延式带动就业规模的测算方法

平台	测算方法
京东 淘宝	直接利用快递员就业数据来表示两大电商平台外延式带动就业的规模
美团	《生活服务平台就业生态体系与美团点评就业机会测算报告》公布的外延式带动就业机会×（2021年相对2018年GDP增长率+2021年相对2018年第三产业GDP增长率）/2
饿了么	美团2021年外延式带动就业机会数×（饿了么2021年骑手数量/美团2021年骑手数量）

注：与上述平台相比，微信、抖音、滴滴、快手等平台缺乏公开的外延式带动就业数据，且理论分析这类平台外延带动就业似乎也不够明显，因而对这类平台的外延式带动就业不做估计。

按照表5-8所示的测算方法，测算各平台外延式带动就业的规模估计为1000万人左右。其中，淘宝和京东外延式带动就业的规模约为450万人，美团外延式带动就业的规模约为500万人，饿了么外延式带动就业的规模约为100万

人。参照图 5-2 估计总量的 2/8 原则，以表 5-8 估计 1000 万人为基数，2021 年平台外延式带动就业的规模约为 1200 万人。

第四节 平台替代就业的规模估计

平台替代就业的规模估计存在诸多困难，笔者采取间接推测方式进行估计。具体地，平台替代就业大体可划分为技术进步替代和制度性替代。技术进步替代主要指以平台为代表的数字技术对于传统劳动力要素的替代，而制度性替代则是指伴随着平台发展而建立的各类显性或隐性制度对于传统劳动力要素的替代，如伴随平台发展传统服务业全面依托平台进行服务（小程序点单等），无法适应新服务模式的劳动力被替代。

然而，目前各平台没有严格公布自身发展对于其他行业就业替代的具体数据，笔者根据目前可获得的相关数据进行估计。在技术进步替代上，根据中国人民大学 2021 年 7~10 月针对平台就业者的调查，2021 年平台吸纳就业者中 25% 来自工厂工人（具体调查数据见附录七），平台对就业的技术进步替代主要集中体现在工业劳动力。因此，可推测认为，平台技术进步替代就业的规模约为平台促进就业的 25%，即平台技术进步替代就业规模约为 8500 万人。

同时，平台制度性替代就业规模的估计则存在诸多困难，不仅源自可获得数据的限制，而且在于制度性替代中存在大量的隐性制度替代。因此我们利用图 5-2 采用的 2/8 法则估计平台制度性替代就业规模约为平台技术进步替代就业规模的 20%，即 1700 万人。综上所述，平台替代就业的规模约为 1.02 亿人，这一数据与麦肯锡的预测大体上一致。

第五节 平台就业规模分析

一、测算结果汇总分析

首先，汇总上述测算结果，可以测算出 2021 年平台的净创造就业总数。2021 年平台内涵式直接创造就业约 9000 万人，内涵式间接创造就业约 2.4 亿人，外延式带动就业约 1200 万人，平台促进就业总数约 3.42 亿人，替代就业约 1.02 亿人。据此，可计算出 2021 年平台的就业净创造约 2.4 亿人。[①] 其中，平台外延式带动就业的规模不到其内涵式创造就业的 4%，表明平台促进就业属于典型的内涵式就业。因此，平台促进就业是数字经济促进高质量发展的集中体现之一。

---

① 考虑到部分灵活就业者可以在多个平台同时就业，该估计结果存在一定的偏差。根据作者对美团、饿了么等平台相关人员的访谈调查，多平台兼职比例不会太高，但在滴滴等平台中多平台兼职则非常普遍。

国家信息中心分享经济研究中心发布的《中国共享经济发展报告（2020）》，认为2019年中国以新业态形式出现的平台企业员工达623万人，平台带动的就业人数约7800万人。该数据值与我们报告的2021年平台内涵式直接创造就业数大体接近。另国家统计局数据，2021年全国灵活就业人员约为2亿人。该数值略低于我们报告的测算数，原因在于我们采用的分析框架，不仅包含内涵式直接创造就业的测算，及外延式带动就业的测算，最重要的是将内涵式间接创造就业维度纳入测算体系中。

据国家统计局数据，2021年中国16~59岁适龄劳动力人口约8.82亿，平台创造的净就业人数2.4亿人约占27%，即2021年平台为约27%的中国适龄劳动人口提供了就业机会。

另据中国信通院测算，预计2025年中国数字经济带动就业人数达3.79亿人。据中国信通院《中国数字经济发展与就业白皮书（2019年）》报告，2018年数字经济发展较好时，相关领域就业岗位达1.91亿个，占全年总就业人数的24.6%。据此可以认为，这里报告的测算结果可以与相关测算之间进行相互校验。

其次，平台通过三种方式促进就业的规模测算结果如图5-4所示。由图5-4可知，在平台促进就业的双模式中，平台主要通过内涵式创造就业；而在直接和间接促进就业中，平台主要通过间接方式促进就业。

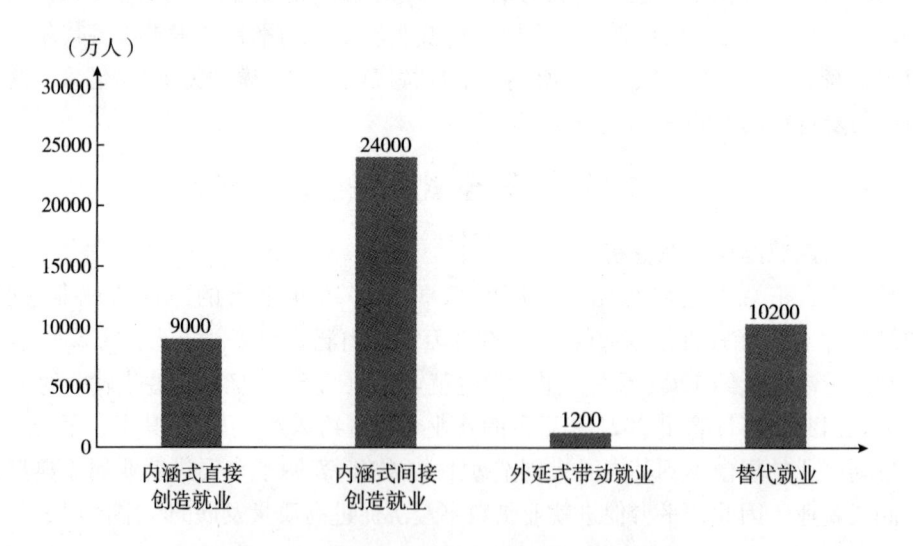

图5-4 平台通过不同方式影响就业的规模

可以认为，平台与新材料、新能源等新兴技术促进就业的关键区别，在于平台促进就业以内涵式创造就业为主。该结论不仅得到整体层面的数据支持，更得到各平台数据的支持。虽然其他新兴技术对于就业的促进也包含内涵式与外延式，但其他新兴技术往往以外延式带动就业为主，内涵式创造就业的规模相对有限。然而，平台经济基于其自身的特性衍生大量的新兴商业模式，创造大量新兴就业岗位，构建诸多新业态，平台内涵式创造就业的规模远高于外延式带动就业。

最后，由于平台禀赋与特征的不同，其对就业促进的内部结构与外部市场结构也会存在差异。2021年不同平台的不同方式促进就业的规模如表5-9所示。

表5-9　不同平台促进就业规模　　　　　　　　　　单位：人

平台	内涵式直接创造就业	内涵式间接创造就业	外延式带动就业
淘宝	0	55284641	4500000
京东	0	20000000	
美团	5700000	19695156	4764335
饿了么	1140000	3939031	952867
滴滴	13966727	7387408	0
抖音	23203191	16818718	0
快手	20000000	14630000	0
微信	11283389	34896611	0
腾讯课堂	162046	19600000	0

由表5-9可知，在平台促进就业的规模总量上，淘宝促进就业的规模最为显著，且主要以内涵式间接创造就业为主，微信促进就业的规模与之接近，同样以内涵式间接创造就业为主。同样以间接创造就业为主的平台还包括京东、美团、饿了么、腾讯课堂。相反，滴滴则以内涵式直接创造就业为主，间接创造就业少。抖音与快手则是两者较为平衡，即抖音与快手的内涵式直接创造与间接创造就业之间相对均衡，这可能与流媒体创造就业的数据网络外部性有关。总的来说，平台促进就业的模式以内涵式创造就业为主，外延式带动就业不仅占比小，而且也不是平台促进就业的普遍存在方式。

除了统计各不同平台促进就业的规模以外，笔者还基于平台所属公司进一步分析腾讯和阿里两大生态的平台促进就业规模。具体地，腾讯主要统计微信和腾讯课堂，阿里主要统计淘宝和饿了么，为了保障结果的准确性，依旧采用图5-2的2/8法则估计两大生态促进就业的规模。同时，由于淘宝外延式带动就业规模是与京东一起统计，本部分将按照两大平台内涵式间接创造就业的比重来估计其外延式带动就业的规模，统计结果如表5-10所示。

表 5-10　不同体系平台促进就业规模　　　　　　　　　　　　单位：人

平台	内涵式直接创造就业	内涵式间接创造就业	外延式带动就业	总计
阿里	1368000	66341569	5108884	72818453
腾讯	13734522	65395933	0	79130455

由表 5-10 可知，从两大平台生态来看，腾讯（包括微信与腾讯课堂）和阿里（包括淘宝和饿了么）内涵式创造就业的规模远高于外延式，进一步佐证了平台促进就业属于典型的内涵式就业。

二、主要结论

平台促进高质量就业是平台创新"铁三角"结构的重要一环，也是平台创新构成数字经济创新极点最重要的显示器之一。平台通过促进高质量就业强化数字经济的新业态，提升数字经济新业态的社会影响，从而促进数字经济的各项社会化创新活动。例如，字节跳动（抖音、头条）生态、快手生态、东方甄选等平台通过直播、短视频等方式推动消费者与生产企业的渠道直通链接从而刺激供给端改革，美团平台通过骑手线路规划与精准匹配刺激社会的有效需求，从而发挥引领消费发展的作用。滴滴平台通过高效匹配网约车司机群体与乘客的出行需求使出行消费得到高效转化，腾讯课堂基于在线教育平台不仅培育众多的知识提供商，而且通过平台超大规模的知识共享与在线学习方式提升就业者技能而促进就业和教育消费等。尤其需要指出的是，平台创新构建起来的灵活就业新业态不仅促进高质量就业，而且为传统企业或传统服务模式的数字化转型提供了新的机遇和条件，新东方集团孕育出东方甄选新业态实现数字化创新，就是一个具有中国情境特征的典型案例。

本章测算表明，2021 年，以微信、抖音、快手、京东、淘宝、美团、饿了么及在线职业教育平台腾讯课堂为代表的平台企业净创造就业约 2.4 亿，为当年约 27% 的中国适龄劳动人口提供就业机会，表明平台在助力经济发展过程中发挥了重要的就业稳定器作用。诚然，没有平台创新，不意味着这些被平台创造出来的 2.4 亿就业机会对应的劳动者会完全失业，但可以确定的是其中相当部分依靠平台创造出新就业机会的劳动者难以提升到现有的生活水平上，或者难以满足这部分劳动者对劳动岗位选择的自由需求。因此，平台创新促进高质量就业的贡献，不仅体现在平台为劳动者提供灵活就业新业态的机会，而且体现在平台为劳动者提供灵活就业的自由选择上。

相比工业经济而言，数字经济中人的劳动的自由选择水平更高，代表着数字经济创新的更高水平。平台创新之所以构成数字经济创新极点，一个重要的基础是平台为数字经济创造出更高自由度的劳动市场。2021 年，平台内涵式创造就业的规模是其当年提供就业机会的96%，平台外延式带动就业的规模不到其当年提供就业机会的4%。其中，腾讯和阿里是平台促进就业的两个最大生态，两者内涵式创造就业的规模均远高于外延式带动就业的规模。从工业化以来人类每次重大技术进步的历史来看，每次重大技术进步都几乎出现技术或机器替代人的现象，也都几乎引发众多的有关技术替代人的各种乐观和悲观讨论。然而，正是在这种不断的替代下，工业文明逐步发展起来并演化为当代数字经济的各种创新活动。就2021年中国平台内涵式创造就业的规模是其当年提供就业机会的96%，平台外延式带动就业的规模不到其当年提供就业机会4%的测算结果来看，中国平台创新最主要是通过内涵式创造就业方式来形成数字经济新业态，这是一种"先立后破"的内涵式替换的平台创新方式，比外延式替换更为温和与稳健。

同时，有别于智能技术、航天航空、新材料、新能源、精细化工等新兴战略性技术促进就业主要体现为外延式带动，平台促进就业属于典型的内涵式就业，即平台发展促进了中国高质量就业。该结论不仅得到整体层面的数据支持，也得到各平台数据的支持，具有稳健性，表明平台促进高质量就业构成数字经济促进高质量发展的集中体现。

在平台促进高质量就业中，平台禀赋与市场结构地位的差异会影响平台促进高质量就业的内在结构。虽然平台总体上以内涵式创造就业为主，但平台之间存在内涵式创造就业结构的差异，淘宝、微信、京东、美团、饿了么及腾讯课堂等平台以内涵式间接创造就业为主，滴滴则以内涵式直接创造就业为主，间接创造就业少。抖音与快手则是两者较为平衡，即抖音与快手的内涵式直接创造与间接创造就业之间相对均衡，这可能与流媒体创造就业的数据网络外部性有关。因此，可以认为，不同平台之间促进高质量就业的内在结构存在差异。同时，从就业空间流动来看，平台经济对周边地区的就业具有虹吸效应，即平台发展水平高的地区创造了大量的就业机会，吸引了周边地区大量高素质的劳动力就业，而难以就业的劳动力人口则留在当地，导致周边地区就业率下降而形成虹吸效应。

第六章　平台促进高质量就业的结构

第五章表明，平台促进高质量就业构成平台作为数字经济创新极点的重要基础，平台促进高质量就业体现在内涵式创造就业占平台促进就业总量的96%左右，表明平台促进高质量就业属于一种温和且稳健的内涵式就业创造过程。更进一步地，平台促进高质量就业不仅体现在内涵式创造就业的规模上，也体现在平台优化高质量就业的结构上，根据图2-7的平台促进高质量就业的分析框架，可以认为，平台通过推动就业的产业与行业结构升级、就业的人力资本提升、促进就业的区域均衡与社会公平及就业灵活度促进消费、就业与区域均衡四方面，持续推动创新协调发展，并兼顾经济增长的效率与公平。据此，本章拟以定性研究与定量研究相结合，分别从就业的产业与行业结构升级、就业技能结构优化、就业的区域均衡与社会公平及就业灵活度促进消费、就业与区域均衡四个方面，探讨平台促进高质量就业的实现过程，以刻画平台促进高质量就业的主要特征与规律。

第一节　就业的产业与行业结构升级

一、平台推动就业的产业结构升级

（一）平台内涵式直接创造就业对就业产业结构的影响

以美团、饿了么、滴滴为代表的生活服务类平台促进劳动力由其他产业向第三产业迁移。由于工作灵活性、收入相对可观，因而美团、饿了么、滴滴吸引了大量其他产业或行业的劳动力。

微信生态基于新型商业模式创造大量新兴职业成为其促进就业的重要方式。根据中国信通院和微信发布的《数字化就业新职业新岗位研究报告（2021）》，微信生态不仅催生了专门负责微信公众号、小程序、企业微信、微信支付、视频号等的设计、开发、运营和维护等新型岗位，伴随社交网络的快速发展，活跃于社交软件、直播平台上的海外代购、数字导购、网络主播、视频号博主等就业新形式快速发展蔓延，社交电商、直播带货等已成为当前数字时代的又一特征，相关培训机构、MCN机构等衍生服务业也快速兴起。《腾讯助力新职业与就业发展报告（2022）》表明，2022年以微信作为代表的腾讯数字生态带动了147个新职业，微信带动的新职业大都处于成长期或萌芽期，如微信聊天背景设计师。由此可见，微信生态所创造的就业机会也以第三产业就业机会为主，故而其不断发展将进一步促进就业的产业结构升级，第三产业就业占比进一步提升。

同时，微信生态依赖于其强大的用户规模和社交属性，其也在促进农村人口就业、蓝领工人就业上起到重要作用。根据中国劳动和社会保障科学研究院发布的《数字生态就业创业报告（2022）》，依托于微信视频号的直播带货带动农村电商迅猛发展，使农村产业市场深度拓展；此外，大量蓝领工人依托微信平台求职，提升了企业与劳动力的匹配效率。微信生态的发展促进了劳动力由第一产业、第二产业向第三产业迁移，但同时也为第一产业、第二产业的劳动力提供了大量的就业帮助。

总的来说，美团、微信生态、滴滴、字节跳动等平台创造了大量第三产业的新兴就业岗位，吸引了其他产业的劳动力，促进了就业产业结构升级。

（二）平台内涵式间接创造就业对就业产业结构的影响

本部分采用实证研究探讨电商平台内涵式间接创造就业对于就业产业结构的影响，各变量测度见第二章第三节，由于就业产业结构的数据均公布至2021年，因此本部分采用的是2013~2021年的相关数据进行分析。

描述性统计。采用2013~2021年的数据，各变量的描述性统计如表6-1所示。

表6-1　2013~2021年电商平台发展与就业的产业结构的描述性统计

变量	观测值数量	均值	标准差	最小值	最大值
电商平台发展指数	279	0.129	0.117	0.010	0.756
第一产业就业占比	279	0.304	0.134	0.018	0.593
第二产业就业占比	279	0.254	0.087	0.114	0.454
第三产业就业占比	279	0.441	0.104	0.247	0.831
人均GDP对数	279	10.824	0.400	10.003	11.981
城镇化率	279	0.599	0.124	0.239	0.896
人均一般性公共服务支出对数	279	7.016	0.406	6.460	8.881
人均教育支出对数	279	7.616	0.329	7.047	8.770
财政分权水平	279	7.383	3.868	3.803	24.139

基准回归结果。我们基于Hausman检验结果，采用个体固定效应回归模型分析电商平台发展对于三次产业就业占比的影响，具体回归结果如表6-2所示。

表6-2　电商平台发展与就业的产业结构回归分析结果

变量	模型1 第一产业就业占比	模型2 第二产业就业占比	模型3 第三产业就业占比
电商平台发展水平	0.019 (0.060)	-0.195*** (0.050)	0.202*** (0.063)

续表

变量	模型1 第一产业就业占比	模型2 第二产业就业占比	模型3 第三产业就业占比
人均GDP对数	-0.096** (0.043)	0.051 (0.037)	0.024 (0.041)
城镇化率	-0.918*** (0.228)	-0.001 (0.160)	1.040*** (0.189)
人均一般性公共服务支出对数	0.037 (0.023)	-0.057*** (0.017)	0.018 (0.018)
人均教育支出对数	0.033 (0.050)	0.042* (0.021)	-0.087** (0.042)
财政分权水平	-0.008 (0.006)	0.010** (0.004)	-0.001 (0.005)
常数项	1.436*** (0.513)	-0.262 (0.353)	0.077 (0.471)
观测值数量	279	279	279
R-squared	0.742	0.274	0.790
个体固定效应	是	是	是

注：括号内为稳健型标准误；*表示$p<0.1$，**表示$p<0.05$，***表示$p<0.01$。

根据表6-2，电商平台发展会降低第二产业就业占比，提升第三产业就业占比，对第一产业就业占比没有显著影响。总的来说，电商平台的快速发展将促进劳动力由第二产业向第三产业迁移。

为更好地揭示电商平台发展对于不同产业就业占比的影响机制，我们基于现有的理论研究考虑产业韧性、产业结构等中介机制。

首先，产业韧性指产业各环节应对内外部冲击的能力（陈晓东等，2022），具体包括抵抗能力和恢复能力。其中，产业抵抗能力指产业应对冲击扰动影响的抵抗程度，即冲击扰动对产业的影响程度，抵抗能力强的产业在受冲击扰动时影响程度较小。平台的发展不仅能够提升个体企业的生产效率，其还能为企业或产业的生产制造、技术交流、运营管理、交易流通等环节提供便利，加速产业数字化转型升级，进而提升产业抵抗冲击的能力。现有研究表明平台经济推动了产业技术的扩散、应用和创新，提高了产业技术效率，提升了其整体生产效率。

具体而言，信息通信技术（ICT）的使用能够显著提升制造业企业的生产效率，如企业采用互联网等数字技术的频率越频繁，企业的生产率和增长率提高越快（Mouelhi，2009；Clarke et al.，2015），尤其是传统企业通过借助平台创新，可以通过降低交易成本、减少资源错配、促进创新提升制造业生产效率（黄群慧等，2019）。因此，电商等平台的快速发展可以提升以制造业为核心的第二产业的抵抗冲击的能力。第二产业抵抗韧性的提升意味着自身生产效率的提升，劳动力需求降低。由此可见,第二产业抵抗韧性在电商平台发展与第二产业就业占比中起到中介作用。为此,本节参考苏杭(2015)、殷为华(2019)等研究,利用规上工业企业平均每家企业的产成品价值、流动资产、利润总额三大指标构建第二产业抵抗韧性的指数,从而检验第二产业抵抗韧性的中介作用,具体检验结果如表6-3所示。

表6-3 第二产业抵抗韧性中介效应检验结果

变量	模型1 第二产业抵抗韧性	模型2 第二产业就业占比
电商平台发展水平	0.379*** (0.086)	-0.176*** (0.037)
第二产业抵抗韧性		-0.053* (0.027)
人均GDP对数	0.185*** (0.056)	0.061** (0.024)
城镇化率	-0.940*** (0.242)	-0.050 (0.104)
人均一般性公共服务支出对数	-0.038 (0.033)	-0.059*** (0.014)
人均教育支出对数	-0.024 (0.057)	0.041* (0.024)
财政分权水平	-0.002 (0.006)	0.010*** (0.003)
常数项	-0.717 (0.577)	-0.299 (0.243)
观测值数量	279	279
R-squared	0.229	0.285
个体固定效应	是	是

注:括号内为稳健型标准误;*表示p<0.1,**表示p<0.05,***表示p<0.01。

由表6-3初步可知第二产业抵抗韧性在电商平台发展与第二产业就业占比中起到部分中介作用。进一步根据Sobel检验结果可知,电商平台发展直接影响第二产业就业占比的效应量为-0.176,电商平台发展通过第二产业抵抗韧性间接影响第二产业就业占比的效应量为-0.020。

其次,随着科技进步、网络技术和通信设施的改善,各生产和服务部门技术水平、管理与创新能力得到较大提升(Mouelhi,2009),组织模式得到改善,加快了各产业的相互融合与嬗变,直接推动了产业结构升级,尤其是电商等消费性平台的发展会更明显地推动产业结构的高级化(谢富胜等,2019;纪园园等,2022;刘翠花,2022;郭东杰等,2022)。可见,电商平台的发展将推动产业结构高级化,促进第三产业的进一步发展,而劳动力也将由第二产业向第三产业迁移。这里，参考杨伟国和吴邦正（2022）采用第三产业 GDP 与第二产业 GDP 的比值来度量产业结构高级化的程度，具体中介效应检验结果如表 6-4 所示。

表 6-4 产业结构高级化的中介效应检验

变量	模型 1 产业结构高级化	模型 2 第二产业就业占比
电商平台发展水平	2.477*** (0.269)	-0.129*** (0.041)
产业结构高级化		-0.027*** (0.008)
人均 GDP 对数	-0.677*** (0.177)	0.033 (0.024)
城镇化率	3.772*** (0.759)	0.100 (0.105)
人均一般性公共服务支出对数	0.201* (0.104)	-0.052*** (0.014)
人均教育支出对数	-0.201 (0.178)	0.037 (0.023)
财政分权水平	-0.001 (0.019)	0.010*** (0.003)
常数项	6.298*** (1.814)	-0.094 (0.245)
观测值数量	279	279
R-squared	0.599	0.303
个体固定效应	是	是

注：括号内为稳健型标准误；* 表示 $p<0.1$，** 表示 $p<0.05$，*** 表示 $p<0.01$。

由表 6-4 初步可知产业结构高级化在电商平台发展与第二产业就业占比中起到部分中介作用。进一步根据 sobel 检验结果可知，电商平台发展直接影响第二产业就业占比的效应量为 -0.129，电商平台发展通过产业结构高级化间接影响第二产业就业占比的效应量为 -0.066。

总的来说，电商平台的快速发展助推以制造业为核心的企业效率提升，从而提高第二产业的抵抗韧性，第二产业的劳动力需求下降；与此同时，电商平台的快速发展促进了产业结构高级化，提供了大量第三产业的就业岗位，大量劳动力由第二产业向第三产业迁移。

下面进行空间效应分析。与前文类似，首先计算自变量和因变量的 Moran's I 指数用于判断是否存在空间效应，Moran's I 指数表明第三产业就业占比不存在较强的空间效应，电商平台发展水平、第一产业和第二产业就业占比存在一定的空间效应。针对第一产业就业占比和第二产业就业占比的空间杜宾回归模型显示，其均不存在显著的空间影响，因而电商平台发展水平对于周边地区的第一产业和第二产业就业占比没有明显影响，具体结果如表 6-5 所示。

表 6-5　电商平台发展与就业的产业结构的空间效应分析

变量	模型 1 第一产业就业占比	模型 2 第二产业就业占比
ρ	-0.318 (0.263)	-0.936*** (0.319)
电商平台发展水平	-0.093 (0.065)	-0.045 (0.047)
W×电商平台发展水平	0.103 (0.516)	-0.557 (0.371)
控制变量	是	是
Observations	279	279
R-squared	0.632	0.150
个体固定效应	是	是

注：括号内为稳健型标准误；* 表示 p<0.1，** 表示 p<0.05，*** 表示 p<0.01。

与前面类似进行稳健性检验，依旧采用工具变量法和替换核心解释变量的方法来进行稳健性检验，确保本部分所得到结论的稳健性。两种方法所得到的结论与上述结论一致。

总之，平台内涵式直接创造就业创造了大量第三产业的新兴就业岗位，如骑手、网约车司机等，鉴于新兴就业岗位的工作灵活性和收入相对可观，大量劳动力由其他产业向第三产业迁移。而内涵式间接创造就业通过带动相关第三产业的发展，如物流、零售等，促进了产业结构的升级，从而促使大量其他产业劳动力由其他产业向第三产业迁移。无论是内涵式直接创造就业还是内涵式间接创造就业均能促进劳动力由其他产业向第三产业迁移，促进就业的产业结构升级。

二、平台推动就业的行业结构升级

（一）平台内涵式直接创造就业对就业行业结构的影响

尽管在第三章没有直接展示电商平台内涵式直接创造就业，但电商平台的发展确实创造了部分信息传输、软件和信息技术服务领域的就业岗位，本部分将进一步探讨上述影响。各变量测度见第二章第三节，由于部分数据受限，本部分采用 2013~2020 年的数据进行分析，各变量的描述性统计如表 6-6 所示。

表 6-6　2013~2020 年电商平台发展与城镇单位信息业就业的描述性统计

变量	观测值数量	均值	标准差	最小值	最大值
电商平台发展指数	248	0.133	0.124	0.010	0.753
人均 GDP 对数	248	10.794	0.394	10.003	11.880
城镇化率	248	0.594	0.125	0.239	0.896

续表

变量	观测值数量	均值	标准差	最小值	最大值
人均一般性公共服务支出对数	248	7.005	0.407	6.460	8.881
人均教育支出对数	248	7.600	0.328	7.047	8.770
财政分权水平	248	7.383	3.900	3.803	24.139
信息传输、软件和信息技术服务业就业占比（czdw）	248	0.020	0.016	0.008	0.125

注：czdw 表示城镇单位就业。

我们基于 Hausman 检验结果，采用个体固定效应回归模型分析电商平台发展对于信息传输、软件和信息技术服务业就业占比的影响，具体回归结果如表 6-7 所示。由表 6-7 可知，电商平台的发展提高了城镇单位信息传输、软件和信息技术服务业的就业占比。

表 6-7　电商平台发展与城镇单位信息业回归分析结果

变量	模型 1
	信息传输、软件和信息技术服务业就业占比（czdw）
电商平台发展水平	0.061*** (0.006)
人均 GDP 对数	0.013* (0.007)
城镇化率	−0.063 (0.039)
人均一般性公共服务支出对数	0.005 (0.003)
人均教育支出对数	−0.006 (0.007)
财政分权水平	−0.000 (0.001)
常数项	−0.073 (0.081)
观测值数量	248
R-squared	0.650
个体固定效应	是

注：czdw 表示城镇单位就业；括号内为稳健型标准误；* 表示 $p<0.1$，** 表示 $p<0.05$，*** 表示 $p<0.01$。

（二）平台内涵式间接创造就业对就业行业结构的影响

本部分将重点探究电商平台发展对于上下游行业就业人数的影响，结合已有研究，我们将重点聚焦电商平台发展对于金融业就业的影响。本部分的各变量测度参见第二章第三节，由于后续中介变量的数据仅公布至 2020 年，故本部分采用 2013~2020 年的数据进行分析，各变量的描述性统计如表 6-8 所示。

表 6-8 2013~2020 年电商平台发展与城镇单位金融业就业的描述性统计

变量	观测值数量	均值	标准差	最小值	最大值
电商平台发展指数	248	0.133	0.124	0.010	0.753
人均 GDP 对数	248	10.794	0.394	10.003	11.880
城镇化率	248	0.594	0.125	0.239	0.896
人均一般性公共服务支出对数	248	7.005	0.407	6.460	8.881
人均教育支出对数	248	7.600	0.328	7.047	8.770
财政分权水平	248	7.383	3.900	3.803	24.139
金融业就业占比（czdw）	248	0.041	0.014	0.020	0.085

注：czdw 表示城镇单位就业。

我们基于 Hausman 检验结果，采用个体固定效应回归模型分析电商平台发展对于不同行业就业占比的影响，具体回归结果如表 6-9 所示。由表 6-9 可知，电商平台的发展提高了城镇单位金融业的就业占比。

表 6-9 电商平台发展与城镇单位金融业就业回归分析结果

变量	模型 1 金融业就业占比（czdw）
电商平台发展水平	0.074*** (0.017)
人均 GDP 对数	-0.019 (0.012)
城镇化率	0.297*** (0.061)
人均一般性公共服务支出对数	0.015** (0.006)
人均教育支出对数	-0.044*** (0.014)
财政分权水平	-0.002 (0.001)
常数项	0.297** (0.116)
观测值数量	248
R-squared	0.615
个体固定效应	是

注：czdw 表示城镇单位就业；括号内为稳健型标准误；* 表示 $p<0.1$，** 表示 $p<0.05$，*** 表示 $p<0.01$。

下面进行机制分析。电商平台的快速发展是建立在移动支付基础之上,电商平台的快速发展助推以消费金融为代表的数字普惠金融的快速发展,从而促进金融行业的快速发展,金融行业所吸纳就业数量也将不断攀升。例如,数字技术短期内将与金融部门融合促进经济发展,因此电商平台的发展助推数字普惠金融,从而助力金融行业就业占比提升,数字普惠金融在电商平台发展和城镇单位金融业就业占比中起到中介作用(田秀娟和李睿,2022)。据此,参考郭峰等(2020)构建的数字普惠金融指数来度量数字普惠金融发展水平,具体回归结果如表6-10所示。

表6-10 数字普惠金融中介效应检验结果

变量	模型1 数字普惠金融	模型2 城镇单位金融业就业占比
电商平台发展水平	334.883*** (26.682)	0.024 (0.015)
城镇私营单位及个体就业占比		0.000*** (0.000)
人均GDP对数	132.711*** (21.904)	-0.039*** (0.010)
城镇化率	812.563*** (84.056)	0.177*** (0.044)
人均一般性公共服务支出对数	35.653*** (11.596)	0.010* (0.005)
人均教育支出对数	2.342 (19.848)	-0.044*** (0.009)
财政分权水平	-9.437*** (2.147)	-0.000 (0.001)
常数项	-1904.640*** (202.642)	0.579*** (0.106)
观测值数量	248	248
R-squared	0.961	0.654
个体固定效应	是	是

注:括号内为稳健型标准误;* 表示p<0.1,** 表示p<0.05,*** 表示p<0.01。

由表6-10初步可知,数字普惠金融在电商平台发展与城镇单位金融业就业占比中起到完全中介作用。进一步根据sobel检验结果可知,电商平台发展完全通过数字普惠金融间接影响城镇单位金融业就业占比,且效应量为0.049。

与前面类似进行稳健性检验,依旧采用工具变量法和替换核心解释变量的方法来进行稳健性检验,确保本部分所得到结论的稳健性。两种方法所得到的结论均与上述结论一致。

(三)平台的就业替代效应对就业行业结构的影响

本部分拟重点探究电商平台发展通过就业替代对于就业行业结构的影响,我们将重点聚焦电商平台发展对于制造业的影响。本部分变量测度参见第二章第三节，由于部分数据受限，本部分采用2013~2020年的数据进行分析，各变量的描述性统计如表6-11所示。

表6-11 2013~2020年电商平台发展与城镇单位制造业就业占比的描述性统计

变量	观测值数量	均值	标准差	最小值	最大值
电商平台发展指数	248	0.133	0.124	0.010	0.753
人均GDP对数	248	10.794	0.394	10.003	11.880
城镇化率	248	0.594	0.125	0.239	0.896
人均一般性公共服务支出对数	248	7.005	0.407	6.460	8.881
人均教育支出对数	248	7.600	0.328	7.047	8.770
财政分权水平	248	7.383	3.900	3.803	24.139
制造业就业占比（czdw）	248	0.207	0.096	0.024	0.519

注：czdw表示城镇单位就业。

我们基于Hausman检验结果，采用个体固定效应回归模型分析电商平台发展对于不同行业就业占比的影响，具体回归结果如表6-12所示。由表6-12可知，电商平台的发展降低了城镇单位制造业的就业占比。

表6-12 电商平台发展与城镇单位制造业就业占比回归分析结果

变量	模型1
	制造业就业占比（czdw）
电商平台发展水平	-0.171**
	(0.070)
人均GDP对数	-0.078
	(0.052)
城镇化率	-0.131
	(0.208)
人均一般性公共服务支出对数	-0.066**
	(0.025)
人均教育支出对数	0.062
	(0.039)
财政分权水平	0.011***
	(0.003)
常数项	1.056**
	(0.416)
观测值数量	248
R-squared	0.713
个体固定效应	是

注：czdw表示城镇单位就业；括号内为稳健型标准误；* 表示$p<0.1$，** 表示$p<0.05$，*** 表示$p<0.01$。

下面进行机制分析。由于制造业是第二产业的核心，因此电商平台发展降低城镇单位制造业就业占比的解释与电商平台发展降低第二产业就业占比类似，即电商平台发展促进了产业结构转型升级，提高了制造业的抵抗力韧性，制造业的劳动力需求下降，故制造业的就业占比下降。而电商平台本身在行业归属中就属于信息传输、软件和信息技术服务业，其自身的发展自然会推动自身所属行业就业占比的提升。

进一步开展空间效应的分析发现，电商平台的发展会降低城镇私营单位及个体就业中制造业就业占比，也会降低整个城镇就业中制造业就业占比。故下面我们将考虑电商平台发展对于城镇制造业就业占比的空间影响。与前面讨论类似，首先计算自变量和因变量的 Moran's I 指数用于判断是否存在空间效应。Moran's I 指数表明电商平台发展水平、城镇制造业就业占比存在一定的空间效应。其次通过 LM 检验和 LR 检验，利用空间杜宾模型分析电商平台发展水平影响城镇制造业就业占比的空间效应。表 6-13 的回归结果表明，电商平台发展水平不仅降低了当地城镇制造业就业占比，还会降低周边地区城镇制造业就业占比。

表 6-13　电商平台发展与城镇制造业就业占比的空间效应分析

变量	模型 1
	城镇制造业就业占比
ρ	-1.697***
	(0.335)
电商平台发展水平	-0.150***
	(0.036)
W * 电商平台发展水平	-1.010***
	(0.260)
控制变量	是
直接效应	-0.109***
间接效应	-0.318***
总效应	-0.427***

注：括号内为稳健型标准误；* 表示 $p<0.1$，** 表示 $p<0.05$，*** 表示 $p<0.01$。

与前面类似进行稳健性检验，依旧采用工具变量法和替换核心解释变量的方法来进行稳健性检验，确保本部分所得到结论的稳健性。两种方法所得到的结论与上述结论一致。

电商平台促进工业产成品价值。除了考虑电商平台发展对于制造业就业占比的影响此外，我们进一步利用 2013～2021 年的数据探讨电商平台发展对于规上工业企业产成品价值的影响。具体变量测度参见第二章第三节，具体回归结果如表 6-14 所示。

表 6-14　电商平台与工业企业产成品价值

变量	模型 1
	规上工业企业产成品价值对数
电商平台发展水平	1.184***
	(0.391)
人均 GDP 对数	0.177
	(0.280)
城镇化率	-2.176
	(1.410)
人均一般性公共服务支出对数	-0.272*
	(0.151)
人均教育支出对数	0.034
	(0.222)
财政分权水平	-0.023
	(0.041)
常数项	17.339***
	(2.785)
观测值数量	279
R-squared	0.148
个体固定效应	是

注：括号内为稳健型标准误；* 表示 p<0.1，** 表示 p<0.05，*** 表示 p<0.01。

由表 6-14 可知，尽管电商平台的发展使制造业的就业占比降低，但其却促进了规上工业企业产成品总价值的提升。上述结论也表明电商平台通过促进工业企业的生产效率提升，进而促进工业企业的转型升级。

总之，平台通过内涵式直接创造就业提升以信息传输、软件和信息技术服务业就业占比，通过内涵式间接创造就业提升了金融业等相关行业就业占比，通过替代就业效应降低了制造业就业占比。具体地，平台发展使低端制造业就业者数量减少，使高端产业如信息传输、软件和信息技术服务业的就业者数量快速上升，从而整体上促进就业行业结构由低端就业逐渐向高端就业转型升级。

第二节　就业的人力资本提升

提升社会劳动者就业的人力资本，构成平台促进高质量就业的第二条主要路径，具体通过平台促使就业者的就业技能结构优化提升来实现，包括平台内涵式直接创造就业优化就业技能结构、平台内涵式间接创造就业优化就业技能结构两类实现路径。

一、平台内涵式直接创造就业优化就业技能结构

以美团、饿了么、滴滴为代表的生活服务类平台创造的新兴就业岗位吸纳了大量低学历群体的就业。《2019 年及 2020 年疫情期美团骑手就业报告》显示，

美团骑手中高中及以下学历占比超过82%。郑祁等（2020）以北京市外卖骑手为样本的调查显示高中及以下学历群体占比超50%，本科及以上学历群体占比远低于北京市平均水平。此外，根据中国人民大学劳动人事学院课题组发布的就业报告，网约车司机中高中及以上学历群体的占比也已经达到了80%以上，就业者技能水平得到一定的提升。

以微信为代表的社交娱乐类平台所创造的新兴岗位则对就业者学历有一定要求。根据第三方机构2019~2021年以微信生态为研究对象发布的数据报告，2019年微信生态本科以下学历的就业者占比45%；2020年微信小程序个人运营者本科以下学历就业者占比达47%，微信视频号个人运营者本科以下学历占比达到46.8%；2021年微信视频号的本科以下学历就业者已经高达62.2%。从整体上来说，微信生态所创造的就业机会的学历门槛也在逐步降低。

总的来说，平台内涵式直接创造就业对于就业技能结构的影响是多元的。一方面平台创造了大量低门槛的新兴就业岗位，帮助低技能群体就业；另一方面部分平台创造的新兴就业岗位对于就业者技能要求也在逐步提高。

二、平台内涵式间接创造就业优化就业技能结构

（一）腾讯课堂优化就业技能结构的典型案例

腾讯课堂帮助学员就业的商业模式，构成腾讯课堂等类似平台促进就业的主要实现方式之一。在中国现有众多平台中，腾讯课堂提升学员的就业技能水平，优化就业技能结构具有典型性和代表性。

根据2022年10~12月作者对腾讯课堂相关成员进行在线半结构性访谈，并收集整理典型案例素材，发现在腾讯课堂平台教学体系中，学员通过腾讯课堂平台提供的相关课程优化就业结构技能的案例比比皆是。例如，C企业的学员万岭作为脑瘫患者通过学习C企业的网络安全课程，掌握相关数字化技术，提升了个体的数字化素养，从而改变命运。具体地，1995年出生于扬州高邮的万岭，在1岁时因动作和语言发育迟缓，被医生诊断为脑瘫，甚至被断言活不过18岁。在日常生活中，由于平衡感差、行动不便、语言表达障碍，在随班就读的过程中，万岭无法跟上正常的教育学习进度，还被同学嘲笑为呆子或傻子。2016年，通过腾讯课堂学习，万岭考取思科最高级技术认证——CCIE认证，这是IT业公认最权威但也最难考的网络专家认证，全球仅5万人通过。业内人士认为，万岭是中国唯一获得CCIE证书的脑瘫患者。他取得证书后，成功转型网络工程师，个人薪资待遇提高了一倍。2020年，万岭返乡创业，为当地县城的工业园区、企业、工厂提供网络安全加固和维护等服务。2021年其公司收入超300万元，团队规模发展从3人到25人，成为华为、深信服在当地的重要合作伙伴，进而为带动乡村发展发挥出引领作用。①

面对社会众多的技能提升需求,腾讯课堂的学员规模变得日益庞大,据腾讯课堂数据,2021年8~11月腾讯课堂的月度活跃用户始终在1000万以上(见图6-1)。根据艾瑞咨询和腾讯课堂联合发布《中国综合性终身教育平台大数据报告——腾讯课堂数据篇》,2021年腾讯课堂月度平均活跃用户更是高达2600万。该数据反映出腾讯课堂对于提升中国劳动力就业转型能力具有促进潜力。

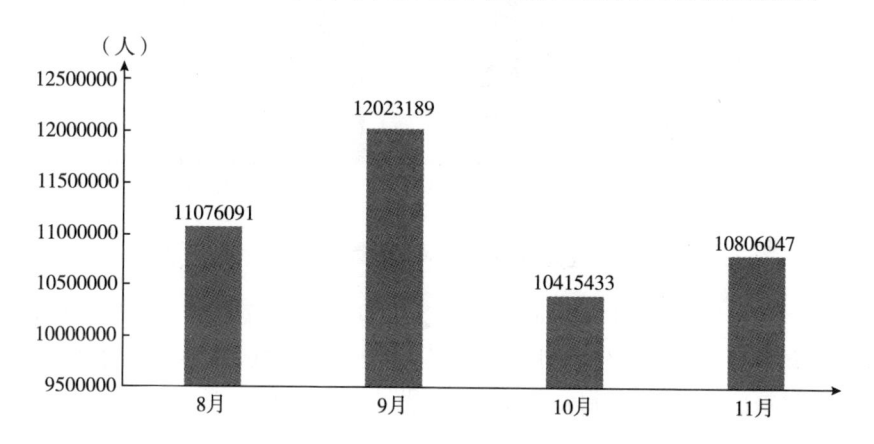

图6-1 2021年8~11月全国腾讯课堂活跃用户数

资料来源:腾讯课堂。

针对腾讯课堂改善学员就业情况的机制,我们通过问卷调研来解释腾讯课堂提升学员技能并改善就业的情况。本次调研主要依托A、B、C(与前文的A、B、C所代表的企业一致)三家腾讯课堂开课机构向其学员发放问卷,三家机构主要开设课程均是计算机相关的职业培训类课程。因此,本部分的分析也主要以三家机构的学员及其就业情况为主。本次调研共回收122份学员问卷,A机构64份,B机构40份,C机构18份。

(1)学员背景信息。由于课程主要是计算机相关的职业培训类课程,调研学员中大部分为男性,只有9位女性学员。调研学员以"90后"为主,大部分学员的学历为本科,高中及以下学历以及硕士研究生学历占比较少(见图6-2),上述现象也一定程度上反映了腾讯课堂的职业培训主要面向于本科学历群体。

根据艾瑞咨询和腾讯课堂联合发布的《中国综合性终身教育平台大数据报告——腾讯课堂数据篇》,2021年腾讯课堂学员中具有大专、本科、硕士及博士学历的学员占六成,腾讯课堂学员中高中及以下学历学员占四成,本科学历学员

---

① 《腾讯助力新职业与就业发展报告(2022)》。

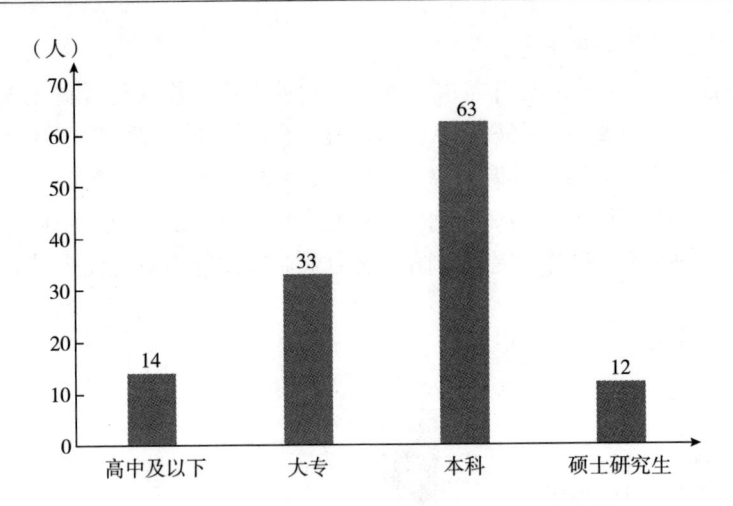

（人）
70
60　　　　　　　　　63
50
40
　　　　　33
30
20
　14　　　　　　　　　　　　12
10
0
高中及以下　大专　本科　硕士研究生

图6-2　被调研腾讯课堂学员的学历结构

最多（见图6-3）。由于本书调研的主要为计算机相关课程的学员，对学员的能力要求更高，故本书的调研结果与上述报告的结论存在些许差异。总体来说，腾讯课堂不仅帮助了高学历群体，还大量赋能了低学历群体。

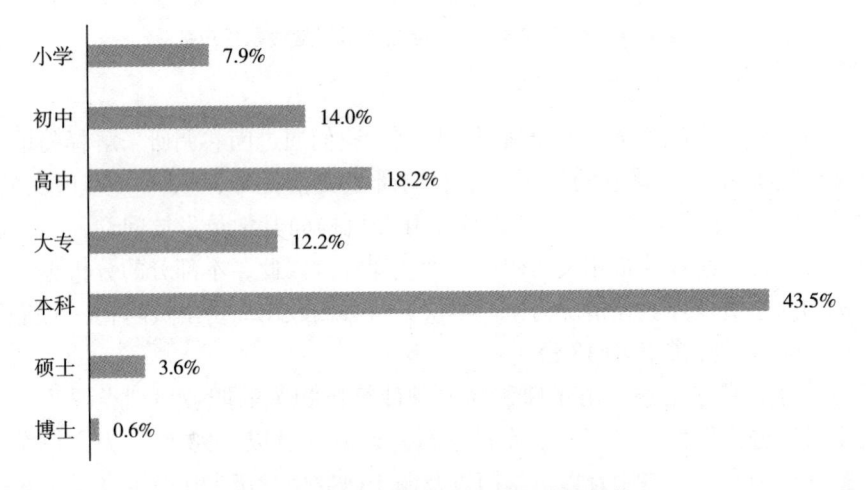

小学　7.9%
初中　14.0%
高中　18.2%
大专　12.2%
本科　43.5%
硕士　3.6%
博士　0.6%

图6-3　2021年腾讯课堂学员学历结构

资料来源：艾瑞咨询和腾讯课堂联合发布的《中国综合性终身教育平台大数据报告——腾讯课堂数据篇》。

在调研的122名学员中，目前共有80名学员拥有工作。80名学员中48名学员来自于三线及以下城市。上述现象与腾讯课堂平台所提及的月度活跃用户中40%以上来自于三四五线及以下城市的结论一致。

(2) 学员课程学习情况。在作者调研的三家机构的122位学员中，大部分学员在腾讯课堂上的课程学习数量为2~3门，同时也有较多学员的课程学习数量在8门以上（见图6-4）。此外，大量学员多次学习相同机构开设的课程。由此可见，腾讯课堂平台已经成为大量用户的学习平台，大量用户通过腾讯课堂平台获取多方面的知识。

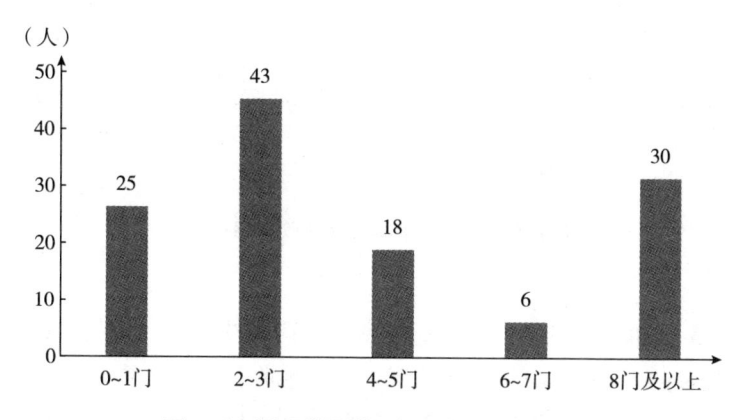

图6-4 调研学员学习课程数量分布情况

根据A机构和C机构提供的相关数据，A机构目前已经帮助104名学员改善就业，在104名学员中，共有30名学员仅拥有大专及以下学历。经过A机构的课程培训以后，30名学员的平均月薪超15000元。104名学员中不少学员在字节跳动、科大讯飞等知名互联网公司就职。例如，A机构的Y学员24岁，初中学历。Y学员通过学习A机构课程四个半月，经过3次模拟面试且模拟面试的时候气场特别强，得到了机构老师的特别关注。在求职过程中，Y学员原本的岗位薪资预期是1万元左右，但其最终在北京获得了18.2万元年薪的职位。此外，还得到了其他两个候选工作职位。

目前C机构也已帮助大量学员获得相关认证，根据C机构提供的103名学员就业数据，33名专科学历学员通过学习C机构课程获得认证从而改善就业情况，33名专科学历学员的平均月薪接近10000元。103名学员中更有不少学员在华为、中国工商银行等知名公司就职，上述两家机构仅为腾讯课堂改善学员就业的代表。目前，腾讯课堂累计入驻机构超过15万家，可见腾讯课堂影响学员就业的规模颇大。

（二）腾讯课堂提升学员就业技能的路径分析

为揭示腾讯课堂促进学员就业的具体路径，剔除2022年12月采集的调研问卷中尚未就业的学员样本，保留80份问卷，问卷题项均通过信效度检验。调查问卷题项具体包含学员的基本信息、学员感知层面的课程效果、学员行动层面的课程效果、学员就业改善情况以及学员对课程的总体满意程度（具体问卷题项见附录六）。我们利用结构方程分析法对80份问卷数据进行分析，具体分析结果如图6-5所示。

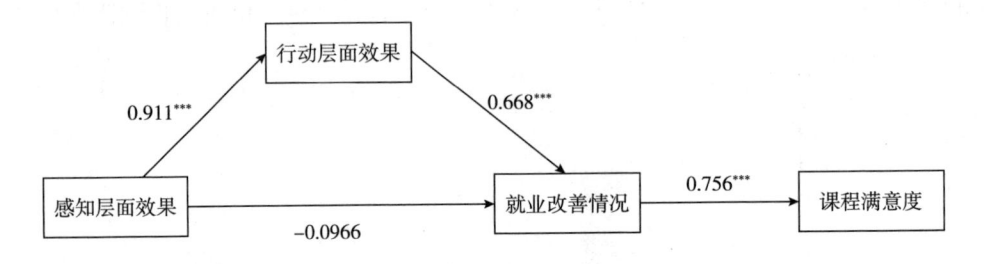

```
                    行动层面效果
              0.911***        0.668***
     感知层面效果                    就业改善情况    0.756***   课程满意度
                    -0.0966
```

图6-5 腾讯课堂学员就业改善路径分析

注：***表示p<0.01。

由图6-5可知，学员学习课程通过感知层面收获知识，再从行动层面应用相关技能，最终才能改善自身的就业情况，单纯地收获知识并不足以改善学员自身的就业情况。上述结论一方面揭示了以职业培训为核心的服务型平台在提升就业者劳动技能上的内在机理，即"课程学习—感知层面的知识收获—行动层面的具体实践—就业改善"；另一方面也为腾讯课堂平台以及开课机构如何更好地促进学员就业提供参考。

除了腾讯课堂以外，微信、抖音、快手等社交娱乐类平台作为重要的信息或知识传播渠道，劳动力可以通过其学习相关知识，提升自身的技能水平。

（三）电商平台优化就业技能结构促进人力资本提升的计量分析

本部分重点研究电商平台内涵式间接创造就业通过优化就业技能结构对人力资本的影响。本部分的变量测度参见第二章第三节，由于因变量和后续中介变量的数据仅公布至2020年，故采用2013~2020年的数据进行分析。本部分采用2013~2020年的数据得到各变量的描述性统计，见表6-15。

表6-15 2013~2020年电商平台发展与人均人力资本变量描述性统计

变量	观测值数量	均值	标准差	最小值	最大值
电商平台发展指数	248	0.133	0.124	0.010	0.753
人均GDP对数	248	10.794	0.394	10.003	11.880
城镇化率	248	0.594	0.125	0.239	0.896
人均一般性公共服务支出对数	248	7.005	0.407	6.460	8.881
人均教育支出对数	248	7.600	0.328	7.047	8.770
财政分权水平	248	7.383	3.900	3.803	24.139
人均人力资本对数	248	5.573	0.365	4.667	6.577

第六章 平台促进高质量就业的结构

本节利用个体固定效应模型分析电商平台发展水平对人均人力资本的影响。回归结果表明电商平台发展提高了人均人力资本，电商平台发展水平每提升1%个单位，人均人力资本提升约0.408%。具体回归结果见表6-16。

表6-16 电商平台发展与人均人力资本回归结果

变量	模型1
	人均人力资本对数
电商平台发展水平	0.408***
	(0.113)
人均GDP对数	0.203**
	(0.097)
城镇化率	4.368***
	(0.323)
人均一般性公共服务支出对数	0.029
	(0.045)
人均教育支出对数	-0.243***
	(0.061)
财政分权水平	-0.009
	(0.009)
常数项	2.442***
	(0.885)
观测值数量	248
R-squared	0.959
个体固定效应	是

注：括号内为稳健型标准误；* 表示 $p<0.1$，** 表示 $p<0.05$，*** 表示 $p<0.01$。

下面进行机制分析。为更好地解释电商平台发展对于人力资本的影响机理，我们基于现有理论研究考虑就业技能结构的中介作用。电商平台的快速发展提升了对于高素质的劳动力的需求。同时，劳动力通过主动或被动地利用各类平台，享受网络带来的便捷和知识传播的优势，进一步提高自身的素质水平（何宗樾和宋旭光，2020）。因此，电商平台的快速发展可以通过促进劳动力素质提升从而提升人力资本。据此，采用《中国人口与就业统计年鉴》公布的大专及以上学历就业人数占比来衡量就业的技能结构，从而检验就业技能结构的中介作用，具体检验结果如表6-17所示。

表6-17 就业技能结构的中介检验结果

变量	模型1	模型2
	大专及以上学历就业人数占比	人均人力资本对数
电商平台发展水平	0.241***	0.316***
	(0.058)	(0.108)

· 221 ·

续表

变量	模型1 大专及以上学历就业人数占比	模型2 人均人力资本对数
大专及以上就业人数占比		0.382** (0.155)
人均 GDP 对数	0.017 (0.044)	0.196** (0.095)
城镇化率	0.396** (0.178)	4.217*** (0.319)
人均一般性公共服务支出对数	0.014 (0.019)	0.023 (0.042)
人均教育支出对数	−0.026 (0.028)	−0.233*** (0.060)
财政分权水平	−0.007 (0.004)	−0.006 (0.008)
常数项	−0.100 (0.379)	2.481*** (0.862)
观测值数量	248	248
R-squared	0.720	0.960
个体固定效应	是	是

注：括号内为稳健型标准误；* 表示 $p<0.1$，** 表示 $p<0.05$，*** 表示 $p<0.01$。

由表6-19初步可知，就业技能结构在电商平台发展与人均人力资本中起到部分中介作用。进一步根据sobel检验结果可知，电商平台发展直接影响人均人力资本水平的效应量为0.316，电商平台发展通过就业技能结构影响人均人力资本的效应量为0.092。

与前面类似进行稳健性检验，依旧采用工具变量法和替换核心解释变量的方法来进行稳健性检验，确保本部分所得到结论的稳健性。两种方法所得到的分析结论与上述结论一致。

总之，平台促进就业能够优化就业技能结构。尽管内涵式直接创造就业创造了大量低门槛的新兴就业岗位，从而吸纳大量的低技能群体就业；但其也创造了大量高技能要求的就业岗位，进一步促进了就业者技能水平提升。而且平台内涵式间接创造就业则是发挥了平台作为信息载体的功能，就业者通过平台学习知识或技能，提升自身技能水平，改善就业情况。从长期来看，平台发展能够优化就业技能结构，平台发展对就业技能结构的优化意味着平台能够显著提升就业市场的人力资本。从内生经济增长理论来看，平台通过显著优化社会的人力资本结构，从而构成数字经济长期增长与创新驱动的源泉，因而平台创新构成数字经济创新极点。

第三节 就业的区域均衡与社会公平

平台为社会经济发展提供了多种灵活就业的社会选择。正是平台为社会就业者提供灵活就业的社会选择，使平台促进就业的区域均衡与社会公平。

一、平台为灵活就业提供社会选择

（一）平台内涵式直接创造促进灵活就业

由于平台打破了时空的限制，故其直接所创造的新兴就业岗位往往具有高度的灵活性。正因为工作的灵活性，美团和饿了么平台上大量外卖骑手均以兼职工作为主，根据《生活服务平台就业生态体系与美团点评就业机会测算报告》，2018年美团平台上35%的骑手有其他收入来源。饿了么公布的《2022年蓝骑士发展和保障报告》也表明，40%的骑士表示有本职工作，超20%在其他外卖平台从事配送工作。

根据中国信通院与微信联合发布的《微信就业影响力报告（2019-2020）》，2019年微信生态带动就业机会中兼职就业达1519万个，占总直接就业机会的六成。中国信通院与微信联合发布的《数字化就业新职业新岗位研究报告（2021）》也显示越来越多的应届毕业生选择灵活就业的方式。

（二）平台内涵式间接创造调适劳动力供需匹配

以微信、抖音、快手为代表的社交娱乐类平台其连接了人和人，故其能够作为重要的信息传播渠道，通过社交娱乐类平台能够有效地降低劳动力供给方与需求方之间的信息不对称，促进劳动力供给与需求的匹配。中国信通院与微信联合发布的《微信就业影响力报告（2018）》表明，51%的调研者表明通过微信获得了更多的求职招聘信息，25%的调研者表明通过微信平台成功找到了合适的工作（具体数据见图6-6）。

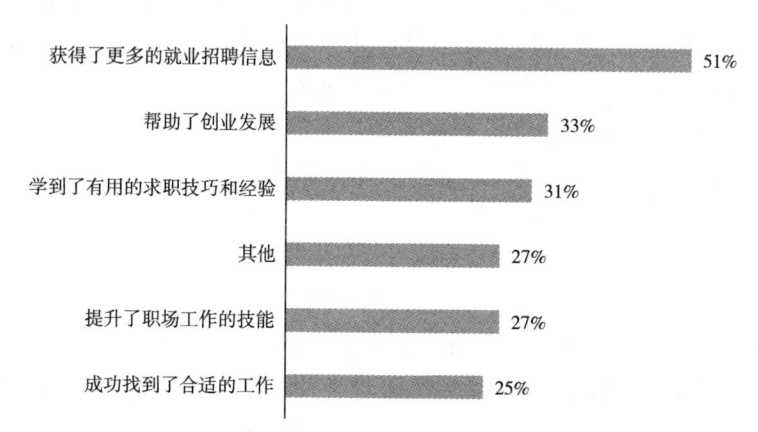

项目	比例
获得了更多的就业招聘信息	51%
帮助了创业发展	33%
学到了有用的求职技巧和经验	31%
其他	27%
提升了职场工作的技能	27%
成功找到了合适的工作	25%

图6-6　2018年微信作为求职渠道帮助用户取得的成效占比

资料来源：中国信通院和微信联合发布的《微信就业影响力报告（2018）》。

其中，微信作为求职渠道帮助蓝领工人求职效果明显。中国劳动和社会保障科学研究院《数字生态就业创业报告（2022）》表明，2021年微信群、招聘公众号、小程序在蓝领工人的求职招聘过程中使用率分别为36.9%和18.8%，具体数据见图6-7。

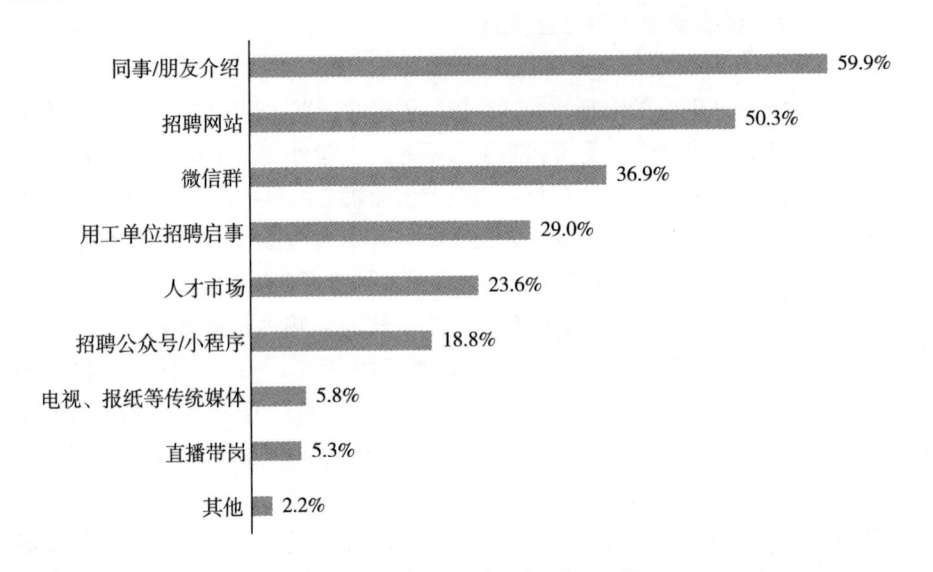

渠道	比例
同事/朋友介绍	59.9%
招聘网站	50.3%
微信群	36.9%
用工单位招聘启事	29.0%
人才市场	23.6%
招聘公众号/小程序	18.8%
电视、报纸等传统媒体	5.8%
直播带岗	5.3%
其他	2.2%

图6-7 2021年微信蓝领求职渠道

资料来源：中国劳动和社会保障科学研究院发布的《数字生态就业创业报告（2022）》。

例如，2022年8月26~31日，"快招工"以"直播带岗"的形式促进华北地区蓝领就业，助力制造业企业解决招工难题。本次"快招工"华北制造业蓝领招聘专场吸引了歌尔股份、海信、澳柯玛、雷沃、上汽集团、欧派家居、三全食品、群创光电等45家优质企业参加，为蓝领工人释放出5万多个工作岗位，涉及电子器件、机械装备、家居、食品等多元领域，覆盖北京、天津、青岛、烟台、威海、潍坊等地区，为华北地区蓝领群体提供了广阔的求职空间。此外，除微信以外，快手推出的蓝领招聘平台——快招工也大力助力蓝领工人求职，促进蓝领工人和企业间的匹配。

（三）平台内涵式间接创造促进创业

由于平台作为资源连接体，其也是良好的创业平台，大量青年群体依托平台进行创业活动。根据中国劳动和社会保障科学研究院《数字生态就业创业报告（2022）》，2021年微信生态主要通过流量支持来推动创业活动，具体统计如图6-8所示。

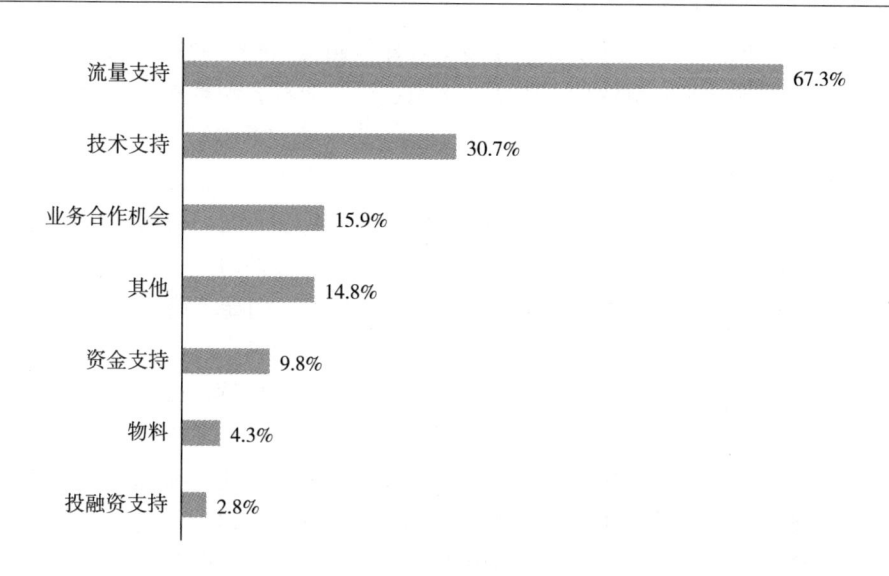

第六章 平台促进高质量就业的结构

支持方式	比例
流量支持	67.3%
技术支持	30.7%
业务合作机会	15.9%
其他	14.8%
资金支持	9.8%
物料	4.3%
投融资支持	2.8%

图 6-8　2021 年微信对创业活动的支持方式统计

资料来源：中国劳动和社会保障科学研究院发布的《数字生态就业创业报告（2022）》。

总之，平台由于自身特性，其所创造的新兴岗位往往具有灵活性使灵活就业成为未来就业的趋势。同时，平台作为信息的传播渠道，其也改变传统的求职方式，通过平台能够有效降低劳动力供给与需求之间的信息不对称，促进劳动力供给与需求的匹配；此外，平台作为重要的资源连接体，其也激发了大量劳动力依托平台开展创业活动。平台内涵式创造就业使就业选择、求职选择、就业性质都变得更加多元、更加高效。

总的来说，平台通过内涵式直接创造促进灵活就业，通过内涵式间接创造调适劳动力供需匹配及通过内涵式间接创造促进创业三种方式，促进就业的区域均衡与社会公平。

二、平台促进就业的区域均衡

（一）平台内涵式直接创造对就业地域分布的影响

首先，以美团和饿了么等为代表的生活服务类平台的发展将适当降低就业者的流动性，推动本地就业。由于外卖骑手工作易上手，覆盖全国众多市县，有利于从业者实现就近就业。

《2019 年及 2020 年疫情期美团骑手就业报告》显示，2019 年，美团平台共有 56.8%的骑手通过外卖骑手工作实现本省就业，总占比接近六成。其中，河南、山西、广西、江西、安徽、黑龙江六个省份的本省就业比例最高，均超过 90%。在新冠疫情影响下，美团等平台促进劳动者就近就业的效应更加明显，根据美团《2020 年上半年骑手就业报告》，共有 58%的骑手通过骑手工作实现本省就业，相较于

· 225 ·

2019年提升1.2%，共有七个省份的本省就业比例超过90%。同时，随着外卖行业的发展，《生活服务平台就业生态体系与美团点评就业机会测算报告》表明，近三年来骑手群体开始逐渐向三四线城市发展扩大，覆盖率逐渐增高。

其次，以微信、抖音、快手为代表的社交娱乐类平台目前促进就业的效果依旧集中在经济较为发达的城市，但正向三线及以下城市下沉。根据中国信通院与微信联合发布的《数字化就业新职业新岗位研究报告（2021）》，2020年微信小程序及视频号运营者在二线、三线及以下城市的分布比例显著高于一线城市，尤其是视频号运营者在三线及以下城市的分布比例达42.1%。目前微信生态蕴含的就业机会主要仍沿"胡焕庸线"东侧分布，广东和北京依然是两大核心区域，占比超过10%。

中国劳动和社会保障科学研究院发布的《数字生态就业创业报告（2022）》表明，2021年公众号生态和小程序生态分别有79.0%和83.6%的从业者工作于直辖市、省会城市或地级市市区。但由于视频号创作的门槛相对较低，大量中小城市的劳动力依托视频号就业，目前视频号的从业者的地域分布则相对均衡，2019年微信视频号运营者在三线及以下城市的分布比例达42.1%。因此伴随着视频号的不断发展，微信生态创造的就业机会也开始不断向中小城市下沉。

此外，根据中国人民大学国家发展与战略研究院发布的《灵工时代——抖音促进就业研究报告》，2019年8月至2020年6月抖音平台就业者主要集中于杭州、西安、青岛、成都等新一线城市，其次是二线城市和三线城市，而一线、五线及以下城市较少。

（二）平台内涵式间接创造对就业地域分布的影响

在笔者2022年12月至2023年1月对腾讯课堂问卷调研的122名学员中，有80名学员目前拥有工作，其中的48名学员来自于三线及以下城市。上述现象与腾讯课堂平台所提及的月度活跃用户中40%以上来自于三四五线及以下城市的结论一致（注：指用户居住所在地，非籍贯）。目前，问卷调研中的大部分学员通过学习腾讯课堂的课程已经在一二线城市就业。同时，也有部分居住于三四五线及以下城市的用户，不仅通过在线学习知识提升技能，也通过在线的方式获得了一二线城市溢出的工作机会。

此外，大量欠发达地区的群体通过腾讯课堂转换职业，腾讯课堂可以帮助农村小哥高效率地实现职业转换。例如，在浙江做保安的许剑侠来自河南农村，2019年其偶然在腾讯课堂听到一位设计老师的讲课视频，老师说网上做组图或者海报详情页会赚得多。仔细听下来，许剑侠发现自己还差得远，于是，他报名腾讯课堂教培机构涵品教育的设计班。学习三个月后顺利通过培训机构的结业考核，开始在下班时间兼职接单。在此过程，他的收入从5元到10元，再到100

多元一天，依靠兼职接单修图，许剑侠解决了自己外出打工的生活费，当保安的收入都寄回家里。更重要的是，他的修图技术也在长期实践中得到提升，不是太难的需求也都能解决。2020年5月，许剑侠辞去保安工作回河南信阳老家成为一名全职修图师，既可以照顾老人和孩子，也不耽误获取生活费用。

可以认为，类似许剑侠这样的"知识改变命运"事例及其劳动者，通过平台创新获取数字经济创新的社会红利，不仅改变自身的生活状况和劳动条件，而且从多层次实践数字经济创新普惠社会大众的创新价值观。在职业教育线上线下双主场时代，作为信息载体的腾讯课堂平台以"云课程+云学习+云发展"的模式，帮助三线及以下城市劳动力获得知识并提升技能，使欠发达地区的学员公平地获得就业机会，共享经济高质量发展成果，实践科技向善，科技造福人类生活的创新价值观。这是平台创新构成数字经济创新极点的核心思想之一，即平台创新促进社会高质量就业不是最终的目的，只是过程或实现方式，最重要的是平台创新持续地推动科技创新造福人类生活，从而体现数字经济创新的核心价值主张。

总之，平台内涵式直接创造就业的效果目前依旧集中于经济较为发达的城市，但正不断向三线及以下城市下沉。平台内涵式间接创造就业的效果目前已经帮助来自于大量三线及以下城市劳动力更好地就业。由此可见，中小城市依托平台促进就业的潜力较大。

三、平台促进就业的社会公平

平台直接创造的新兴就业岗位为大量群体带来了就业收入机会，且平台就业的收入也相对可观，其中大量的弱势群体通过平台实现就业，增加收入。

据美团《2020年上半年骑手就业报告》，2020年上半年，美团平台上来自国家建档立卡贫困户的新增骑手近8万人。据中国人民大学课题组2017~2018年度对于骑手群体的调查显示，绝大部分全职从事这一工作的骑手月收入可以达到5000~8000元的水平，骑手的收入水平较高。饿了么《2022年蓝骑士发展和保障报告》也表明，近五成骑士表示送外卖后收入较上一份工作有所提升，因为平台就业普遍具有匹配效率高、交易便捷、门槛低等优点，因而相较于同等层次的传统就业者，平台就业者的劳动收入也相对较高。其中，网约车司机的平均收入相对最高，工厂工人的平均收入最低（丁守海等，2023）。这可能与灵活就业者的个体禀赋和职业基本技能有关。

2022年12月，作者对美团平台某骑手的访谈也提供了一手证据。该骑手男性，37岁，初中毕业，未婚，与父母同住南方某一线城市中心区。之前的工作是某机关食堂杂工，每周休一天，包吃住，每月3500元，另有五险一金，转换后相当于每月5600元，因工作性质要求，个人工作和生活时间被严格限制。从事骑手工作后，每月6000~8000元波动，多数（70%~80%）每月收入在6300~

6600元，没有五险一金，平均每周休两天，工作时间相对自由。平均来看，灵活就业的每月收入比原先固定工作岗位高700~1000元，有工作自由而缺社会保障。

平台对就业社会公平的贡献，还主要体现在平台通过内涵式直接创造就业帮助大量弱势群体获得收入。滴滴平台扶持大量重点人群的就业，根据《2017年滴滴出行平台就业研究报告》，在2017年的393万去产能行业职工中，超过178万复员转业军人，还有133万失业人员和137万零就业家庭在平台上实现了灵活就业。根据中国人民大学劳动人事学院课题组发布的就业报告，在2018年滴滴平台的网约车司机中，12%是退役军人，51.5%是进城务工人员，6.7%为重点扶贫人员。调查表明，获取额外收入，灵活工作，可长期从事等原因，成为网约车司机选择从事该职业的主要原因。

例如，2015年刘元从部队退役后，在家待业大半年，每天都是早早地出去找工作，但始终没有找到合适的工作。之后，经人介绍也做了两年装修工，但由于是初学者每天又累也赚不到钱，最后还是放弃了。他说，当时想当滴滴司机主要是在部队的时候已经当了5年汽车教练，很喜欢开车。刘元说起车时，一下子就来了兴趣。他在滴滴注册成为网约车司机的第一个月赚了5000多元。在他看来，灵活就业新业态的出现，使他又能赚钱又能开车，还可以接送爱人上下班，时间自由又没什么束缚。后来，他又租了新能源车，在保养和车险上都不用太操心，一个月能赚1万多元。

微信生态更是两方面的集中体现，其产生了大量的线上就业机会，突破传统线下就业的时空限制，重点群体在微信生态获得了就业机会，增加自身收入。小程序、公众号、视频号等具有易学习、上手快、社区资源丰富等特点，使大量普通人群也能通过学习快速掌握，特别是为农民工、家庭主妇、残障人士、退伍军人等重点就业帮扶人群提供了大量的就业机会。

中国信通院与微信联合发布的《微信就业影响力报告（2019—2020）》显示，2019年微信的女性就业者比例达47.5%。借助微信等生态工具，中国农村如湖北农村电商讲师可以使用小程序、视频号等工具培训残障村民，帮助村民增收。又如，吕凯在湖北是一位"明星"电商讲师。从2018年起，他一直奔走于湖北的各个村县之间，希望借助电商培训让村民通过互联网"走"得更远。其中，有一个叫昌平的学员很早跟着吕凯学习视频号，昌平因为意外致残常年坐在轮椅上没有其他的谋生技能，开通了"昌平的乡野生活"视频号之后，就开始卖自己家生产的农作物，每月有五六千元的收入。

此外，平台发展增加就业者收入也得到了实证研究的支持，利用2013~2021年的二手数据分析表明，电商平台发展水平每提升1%个单位，能够使居民人均可支配收入增加 0.542%，具体回归结果如表 6-18 所示。

表 6-18 电商平台发展与居民可支配收入回归结果

变量	模型 1
	居民可支配收入
电商平台发展水平	0.542***
	(0.143)
人均 GDP 对数	0.438***
	(0.110)
城镇化率	2.029***
	(0.369)
人均一般性公共服务支出对数	0.001
	(0.035)
人均教育支出对数	0.036
	(0.060)
财政分权水平	-0.013**
	(0.006)
常数项	3.809***
	(1.178)
观测值数量	279
R-squared	0.978
个体固定效应	是

注：括号内为稳健型标准误；* 表示 $p<0.1$，** 表示 $p<0.05$，*** 表示 $p<0.01$。

总的来说，平台发展增加了就业者的收入，为大量重点弱势群体就业提供了获得收入的渠道。具体地，正因为平台创新为大量社会弱势群体创造了更多的收入来源或机会，平台创新能够促进经济增长的公平性。研究表明，中国数字经济发展可以兼顾效率与公平，数字经济每提高 1%，将显著促使人均收入提高 0.053 个单位，基尼系数显著降低 0.046 个单位（白雪洁等，2022）。

平台内涵式直接创造就业通过创造大量新兴就业岗位，吸纳了大量就业者，增加了居民收入。尤其是平台发展助力大量弱势群体就业，美团、滴滴、微信等平台案例均佐证了这一点。平台内涵式直接创造就业对就业者收入的促进进一步保障经济增长的公平性。

综上所述，平台内涵式直接创造就业将促进大量劳动力由其他产业向第三产业迁移，促进信息技术等高端行业就业人数增加，同时吸纳大量弱势群体就业，增加居民收入，保障经济增长的公平性并促进消费升级。此外，平台内涵式直接创造就业还将促使灵活就业成为未来就业趋势。平台内涵式间接创造就业将带动第三产业就业，促进金融等关联行业就业，同时提升劳动者技能水平，促进创业活动以及劳动供给与需求的匹配。相对而言，平台外延式带动就业由于其规模有限，故其影响相对较小。

同时，平台对就业的替代效应将不仅降低本地制造业就业占比，也负面影响周边地区制造业就业占比，促进劳动力由制造业向其他行业转移。但是，同时平台又促进工业企业的生产效率提升，有效促进工业企业的转型升级，这样，平台通过促进劳动力由第二产业向第三产业转型，同时提升第二产业的生产效率，推动社会经济结构向高级化转变升级，构成数字经济促进高质量发展的重要一环。

第四节 就业灵活度促进消费、就业与区域均衡

一、实证结果及分析

（一）就业灵活度与社会消费水平

我们采用个体固定效应模型实证分析就业灵活度与社会消费水平之间的关系，各变量的描述性统计如表6-19所示。回归结果如表6-20（1）所示，就业灵活度与人均社会消费品零售总额之间存在显著的正向关联，就业灵活度每提升1个单位意味着人均社会消费品零售总额上升39.6%。以2021年全国人均社会消费品销售总额为基准，就业灵活度每提升0.1个单位，意味着全国人均社会消费品销售总额增长约1000元。因此，各城市的就业灵活度不仅体现了各城市骑手等数字经济灵活就业新业态的活跃水平，更是数字经济新业态释放消费潜力程度的重要体现。就业灵活度水平越高意味着数字经济新业态释放消费潜力的程度就越高，表明数字经济新业态对消费具有"扩音器"功能。第二章的相关理论得到实证验证。

表6-19 实证分析所有变量的描述性统计

变量	样本量	均值	标准差	最小值	最大值
就业灵活度	210	0.883	0.154	0.242	1.353
人均社会消费品零售总额对数	210	8.290	0.285	7.369	8.868
就业率	210	0.795	0.089	0.555	0.981
人均GDP对数	210	9.169	0.459	6.952	10.009
人均GDP对数的平方	210	84.275	8.132	48.326	100.173
人均金融机构存贷款余额对数	210	13.004	0.487	12.125	13.928
人均财政收入对数	210	6.719	0.672	3.326	9.263
人均进出口总额对数	210	8.314	0.978	6.064	10.028
新增企业数量对数	210	8.750	0.786	6.709	10.63
新增住宿餐饮企业数量对数	210	4.734	0.925	2.639	7.092
新增民营企业数量对数	210	8.716	0.792	6.395	10.615

表 6-20　回归分析汇总

变量	（1）人均社会消费品零售总额对数	（2）就业率	（3）就业灵活度
就业灵活度	0.396*** (0.116)	0.071** (0.025)	
人均 GDP 对数			0.807** (0.345)
人均 GDP 对数的平方			−0.042* (0.020)
人均金融机构存贷款余额对数	0.410** (0.150)	−0.125 (0.093)	−0.341 (0.235)
人均财政收入对数	0.098*** (0.018)	−0.010* (0.005)	0.002 (0.040)
人均进出口总额对数	0.020 (0.046)	0.045** (0.017)	0.081 (0.059)
新增企业数量对数	−0.109 (0.173)	0.047 (0.043)	0.135 (0.165)
新增住宿餐饮企业数量对数	−0.025* (0.011)	0.007 (0.005)	−0.003 (0.022)
新增民营企业数量对数	0.257 (0.191)	−0.039 (0.043)	−0.100 (0.202)
常数项	0.608 (1.963)	1.940 (1.122)	0.473 (4.389)
F 值	103.86***	338.28***	2440.54***
观测值数量	210	210	210
个体固定效应	是	是	是

注：括号内是稳健型标准误；* 表示 $p<0.1$，** 表示 $p<0.05$，*** 表示 $p<0.01$。

（二）就业灵活度与就业率

我们采用个体固定效应模型实证分析就业灵活度对于就业率的影响，各变量的描述性统计如表 6-19，个体固定效应模型分析结果如表 6-20 所示。由表 6-20（2）可知，就业灵活度提升能够显著提升就业率，就业灵活度水平每提升 1 个单位，就业率提升 7.1%。根据国家统计局数据，以 2021 年全社会劳动力总量为基准测算，就业灵活度水平每提升 0.1 个单位，能带动近 500 万人就业。第二章的相关理论实证结果得到支持。按照 2022 年中国 GDP 每增加 1 个百分点估计能够带动近 200 万人就业估计，就业灵活度水平每提升 0.1 个单位，相当于中国 GDP 增长约 2.5% 的就业带动效应。第二章的相关理论实证结果得到支持。

（三）经济发展水平与就业灵活度

我们采用个体固定效应模型分析经济发展水平与就业灵活度之间的关系，各变量的描述性统计如表 6-19 所示，回归结果如表 6-20 所示。由表 6-20（3）可知，在经济发展水平较低时，经济发展能够显著促进就业灵活度的提升。但当经济发展水平较高时，经济发展水平则会在一定程度上抑制就业灵活度的提升，经济发展水平与就业灵活度之间存在倒"U"形关系。第二章的相关理论实证结果得到支持。

二、稳健性检验

（一）工具变量检验

参考封志明等（2011）、柏培文和张云（2021）等研究采用地形起伏度作为工具变量。地形起伏度这一工具变量满足"严外生"与"强相关"的条件，地区地形起伏度越小，越有利于信息传输、软件业等基础设施的建设，从而推动零工经济新业态的发展。然而，由于我们是基于面板数据的分析，而地形起伏度是截面数据，为了满足分析需要，参考 Nunn 和 Qian（2014），利用本月全国互联网宽带接入用户与地形起伏度乘积的对数（以下简称工具变量）构建面板数据的工具变量用于分析，结果参见表 6-21。

表 6-21 工具变量回归结果

变量	第一阶段：就业灵活度	第二阶段：人均社会消费品零售总额对数	第二阶段：就业率
工具变量	−1.071*** (0.303)		
就业灵活度		0.493* (0.259)	0.073*** (0.020)
人均金融机构存贷款余额对数	0.983*** (0.362)	0.436* (0.207)	−0.124 (0.091)
人均财政收入对数	0.000 (0.042)	0.097*** (0.018)	−0.010* (0.005)
人均进出口总额对数	0.084* (0.048)	0.013 (0.044)	0.045** (0.015)
新增企业数量对数	0.200 (0.227)	−0.113 (0.180)	0.047 (0.043)
新增住宿餐饮企业数量对数	0.004 (0.019)	−0.025* (0.012)	0.007 (0.005)
新增民营企业数量对数	−0.171 (0.242)	0.258 (0.198)	−0.039 (0.043)
可识别检验 <P 值>	3.907** <0.048>		
弱 IV 检验	26.156 [16.38]		
F 值	12.52***	149.10***	1812.78***

续表

变量	第一阶段：就业灵活度	第二阶段：人均社会消费品零售总额对数	第二阶段：就业率
观测值数量	210	210	210
个体固定效应	是	是	是

注：上表利用 K-Paaprk LM statistic 进行可识别检验，其中<>内为相应统计量的 P 值。利用 Cragg-Donald Wald F statistic 进行弱 IV 检验，其中 [ ] 中为 Stock-Yogo weak ID test critical values 在 10% 显著性水平上的临界值；括号内为稳健型标准误；* 表示 p<0.1，** 表示 p<0.05，*** 表示 p<0.01。

在表 6-23 中，第一阶段回归的 F 值显著，说明工具变量与自变量之间存在较强的关联。由弱 IV 检验结果显示，Cragg-Donald Wald F 统计量大于 Stock-Yogo 在 10% 显著性水平上的临界值，即工具变量通过弱工具变量检验。此外，可识别检验 K-Paaprk LM 统计量均在 5% 显著性水平上拒绝原假设，即工具变量满足可识别性。根据第二阶段的回归结果，就业灵活度与人均社会消费品零售总额之间的正向关联依旧显著，就业灵活度对于就业率的正向促进作用依旧显著，且系数与个体固定效应模型回归结果接近，由此说明就业灵活度是数字经济新业态释放消费潜力的重要体现，且其能够正向提升社会就业率。

（二）剔除部分样本

由于缺失部分城市部分月份的数据，前面分析中均采用的是非平衡面板数据。本部分通过剔除部分城市部分月份的数据，形成包含六个城市 2020 年 6 月至 2022 年 12 月（不包含 2021 年 1 月和 2021 年 10 月）共 29 个月的平衡面板数据。利用平衡面板数据进一步检验我们的分析结论，具体回归结果如表 6-22 所示。由表 6-22 可知，本节得到的结论得到上述平衡面板数据的支持。

表 6-22 平衡面板数据回归分析汇总

变量	(1) 人均社会消费品零售总额对数	(2) 就业率	(3) 就业灵活度
就业灵活度	0.345** (0.133)	0.080** (0.029)	
人均 GDP 对数			0.960** (0.320)
人均 GDP 对数的平方			-0.051** (0.019)
人均金融机构存贷款余额对数	0.420** (0.162)	-0.158 (0.096)	-0.379 (0.282)
人均财政收入对数	0.076** (0.019)	-0.008 (0.006)	-0.007 (0.043)
人均进出口总额对数	0.005 (0.049)	0.039* (0.016)	0.079 (0.057)

续表

变量	(1) 人均社会消费品零售总额对数	(2) 就业率	(3) 就业灵活度
新增企业数量对数	-0.262 (0.188)	0.078 (0.052)	0.059 (0.191)
新增民营企业数量对数	0.433* (0.206)	-0.070 (0.052)	-0.015 (0.244)
新增住宿餐饮企业数量对数	-0.045** (0.016)	0.005 (0.008)	-0.019 (0.031)
常数项	0.717 (2.207)	2.395* (1.151)	0.403 (4.697)
R-squared	0.236	0.144	0.124
观测值数量	174	174	174
个体固定效应	是	是	是

注：括号内为稳健型标准误；*表示 $p<0.1$，**表示 $p<0.05$，***表示 $p<0.01$。

（三）更换变量度量方式

我们通过替换灵活度的度量方式来进一步检验结果的稳健性，考虑到表2-12给出的指标体系中订单量相关指标能够被收入所体现，故本部分利用各城市每月骑手的平均出勤率，以及骑手平均收入与人均可支配收入的比重两大指标重新度量就业灵活度，再进行对应的回归分析，汇总结果见表6-23。表6-23表明，更换度量方式后，我们所发现的实证分析结论依旧成立。

表6-23 更换灵活度度量方式后回归分析汇总

变量	(1) 人均社会消费品零售总额对数	(2) 就业率	(3) 就业灵活度
变换后的灵活度	0.323*** (0.090)	0.065** (0.022)	
人均GDP对数			1.083** (0.432)
人均GDP对数的平方			-0.056* (0.026)
人均金融机构存贷款余额对数	0.467** (0.140)	-0.111 (0.095)	-0.608** (0.263)
人均财政收入对数	0.098*** (0.018)	-0.010* (0.005)	0.001 (0.052)
人均进出口总额对数	0.021 (0.045)	0.044** (0.016)	0.097 (0.076)
新增企业数量对数	-0.073 (0.178)	0.054 (0.045)	0.067 (0.199)
新增民营企业数量对数	-0.024* (0.011)	0.007 (0.005)	-0.007 (0.027)

续表

变量	(1) 人均社会消费品零售总额对数	(2) 就业率	(3) 就业灵活度
新增住宿餐饮企业数量对数	0.220 (0.195)	-0.047 (0.044)	-0.021 (0.250)
常数项	-0.094 (1.847)	1.766 (1.150)	2.476 (5.280)
F值	115.23***	480.74***	1816.21***
观测值数量	210	210	210
个体固定效应	是	是	是

注：括号内为稳健型标准误；* 表示 p<0.1，** 表示 p<0.05，*** 表示 p<0.01。

三、结论与讨论

当前，从统计和检验观察上，灵活就业新业态构成数字经济的创新特征，而且对宏观经济发展构成重要影响，但既有文献缺乏灵活就业新业态与消费、就业和区域均衡发展之间关系的实证证据。我们采用 2020~2022 年某众包配送平台九个城市 1.6 万多名骑手的面板数据，构建就业灵活度指数来测度灵活就业新业态的活跃水平，通过灵活度指数以及相应城市宏观数据来揭示数字经济灵活就业新业态的特征及其与宏观经济的关系，主要研究结论有四个：

（1）从劳动供给、产出和效率三个方面构建数字经济就业灵活度的概念作为灵活就业新业态的代理变量，较单纯地从供给视角刻画零工经济，能够更全面地反映数字经济灵活就业新业态的整体特征及影响。数字经济就业灵活度的概念从有效需求视角刻画灵活就业新业态的活跃水平，本质上体现了数字经济新业态对消费需求的提升作用，为刻画零工经济提供了一个综合视角的新分析框架。我们研究表明，数字经济就业灵活度既与宏观经济发展态势、失业率、管制政策松紧程度密切相关，也与业态的预期收入水平、工作匹配效率等个体行为的集体选择相关。因此，数字经济就业灵活度指数可以视为平台经济、零工经济发展的一种景气指数。

（2）数字经济就业灵活度反映数字经济新业态释放有效需求的水平。测算发现，2021 年数字经济就业灵活度每提高 0.1 个单位，意味着当年全国人均社会消费品销售总额增加约 1000 元，表明数字经济新业态对消费具有"扩音器"功能。其主要内在机理可能在于就业灵活度包含了业态的劳动产出水平和劳动工作效率，其与购物、餐饮、出行、医疗等服务的有效需求数量直接相关。一方面，根据萨伊定律，骑手的供给水平会促进消费需求；另一方面，消费需求的提升同样促进骑手的供给水平。同时，由于数字经济就业灵活度是灵活劳动力供给、产出和效率的综合指数，内在体现了上述供给促进消费，消费促进供给的"分工促进分工"杨格循环过程。此外，由于数字经济新业态往往依托平台开展，而平台作为典型的双边市场，其依托数字技术产生了巨大的规模效应和网络效应（谢富胜等，2019），其集聚的消费者数量庞大，释放需求的规模极为可观。因此，就业灵活度每提升0.1个单位，意味着社会消费总量同比产生极其明显的增加。

（3）数字经济灵活就业新业态具有促进高质量就业的创新价值。测算发现，2021年数字经济就业灵活度每提高0.1个单位，能够带动全国约500万人就业，相当于GDP增长约2.5%的就业带动效应，表明数字经济灵活就业新业态对稳就业发挥良好的"蓄水池"作用。其主要内在机制在于有效需求决定社会就业量，就业灵活度本质上反映了数字经济新业态释放消费需求的水平，因而就业灵活度会提升社会就业率。具体地，在就业灵活度的三项构成中，劳动力灵活供给水平和灵活劳动产出水平均直接或间接反映了业态的劳动总供给状态，而业态的劳动总供给水平与宏观经济发展态势、失业率、管制政策松紧程度及业态的预期收入水平、工作匹配效率等个体行为的集体选择相关，因而数字经济就业灵活度每提升0.1个单位会对社会就业率产生敏感影响，相当于GDP增长约2.5%的就业带动效应，表明数字经济就业灵活度与GDP增长对就业的带动度之间可以形成相互补充的组合策略。上述结论本质上体现了数字经济对于劳动要素配置效率的提升作用，同时我们的结论也体现了数字经济通过改善供求结构来优化要素配置效率的重要路径。此外，上述结论也表明数字经济灵活就业新业态具有促进高质量就业的创新价值，与赵涛等（2020）提出的数字经济通过促进创业活跃度来促进高质量发展不同的是，该结论首次从有效需求理论视角提出了数字经济新业态促进经济高质量发展的重要路径。

（4）数字经济灵活就业新业态促进了中国区域的均衡发展。研究发现，经济发展水平与数字经济就业灵活度呈倒"U"形关系，即相对于经济发展水平较高或较低的城市，中等经济发展水平的城市的就业灵活度更高。该研究发现首次刻画了数字经济新业态提升有效需求的边界条件，相比较高或较低发展水平的区域，数字经济就业灵活度对中等经济发展水平区域的影响更为敏感。其主要内在机理可能在于经济发展水平与人口的集聚规模、信息基础设施完备程度、供需匹配效率对消费需求的满足程度，及个体消费习惯的沉淀等密切相关，数字技术打破时空限制相对降低了传统经济意义中城市规模的重要性。在经济发展水平较高的城市，传统基础设施较为完善，空间集聚效应使各类需求被满足程度较高，数字经济新业态促进有效需求提升的幅度相对有限。在经济发展水平较低的城市，人口规模较小，潜在需求量有限，且信息基础设施建设不够完善，数字经济新业态促进有效需求提升的作用同样相对有限。然而，在中等经济发展水平的城市中，人口规模、信息基础设施、供需匹配效率等较好地满足数字经济就业灵活性的发展要求，中等经济发展水平的城市或区域能够有效利用新业态来促进有效需求的提升，推动区域经济发展，缩小与经济发展水平较高城市的差距。因此，数字经济灵活就业新业态促进中国区域的均衡发展。

第五节 平台就业结构分析

一、测算结果汇总分析

首先，平台内涵式直接创造就业既促进社会劳动力由第二产业向第三产业转移，也促进劳动力由传统第三产业向现代服务业的产业内迁移。以电商平台为例，其发展会降低第二产业就业占比，提升第三产业就业占比，对第一产业就业占比没有显著影响。具体地，第二产业抵抗韧性在电商平台发展与第二产业就业占比中起到中介作用。或者说，电商平台助推以制造业为核心的企业效率提升，从而提高第二产业的抵抗韧性，第二产业的劳动力需求下降。同时，电商平台促进产业结构高级化，为第三产业提供大量就业岗位，社会劳动力由第二产业向第三产业迁移。总体来看，平台推动就业的产业结构升级。

同时，平台降低城镇单位制造业的就业占比，但促进城镇单位金融业就业占比提升，也促进工业企业的生产效率提升，促进了工业企业的发展。具体地，平台通过内涵式直接创造就业提升信息传输、软件和信息技术服务业就业占比；通过内涵式间接创造就业提升了金融业等相关行业就业占比；通过替代就业效应降低了制造业就业占比。总的来说，平台使低端制造业就业者数量减少，使高端产业如信息传输、软件和信息技术服务业的就业者数量快速上升，从而在整体上促进就业行业结构由低端逐渐向高端升级。

其次，平台促进就业能够优化就业技能结构，提升就业的人力资本。尽管平台内涵式直接创造就业创造了大量低门槛的新兴就业岗位，吸纳大量的低技能群体就业，但其也创造了大量高技能要求的就业岗位，进一步促进了就业者技能水平提升。而且平台内涵式间接创造就业则是发挥了平台作为信息载体的功能，就业者通过平台学习知识或技能，提升自身技能水平，改善就业情况。总之，平台通过优化就业技能结构来提升中国人力资本水平。

再次，平台通过内涵式直接创造促进灵活就业，通过内涵式间接创造调适劳动力供需匹配，及通过内涵式间接创造促进创业三种方式，促进就业的区域均衡与社会公平。一方面，美团、饿了么等平台的内涵式创造就业强化了劳动者本地就业的趋势，提高了劳动者本地就业的收入水平。另一方面，微信等平台的内涵式创造就业则强化劳动者向经济较为发达的二线城市的聚集效应，但正向三线及以下城市下沉。平台内涵式间接创造就业的效果目前已经帮助来自大量三线及以下城市劳动力更好地就业。可见，中小城市依托平台促进就业的潜力较大。

同时，平台较好地提升就业者的收入，为不同职业的社会基层人员灵活就业，拓展收入来源和渠道提供了重要的社会选择，这是平台促进高质量就业的重要维度之一，因为技术进步为社会基层人员或不同职业劳动者提供提升自身报酬的机会，是高质量就业的基础条件。这更集中体现在平台为社会弱势群体提供了获得收入的社会化公开渠道。更重要的是，平台为社会弱势群体创造了在其他就业途径难以获得的收入水平，因此，平台促进了社会发展与经济增长的公平性，这是平台促进高质量就业的重要结果证据。

最后，数字经济就业灵活度既与宏观经济发展态势、失业率、管制政策松紧程度密切相关，也与业态的预期收入水平、工作匹配效率等个体行为的集体选择相关。数字经济就业灵活度指数可以视为平台经济、零工经济发展的一种景气指数。

二、主要结论与讨论

平台创新是构成数字经济创新极点的核心思想之一，是平台创新促进社会高质量就业与优化就业结构，其不是平台创新的最终目的，只是过程或实现方式，最重要的是平台创新持续推动科技创新造福人类生活，从而充分体现数字经济创新的核心价值主张。围绕这个核心价值主张，本章研究获得以下四个主要研究结论：

第一，平台创新孕育出数字经济灵活就业新业态，数字经济就业灵活度反映数字经济新业态释放有效需求的水平。2021年，中国数字经济就业灵活度每提高0.1个单位，意味着当年全国人均社会消费品销售总额增加约1000元，表明数字经济就业灵活度对中国消费具有"扩音器"的功能。同时，数字经济就业灵活度具有促进高质量就业的创新价值。2021年，中国数字经济就业灵活度每提高0.1个单位，能够带动全国约500万人就业，相当于GDP增长约2.5%的就业带动效应，表明数字经济就业灵活度对稳就业发挥良好的"蓄水池"作用。简言之，平台创新孕育出来的数字经济灵活就业新业态，就业灵活度不仅刺激消费扩容，而且发挥稳就业的"平衡器"作用。进一步来说，平台创新之所以成为数字经济创新极点，是因为平台创新孕育出数字经济新业态。

第二，平台内涵式间接创造就业使平台发挥了数字经济运行中关键性信息载体功能，通过平台的数据要素化过程不仅为产业数字化与数字产业化提供劳动力的供需匹配，更重要的是为数字经济提供越来越多的具有数字化素养的社会劳动者，这是平台优化就业技能结构、提升人力资本的重要价值。2021年，中国电商平台发展水平每提升1%，能够促进人均人力资本提升约0.41%。这样，平台促进社会就业的产业与行业结构升级、促进就业的人力资本提升、促进就业的区域均衡与社会公平三方面，集中体现平台促进高质量就业的创新、效率、协调和公平四个维度。简言之，平台促进了当代中国社会的高质量就业，是数字经济促进中国社会经济高质量发展的重要组成部分。

第三，平台创新作为数字经济创新极点促进社会就业的区域均衡，推动了区域经济社会发展的均衡化。不同平台对就业的区域均衡发挥不同的影响，微信等平台促进了就业向经济较为发达的二线城市聚集，促进了中国一线城市与二线城市之间的就业均衡，目前也正在向三线及以下城市下沉。美团等平台通过强化就业者本地就业，促进了中国二三线城市乃至城乡之间的就业均衡，一定程度地弥合了城乡差异。平台通过就业的区域均衡配置影响中国区域发展的均衡化，具体表现在数字经济灵活就业新业态促进了中国区域的均衡发展，2021年，中国经济发展水平与数字经济就业灵活度呈倒"U"形关系，即相对于经济发展水平较高或较低的城市，中等经济发展水平的城市的就业灵活度更高。该研究发现首次刻画了数字经济新业态提升有效需求的边界条件，相比较高或较低发展水平的区域，数字经济就业灵活度对中等经济发展水平区域的影响更为敏感。

第四，平台创新作为数字经济创新极点促进或改善了社会公平。这主要体现在两个方面：①平台为当代中国社会经济发展提供了多种灵活就业的社会选择，从而最大化地提升了国民个人的自由选择程度，即就业者在市场化竞争中寻求最适合个人发展偏好的高质量就业机会，不仅提高了社会就业的质量，而且提升了中国经济的市场化水平。平台为社会就业者提供灵活就业的社会选择，构成平台促进就业的区域均衡与社会公平的重要社会基础。②不同平台通过内涵式创造就业提高就业者的收入水平，进而促进或改善社会公平。例如，2021年中国电商平台发展水平每提升1%，能够使居民人均可支配收入增长0.54%。进一步说，平台创新促进或改善社会公平，构成其成为数字经济创新极点的重要社会基础和价值主张。

上述研究结论表明，平台创新成为数字经济创新极点不仅仅是因为其构成一个国家科技创新的重要理论和组成部分，更重要的是平台创新持续推动科技创新造福人类生活，如孕育出数字经济灵活就业新业态，通过提高人力资本积累促进社会高质量就业，促进社会就业的区域均衡和社会公平，从而充分体现数字经济创新的核心价值主张。从这个视角和结论来看，可以较好解释为什么沃达丰、中国电信、中国移动、中国联通等通信运营商难以成为数字经济创新极点，因为通信运营商的创新仅限于通信服务创新，如提供短信、彩铃等服务。这类服务创新多属于信息传递方式创新，虽然也具有自然垄断属性和网络外部性，但不具有用户招募与聚集功能，尤其是不具有企业与用户互动的适应性创新而形成交叉网络外部性，如不能形成众多用户端与众多企业端之间的互动创新，不能实现用户创造内容等服务创新，通信运营商搭建的各类平台多限于通信服务创新的范畴，既难以创造出数字经济中具有广泛社会影响的新业态，也难以创造出促进经济区域均衡和社会公平的有广泛社会影响的新服务。

因此，无论是国内外电信运营商如何努力搭建和推动企业的平台化创新，都难以超越或无法替代亚马逊、阿里巴巴、腾讯、字节跳动等互联网平台创新的广泛社会影响，因为互联网平台的创新不是对工业经济中形成的既有体系及其基础的重构或再造，而是基于互联网环境下组织权力、规则和行动的全新探索。互联网环境下的组织权力、规则和行动不会完全脱离科层制，但又会有别于工业经济形成的组织科层制来运行，尤其是数字经济创新模式中的网格制，及基于网格制的平台创新、竞争与垄断等行为创造出来的网格市场结构，均区别于工业经济的市场运行规律和特征，表明有必要对平台创新或数字经济创新极点的治理结构进行重新审视。

第七章 创新导向的平台治理

平台创新不仅是数字经济时代国家创新体系的重要组成，而且是数字经济时代国家综合竞争力的集中体现，需要政府与市场来达成更多共识，使平台创新获得更好的发展环境和条件，使平台竞争总体上沿着提升社会总福利的良性路径发展。本章通过部分代表性文献总结平台治理的研究结论，提出平台双层治理的基本思想、理论框架，进行平台治理的博弈演化分析提炼平台治理的基本结论。

治理指针对社会主体机会主义行为的机制设计与实施。机制设计包括但不限于激励与约束机制、平衡机制等正式与非正式制度安排。或者，治理是指使相互冲突或不同的利益得以调和并且采取联合行动的持续过程（全球治理委员会，1995）。治理的手段包括正式与非正式组织的规章制度及非正式制度安排等，因而治理不总是规则条例等正式制度，而是一个持续协调的社会主体间相互作用过程。据此，区别于平台规制，平台治理指将平台纳入人类经济社会网络使相互冲突或不同的利益得以调和并且采取联合行动的持续过程。

第一节 数据要素与平台治理

区别于工业经济时代的产业规则或治理，从数据作为新生产要素的视角来看，平台治理的基础源自数据要素两面性。

一、数据要素两面性与治理挑战

平台治理的基础在于数据治理。现有研究主要从数据自身的治理、数据使用的治理，及数据影响的治理三个层面来界定数据治理的内涵。

首先，针对数据自身的治理问题形成数据治理的狭义概念。这类研究主要出现在数据科学或管理信息系统领域，侧重探讨数据的技术标准化、数据共享保障、数据存储与使用安全等数据自身层面的治理问题，如强调数据治理的核心概念包括数据消费者期望的管理、关键数据质量维度的界定、元数据一致性的监测、数据更新与解释，及数据增强（Loshin，2016）。

其次，针对数据使用的治理问题形成主流的数据治理概念。这类研究强调数据治理的关键要素包括战略责任、标准化与管理盲点、迎接复杂性或跨部门挑战、合作与战略控制的选择、合规监测及文化与培训（Marinos，2004）。学界侧重在这个层面展开数据治理问题的研究，尤其关注大数据或平台双边性带来的机会主义问题，形成两方面成果：①数据市场化交易机制。主要从数据完全归属企业、完全归属消费者、市场数据中介三个角度展开探讨，发现无论是哪种数据要素交易机制的安排，都会出现较为明显的效率与公平冲突问题（Ichihashi，2020）。②平台的数据治理机制。主要从平台创造出一个集中化的中介，重新构建社会主体之间经济社会关系的视角，从平台数据产权制度、数据隐私与保护两个方面展开探讨。在数据产权制度上，强调数据发生与运营的行为场景与数据的价值相关，提出数据要素使用的分级授权策略（刘涛雄等，2023）。在数据隐私与保护方面，强调数字经济中消费者数据应用与消费者隐私保护密切相关，两者难以严格割裂导致企业与消费者间的数据产权问题突出，探讨如何在企业和个人数据收益、隐私保护、消费者福利之间构建权衡机制（Jones & Tonetti，2020）。

最后，针对数据影响的治理问题，现有研究主要围绕数据要素两面性问题来展开。现有研究发现，数据要素通常具有正面与负面影响并存的特征，本章称为数据要素两面性。例如，数据要素的快速积累会形成报酬递增，但长期来看回报率可能是递减的，同时具有报酬递增与递减的不同变动方向特征，在企业产品创新中同时具有收益递增或收益递减两种影响（王超贤等，2022）。又如，数字技术应用对经济绿色增长同时具有抑制效应与增长效应，前者表现为数字化不仅能够提高能源使用效率，还能够通过优化产业结构来降低能源强度，后者主要表现为数字技术生产、使用、处置直接增加的能耗和数字技术赋能经济发展间接引发的能源需求两方面（Steffen，2020）。研究发现，中国数字经济与经济绿色增长之间或呈倒"U"形关系，或呈边际递增的非线性和"U"形关系（樊轶侠和徐昊，2021；Han et al.，2016）。再如，数据要素的自动化会导致部分第二产业行业的比重上升，部分第二产业行业比重下降，构成对产业结构变动的双重影响，或者数据要素对就业的替代效应、创造效应与补偿效应并存（Tranos et al.，2020）。此外，人工智能在促进生产过程中资本要素份额提高，资本报酬增加的同时，既可能增加工作岗位或提升劳动自主性（国际劳工组织，2023），也可能加剧社会收入不平等，形成社会收入不平等的"马太效应"（DeCanio，2016）。总体来看，目前数据要素对高质量发展的影响研究侧重正面性，缺乏对两面性及其影响的深入探讨。

探讨数据要素宏观影响的两面性，需要对数字技术经济特征的形成机制有所认识。根据现有文献，数据技术具有技能偏向性和生成性（Generativity）两种经济特征，构成数据要素宏观影响两面性的两个主要影响因素。前者与既有的技能偏向型技术进步特征一致，后者源自数字技术的分层模块化结构。分层模块化结构是数字技术区别于早期信息技术形成的一种新型产品架构，是物理产品的模块化架构与数字技术的分层架构的混合体，使数字技术可以同时是产品、服务或平台。具体地，其通过集成由数字技术创建的设备、网络、服务和内容四个松散耦合层，扩展了物理产品的模块化架构，使产品架构产生了创生性（Yoo et al.，2010；Yoo et al.，2012）。具体而言，数字技术的分层模块化结构使数据要素具有随环境、条件、场景、网络等变化而变化的适应性创新特征，构成数据要素区别于以往生产要素的明显特征，使数据要素具有两面性。因此，一方面，现有研究认为数据要素通过提升生产经营效率、实现价值创造能力倍增、增加消费者剩余和福利等，构成高质量发展的基础。另一方面，数据要素也存在有待解决的创新陷阱和数据治理问题（蔡跃洲和马文君，2021；徐翔等，2023），现有数据治理研究多关注市场交易、隐私保护、大数据杀熟等机会主义的制度设计，虽然也发现数据要素具有情境依赖性，价值实现的不确定性（龚强等，2022；王超贤等，2022），但总体上针对数据要素两面性的治理与数字经济促进高质量发展之间内在联系的认知不足。

因此，数据作为新生产要素一方面提升企业、产业和经济的生产率，另一方面也带来对经济社会发展的两面性影响，这使依赖于大数据的平台发展具有多重两面性特征。平台治理的基础在于数据治理，数据治理需要充分考虑数据作为新生产要素的两面性特征，形成平台治理的新挑战。

二、平台治理与数字经济高质量发展

平台治理的战略定位是促进数字经济高质量发展，平台治理不能脱离促进数字经济高质量发展的目标，因而对平台治理结构的考察离不开对数字经济高质量发展的分析。下面，拟从数字经济情境下的高质量发展及路径、数据要素视角的数字经济促进高质量发展、平台治理促进数字经济高质量发展机制三个方面进行具体论述。

（一）数字经济情境下的高质量发展及路径

本书将数字经济定义为数据作为关键生产要素创新或重构要素配置效率，引发生产方式和经济结构根本性变革的一系列经济活动或经济形态。其中，数据从可能生产要素转变为现实生产要素的条件是资本化，数据资本存在的必要条件之一是生产要素化。现有研究从不同角度强调数据要素资本化与数据资本要素化对于数据发挥关键生产要素作用的价值（蔡继明等，2022），表明数据要素、数据资本、数据资产是不同角度或情境中表述的近似同一概念。本节不对这三个概念做严格区分，统一使用数据要素的概念，指一组能够被用于生产经济物品的指令。该定义强调作为生产要素的数据有两个基本经济特征：①本身不能被直接用于生产经济物品，但能在生产过程中发挥创造新知识或形成对于未来的预测，进而指导经济物品的生产等作用（Jones & Tonetti，2020）；②数字技术与劳动结合形成的产物，或数字技术实现或应用的一种社会存在形式，存在要素化的内在过程，且数据要素化的能力不是直接按比例转化的，而与企业经营管理禀赋和实践密切相关的（Begenau et al.，2018）。同时，数据要素配置效率指由于数据要素配置结构扭曲导致配置在低效率地区或部门的要素流向高效率地区或部门所提高的要素效率。

高质量发展的概念也存在狭义与广义之分。狭义观主要从投入产出视角考察经济增长质量，聚焦全要素生产率，或以增加值率作为度量经济增长质量的综合指标（刘志彪和凌永辉，2020）。广义观强调高质量发展是经济增长质量与数量的高度统一，包括经济增长进程中一系列与经济增长、人民生活密切相关的关键内容，如机会分配、环境的可持续性等（刘伟和范欣，2023）。归纳来看，多数研究将创新、效率、公平、绿色或可持续发展、质与量的协调等作为高质量发展的内涵（张军扩等，2019）。

数字经济情境下的高质量发展，不仅包括上述狭义和广义高质量发展的内涵，而且强调这些内涵之间存在三个层面的相互协调关系：①强调数据驱动的创新活动逐步成为创新驱动发展的主流形式，如数据要素积累形成数据驱动的贸易创新可以帮助某个经济体建立比较优势（高越和张淑婷，2015）；②认为传统增长模式下难以协调的效率与公平二元性通过数实融合可以寻找到解决之道，如数字经济条件下增长效率与公平的矛盾可以得到更好的协调（谢康等，2021）；③主张数字经济整体显著提升工业绿色全要素生产率，但需要充分考虑不同经济体的社会环境、文化背景、产业结构与体制机制等因素，处理好经济增长的质（绿色增长）与量（增长速度）的动态平衡关系（杨文溥，2021）。因此，在本章中，高质量发展是指全要素生产率的不断提升推动创新、效率、公平、质与量协调与平衡等，具体表现为数据驱动的创新发展、效率与公平协同发展、质与量动态均衡发展三个特征。

从现有文献来看，数字经济影响高质量发展的路径总体上尚未提出新的理论框架，产业转型升级、就业与消费、经济绿色增长依然被视为数字经济影响高质量发展的三个主要实现路径。首先，现有研究强调数据要素是构成数字经济产业结构高级化的重要标志，数据积累过程也是平台化资本积累过程，不仅对企业、产业高质量发展形成显著影响，同时还影响不同产业间的高级化过程及产业结构合理化过程（Tambe et al.，2020），如智能制造、人工智能产业的发展既包含第二产业，也离不开第三产业的支持与服务（Teece，2018）。其次，现有研究认为就业与消费依然构成数字经济促进高质量发展的主要实现路径，但数字经济情境下经济增长与就业、消费的关系发生新变化，出现充分就业条件下经济未实现充分复苏的新现象，需要对就业与消费路径进行重新审视（张军，2020）。例如，现有研究认为，平台通过数据要素的联合配置加速生产、流通、消费的有效对接从而提高全要素生产率，构建高质量发展的社会经济基础。其中，数据要素的不同配置方式具有显著的福利效应和分配效应，如数字金融助推促进农业向非农业的就业结构转型，通过提升工资性收入和农业经营性收入促进消费，进而抑制数字鸿沟扩大（周文和韩文龙，2021；谢丹夏等，2022；张勋等，2021）。最后，现有研究认为数字经济对经济绿色增长的直接效应，体现在减少排放和降低能源消耗。同时，由于数字技术对环境破坏的影响具有倒"U"形特征，当数字技术应用水平未达到临界点时可能不能减少对环境的污染和破坏，需要对数字技术影响能源和环境进行反弹效应、间接效应、二阶效应等深入分析（Rivera et al.，2014；Hilty et al.，2006）。目前，针对数字技术、数据要素及产业与能耗之间的抑制效应与增长效应研究，侧重抑制效应分析而缺乏增长效应的深入探讨。

可以认为，既有产业转型升级、消费与就业、经济绿色增长影响高质量发展的路径框架，总体上依然适合于分析数字经济与高质量发展的关系。然而，数据要素视角的数字经济影响产业转型升级、消费与就业、经济绿色增长的路径框架，有必要开展进一步探讨。

（二）数据要素视角的数字经济促进高质量发展

现有文献从微观、中观和宏观三个层面提炼的数字经济促进高质量发展报酬递增机制存在共性，也存在差异，但总体上多从数据要素作为新投入、新组合、新模式三方面促进高质量发展的视角展开探讨，为本节构建理论模型提供了重要的理论基础。具体地，数据要素视角的数字经济促进高质量发展研究，大体可以划分为两类：一是总体视角的情境研究，二是数据要素内涵创新视角的研究。

总体视角的情境研究可以归纳出三类代表性的促进机制（李三希和黄卓，2022；洪银兴和任保平，2023）：①数据作为新的投入要素，丰富要素来源形成自增长模式，如平台经济、零工经济等新业态经济促进高质量发展，或数字经济本身的高质量发展；②数据要素与既有生产要素形成新组合，从而形成新的资源配置效率，如数据要素优化资本要素配置，进而提升生产率（Belo et al.，2022）；③数据要素外部性形成外溢效应，通过数据要素市场的高质量发展，形成资源的系统性再配置效率，如数字经济对相邻地区的经济高质量发展存在空间溢出效应（陈昭等，2022）。

数据要素内涵创新视角的研究，强调数据要素在改善配置效率上不仅扩大要素边界形成外延扩张，而且与微观层面数据要素驱动的数字化转型实现机制相似（王娟，2019；丁志帆，2020；谢康等，2023），形成数据要素创新、数据要素重构、数据要素创生三类内涵式创造的报酬递增机制，影响产业转型升级、消费与就业及经济绿色增长。其中，数据要素创新属于新的要素投入及比例变化进而提升全要素生产率，主要体现为数据作为新要素直接进入企业生产函数中，扩大了企业生产函数的资源投入，具有要素报酬递增的规律，构成数字经济的自增长模式；数据要素重构属于改变资源配置方式进而提高全要素生产率，体现为数据要素与劳动、资本等既有要素的新组合，宏观层面体现为数字产业化与产业数字化过程，使既有要素边际报酬递减的拐点向后推移，构成数字经济和实体经济深度融合的增长模式；数据要素创生是基于数据网络外部性形成数字生态系统创新进而提升全要素生产率，体现为第一类机制与第二类机制叠加组合，如平台创新生态系统构成数字经济提升高质量发展的重要机制，构成数据要素市场创新模式。实证结果表明，高质量发展受到较低的经济效率和不合理经济结构约束的可能性越大，数字经济对高质量发展的促进作用越显著（葛和平和吴福象，2021）。

总体来看，在对数字经济与高质量发展两者关系的分析上，既有研究侧重总体视角的情境研究，缺乏数据要素内涵创新视角的深入探讨，但前者的研究为后者的深化推进提供了重要基础。同时，无论是数据要素总体视角的情境研究，还是数据要素内涵创新视角的数字经济促进高质量发展机制研究，都会或多或少涉及数据治理问题。探讨数字经济与高质量发展的关系离不开对数据治理的考察。相对而言，数据要素内涵创新视角下数据治理问题对数字经济促进高质量发展的影响更为敏感。

（三）平台治理促进数字经济高质量发展机制

数据构成平台发展的基石，对平台治理的研究需要考察数据要素的价值实现方式。当数据要素被用于生产不同的经济物品时，会存在不同的价值实现方式，可以从数据要素价值实现方式视角探讨数字经济促进高质量发展的机制。据此，从数据要素价值实现方式视角，可将数字经济关键活动划分为三类：

（1）数据作为新要素直接进入生产函数中进而提升全要素生产率的数字经济活动。这类数字经济活动的数据要素称为创新类数据要素，如企业将市场上交易的数据直接应用于广告研发推广而形成程序性创意广告。这类广告是一种具有成长特性的新的产品形态，能够根据用户触达广告时形成的反馈数据即时改变广告内容，通过基于数据模型的自我更新和基于市场反馈的自然选择，不断促进广告与用户需求的匹配，实现广告营销的"千人千面"和"一人千变"（肖静华等，2020）。或者将市场上交易的数据直接应用于产品设计与测试等创新活动，如基于数据要素的产品设计和测试能提升中国企业的销售增长率和毛利率（王宇凡等，2020），因而企业产品开发人员会通过向电商平台的数据渠道、社会第三方数据提供方等场外交易渠道，及大数据交易所等场内交易渠道购买数据用于新产品开发，形成数据驱动的产品企划活动。以场外交易、场内交易等数据要素市场创新，构成这类数据要素的代表性创新活动。

（2）数据作为新要素与既有要素形成新组合进而提升全要素生产率的数字经济活动。这类数字经济活动的数据要素称为重构类数据要素，如与劳动、资本等既有要素组合对既有要素配置效率形成提升，进而改善全要素生产率的数据要素。实证结果表明，相比于劳动密集型产业，数据要素对资本密集型产业全要素生产率的改善作用更为显著（宋炜等，2021），表明在不同禀赋基础的产业中数据要素与既有要素结合形成不同的配置效率提升，进而促进数实融合。数实融合创新构成这类数据要素的代表性创新活动。

（3）创新类数据要素与重构类数据要素基于数据网络外部性相互叠加后形成的数据要素，称为创生类数据要素。创生类数据要素的形成有两个重要的先决条件：①需要形成随累积增加而价值增大的数据网络外部性（Yeow et al.，2018）；②数据要素构成传统要素之间的连接网络，关联企业价值链中的其他资源和要素节点，并通过网络协同效应形成数字生态系统。案例研究表明，创生类数据要素是通过数据网络外部性、要素重构与创造发展形成数字生态系统进而提高企业全要素生产率的数据要素（谢康等，2023），如平台创生性产生的数据要素等。因此，平台创新构成这类数据要素的代表性创新活动。

从关键生产要素价值实现方式来看，数字经济是这三类数据要素作为关键生产要素形成的经济活动，对产业转型升级、就业与消费及经济绿色增长产生影响。通过上述三个主要路径实现数字经济情境的高质量发展，体现为数据驱动的创新发展、效率与公平协调发展及质与量动态均衡发展三个方面。然而，数据要素具有两面性，因而数据要素对产业转型升级、就业与消费及经济绿色增长的影响也存在两面性，即一方面可能促进产业转型升级，促进就业或抑制其他产业污染；另一方面可能抑制产业转型升级，替代就业或增强局部污染，需要针对数据要素两面性进行治理。因此，平台治理的核心是指针对平台数据要素两面性的治理，且强调平台治理构成数字经济促进高质量发展的内在机制。据此，提出如图7-1所示平台治理促进数字经济促进高质量发展机制的概念模型。

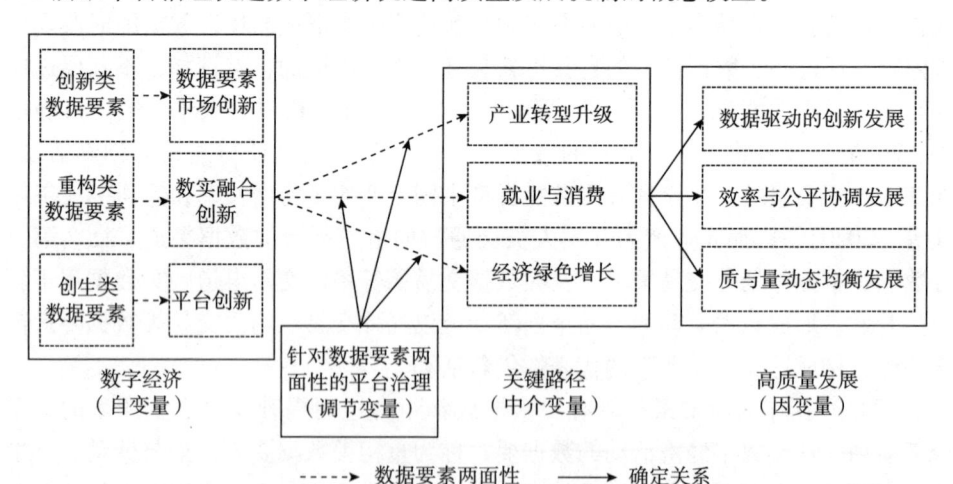

图7-1 平台治理促进数字经济高质量发展机制的概念模型

注：由于数据使用的边际成本近似为零，因此图7-1中三类数据要素可能同时对多类典型活动构成不同影响。为突出三类数据要素对三类活动的主导影响路径，自变量的表达结构采用单线条，现实中应属于多线条关系。

在图 7-1 中，三类数据要素作为关键生产要素形成数据要素市场创新、数实融合创新、平台创新等数字经济活动，这些活动相当于机制中的自变量。针对数据要素两面性的平台治理构成数字经济促进高质量发展的关键情境因素或调节变量，实现路径主要由产业转型升级、就业与消费及经济绿色增长构成。高质量发展相当于机制中的因变量，在数字经济情境下主要由数据驱动的创新发展、效率与公平协调发展及质与量动态均衡发展三个维度构成。考虑图 7-1 中实现路径与高质量发展关系的研究相对成熟，但缺乏对不同价值实现方式的数据要素、实现路径及关键情境因素三者关系的深入探讨，重点阐述这三者关系。

与既有数字经济促进高质量发展机制的研究相比，图 7-1 概念模型的创新性最主要体现在两个方面：①从价值实现方式视角将数据要素划分为创新类、重构类和创生类三类数据要素，它们分别影响产业转型升级、就业与消费协同和经济绿色增长，进而影响高质量发展。由此，从数据要素配置效率的内涵创造视角拓展和丰富了既有数据要素的情境研究，为创新数据要素开发利用机制提供了新的分析框架和依据。②强调这三类数据要素均具有两面性，将针对数据要素两面性的治理视为数字经济促进高质量发展路径的关键情境因素，因为无论是数据自身的治理、数据使用的治理及数据影响的治理，都会深刻地影响到创新类、重构类和创生类三类数据要素的数字经济创新过程。同时，即使数据自身的治理及数据使用的治理均得到完善，但只要数据被使用就会产生两面性影响。可以认为，这也是为什么既有研究强调数据价值实现具有场景专用性或场景依赖性，需要采取分层分类的数据确权模式来实现治理的原因之一（刘涛雄等，2023）。在图 7-1 模型中，则将这种数据分层分类确权的思想融入数字经济促进高质量发展的框架中，作为数字经济促进高质量发展机制的关键情境因素来重点考虑。

三、平台治理结构：单层与双层结构

平台治理促进数字经济高质量发展的分析框架表明，源于数据要素两面性的平台创新与竞争的多重两面性，要求平台治理既要区别于工业经济时代的以规制为导向的治理模式，又要继承以往的治理精神推动平台创新与竞争的发展。自发秩序、监管秩序和法律秩序构成三种基本的经济治理秩序，后两者组成制度秩序（Djankov et al.，2003）。代表性相关文献认为，总体上，平台既对原有市场秩序构成挑战，也依托其技术能力，成为其生产消费生态圈内相关秩序的设立者和维护者。由此，技术秩序成为继自发秩序、行政秩序、法律秩序之后，维护市场有效运转的又一重要力量。因此，针对平台的治理，行政监管与法治监管需要与时俱进，重点推进合规监管、分类监管、技术监管、均衡监管、价值导向监管和敏捷监管（江小涓和黄颖轩，2021）。同时，由于平台发展带来诸多"创造性破坏"，存在责任异化、技术滥用、算法控制、公共博弈、数据安全等问题，因而

强调平台治理需要从复杂性理论出发对平台结构、渠道、算法、规则、权责等进行复杂适应性治理（范如国，2021）。然而，在具体操作层面，究竟如何实现行政监管与法治监管需要与时俱进，推进合规监管、分类监管、技术监管等兼容并蓄，需要具体考察平台创新与竞争的基本结构。

　　平台创新与竞争是一个硬币的两面，缺乏创新，平台无法维系竞争的基础；缺乏竞争，平台无法构建创新的源泉。区别于工业经济时代的市场垄断与竞争，创新、垄断与竞争三者可以相对地呈现松耦合结构，针对平台的规制或治理不能脱离平台创新与竞争的紧耦合结构来展开。研究认为，平台市场结构属于一种紧耦合的分层式垄断竞争，如中小型平台类企业进出市场的高度流动性与大型平台类企业垄断地位的相对稳定性，共同形成了平台经济的分层式垄断竞争市场结构，即垄断集中于大型平台类企业的主营业务中，竞争由中小型平台类企业与衍生业务主导，且不对大型平台类企业造成竞争压力（苏治等，2018），该结论表明平台创新、竞争与垄断具有分层结构，意味着采用单一治理结构难以满足平台治理促进数字经济高质量发展的治理战略定位要求，采用双层治理结构是一种适应性治理的新选项。

　　平台具有天然的复杂性禀赋，其生成性与自组织特征显著，采用单一的平台治理结构难以适应平台的复杂性治理要求。从监管主体视角来看，平台市场的公共监管、私人监管与协同监管三种平台监管模式比较发现，在政府与平台协同监管模式下，如果平台承担的连带责任较大，该监管模式下的商品质量将高于政府直接对卖家进行单一的公共监管或平台对卖家进行单一的私人监管模式（王勇等，2020）。因此，平台经济的发展会驱动社会治理从"官僚制"治理结构转向"合作式"治理结构、从"物理空间"的线下治理结构转向"赛博空间"的"镜像"治理结构（王俐和周向红，2019）。简单地说，平台治理结构亟待从单一治理结构转变为双层治理结构，无论是政府与平台的协同治理，还是平台与企业的协同治理，或政府与平台生态企业之间的协同治理，数字经济的治理结构亟待从工业经济时代的科层制结构转变为我们在《数字经济创新模式》中阐述的网格制结构，这里的双层治理结构不是简单的数量概念，而具有多重的内涵。

第二节　平台双层治理结构

　　如本书第一章所述，平台双层治理中的"双层"内涵不能简单地理解为双数的数量，而是包含多重的含义。平台双重治理结构是面向平台创新极点的复杂特征形成的。

一、平台双层治理结构：中国移动支付与就业的实践参照

（一）中国移动支付的实践参照

现以中国移动支付的实践作为现实参照进一步阐述数字经济双层治理结构的现实基础。中国数字支付在全球数字经济中处于领先地位，一个重要的可以被其他国家借鉴的关键成功因素是中央银行采取的"微信支付/支付宝等——数字人民币"双层治理架构，很好地协调了市场创新与政府监管的关系，形成有效市场与有为政府的双层治理架构。一方面，微信支付/支付宝等平台提供的数字支付模式是通过市场化方式形成的，在多个使用场景中得到普及和应用，通过充分市场竞争带来总体社会福利的提升。如果采取单层架构的监管方式以数字人民币完全替代微信支付/支付宝等支付方式，不仅会抑制平台创新的动力，损失社会总福利，而且会影响中国数字支付在全球的领先地位。另一方面，中央银行采取数字人民币作为微信支付/支付宝等平台支付方式备份的双层架构，在客观上承认了腾讯/阿里巴巴等平台的微信支付/支付宝等科技金融创新领域的龙头企业地位，将平台科技金融创新视为国家科技金融创新体系的重要组成，通过创新金融主权分享和让渡模式，借助或依赖科技金融龙头企业的数据治理合作来形成国家监管，[①] 既维护了数字经济创新引领者的市场开拓收益，又提升了中国数字支付的交易安全性，同时巩固了中国数字支付的国际领先地位，形成激励与约束平衡的数据治理，使科技金融创新促进了高质量发展。

综上所述，数字经济促进高质量发展的数据治理创新体系，是指根据数据要素的不同价值实现方式采取分层分类的数据治理创新行动，以促进数据要素配置效率、抑制数据要素不利影响的数据治理体系。分类体系包括面向创新类数据治理的创新开发利用机制、面向重构类数据治理的社会责任创新及面向创生类数据治理的激励与约束平衡机制。[②] 分层体系指根据两面性的总体影响倾向，在不同阶段选择创新驱动为导向或选择综合平衡为导向来分层推进数字经济促进高质量发展。其中，前者以创新效率及其绩效为导向形成治理创新，后者以强化规制的综合平衡为导向推动治理创新。这两种数据治理导向不存在优劣之别，而是适合于不同的情境条件或场景。总体来看，区别于综合平衡导向的数据治理，创新驱动的治理是将数据要素两面性置于创新驱动情境或条件下来探讨机制设计与实施，在理论逻辑上与高质量发展的创新驱动特征相契合。

（二）数字经济灵活就业新业态实践对双层治理的实践启示

第一，研究结论为当代 GDP 增长与就业背离现象提供了理论解释和政策分

---

① 高奇琦. 国家数字能力：数字革命中的国家治理能力建设 [J]. 中国社会科学, 2023 (1) 20+44-61.
② 新开发利用机制并非只被用于创新类数据治理，也存在于其他两类数据治理中，文中表述旨在刻画创新开发利用机制构成创新类数据治理的主路径特征。其他两类同理。

析依据。经典的宏观理论认为，GDP 增长与失业率之间呈较为稳定的反向统计关系（Okun's Law），且物价水平与失业率之间也呈较为稳健的反向统计关系（Phillips Curve），各国货币政策以此为基础进行设计，扩大货币投放或刺激投资提高 GDP 增长率减少失业（王君斌和薛鹤翔，2010），或冲击总需求降低失业率。然而，近年来欧美国家等均出现就业较充分但 GDP 低增长或经济未实现充分复苏的现象。根据本节的结论，原因可能在于数字经济灵活就业新业态与 GDP 增长对就业的带动度之间形成互补性新组合，导致 GDP 增长与统计中的正规就业之间的关系变得不像以往那样紧密，形成 GDP 增长与就业背离现象。因此，以往通过宽松的货币政策或财政政策来刺激经济发展并带动就业的模式需要被重新审视，数字经济时代应将货币政策、财政政策与推动数字经济新业态发展相结合，依托新业态全面释放消费潜力，发挥数字经济新业态提升就业率的作用，构建数字经济促进高质量发展的宏观政策"组合拳"。

第二，结论为数字经济和实体经济深度融合促进消费、就业与区域均衡发展提供了理论解释和政策分析依据。长期以来，有效需求总体不足构成影响中国宏观经济发展的重要因素，其中消费习惯以及由于消费习惯导致的较低的边际消费倾向又是导致有效需求不足的重要因素。灵活就业新业态的发展既与平台、信息基础设施等密切相关，又与实体经济的发展相互促进，如骑手订单量与当地购物、餐饮、医疗等实体产业发展密切相关。根据本节结论，数字经济就业灵活度体现了数字经济新业态对消费的促进作用，同时其也促进了就业和区域均衡，构成数字经济和实体经济深度融合促进消费、就业与区域均衡发展的一种重要路径，因而本节结论为数字经济和实体经济深度融合促进消费、就业与区域均衡发展提供了新的理论解释。根据本节结论，在推动数字经济和实体经济深度融合的产业政策上，可将数字经济新产业纳入产业政策框架中，与既有产业政策进行组合，鼓励基于数字经济的商业模式创新，创造更多的数字经济新业态。

第三，结论为不同地区如何差异化组合数字经济灵活就业新业态与 GDP 增长来带动就业提供理论指导。由于经济发展水平与数字经济就业灵活度呈倒"U"形关系，中等经济发展水平城市的数字经济就业灵活度高，数字经济灵活就业新业态活跃水平高，其更能利用数字经济灵活就业新业态来带动就业。而高经济发展水平和低经济发展水平城市的数字经济就业灵活度相对较低，其能利用数字经济灵活就业新业态带动就业的作用有限，因此，高经济发展水平城市与低经济发展水平城市应侧重考虑利用 GDP 增长的就业带动效应，尤其是低经济发展水平的城市。总的来看，各地政府应根据自身的经济发展水平选择合适的就业拉动政策，以更充分地释放出数字经济灵活就业新业态的宏观价值。

二、平台外部治理与内部治理

如本书第一章所述,治理指针对社会主体机会主义行为的机制设计及实施。机制设计包括但不限于激励与约束机制、平衡机制等正式与非正式制度安排。因此,平台治理体系指由平台技术治理、经济治理和社会治理三个维度的治理形成的紧密相连、社会主体间相互协调的系统化结构。其中,平台技术治理指针对平台技术领域的利益冲突采取联合行动的持续协调过程,如算法规避引发的算法责任治理。平台经济治理指针对经济运行中平台引发利益冲突而采取联合行动的持续协调过程,如平台对制造业就业替代与职业创造的持续协调过程,跨境流动数据引发的贸易争端与安全治理。平台社会治理指平台引发社会利益冲突而采取联合行动的持续协调过程,如平台引发的产业能源消耗抑制效应与增强效应之间的持续协调过程等。因此,平台治理体系会存在于企业、产业、国家的不同层面并发挥作用。

无论在技术维度,还是在经济或社会维度上,平台治理体系的基本原则都是平衡与协调原则,但在不同维度有不同侧重点。在技术维度上,平台治理体系的原则集中体现为创新与安全的平衡协调,如算法歧视、算法规避、未成年人保护与消费者权益等需要在技术创新与公共安全之间持续协调。在经济维度上,效率与公平的平衡协调构成平台治理体系的具体原则,如数字经济中效率与公平不完全相悖构成经济维度平台治理体系运行的学理基础,效率与公平的协调也体现在平台促进数实融合领域。在社会维度上,平台治理体系的原则集中体现在发展与稳定的平衡协调,如平台创新与竞争引发的就业替代与就业稳定转移之间的持续协调过程,本质上是平台社会治理的发展与稳定协调。因此,平台内部治理与外部治理相互协调,构成平台双层治理结构的一般内涵。

为此,需要构建数字经济促进高质量发展的数据治理创新体系。与以往行之有效的政府规则(外部治理)相比,数据要素的两面性使外部监管可能存在更多的失灵现象或总体社会福利损失,从而影响数据要素对高质量发展的促进作用,因为即使数据自身的治理和数据使用的治理都完善,只要数据要素发挥作用就会存在两面性,尤其是创生类数据要素两面性既源于数据网络外部性,也来自创新类和重构类数据要素的两面性,因为算法应用本身就充满了不确定性,这会形成客观上的歧视或非对称,数据网络外部性则进一步强化这种不确定性。因此,针对数据要素的两面性的治理关键,既在于剖析和抑制数据网络外部性带来的机会主义,也在于抑制创新类或重构类数据要素的两面性,但如果对这三类数据要素的负面影响采取单纯的抑制行动,又会影响数据要素正面价值的发挥,因而需要秉承发展中规范、规范中发展的数字经济治理思想及包容审慎监管态度,针对三类数据要素的两面性开展治理体系创新(内部治理),以使本书如图7-1

所示的平台治理促进经济高质量发展实现路径的正向影响更为稳定。如前所述，数据治理创新指数字经济促进高质量发展情境下针对数据要素两面性的新型治理制度安排，而非一般情况下针对大数据杀熟、隐私、数据侵权等的数据治理。

由此，需要将针对数据要素两面性的治理创新纳入平台治理促进高质量发展机制框架中，形成政府外部治理与平台内部治理的双层治理结构。具体地，针对创新类、重构类和创生类数据要素的两面性亟待形成三方面数据治理创新，由此构建促进高质量发展情境下的平台数据治理创新体系。具体包括以下三部分：

（一）创新开发利用机制的创新类数据治理

数据安全和数据共享是数据治理的基本目标。在数字经济促进高质量发展情境下，数据治理创新的首要目标是促进数据交易而非单纯地针对机会主义的约束或抑制，因为通过数据交易尤其是基于数据交易形成的创新活动，可以为抑制数据要素两面性提供有效的第三方评价或约束机制。具体而言，无论对于企业或产业而言，数据要素两面性都无法避免，但通过交易、对赌、合作创新等多种数据要素创新开发利用机制或方式，使市场上提供更多的公开数据供市场主体参照或使用，可以为数据市场中的委托人与代理人提供第三方评价标准或约束条件，为数据交易主体在博弈中提供更为完善客观的评价标准，从而对博弈中的机会主义形成约束或抑制。

2022年12月中共中央、国务院《关于构建数据基础制度更好发挥数据要素作用的意见》提出，按照"原始数据不出域、数据可用不可见"的要求，构建数据资源持有权、数据加工使用权、数据产品经营权的"三权"分置产权制度框架等，从政策法规层面为推动数据交易、合作创新的数据治理创新方向提供了政策法规依据，有助于抑制数据要素两面性的不利影响。针对法律公共数据监管模式与利用模式的研究发现，现行刑法采用了数据控制模式而忽视数据的公共产品属性，反而无法全面、有效保护数据法益，也难以实现数据共享。通过刑法数据共享形成规制滥用行为的利用模式，则有可能更好地抑制刑法数据要素的两面性，这从法律数据治理视角为推进数据交易、合作创新的数据治理创新方向提供了证据。

创新类数据要素的价值实现具有高度的情境依赖性，针对这类数据要素的治理机制也需要随数字创新场景的变化而持续完善，如单纯强调数据隐私保护将可能使数据创新开发利用机制缺乏必要的条件或动力，单纯强调数据价值实现机制又可能损害公众利益而诱发公共网络安全问题，因此，创新数据要素开发利用机制构成数字经济促进高质量发展的创新类数据治理创新方向。目前，中国各地大数据交易所交易量不足，在于交易所缺乏供市场主体参照或使用的第三方数据，难以形成开发利用创新类数据要素的机制及其有效治理。

（二）社会责任创新的重构类数据治理

在数字经济促进高质量发展情境下，数据治理创新的第二个目标是促进社会和谐发展而非单纯地针对机会主义的约束或抑制，因为重构类数据要素的两面性要求治理秉承新要素与既有要素之间矛盾辩证统一的思维来协调发展，避免将洗澡水与婴儿一起倒掉。研究发现，虽然中国乡村的电商技术一方面制造了技术门槛带来发展机会的不平等，但另一方面又有利于乡村内部社会环境消解技术变革的消极影响，为数字技能弱势农户提供发展机会。其中，国家乡村振兴战略推动的数据治理，为数字技术红利的普惠提供制度保障，客观上就属于基于社会共同富裕目标的数据治理创新举措。

基于社会责任创新的数据治理创新不仅可以出现在数据影响的治理和数据使用的治理领域，而且在数据自身的治理领域也有体现，2022 年我们在南方一家卫浴制造企业的调研案例提供了这方面的佐证。该企业如果按传统生产模式经营，要想将市场占有率提升至 20%，经测算其将需要 100 亩土地建厂房、4500 个工人，且制造高耗能。然而，通过将企划、采购、制造、销售等数据共享后形成智能制造转型升级，达到同样的市场占有率，仅需 40 亩土地厂房、600 个工人，且能耗下降 90%。经初步估算，通过数据要素重构资本、劳动等既有要素配置效率，不仅使企业资源配置效率提高 250%~900%，而且使企业快速转型实现绿色增长，形成数据自身治理的社会责任创新。

以滴滴平台为例，平台数据具有稍纵即逝的即时价值和需要挖掘的潜在价值，平台可以借助数据即时价值来研究策划冲动消费的营销方案，也可以借助数据即时价值来形成社会责任创新，如滴滴平台后台针对女生夜间打车的即时安全需求，对女生打车有更多的安全算法，首选最近距离的女性司机，次选声誉等级最高的男性司机等。同时，开启车内即时安全录音录像模式等。可见，女性夜间打车场景的风险水平构成数据即时价值的生成条件，而随着这类场景的消失，数据的即时价值会迅速衰减甚至消失，但平台形成基于社会责任创新的算法规则，使社会责任创新构成平台经济促进高质量发展的数据治理创新的源动力，使数据要素与既有要素之间形成紧密的互补结构，促进数实融合的发展。

（三）激励与约束平衡的创生类数据治理

在数字经济促进高质量发展的情境下，数据治理创新的第三个目标是促进创新驱动而非单纯针对机会主义的约束或抑制，因为创生类数据要素的两面性要求治理包含激励与约束的动态平衡。如本书所述，2021 年，阿里巴巴、腾讯、京东、百度、美团和滴滴六家代表性平台研发投入约占全国 R&D 投入的 5%，平台研发投入占营收比超出规模以上工业企业的 3.5~3.9 倍，平台构成当代中国数字经济创新不可或缺的社会主体与科技创新龙头企业，在引领创新、促进消费与就业、协调区域均衡发展，及增强国家竞争力方面具有重要的创新驱动价值。因此，针对平台等形成的创生类数据要素的治理，通过激励平台引领创新与外部监管相结合的方式，比单纯的外部监管可以更好地应对数据要素两面性的不利影响。前文中国数字支付的案例便是最好的例子。

总之，以促进数字经济高质量发展为导向的平台治理尤其是数据治理创新体系，需要根据数据要素的不同价值实现方式采取分层分类的治理创新行动，是一种以促进数据要素配置效率、抑制数据要素不利影响的数据治理体系。分类体系包括面向创新类数据治理的创新开发利用机制、面向重构类数据治理的社会责任创新，及面向创生类数据治理的激励与约束平衡机制。分层体系指根据两面性的总体影响倾向，在不同阶段选择创新驱动为导向或选择综合平衡为导向来分层推进数字经济促进高质量发展。其中，前者以创新效率及其绩效为导向形成治理创新，后者以强化规制的综合平衡为导向推动治理创新。这两种数据治理导向不存在优劣之别，而是适合于不同的情境条件或场景。总体来看，区别于综合平衡导向的数据治理，创新驱动的治理是将数据要素两面性置于创新驱动情境或条件下来探讨机制设计与实施，在理论逻辑上与数字经济高质量发展的创新驱动特征相契合。

三、技术与制度混合的平台治理

平台双层治理不仅与政府监管机构及其政策的外部治理相关，而且也与消费者对平台的信任等内部治理相关，因而平台治理中存在数字技术创新与平台制度创新形成混合治理的必要性。平台构成数字经济创新极点的一个重要基础在于社会主体对平台的数字技术信任，因而平台治理中既存在一级技术信任与平台信任，也存在二级、三级技术信任与平台信任的关系问题。

信任是影响平台创新发展的重要因素。信任是一个涉及心理学、社会学、经济学、管理学和工程技术等多视角的研究问题，如 Deutsch（1958）通过囚徒困境中人际信任实验提出，信任是对情境的一种反应，是由情境刺激决定的个体心理和个人行为。一般地，信任是指一方相对于另一方甘愿处于弱势地位的意愿，这种意愿基于无论一方的监督和控制能力如何，对方都会履行对其非常重要的行动（Mayer et al.，1995）。信任又可进一步细分为信任信念、信任意图和信任行为三个构念：信任信念是指在既定情境下信任方相信被信任方值得信任的程度，或在相信中感觉有信心；信任意图是指在既定情境下尽管可能出现不好的结果，但信任方愿意且感觉相对安全地依赖被信任方的程度。这样，信任信念产生信任意图，信任意图产生了信任行为（McKnight et al.，1998）。

（一）制度信任、人际信任和技术信任

经典的信任机制有三个：①基于行动者自身特征的信任，如因家庭背景或族群归属等产生的信任；②基于交往经验的信任，如因行动者以往的经验或交换行为等形成的信任；③基于制度的信任，如许可证或规则产生的信任等。许可证、执照和法律等第三方认证，以及第三方保存附带条件的契约，构成促进制度信任的两种主要形式（Zucker，1986）。在这三种信任机制中，基于特征的信任大体对应人际信任中的认知信任，基于交往经验的信任大体对应人际信任中的情感信任，这样，信任机制又可划分为人际信任和制度信任两类。

人际信任是人际交往的产物，基于人际交往关系中的理性算计和情感关联，因此，人际信任由认知信任和情感信任构成（Lewis & Weigert，1985）。这种分类方式构成目前人际信任最广为接受的分类方式。其中，认知信任是信任方对被信任方的知识、能力、个体特征和可靠性的认知判断，情感信任是信任方与被信任方之间形成的以情感关系为基础的信心（McAllister，1995），如声誉、口碑和评价等。这样，依据人际关系的类型，在家庭等首要群体关系中的信任以情感信任为主，而同事之间等次属群体关系中的信任以认知信任为主（邹宇春等，2012）。这种具有亲疏远近特征的关系包含了不同信息，形成社会信任中由强至弱的"差序格局"现象，诱发学术界对信任传递或转换的研究。另外一种人际信任的归类方式是将人际信任划分为特殊信任和普遍信任（Uslaner & Conley，2003），特殊信任指以血缘性社区为基础，建立在私人关系和家庭或准家族关系之上的信任。普遍信任则以信仰共同体为基础的信任（Weber，1951）。

从制度经济学视角来看，在交往中缺乏共同价值观时，制度信任是最重要的信任机制之一。在制度经济学看来，制度就是博弈规则，或者说制度是一个社会的游戏规则，是为决定人们的相互关系而人为设定的一些制约，包括正式规则如法律、产权和契约，及非正式规则如惯例和习俗等（North，1990）。制度信任包括基于契约等正式规则的信任和基于声誉和口碑等的非正式规则的信任两种形式（Williamson，1996）。而制度信任由社会和组织的嵌入型产生，且可以被计算出来；人际信任由于其独有的形式或是持续性和适用性，不依赖于对个人兴趣的计算而仅存在于个人关系中（Williamson，1993）。例如，依靠契约、法律和管制而维持的信任构成基于制度的信任，基于信誉的信任就是当事人在面对未来不确定性时，选择相信基于长远利益的考虑、对方不会采取违反规则的欺骗行为（杨居正等，2008）。这里，可计算的信任是建立在理性选择基础上，是在经济交易中对得失权衡比较后所产生的信任，当信任方认识到被信任方采取了一种对其有利的行为时，就会产生信任（Williamson，2001）。

个体对制度产生信任的基础在于相信这些制度的承诺能够实现，信任程度的差异在于个体对制度承诺的相关信息的了解程度以及对这些承诺实现程度的判断，由此出现类似人际信任一样的差序格局（邹宇春等，2012）。因此，制度信任是降低交易不确定性的重要因素,是个体对保障交易成功的契约、规则等可以有效发挥作用的主观信念(Mckinght & Chervany, 2001; Gefen, 2000)。具体地说,制度信任的内涵包括情境规范、结构保证和促进条件三个方面:情景规范(Situational Normality)是指通过交易过程中体现的惯例、习惯和规则来判断交易是否可以成功,从而形成因为情境正常而预期成功的信念,表明不存在可能导致交易失败的异常或危险情形。结构保证(Structural Assurances)是指在特定交易环境下是否存在法律规范、担保或管制将影响主体对交易成功与否的判断,包括Zucker(1986)提出的制度信任的两种形式。促进条件(Facilitating Conditions)指关于行为和目标的共同标准、价值和信念,构成支持交易成功的内在非治理机制,如技术标准等。

产生人际信任的一个重要前提,是信任方与被信任方的关系强度决定了信任方对被信任方的信息了解程度,进而影响信任的程度。在直接互动、较为熟悉或关系紧密情境中,个体可以获得充足的特征信息,以及频繁的互动经验,进而形成特殊信任或情感信任。相反,在间接互动、不熟悉或关系疏远情境中,个体对其他对象了解甚少多形成普遍信任或认知信任。可见,信任依赖于信息。因此,信任是一种基于信息与互动的社会关系,社会关系本身又从属于特定的规则系统。信任在互动的框架中产生,既受个体心理的影响,也受社会系统的影响,而且不可能排他地与任一单因素相联系,其是用来减少社交活动复杂性的机制。这样,除人际信任外,还存在一种系统信任,它与个人特质无关,但与系统的运行机制相关,假定交易各方都会遵循特定的规则。因此,人际信任的建立受系统有效运行的影响,如对某人的信任一定程度上总是与对系统的信赖有关,本质上是信赖系统的有效运行而非系统本身。

Luhmann提到的系统信任并非指信息系统或电商系统的信任,而是泛指规则体系。但是,这种论述为电商信任研究提供了理论基础。例如,对电商平台提供者的能力、正直和善良等的认知信任以及对电商环境可靠性和安全性的信任等,构成电商信任中的系统信任,且会影响到交易双方信任的达成。同时,人际信任和系统信任之间会在电商环境下形成互补效应。

在电商平台信任研究中,与系统信任相似的另外一个概念是技术信任,认为电商平台信任主要由交易伙伴信任和技术信任构成,也有认为电商平台信任主要由平台或商家信任、制度信任、技术信任和基于经验的信任构成(Siau et al., 2003)。较早的技术信任概念似乎与电商环境下的技术信任概念无关,Jarillo和Bidault(1995)提出,技术信任和道德信任概念,认为这两种信任都是指对人的信任,即由于被信任方拥有一定的技能或高尚的品德而产生的信任。该技术信任的内涵似乎属于认知信任的范畴。在电商环境中,最初的技术信任被认为是一个多维结构的概念，包括网络的机密性、完整性、身份认证性、不可抵赖性、渠道控制、可用性和最佳商务实践七个方面，是个体对电商技术系统的可靠性和安全性产生的信赖感知。这显然是一个从互联网技术角度出发界定的技术信任的概念，本质上与系统信任一样，属于对硬件或软件等基础设施层面的可靠性和安全性的可信程度。因此，技术信任是个体相信技术设施安全和控制机制能按照其期望来促进某个特定交易的主观信念。由于技术信任主要通过技术标准、安全步骤和保护机制来促进交易市场的情境规范和促进条件来发挥制度信任的功能，从而促进交易的顺利进行。

技术信任是指企业或个体本身具有确信的期望，使企业或个体主观地相信技术有能力促进双方交易，并由这种信念产生的信任。显然，这里的信任不是对合作方的信任，而是基于技术本身所具有的特性而产生的可靠性和安全性的信任。一般地，这种技术信任可以逐步演化为跨组织之间的关系信任，进而增强组织间的关系，因为信息技术能力与信息技术资源在实现信息技术价值过程中起到了互补性作用。同时，这种互补性通过信息系统支持企业竞争战略和信息系统支持企业核心能力等中介变量间接影响企业的绩效。

技术信任也构成影响个体对电商初始信任的关键因素，如移动商务中消费者对移动商务的信任由技术信任、移动商务供应商信任和制度信任构成。其中，制度信任的影响最强，移动商务供应商其次，技术信任的影响力最低。对于高风险规避者而言，成熟稳定的技术使个体感知风险降低了，进而增强了采纳移动商务的信任意向。随着移动技术和商务环境的成熟，技术信任对消费者行为的影响逐步降低。

总之，现有相关代表性研究主要将平台经济环境下的制度信任、人际信任和技术信任视为三种主要的信任机制，并强调技术信任是电商平台信任中与传统信任不同的主要特征，构成电商平台信任的基础或前提条件，因而在电商平台信任中技术信任成为隐含或显著的前提条件之一。

（二）技术与制度混合治理下的平台信任模型

正如信任不是一个单纯的心理学问题或经济学问题那样，数字经济创新中平台信任也不是一个单纯的经济管理问题或技术问题，而是既涉及技术又涉及经济管理、社会和心理行为等多视角的问题。本节在前述相关代表性研究及概念的元分析基础上，聚焦于从数字技术与平台制度创新混合治理视角探讨平台信任的主要特征和形成机制，构建三级技术信任的平台信任概念模型（见图7-2）。

在平台经济环境下，尤其在个体缺乏认知或缺乏共同价值观的情况下，平台为社会主体或交易双方提供的技术可靠性或安全性的信念，使交易双方降低了风险感知，从而促进交易的信任意向。这种源自对数字技术的平台信任意向，既不

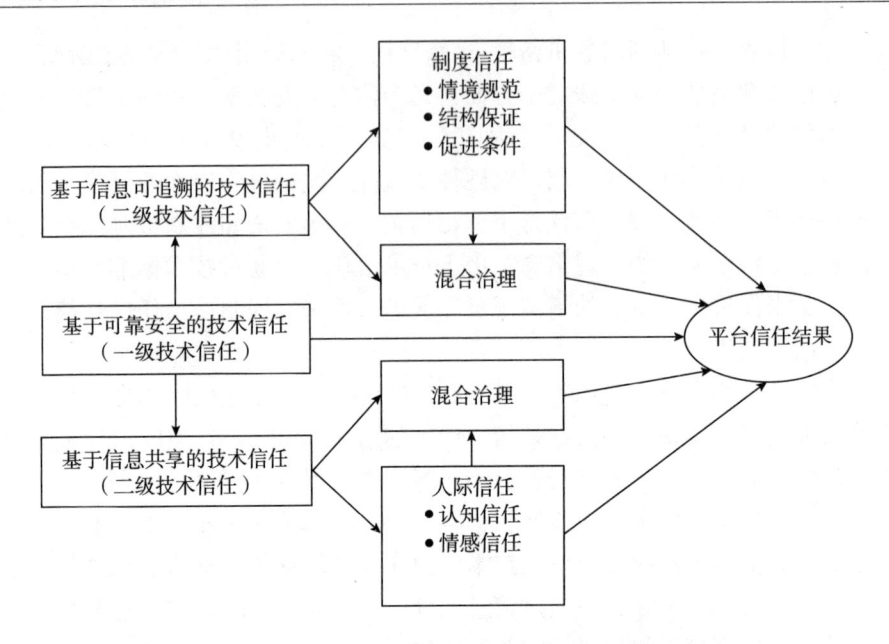

图 7-2　数字技术与制度创新混合治理下的平台信任概念模型

完全是人际的,也不完全是制度的,而是综合了数字技术、人际和制度创新因素在内的一种混合性的信任,本书称为初级技术信任或一级技术信任。通常地,一级技术信任对初始的平台信任影响较为明显,随着平台基础设施及法律和环境等制度因素的成熟,尤其是随着个体对平台认知和情感的加强,如粉丝对超级头部主播的情感认同,一级技术信任的影响将越来越不明显。这时,一级技术信任逐步转化为二级技术信任。

二级技术信任是通过数字技术的可追溯性和信息共享两大特征构成的信任倾向,分别影响平台的制度信任和人际信任,进而影响个体信任意向的一种信任实现机制。首先,数字技术使平台信息可追溯,为社会主体或交易双方部分解决了信息或证据不完备问题,通过增强在线契约签订后的可操作性,部分消除了在线契约的不完备性,客观上满足了形成制度信任的第三方认证机制,由此形成基于信息可追溯的技术信任影响平台制度信任的机制,即平台数字技术实现的信息可追溯形成的技术信任影响个体的制度信任,制度信任进而影响社会主体或个体对平台的信任;其次,数字技术为社会主体或交易双方提供了低成本信息共享可能,信息共享带来的信息透明较好地解决了交易双方的信息非对称问题,通过提供在线契约签订前的依据,部分消除在线契约的不完全性。当社会主体借助平台实现部分信息共享时,平台数据集成能够提高个体间的信任,而用于控制或监控参与者交换的信息时就会降低信任。或者,平台通过提取数据的即时价值和潜在价值提升社会主体之间的信任，因为平台经济环境中数字技术帮助社会主体共享知识，支持信息的流通而保证沟通的顺畅，进而提高全社会数据要素的利用率，增强交易双方的合作和信任，形成基于信息共享的技术信任影响平台人际信任的机制，即平台实现的社会化"信息共享"形成的技术信任影响社会主体的人际信任，人际信任进而影响个体对平台的信任。

在平台二级技术信任中，基于信息可追溯的技术信任来源于平台对交易双方形成的第三方权威性、独立性和技术保障，尤其是数字技术降低了个体交易中的不可契约化程度，构成实现基于制度信任的情境基础或社会环境，或者构成对于在线违规的信任惩罚的可信威胁。同时，基于平台社会化"信息共享"的技术信任，源于平台为交易双方或多方提供实时便捷的信息分享和交流条件，如在线社区、在线口碑、用户点评与网商声誉以及大量的用户创造内容（GUC），实现了对社会主体认知信任和情感信任的有效传递。这样，平台经济环境下的技术信任一方面通过制度信任来实现，另一方面通过认知信任和情感信任来实现。

然而，随着平台技术和制度环境的进一步成熟，二级技术信任与制度信任和人际信任之间将不再是单向的传递关系，而会出现相互交叉影响的协同演化过程，形成技术信任与制度信任、人际信任之间混合治理下的平台技术信任机制。本书将这两种混合治理下形成的平台技术信任称为三级技术信任。从制度经济学来看，制度信任属于正式规则的信任，人际信任属于非正式规则的信任。这样，三级技术信任既是技术信任与正式规则信任混合治理的结果，也是技术信任与非正式规则信任混合治理的结果。由于广义的制度信任既包括正式规则的信任，又包括非正式规则的信任，因此，也可广义地将三级技术信任视为技术信任与制度信任混合治理下的平台信任实现机制。

从调适性结构理论（Adaptive Structuration Theory，AST）视角来看，平台具有结构化的功能和无形资产，包括类似于社会资本的内在价值和精神等。这样，对个体和组织的各种软硬件设施等结构性要素的要求，可以影响现有的社会和组织的结构和流程，经过一系列数字技术与社会结构的动态调适过程，最终会形成新的社会准则、管理机制和行为模式等社会结果或创新行为。依据AST理论，平台经济环境中的个体、技术、正式制度、非正式制度等结构性要素之间，以及这些结构性要素与现有社会结构之间存在一个交叉或单一的动态调适过程，最终形成三级技术信任的动态传递结构。因此，AST理论为平台技术信任如何从一级技术信任传递到二级技术信任，再从二级技术信任传递到三级技术信任的信任发生机制提供了一种解释框架。在三级技术信任形成的平台信任机制中，一级技术信任、二级技术信任和三级技术信任不是一种单项的不可逆的传递关系，也不是简单的并列关系，而是随着平台技术的变革和环境因素的创新而变化的一种社会信任结构。例如，当直播电商技术发展成熟后，一级技术信任的影响总体上逐步下降，但在直播技术开始流行的初期，一级技术信任的重要性又可能会短暂地显示出来。此外，当社会中大量出现三级技术信任时，可能也大量地存在二级技术信任乃至一级技术信任，只是三种技术信任影响平台信任的交易结构不同。

本节的讨论表明，平台治理不能脱离平台信任问题。社会主体对平台的信任，不仅包含一级技术信任，也包含二级和三级技术信任，不同层级的技术信任构成平台在数字经济治理体系中具有特殊的地位，不能像以往工业经济治理那样采取简单的技术标准或市场标准来监管或规制，或采取单层治理结构来规制平台的制度创新。针对平台的治理需要采取双层治理结构，才有可能保障社会总福利的帕累托改进。同时，在平台治理活动中，还需要针对平台治理的演化问题采取相应的审慎态度。

第三节 平台治理的演化分析

无论是单层治理还是双层治理都存在平台治理的演化问题，且数字经济创新极点的变迁与平台治理的演化息息相关。下面以两个事例为背景对平台治理的演化进行初步阐述。

一、以 P2P 网络借贷为例

平台外部治理与平台内部治理中的制度行为密切相关，下面基于演化博弈理论，探讨 P2P 平台的风险备用金机制以及借款人的分期还款期数选择如何影响双方的借贷行为。为此，构建 P2P 网络借贷中贷款人和借款人群体行为的演化博弈模型并进行均衡点求解分析，利用数值仿真演示了参数变化对演化趋势和均衡结果的影响。研究表明：①风险备用金和借款人分期还款的期数选择均会影响博弈的均衡结果，演化稳定均衡取决于平台初始群体比例和鞍点大小；②选择越长的分期还款期数的借款人群体组成的系统更容易使借贷双方达到"正向"稳定状态。研究发现，P2P 平台可以通过风险备用金机制达到有效的风险控制，且对于具有相同信用评级的借款人，可针对选择不同的分期还款期数的群体收取不同的风险备用金。该结论表明，理论上 P2P 平台存在自我规范发展内部治理机制，但现实中由于 P2P 平台之间的竞争及内部治理机制的不健全而使 P2P 平台昙花一现。

我们知道，P2P 网络借贷是一种数字金融创新模式，是指贷款人与借款人之间通过网络借贷平台而不是金融机构产生的无抵押贷款，在本质上是一种融合数字技术与小额信贷的民间借贷模式。曾经一段时间 P2P 平台在中国发展迅速，如 2013 年中国 P2P 行业的线上交易总额达到 1100 亿元人民币。P2P 平台借贷的主要流程为：借款人提交必要的信息到 P2P 平台上注册，经平台审核后的借款人可以在平台上发布借款需求,主要包括借款额度、借款利率、借款用途、借款期限等信息。贷款方根据自己的投资能力和理财需求,寻求合适的借款人,一旦双方在借款额度和借款利率方面达成一致,交易即可达成。由于 P2P 借贷中交易双方互不认识,只能通过平台提供的信息进行投资决策,加之整个网络征信体系的不甚完善,信息不对称造成的逆向选择和道德风险问题成为制约 P2P 平台健康发展的首要因素。P2P 平台如何控制借贷风险,进而更有效地吸引社会富余资金满足巨大的民间投融资需求成为当下的关键问题。[①]

相关代表性研究多从贷款人和借款人的个体层面展开,但 P2P 平台是一个连接贷款人群体与借款人群体的双边市场,本节借助演化博弈框架从群体及其双向互动角度探讨平台的风险备用金机制,以及借款人分期还款期数选择如何影响双方的借贷行为。我们知道,演化博弈研究的对象是群体而非个体,假设群体中有限理性的个体与个体之间通过模仿、学习、突变等过程来实现群体结构的发展,从而达到动态平衡的演化均衡。在 P2P 借贷平台中,贷款人和借款人都是有限理性的群体,他们在交易过程中不断学习、模仿与变异,因此符合演化博弈的研究假设。

(一)基本假设与模型建立

在 P2P 借贷平台中,由借款人设定借款的利率 r 以及借款额度 w 供贷款人投标,借贷双方在借款额度和借款利率方面达成一致,交易即可达成。为简单化,假定总还款期限为 1 年,分 T 期还清。[②] β 为 P2P 平台在双方交易成功后向借款人收取的风险备用金,用于当其抵赖不还款时偿还贷款人的损失。贷款人和借款人群体都是有限理性的,每次从贷款人群体中随机选取一名与借款人进行配对博弈,贷款人和借款人通过学习不断改变自身策略直至达到一个均衡为止。贷款人的策略集合是 $\{S_{x1}, S_{x2}\}$,借款人的策略集合是 $\{S_{y1}, S_{y2}\}$。其中 S_{x1} 表示投资 P2P 平台,S_{x2} 表示不投资 P2P 平台而投资其他渠道;S_{y1} 表示诚信,S_{y2} 表示抵赖。具体有以下五个假设:

(1)当借贷双方的策略集合为 $\{S_{x1}, S_{y1}\}$ 时,贷款人获得预期收益 wr;由于借款人借款成功,良好地周转了临时性的资金短缺,获得效用 V,支付为 $V-wr$。借款人选择 P2P 平台是因为其相较于传统的融资渠道门槛低,放贷快,有助于解决短期紧急的资金需求,因此,$V>wr$ 是诚信借款人的参与约束条件。

---

① 据搜狐证券 2014 年 12 月 26 日报道,2014 年全国累计有 183 家 P2P 平台出现问题,32%的平台因坏账而出现提现困难。

② 国内的 P2P 规定了借款人分期还款的期数 T,如拍拍贷和宜信是强制按月还款($T=12$),红岭创投有按月还款方式($T=12$)、按季度还款方式($T=4$)以及一次性还款等方式。

(2) 当借贷款双方的策略集合为 $\{S_{x2}, S_{y1}\}$ 时，借款人因为没有贷款成功，效用为 $-V$。此时贷款人利用资金 w 进行其他渠道的投资获得更稳定的回报率，如存入银行或者买进市场上的无风险的理财产品，假设无风险的收益率为 r_s，则贷款人的支付为 wr_s。显然，$r>r_s$ 是贷款人投资 P2P 平台的参与约束条件。

(3) 当借贷双方的策略集合为 $\{S_{x1}, S_{y2}\}$ 时，借款人有抵赖不还款的投机行为，由于平台采取了分期还款措施，假设借款人在还款周期的第 t 期抵赖，令 p_t 为第 t 期抵赖的概率。由于贷款人没有收回投资额可以获得平台收取的风险备用金的赔偿，因此，当借款人在还款周期的第 t 期抵赖时，贷款人的支付为 $p_t\left[\frac{t}{T}wr-\frac{(T-t)}{T}w\right]+\beta$，借款人的支付为 $p_t\left[\frac{(T-t)}{T}w-\frac{t}{T}wr\right]-\beta-\varphi$。其中，$\varphi$ 为抵赖后平台对借款人的惩罚，包括平台对其信用评级减分甚至降级，以及借款人因为抵赖而损失的社会资本等。为简化表达式，令 $\lambda_t = \frac{(T-t)}{T}-\frac{t}{T}r$。

(4) 当借贷款双方的策略集合为 $\{S_{x1}, S_{y2}\}$ 时，贷款人可以获得稳定的回报 wr_s，此时抵赖类型的借款人的效用为 0。

综上所述，可以得到贷款人和借款人的支付矩阵，如表 7-1 所示。

表 7-1 平台贷款人和借款人博弈的支付矩阵

贷款人	借款人	
	诚信（S_{y1}）	抵赖（S_{y2}）
投资 P2P 平台（S_{x1}）	wr, $V-wr$	$-p_t\lambda_t w+\beta$, $p_t\lambda_t w-\beta-\varphi$
投资其他渠道（S_{x2}）	wr_s, $-V$	wr_s, 0

(5) 假定具有相同信用评级的借款人群体抵赖概率相同，为 p_{credit}（credit 为信用评级①）。但具有相同信用评级的借款人每期抵赖的概率却难以确定，根据竞争性保险市场均衡的信息甄别模型，假设借款人根据自身的还款能力选定分期付款的期数长短，具有更高的还款能力的借款人选择较长的分期付款期数 T。那么，在同一信用等级的群体中，选定不同还款期数的借款人每期抵赖概率和 T 有如下关系：

$$1-(1-p_t)^T = p_{credit} \tag{7-1}$$

---

① 现有的 P2P 平台，如拍拍贷、人人贷等对借款人信用认证得分和信用评级的情况为：AA 级：160 分及以上；A 级：145~159 分；B 级：130~144 分；C 级：120~129 分；D 级：110~119 分；E 级：100~109 分；HR 级：0~99 分。

(二) 平台借贷双方行为的演化博弈

1. 探讨演化博弈的均衡点

假设博弈的初始阶段，贷款人选择投资 P2P 平台的群体(S_{x1})的比例为 x ($0 \leqslant x \leqslant 1$)，选择投资其他渠道的群体($S_{x2}$)的比例则为 $1-x$。借款人中诚信群体(S_{y1})的比例为 y ($0 \leqslant y \leqslant 1$)，抵赖群体($S_{y2}$)的比例为 $1-y$。

系统中贷款人选择 S_{x1} 策略的收益 U_{11}，选择 S_{x2} 策略的收益 U_{12} 及贷款人群体的平均收益 $\overline{U}_1$ 分别为：

$$U_{11} = ywr + (1-y)(-p_t\lambda_t w + \beta) \tag{7-2}$$

$$U_{12} = ywr_s + (1-y)wr_s \tag{7-3}$$

$$\overline{U}_1 = xU_{11} + (1-x)U_{12} \tag{7-4}$$

根据 Malthusian 动态方程，即策略的增长率等于其适应度减去策略的平均适应度（在这里适应度即为收益，演化时间为 t），构造贷款人群体的复制动态方程：

$$\dot{x} = \frac{dx}{dt} = x(U_{11} - \overline{U}_1) = x(1-x)[y(p_t\lambda_t w + wr - \beta) - p_t\lambda_t w - wr_s + \beta] \tag{7-5}$$

借款人群体选择 S_{y1} 策略的收益 U_{21}，选择 S_{y2} 策略的收益 U_{22} 及借款人群体的平均收益 $\overline{U}_2$ 分别为：

$$U_{21} = x(V - wr) + (1-x)(-V) \tag{7-6}$$

$$U_{22} = x(p_t\lambda_t w - \beta - \varphi) \tag{7-7}$$

$$\overline{U}_2 = yU_{21} + (1-y)U_{22} \tag{7-8}$$

同理，构造借款人群体的复制动态方程：

$$\dot{y} = \frac{dy}{dt} = y(U_{21} - \overline{U}_1) = y(1-y)[x(2V + \varphi + \beta - p_t\lambda_t w - wr) - V] \tag{7-9}$$

令 $\frac{dx}{dt} = 0$ 和 $\frac{dy}{dt} = 0$，求解复制动态方程，可在平面 $N = \{(x, y) | 0 \leqslant x, y \leqslant 1\}$ 得到 5 个局部动态均衡点：$V(0, 1)$、$W(1, 1)$、$U(1, 0)$、$O(0, 0)$、$D(x^*, y^*)$ 其中：

$$x^* = \frac{V}{2V + \varphi + \beta - p_t\lambda_t w - wr}, \quad y^* = \frac{p_t\lambda_t w + wr_s - \beta}{p_t\lambda_t w + wr - \beta} \tag{7-10}$$

2. 讨论均衡点的稳定性

复制动态方程求出的均衡点不一定是系统的演化稳定策略（ESS），根据 Friedman 提出的方法，微分方程系统的演化稳定策略可以从该系统的雅可比矩阵

$$J=\begin{pmatrix} \dfrac{d\dot{x}}{dx} & \dfrac{d\dot{x}}{dy} \\ \dfrac{d\dot{y}}{dx} & \dfrac{d\dot{y}}{dy} \end{pmatrix}$$ 的局部稳定性分析得出：

当满足下面两个条件时，系统局部均衡点将成为演化稳定策略（ESS）：

$$Det(J)=\dfrac{d\dot{x}}{dx}\dfrac{d\dot{y}}{dy}-\dfrac{d\dot{x}}{dy}\dfrac{d\dot{y}}{dx}>0,\ Tr(J)=\dfrac{d\dot{x}}{dx}+\dfrac{d\dot{y}}{dy}<0 \qquad (7\text{-}11)$$

得到系统5个局部均衡点处的值，见表7-2。

表7-2　平台局部均衡点处的值

均衡点	$Det(J)$	$Tr(J)$
(0, 0)	$(\beta-p_t\lambda_t w-wr_s)(-V)$	$\beta-p_t\lambda_t w-wr_s-V$
(0, 1)	$(wr-wr_s)V$	$(wr-wr_s)+V$
(1, 0)	$(p_t\lambda_t w+wr_s-\beta)(V+\varphi+\beta-p_t\lambda_t w-wr)$	$V+\varphi+wr_s-wr$
(1, 1)	$(wr-wr_s)(V+\varphi+\beta-p_t\lambda_t w-wr)$	$-V-\varphi-\beta+p_t\lambda_t w+wr_s$
(x^*, y^*)	$A=x^*y^*(1-x^*)(1-y^*)(p_t\lambda_t w+wr-\beta)$ $(2V+\varphi+\beta-p_t\lambda_t w-wr)$	0

3. 展开均衡点结果的讨论

由表7-2可知，均衡点$Det(J)$与$Tr(J)$的值与$\beta-p_t\lambda_t w-wr_s$和$V+\varphi+\beta-p_t\lambda_t w-wr$有关，为方便下面的分析，令$m=p_t\lambda_t w+wr_s$，$n=p_t\lambda_t w+wr-V-\varphi$。由借款人的参与约束条件可知$n<m$。结合参数$\beta$和$m$，$n$的大小，分析不同风险备用金情形下五个局部稳定点成为ESS均衡点的可能性。

（1）当$\beta<n$时，局部均衡点的稳定性分析如表7-3（1）所示。(0, 0)满足$Det(J)>0$；$Tr(J)<0$条件，因此，(0, 0)点为ESS均衡点。

（2）当$n<\beta<m$时，局部均衡点的稳定性分析如表7-3（2）所示。(0, 0)和(1, 1)满足$Det(J)>0$；$Tr(J)<0$条件，因此，(0, 0)和(1, 1)点为ESS均衡点，(x^*, y^*)为鞍点。

（3）当$\beta>m$时，局部均衡点的稳定性分析如表7-3（3）所示。(1, 1)满足$Det(J)>0$；$Tr(J)<0$条件，(1, 1)点为ESS均衡点。

表7-3　不同风险备用金情形时的局部稳定性分析

情形	(1) $\beta<n$			(2) $n<\beta<m$			(3) $\beta>m$		
均衡点	$Det(J)$	$Tr(J)$	结果	$Det(J)$	$Tr(J)$	结果	$Det(J)$	$Tr(J)$	结果
(0, 0)	+	−	ESS	+	−	ESS	−		鞍点
(0, 1)	+	+	不稳定	+	+	不稳定	+	+	不稳定

续表

情形	(1) $\beta<n$			(2) $n<\beta<m$			(3) $\beta>m$		
均衡点	Det（J）	Tr（J）	结果	Det（J）	Tr（J）	结果	Det（J）	Tr（J）	结果
(1, 0)	-		鞍点	+	+	不稳定	-	+	鞍点
(1, 1)	-		鞍点	+	-	ESS	+	-	ESS
(x^*, y^*)	-	0	*	-	0	鞍点	-	0	*

注：表中"+"表示正，"-"表示负，空格表示不确定，"*"表示不存在。

4. 探讨参数变化对系统收敛方向的影响

（1）β 的变化对于收敛方向的影响。根据表7-3当 $\beta<n$ 和 $\beta>m$ 时，系统收敛的方向已经确定；当 $n<\beta<m$ 时，系统的收敛方向取决于鞍点 (x^*, y^*)。在该系统中，$N=\{(x, y) \mid 0 \leq x, y \leq 1\}$ 区域内由不稳定点 U、V 与鞍点 S 连接成的折线可以看作系统收敛于不同状态的临界线，当初始状态在 $USVO$ 区域内时，系统将收敛于（0，0）ESS 均衡点，初始状态在 $USVW$ 区域内时，系统将收敛于（1，1）ESS 均衡点。我们通过分析区域 $USVO$ 的大小：

$$S_I = \frac{1}{2}(x^* + y^*) = \frac{1}{2}\left(\frac{V}{2V+\varphi+\beta-p_t\lambda_t w - wr} + \frac{p_t\lambda_t w + wr_s - \beta}{p_t\lambda_t w + wr - \beta}\right) \quad (7-12)$$

将 S_I 对 β 求倒数有 $\dfrac{dS_I}{d\beta} = \dfrac{1}{2}\left(-\dfrac{V}{(2V+\varphi+\beta-p_t\lambda_t w - wr)^2} + \dfrac{wr_s - wr}{(p_t\lambda_t w + wr - \beta)^2}\right)$，因为 $wr_s < wr$，所以有 $\dfrac{dS_I}{d\beta} < 0$，即当 β 增大时，抵赖类型借款人的收益减小，鞍点 S 向 O 点移动，$USVO$ 区域面积增大，系统收敛于（1，1）的 ESS 均衡点的概率增大；反之，系统收敛于（0，0）的 ESS 均衡点的概率增大。

（2）T 的变化对于收敛方向的影响。由于借款人在还款的任何一期都有抵赖的可能性，为简化计算，假设所有抵赖类型的借款人均在第 $t=0$ 期违约，也就是说，没有进行一期还款。根据式（7-1）有：

$$S_I = \frac{1}{2}(x^* + y^*) = \frac{1}{2}\left(\frac{V}{2V+\varphi+\beta-\sqrt[T]{1-p_{credit}}w - wr} + \frac{1-\sqrt[T]{1-p_{credit}}+wr_s-\beta}{1-\sqrt[T]{1-p_{credit}}+wr-\beta}\right) \quad (7-13)$$

将 S_I 对 T 求倒数，有：

$$\frac{dS_I}{dT} = \frac{dS_I}{dp_t} \cdot \frac{dp_t}{dT} = \frac{1}{2}\left(\frac{V}{(2V+\varphi+\beta-p_t\lambda_t w - wr)^2} + \frac{wr_s - wr}{(p_t\lambda_t w + wr - \beta)^2}\right) \cdot \frac{dp_t}{dT} \quad (7-14)$$

由式（7-14）可知，$\dfrac{dS_I}{dp_t} > 0$；而由式（7-1）可知，$\dfrac{dp_t}{dT} < 0$，所以 $\dfrac{dS_I}{dT} < 0$，即当 T 增大时，抵赖类型借款人的收益减小，鞍点 S 向 O 点移动，$USVO$ 区域面积

增大，系统收敛于（1，1）的 ESS 均衡点的概率增大；反之，系统收敛于（0，0）的 ESS 均衡点的概率增大。由此，得命题 1。

命题 1：对于具有相同抵赖概率 p_{credit} 的同一信用评级的借款人，可针对选择不同的分期还款期数的群体收取不同的风险备用金。对于选择分期期数 T 较长的借款人群体收取较低风险备用金，反则收取较高风险备用金。

证明：由均衡点结果讨论以及式（7-1）可知，要使系统达到情形（3）中（1，1）的 ESS 均衡点，β 和 T 有如下关系：$\beta = (1 - \sqrt[T]{1 - p_{credit}} + r_s)w$。

又因为 $\dfrac{dp_t}{dT}$，所以 $\dfrac{d\beta}{dT} < 0$，因此，对于具有相同抵赖概率 p_{credit} 的同一信用评级的借款人，选择分期期数 T 较长，收取风险备用金越少。

（三）数值分析与仿真结果

运用 Mat lab 仿真软件对 P2P 平台中贷款人与借款人的行为进行仿真分析，探讨选择某种策略的初始群体比例大小（x，y）、风险备用金以 β 及选择分期期数 T 对演化结果的影响。

1. 初始群体比例大小（x，y）和 β 的变化对于演化结果的影响

由图 7-3 可知，当 $\beta<n$ 时，无论投资 P2P 平台的贷款人群体和诚信的借款人群体的初始比例大小如何，多次博弈后系统均会收敛于（0，0），即贷款人投资其他渠道，借款人选择抵赖。由于风险备用金收取比例较小，P2P 平台对借款人的征信体系不完善，导致多次博弈过后抵赖类型的借款人收益大于诚信类型的借款人收益，诚信类型的借款人逐渐在系统中消失，随着 P2P 平台中抵赖类型

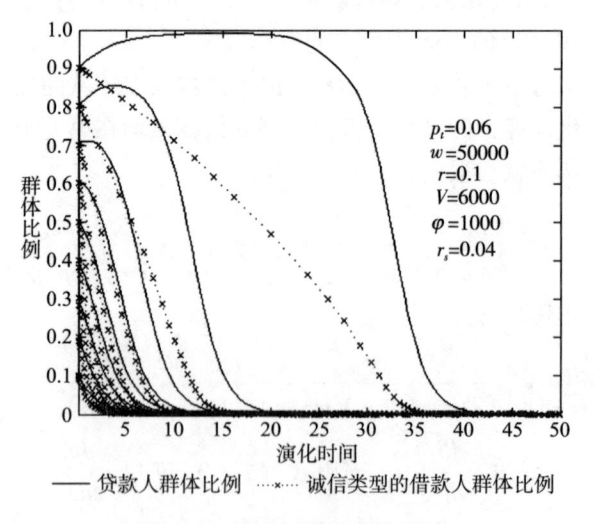

图 7-3 $\beta = 500$ 时的系统状态

的借款人比例增加，多次博弈后贷款人选择投资其他平台，系统形成一种"负向"稳定状态。

由图7-4可知，当$n<\beta<m$时，系统的均衡结果取决于选择某种策略的初始群体比例大小（x，y）以及鞍点（x^*，y^*）的大小。当系统中诚信类型的借款人及投资P2P平台的贷款人群体比例大于鞍点的值时，系统的稳定点是（1，1）。此时，贷款人选择投资P2P平台，借款人选择诚信策略。反之，系统的稳定点是（0，0），即贷款人投资其他渠道，借款人选择抵赖策略。结果表明：此范围的风险备用金起到了一定的风险控制作用，但P2P平台的发展还是取决于借贷双方初始群体的比例大小。因此，P2P平台在发展初期，吸引优质的贷款人以及借款人尤为重要，关乎到整个平台的未来发展方向。

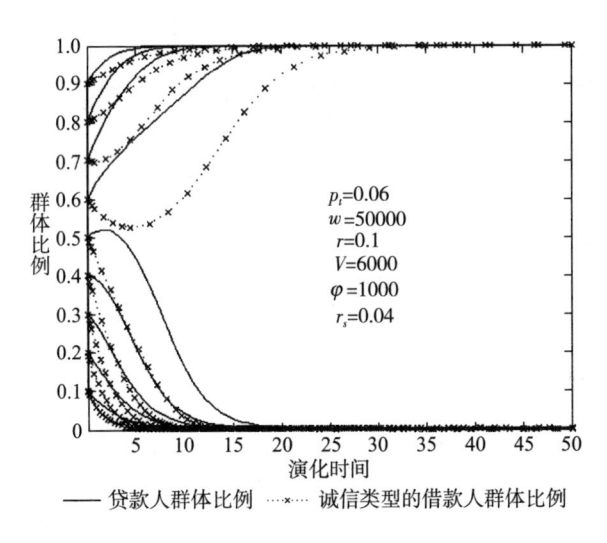

图7-4 $\beta=3000$时的系统状态

由图7-5可知，当$\beta>m$时，无论选择某种策略的初始群体比例大小如何，系统均收敛于（1，1）。表明在此范围的风险备用金下，无论选择某种策略的初始群体比例大小如何，系统均会达到贷款人投资P2P平台，借款人诚信的"正向"稳定状态。

2. 选择分期期数T对于演化结果的影响（$n<\beta<m$）

由图7-6和图7-7可知，在平台的风险备用金$n<\beta<m$情形下，对于同一信用等级的借款人群体（抵赖概率$p_{credit}=0.2$），选择$T=4$和$T=12$的两种类型借款人的演化结果图。可以看出，当诚信类型借款人群体的初始比例大于0.5时，借款人选择$T=4$的系统达到（1，1）的ESS均衡状态，当诚信类型借款人群体的初始比例大于0.3时，借款人选择$T=12$的系统就已经达到（1，1）的ESS均

衡状态。仿真结果表明，选择分期还款期数越长的借款人系统更容易达到"正向"稳定状态。

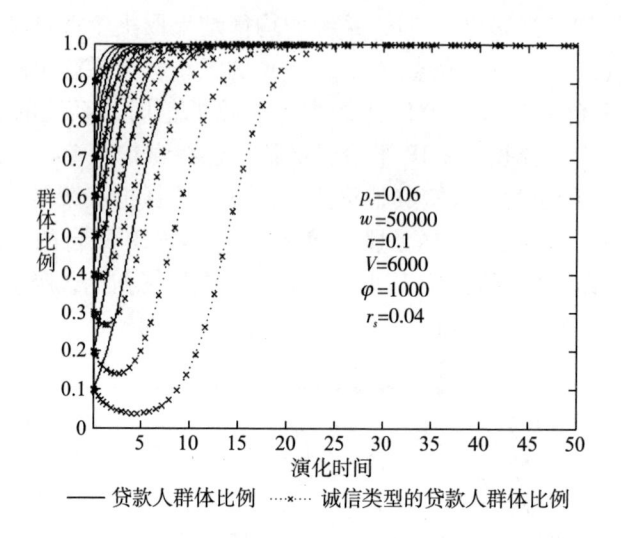

图 7-5　$\beta=6000$ 时的系统状态

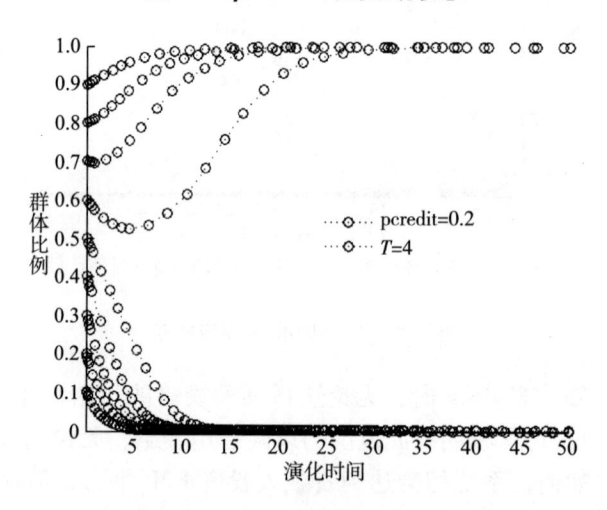

图 7-6　$T=4$ 时的系统状态

本节通过构建 P2P 网络借贷中贷款人和借款人群体行为的演化博弈模型，探讨 P2P 平台的风险备用金机制及借款人的分期还款期数选择如何影响双方的借贷行为，并进行仿真分析，得到以下两个主要结论：①风险备用金和借款人分期还款的期数均会影响博弈的均衡结果，当 $\beta>m$ 时，系统收敛于"正向"稳定状态；当风险备用金 $\beta<n$ 时，系统收敛于"负向"稳定状态；当 $n<\beta<m$ 时，系

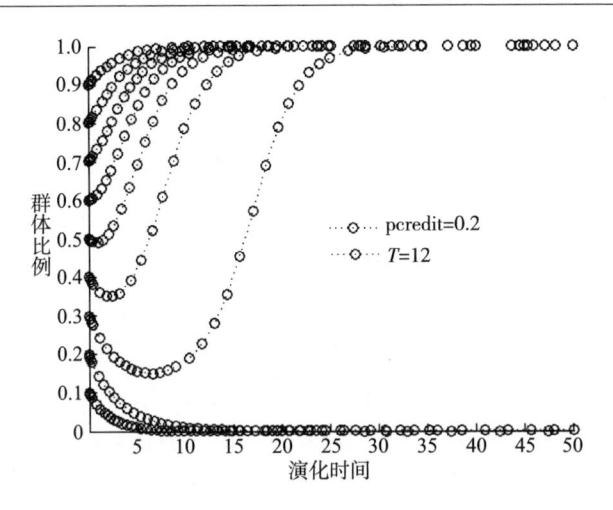

图 7-7　$T=12$ 时的系统状态

统的收敛结果取决于平台初始群体比例和鞍点大小。可见，合理比例的风险备用金可以影响双方的借贷行为博弈均衡结果，起到一定的风险控制作用。然而，确定合理的风险备用金范围首先要对借款人的抵赖概率做出准确判断，要求 P2P 平台要充分利用内部乃至外部的征信体系与信用评价制度对借款人的风险做出准确评估。②选择分期还款期数越长的借款人系统更容易达到"正向"稳定状态。因此，针对选择不同分期还款期数的借款人应收取不同的风险备用金。对于选择较长分期还款期数的借款人可以收取较小的风险备用金，以降低借款人融资门槛。

基于上述结论，可以认为，在数字经济创新极点发展过程中，完全由平台内部形成有效治理是困难的，平台机会主义可能会损害公众利益而降低社会总福利水平。然而，如果完全由平台外部形成治理，又可能会制约平台创新能力而损害平台短期或长期的创新基础和动力。因此，构建平台内部与外部协同的双层治理结构，是一种可行的有效治理框架。

二、以消费者隐私数据风险担保为例

企业与用户或消费者互动的适应性创新构成数字经济的主流创新模式，用户或消费者隐私数据及其风险管理构成平台治理的关注点之一。研究发现，当你询问用户或消费者是否关心其在平台的隐私数据时他们的回答几乎都是十分关切，但当你说可以提供各种折扣优惠或金钱补偿后，用户或消费者对其在平台上的隐私数据关切度会明显下降，表明消费者对个人隐私的敏感度会因环境变化而演化，因而平台治理也存在演化问题。其中，平台治理的一项关键内容是如何形成消费者隐私数据风险担保机制，这就涉及消费者或用户个人的数据隐私风险保险机制设计问题。

个人数据是由私人拥有的应用、网站或服务器产生的,由私人拥有并控制的数据可以是用户自身的隐私数据,也可以是由个人向企业提供的个人数据。个人数据隐私风险是指在信息交易中买方以一定价格获得信息后转手卖出,从而导致用户的私人信息非法泄露等。以往,个人数据由于隐私问题获得的难度极大,一是因为其状态支离破碎,二是因为风险和责任的保障使成本非常高昂(Thomas & Leiponen, 2016)。然而,大数据的产生使个人隐私风险和责任的识别比以往更加便利,成本更低,因为大数据环境下信息交易市场中会逐步演化形成类似第三方保障那样的制度创新,以更好地保证个人信息的合法传播与数据要素价值的充分挖掘,因此,创新导向的平台治理需要考虑平台演化的因素。

现以消费者隐私数据风险的担保机制为例,探讨平台演化与平台双层治理结构的内在关系。假设企业想获取消费者的个人信息,消费者担心企业将其个人信息非法泄露,企业与消费者之间是委托代理关系,企业为使消费者消除顾虑,寻求担保人做担保。又假设第三方有足够的能力识别风险和责任,愿意为企业担保。担保人提出这样一个担保机制:企业获取消费者个人数据之前向担保人预付一定的保证金 f,如果企业因其管理不善或恶意导致消费者个人数据非法泄露并造成损失 x,那么企业需要等额赔偿损失,并以额外费用率 s 追加赔偿,合计 $x(1+s)$。到合同期末,如果企业造成的损失小于保证金,那么获得回款 $f-x(1+s)$,否则不退回保证金。

在这样的条款下,企业有两种行为:①付出努力 e 保证信息不泄露,努力成本为 $C(e,\vartheta)=\dfrac{\vartheta e^2}{2}$,在这个努力水平下不发生损失的概率为 $Z(e)$;②由于努力不够所造成消费者损失的,企业承担法律责任支付 L,根据上述条款,$L=E[\min\{f,x(1+s)\}]$。显然,企业的代理成本为 $\varphi=(1-Z(e))L+\dfrac{\vartheta e^2}{2}$,并有 $\varphi\geq 0$ 假设企业的收益为 R,则企业的效用为 $U=R-\varphi$。

对于消费者,假设消费者与企业进行信息交易造成总损失 μ_0,担保人赔偿 x,事件发生概率为 P,因此消费者承担的代理成本为 $\delta=P\cdot(\mu_0-E(x))(\delta\geq 0)$。假设消费者的收益为 V,则消费者的期望效用为 $\pi=V-\delta$。

对于担保人,在一个合同期内,若单个合同事件发生造成消费者损失 x,x 是服从分布 $F(x)$ 的随机变量,担保人核实后原价支付给消费者 x,并从责任企业担保合同中索偿 $\min\{f,x(1+s)\}$。单个企业合同中可能出现企业赔偿给担保人的数额少于担保人支付给消费者的数额,这部分担保人自己承担,又称为风险资本。作用于所有消费者和企业,担保人的总风险资本为 $K = \int_0^\infty x dx - \int_0^\infty \min\{f, (1+s)x\} dF(x)$。如果单个事件发生的概率为 P,那么担保人在该事件中承担的风险资本为 $\Delta = P \cdot K$。

根据委托代理模型,要使担保合同机制有效必须满足以下三个条件:①消费者收益最大化,即 $\max \pi$;②企业效用大于其机会成本,即 $U \geq u$;③担保人不承担风险,即 $\Delta = 0$。由此,可得命题1如下:

命题1:假设在单个信息交易中,企业的收益 R、企业的机会成本 u 和消费者的收益 V 是常数,则满足合同机制有效的条件是:消费者代理成本 $\delta = 0$,担保人总风险资本 $K = 0$,企业对期望损失完全承担责任,即 $L = E(x) = \mu_0$。

接下来的问题是:假如担保人能估计损失概率函数 $F(x)$,担保人应如何在担保合同中设定保证金 f 和额外费用率 s 呢?这里,假设担保人估计损失额 $\tilde{x}$ 发生的概率是 $P(x=\tilde{x})$,则由 $L=E(x)$,有:

$$\int_0^{\tilde{x}} \min\{f, (1+s)x\} dF(x) = \int_0^{\tilde{x}} x dF(x) \tag{7-15}$$

进而有,$\int_0^{\frac{f}{1+s}} (1+s)x dF(x) + \int_{\frac{f}{1+s}}^{\tilde{x}} f dF(x) = \int_0^{\tilde{x}} x dF(x)$。由此得命题2和命题3:

命题2:假设担保人估计损失额 $\tilde{x}$ 发生的概率是 $P(x=\tilde{x})$ 保证金 f、额外费用率 s 和损失 $\tilde{x}$ 必须满足:

$$(\tilde{x}-f)^2 = \left(\frac{s}{1+s}\right) f^2 \quad (s \geq 0) \tag{7-16}$$

命题3:当 $s=0$ 时,有 $f=\tilde{x}$;当 $s \neq 0$ 时,$s = \frac{(\tilde{x}-f)^2}{f^2-(\tilde{x}-f)^2}$,且 f 必须满足 $f > \frac{\tilde{x}}{2}$。

即如果不收额外费用率,企业支付的保证金必须完全覆盖估计的损失,如果收取额外费用率,额外费用率满足:

$$额外费用率 = \frac{估计损失与保证金之差^2}{保证金^2 - 估计损失与保证金之差^2} \tag{7-17}$$

且保证金满足

$$保证金 > \frac{估计损失}{2} \tag{7-18}$$

因此,担保合同的定价有如下两种:①不收取额外费用,企业以估计损失全额预付保证金,到合同期末,如果企业发生信息泄露造成的损失小于保证金,返还企业差额;如果企业发生信息泄露造成的损失大于或等于保证金,不返还任何金额。②企业以大于估计损失一半的金额预付保证金,到合同期末,如果发生损失,企业需要等额赔偿损失,并以一定的额外费用率追加赔偿,如果总赔偿金额小于保证金,那么返回差额;如果总赔偿金额大于或等于保证金,那么不返还任何金额。

在这样的担保合同下,企业的代理成本为 $\varphi=(1-Z(e))L+\dfrac{\vartheta e^2}{2}$,假设由于努力而降低损失的概率 $Z(e)=e$,由 $\dfrac{\partial \varphi}{\partial e}=0$,得到企业的最优努力水平 $e^*=\min\left\{1,\dfrac{L}{\vartheta}\right\}$。

接下来,探讨企业与消费者个人数据合作演化博弈问题。具体地,考察存在这种担保合同的情况下,企业与消费者在个人数据合作上的演化情况。

Kahneman 和 Tversky(1979)、Tversky 和 Kahneman(1992)发现,决策者对事件 i 的收益和损失受心理效用影响,事件的价值和事件发生的权重因此而改变。其中,价值函数(v)描述了决策者对事件 i 的主观价值,表示形式如下:

$$v(\Delta\omega)=\begin{cases} \Delta\omega^\alpha & (\Delta\omega>0) \\ -\gamma(\Delta\omega)^\rho & (\Delta\omega<0) \end{cases}$$

其中,$\Delta\omega>0$ 表示决策者对该事件的感知收益,$\Delta\omega<0$ 表示决策者对该事件的感知损失,γ 表示损失厌恶系数,表示决策者对损失的厌恶程度,α 和 ρ 表示决策者对收益和损失的敏感程度。经测算,$\gamma=2.25$,$\alpha=\rho=0.88$。权重函数(π)描述了决策者对事件真实概率的感知,表示形式如下:

$$\begin{cases} \pi^+(p)=\dfrac{p^r}{(p^r+(1-p)^r)^{1/r}} \\ \pi^-(p)=\dfrac{p^\tau}{(p^\tau+(1-p)^\tau)^{1/\tau}} \end{cases}$$

其中,p 是客观概率,r 和 τ 和表示决策权重函数曲线的曲率较相对位置的高度。经测算,$r=0.61$,$\sigma=0.69$。综合价值函数和权重函数,决策主体的感知收益为 $V=\sum_1^n \pi(p_i)v(\Delta\omega_i)$。

具体假设如下,根据担保合同定价模型,做以下转换:令企业选择担保时的收益 $R=v(W_2)$,机会成本 $u=v(W_1)$,支付的保证金 $f=v(-f)$,额外费用 $sx=v(-s)$,努力成本 $C(e,\vartheta)=v(-e)$,消费者的收益 $V=v(V_1)$,由于泄露信息造成的损失 $\mu_0=v(-F)$。

假设1:博弈中存在两类博弈群体,分别是企业和消费者,两类群体中的个体均为有限理性人,博弈顺序为企业先行,博弈时间为合同期内。企业要获得消费者的个人数据,他可以选择投资担保合同,也可以不投资担保合同,企业的策略集合为{X_1 = 投保，X_2 = 不投保}。消费者的策略集合为{Y_1 = 合作，Y_2 = 不合作}，合作意味着消费者提供个人数据；反之，不合作意味着消费者不提供个人数据。如果企业和消费者选择投入，将有 p 的概率获得额外收益，同时需要付出一定的成本。

假设2：如果企业选择不投保，消费者选择不合作，即博弈策略集合为{X_2, Y_2}，企业获得正常收益 $v(W)$，消费者获得正常收益 $v(V)$。

假设3：如果企业选择投保，消费者选择不合作，即博弈策略集合为{X_1, Y_2}，企业获得正常收益 $v(W)$，且在合同期内预付了保证金 $v(-f)$，消费者获得正常收益 $v(V)$。

假设4：如果企业选择投保，消费者也选择投保，即博弈策略集合为{X_1, Y_1}，企业除了正常收益 $v(W)$ 外，由于获得个人信息而获得额外收益 $v(W_2)$，同时支付保证金、额外费用和付出保护信息安全的努力，即获得信息的代理成本 $v(-f)+v(-s)+v(-e)$。消费者除了正常收益 $v(V)$ 外，还因企业改善产品和服务、提供定制化服务而获得额外收益 $v(V_1)$。

假设5：如果企业选择不投保，消费者选择合作，即博弈策略集合为{X_2, Y_1}，企业获得的额外收益 $v(W_1)$，且 $v(W_1)<v(W_2)$，消费者也获得额外收益，但是由于没有人为企业做担保，没有人对企业进行管控，信息的用途无法追踪，消费者的额外收益不能保证，因此根据夏普比率 $R=\dfrac{R_p-R_f}{\sigma}$，消费者的期望收益是经风险调整后的收益，为简化模型，令 $R_f=0$，从而使消费者的额外收益为 $v\left(\dfrac{V_1}{\sigma}\right)$，其中 σ 为收益的标准差，代表收益的波动程度。此外，当损失发生时，消费者承担的实际损失记为 $v(-F)$。

模型构建如下，根据上述假设，博弈双方的收益矩阵如表7-4所示。

表7-4　企业与消费者个人数据合作的演化博弈收益矩阵（模型1）

		消费者	
		合作(Y_1)	不合作(Y_2)
企业	投保(X_1)	$v(W)+v(W_2)+v(-f)+v(-s)+v(-e)$，$v(V)+v(V_1)$	$v(W)+v(-f)$，$v(V)$
	不投保(X_2)	$v(W)+v(W_1)$，$v(V)+v\left(\dfrac{V_1}{\sigma}\right)+v(-F)$	$v(W)$，$v(V)$

在模型求解中，重要条件①为企业投保收益 $v(W_2)+v(-f)+v(-s)+v(-e)$，

重要条件②为消费者风险合作收益$\left(\dfrac{V_1}{\sigma}\right)+v(-F)$。经求解后，模型在各个情形下的均衡点如表7-5所示。

表7-5　企业与消费者个人数据合作演化博弈均衡结果

	均衡条件	均衡点 （{企业行为，消费者行为}）
情形①	企业投保收益>0 消费者风险合作收益>0	{投保，合作}
情形②	企业投保收益>0 消费者风险合作收益<0	{投保，合作}
情形③	企业投保收益<0 消费者风险合作收益>0	{不投保，合作}
情形④	企业投保收益<0 消费者风险合作收益<0	无稳定均衡点

　　根据表7-5的结果，可以认为，首先，情形①和情形②说明只要企业的投保收益大于零，企业就应该选择投保，只要企业投保，消费者就选择合作。后者恰恰表明在隐私风险由第三方担保后，消费者的隐私风险得以转嫁，消费者可以获得稳定的额外收益，因此将选择合作。其次，情形③说明当企业投保收益小于零，企业选择不投保的时候，消费者因为风险合作收益大于零而选择合作。风险合作收益大于零意味着在一定的风险水平上，消费者对提供个人数据的期望收益非常高，从而部分抵消了风险和实际损失。一般来说，这种情况发生的可能性较小，但不排除小群体内部的消费者愿意相信他们更容易获得高额回报，如企业针对某一消费群体开展社群营销。最后，情形④说明当企业投保收益小于零、风险合作收益小于零时，双方的行动在初始点徘徊。其原因在于在该条件下，无论是向哪个点演化都只能满足一方的收益变化大于零，而另一方的收益变化则小于零。可见，为企业投保创造条件是推动现阶段消费者个人数据持续稳定获取的重要手段，是企业持续为消费者创造价值的重要条件。

　　因此，针对平台的数据治理，可以借助大数据技术和分析工具完善信息交易数据的收集、整理和分析，提高反作弊监察能力。同时，推行数据担保机制的制度创新，为个人信息交换创造良好的制度环境，如果企业不选择担保，那么企业可以通过社群营销或情感营销获得消费者的信任，从而获得消费者的个人信息等。

　　下面，探讨企业与消费者公共数据合作协同演化问题。尽管企业在公共网络平台上获得大数据比以往更容易，由于大数据海量、多源、异构特征，企业要经过信息的挖掘、资源的整合才能把数据资源转化为数据资产，即企业需要投入这部分成本才能得到大数据所带来的额外收益。同理，消费者在公共网络平台上也要付出沟通交流、信息整合的努力才能使自己的信息判别能力、信息整合能力得以提升。企业在消费者能力提升后又进一步把新的数据资源转化为数据资产。基于公共数据的交互,企业与消费者之间存在着协同演化关系。然而,并不是所有企业在社群营销、O2O 运营都能成功,为什么有的企业在平台上能与消费者形成持续稳定的交互,下面将通过企业与消费者演化博弈模型进行探讨。

假设1:博弈中存在两类博弈群体,分别是企业和消费者,两类群体中的个体均为有限理性人。企业的行动策略集合为$\{X_1=$投入,$X_2=$不投入$\}$,投入是指企业针对大数据投入资源进行信息挖掘、分析和整合从而把数据资源转化为数据资产。消费者的行动策略集合为$\{Y_1=$投入,$Y_2=$不投入$\}$,投入意味着消费者为提升信息判别能力、信息整合能力从而使消费需求升级付出时间和努力。如果企业和消费者选择投入,那么将有 p 的概率获得额外收益,同时需要付出一定的成本。

假设2:如果企业选择不投入,那么消费者也选择不投入,即博弈策略集合为$\{X_2,Y_2\}$,在这种情况下企业获得正常收益$v(W)$,这个正常收益指的是企业的正常盈利水平,消费者也获得正常收益$v(V)$,这个正常收益仅仅指消费者在平台上与其他用户互动带来的社交收益,以及在平台上的正常服务收益。

假设3:如果企业选择投入,那么消费者选择不投入,即博弈策略集合为$\{X_1,Y_2\}$,消费者获得正常收益$v(V)$。由于消费者不投入,平台没有产生数据,企业无法从数据中获得额外收益,只能获得正常收益$v(W)$,同时企业付出了沉没成本$v(-C)$。

假设4:如果企业选择不投入,那么消费者选择投入,即博弈策略集合为$\{X_2,Y_1\}$,这意味着消费者在平台产生了大数据,但是企业没有利用。企业获得正常收益$v(W)$。消费者参与平台互动,获得额外收益$v(V_1)$。在这种情况下,消费者的额外收益是指社交平台上有了企业参与后消费者获得的社交收益和能力提升收益,额外的社交收益是指企业或产品作为价值符号在平台上为消费者创造了精神价值和传播价值,能力提升收益是指消费者的信息判别能力提升和消费需求升级。同时消费者付出一定的时间和努力,成本记为$v(-D)$,因此消费者的收入函数为$v(V)+v(V_1)+v(-D)$。

假设5:如果企业选择投入,那么消费者选择投入,即博弈策略集合为$\{X_1,Y_1\}$。企业获得额外收益$v(W_1)$,企业的额外收益包括财务收益和营销收益,同时企业付出成本$v(-C)$。消费者也能获得额外收益$v(V_2)$,除了假设4提到的社交收益和能力提升收益,由于企业利用大数据提升了产品和服务水平、优化了消费者体验,消费者还获得了服务收益,因此$v(V_2)>v(V_1)$。同时消费者付出时间和努力$v(-D)$,所以消费者的收入函数为$v(V)+v(V_2)+v(-D)$。

根据上述假设,博弈双方的收益矩阵如表7-6所示。

表 7-6 企业与消费者公共数据合作的演化博弈收益矩阵（模型 2）

		消费者	
		投入（Y1）	不投入（Y2）
企业	投入（X1）	$v(W)+v(W_1)+v(-C)$, $v(V)+v(V_2)+v(-D)$	$v(W)+v(-C), v(V)$
	不投入（X2）	$v(W)$, $v(V)+v(V_1)+v(-D)$	$v(W), v(V)$

模型求解的重要条件包括：①企业投入收益 $v(W_1)+v(-C)$；②企业投入时消费者投入收益 $v(V_2)+v(-D)$；③企业不投入时消费者投入收益 $v(V_1)+v(-D)$。经求解后，模型在各个情形下的均衡点如表 7-7 所示。

表 7-7 企业与消费者个人数据合作演化博弈均衡结果

情形	均衡条件	均衡点 （｛企业行为，消费者行为｝）
情形①	企业投入收益<0 企业投入时消费者投入收益<0 企业不投入时消费者投入收益<0	｛不投入，不投入｝
情形②	企业投入收益<0 企业投入时消费者投入收益>0 企业不投入时消费者投入收益>0	｛不投入，投入｝
情形③	企业投入收益<0 企业投入时消费者投入收益>0 企业不投入时消费者投入收益<0	｛不投入，不投入｝
情形④	企业投入收益>0 企业投入时消费者投入收益<0 企业不投入时消费者投入收益<0	｛不投入，不投入｝
情形⑤	企业投入收益>0 企业投入时消费者投入收益>0 企业不投入时消费者投入收益<0	｛不投入，不投入｝ ｛投入，投入｝
情形⑥	企业投入收益>0 企业投入时消费者投入收益>0 企业不投入时消费者投入收益>0	｛投入，投入｝

根据表 7-7 的结果，可以认为：

首先，情形①、情形③及情形④表明，企业不投入时消费者投入收益小于零，另外两个条件企业投入收益和企业投入时消费者投入收益不能同时大于零时，演化结果都是双方不投入。企业不投入时消费者投入收益小于零说明了这个平台本身的流量导入能力很弱，消费者不愿意在上面互动，企业也就不应该浪费成本选择在这些平台上投入。

其次，情形②显示，虽然企业投入不能获得正的收益，但无论企业投入还是不投入，消费者都能获得正收益，此时的均衡结果为消费者投入，企业不投入。这表明在该平台上消费者之间的互动活跃，但企业自身能力有限，难以从这些大数据中获得有价值的信息，因而即便平台的信息规模大，企业也不投入。

再次，情形⑤表明，当企业投入时，企业使消费者的投入收益从负变成正，这时有两个均衡点 {投入，投入} 与 {不投入，不投入}，这意味着消费者与企业之间存在博弈，部分消费者认为企业不会投入，不能为他们创造价值，那么他们也不会投入。此时，企业继续不投入，所以这部分消费者的均衡结果为 {不投入，不投入}。另一部分消费者认为企业会投入，能把他们的收益从负变为正，那么消费者也会跟着投入，对此，企业继续投入，所以这部分消费者的均衡结果为 {投入，投入}。

最后，情形⑥表明，无论何种情况下双方的收益都大于零时，双方都选择投入，这是最为理性的情况。

根据上述博弈结果，平台创新基础与动力与消费者行为密切相关，而平台消费者的行为又反过来与平台创新的基础和动力相关，由此形成平台治理的演化问题。因此，在平台双层治理结构中，首先，需要考虑平台的流量导入能力是企业成功的重要条件，除非企业自身的影响力巨大；其次，企业应该提高自身持续为消费者创造价值的能力，否则当消费者的时间成本和努力成本提高时，容易导致客户流失，企业与消费者就不能形成持续的互动。同时，平台要提高自身持续为消费者创造价值的能力，企业则提高自身的大数据挖掘与分析能力，从而与平台实现协同演化来提升数据要素的价值实现效率。

第四节 平台治理总结与讨论

平台创新构成数字经济创新极点，那么，平台治理问题即数字经济创新极点的治理问题。不同的战略导向下会有不同的治理原则、重点和方向。创新导向的平台治理强调的是平台协同创新效率的优化，因此，创新导向的平台治理强调三个基本原则：一是平台治理以促进数字经济高质量发展为目标；二是平台治理以促进平台创新与实体产业创新协同为目标；三是平台治理以促进平台经济高质量演化发展为目标。由此展开的研究有以下四个主要研究结论：

第一，平台创新促进高质量发展的机制主要是平台通过社会化数据集成与"信息共享"拥有创新类、重构类和创生类三类数据要素，而三类数据要素分别影响产业转型升级、就业与消费协同和经济绿色增长，进而影响高质量发展。由于数据要素具有两面性，增强数据要素的促进效用抑制数据要素的负面影响，构成平台治理的关键要务之一，因为无论是数据自身的治理、数据使用的治理及数据影响的治理，都会深刻地影响到创新类、重构类和创生类三类数据要素的数字经济创新过程。同时，即使数据自身的治理，及数据使用的治理均得到完善，但只要数据被使用就会产生两面性影响。因此，数据价值实现具有场景专用性或场景依赖性,不仅需要采取分层分类的数据确权与交易模式来实现平台治理,更重要的是采用双层治理结构来落实平台经济的治理。

第二,平台治理体系指由平台技术治理、经济治理和社会治理三个维度的治理形成的紧密相连、社会主体间相互协调的系统化结构,且存在于企业、产业、国家的不同层面并发挥作用。理论研究结论和企业实践表明,针对平台创新采用内部与外部协同的双层结构的混合治理效率,通常高于采用单纯的内部治理或采用单纯的外部治理的效率,因为平台创新、竞争与垄断具有分层结构,即平台创新、竞争与垄断是一个硬币的两面,单层结构治理只能针对单面问题而难以对两面性问题发挥有效作用,因而采用单一治理结构难以满足平台治理促进数字经济高质量发展的治理战略定位要求。总之,平台的天然复杂性禀赋,生成性与自组织特征,采用单一的平台治理结构难以适应平台的复杂性治理要求,采用双层治理结构是一种适应性治理的新选项。

第三,平台创新的竞争与垄断不是一个单纯的企业行为,通常与消费者的"合谋"行为联系在一起。平台通过多种方式招募消费者聚集起来形成双边市场,构建起区别于实体经济但又与实体经济紧密相连的具有交叉网络外部性的新市场。具体地,平台通过免费等激励手段在消费者群体中形成对平台的一、二、三级技术信任来形成市场的垄断或竞争实力。在三级技术信任形成的平台信任机制中,一级技术信任、二级技术信任和三级技术信任不是一种单项的不可逆的传递关系,也不是简单的并列关系,而是随着平台技术的变革和环境因素的创新而变化的一种社会信任结构。因此,平台治理的本身是对平台信任的治理,需要对一级技术信任,二级技术信任和三级技术信任进行治理。由于不同层级的平台技术信任在数字经济治理体系中有不同影响,不能像以往工业经济治理那样采取简单的技术标准或市场标准来监管或规制,或采取单层治理结构来规制平台的制度创新,而是需要根据社会主体对平台三级技术信任构成的公众利益或消费习惯,采取双层治理结构来实现帕累托改进以提升社会总福利。

第四,平台演化分析表明,在数字经济创新极点发展过程中,一方面,平台机会主义可能会损害公众利益而降低社会总福利水平,因而平台内部自主形成有效的治理是困难的。另一方面,完全由平台外部形成治理很可能会制约平台创新能力而损害短期或长期的创新基础和动力,针对平台采取单纯的外部治理则难以长久。如前所述,一种可行的有效治理框架是构建平台内部与外部协同的双层治理结构,且密切关注平台与消费者的互动关系,因为平台创新基础与动力与消费者行为密切相关,而平台消费者的行为反过来又与平台创新的基础和动力相关,由此形成平台治理的演化问题。在平台双层治理结构中,应采取以下三项措施:①考虑平台流量导入能力;②考虑平台生态的交叉网络外部性;③考虑消费者参与规模与活跃水平。如果在平台双层结构治理中不充分考虑这三个因素,治理的效果等同于将具有创造活力的平台改变为政府主导的各种没有流量的"行业平台"或所谓的"行业大脑",最终将会抑制数字经济的创新活力,使数据要素难以通过最具活力的平台形成交易市场,缺乏平台创新支撑的数据要素市场会逐步萎缩。

从中国实践来看,近年内各地纷纷建设大数据交易所,这些大数据交易所的场内数据交易额差强人意,从本章的讨论来看,其中一个重要原因是各地建设的大数据交易所缺乏平台的支持。然而,平台创新构成数字经济创新极点,平台集数据生成聚集、交易变现与开发增值三位一体。相反,实体的大数据交易所既不是数据生成聚集之地,也不是开发增值的主要场所,交易变现变成无源之水,因而无法成为数字经济创新极点。从平台双层治理视角来看,大数据交易所既不是平台内部治理的对象或网络的关键节点,也不是平台外部治理的基础和制度创新的发源地,在数字经济双层治理体系中处于可有可无的尴尬位置,因此,平台就是数字经济中最具活力的"大数据交易所",它不会因为存在各类实体的大数据交易所而改变或消失这个创新功能。同样地,针对可否通过政府行政手段或"政府搭台,企业唱戏"方式建立和运行"行业大脑"或"产业大脑"这样的大数据智能化平台,本节的讨论给出的结论也是否定的,因为通过行政手段建立或主导建立起来的产业数据平台不会构成真正意义上的创新平台,无论在平台创新上,还是在平台竞争上,或平台促进高质量就业领域都难以构建起平台创新的"铁三角"结构,难以成为数字经济创新极点。因此,从平台创新构成数字经济创新极点的思想出发,可以认为,行政主导的"产业大脑"等数据平台的单层治理结构难以对数字经济创新发展形成引领作用。

第八章　平台创新、竞争与就业政策

针对平台创新、竞争与就业的政策分析与制定，就是针对数字经济创新极点演化发展的政策分析与制定。由于平台构成数字经济创新极点，通过平台促进数字经济高质量发展是数字经济促进高质量发展的前提。因此，需要对平台创新、竞争与就业的政策进行必要的分析与阐述。政策分析具有挑战性，因为不同的发展与治理目标有不同政策分析出发点。本章主要从促进高质量发展的平台创新，创新导向的平台治理两个出发点，阐述平台创新、竞争与就业政策的相关问题。

本章内容的总体结构安排如下：首先，通过梳理现有的平台政策，结合平台创新、竞争和就业的主要特征，提炼出促进平台创新、竞争与就业的政策分析框架；其次，依据政策分析框架，根据本书前面章节的主要研究结论及相关证据，按照"发挥优势，弥补短板"的原则，提出以促进创新、竞争与就业为导向的平台治理与发展政策。

第一节　平台创新与竞争政策分析

一、政策梳理与分析框架

（一）平台政策的梳理

通过梳理 2020 年至今国家以及部分地区出台平台经济发展政策，大体可以将平台经济发展政策归纳为两个阶段：①2020~2021 年，整体平台经济政策以规制为主，核心在严格监管平台企业的垄断行为，抑制资本的无序扩张。②2022 年底至今，平台经济政策逐步转向以促发展为主，2022 年 4 月中共中央政治局会议指出完成平台经济专项整改，实施常态化监管，标志着平台监管进入常态化阶段，依托平台促进经济发展成为政策的重要着力点。2022 年底召开的中央经济工作会议对 2023 年经济工作作出重要部署，提出要大力发展数字经济，提升常态化监管水平，支持平台企业在引领发展、创造就业、国际竞争中大显身手。2023 年 4 月底召开的中共中央政治局会议指出，坚持"两个毫不动摇"，推动平台企业规范健康发展，鼓励头部平台企业探索创新。促进平台经济创新发展成为当下政策的重要着力点（国家级政策梳理见附录四）。

在此背景下，国家和地方政府先后出台各类依托平台促进发展的政策。我们将相关政策措施总结梳理如表 8-1 所示。

表8-1 2022~2023年部分地方政府对平台经济的相关政策措施

时间	地区	政策名称	主要内容
2022年10月	山东省	关于加快推动平台经济规范健康持续发展的实施意见	提出立足产业基础和发展优势，打造具有山东特色的平台经济体系
2023年2月	重庆市	大力支持平台经济规范健康发展八条政策措施	从创新税收税务服务、落实税收优惠政策、优化融资环境、鼓励利用互联网平台开展促消费活动、支持打造应用场景、强化数据供给能力、鼓励引领发展、发挥示范作用等8个方面，对平台经济发展进行扶持
2023年2月	北京市	关于优化电子商务经营者准入服务工作的通知（公开征求意见稿）	拟出台17条举措以促进灵活就业，鼓励、支持平台经济规范、健康发展
2023年6月	天津市	关于推动生产性服务领域平台经济健康发展的实施意见	明确经济网络货运平台、灵活用工平台（人力资源平台）等8个生产性服务领域平台经济重点发展领域；构建支持平台经济发展的政策体系；优化平台经济生态

总的来说，最新颁布的平台经济政策侧重于通过平台企业促进经济发展，稳定社会就业，平台企业市场结构创新、国际竞争等方面的议题涉及相对较少。此外，在通过平台企业促进经济发展领域的相关政策也相对较为笼统，较少涉及平台企业带动其他企业以及社会发展的相关议题。

（二）政策分析框架

参考现有的相关政策以及本书的主要研究结论，本书依旧基于创新生态系统理论，从平台创新和竞争两大视角构建本书的政策分析框架（见图8-1）。同时按照"发挥优势，弥补短板"的原则形成具体的政策建议。

从创新视角来看，基于创新生态系统理论，本书的政策建议主要聚焦于推动平台自身创新、依托于平台促进其他企业数字化转型以及依托平台促进基础研究等；从平台竞争视角来看，本书的政策建议主要聚焦于推动网格市场结构的创新，提升中国平台企业国际竞争力以及助力其他相关企业国际竞争。

基于上述政策分析框架以及本书的研究结论，我们提出以下三条整体的政策思路：

（1）要将大力发展平台经济作为引领经济发展的重要抓手来看待，认识到其对促进数字经济与实体经济融合、带动社会基础研究发展的重要作用，鼓励全社会依托平台创新创业，促进经济高质量发展。

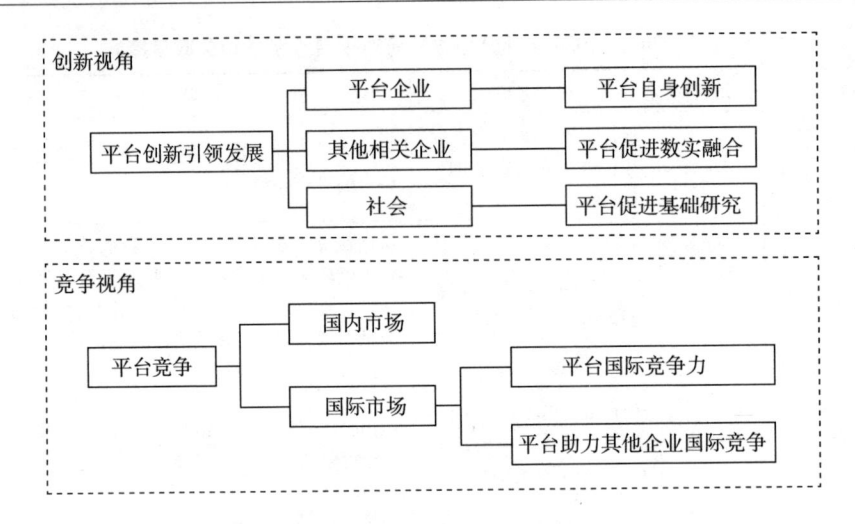

图 8-1 促进平台创新与竞争的政策分析框架

（2）现有平台的竞争力已在市场竞争中得到检验，建议各级政府在促进平台引领发展与国际竞争的基础上，采取市场跟随策略，通过与既有平台的"锦上添花"式合作或投资，构建更多不同类型服务平台赋能更多传统企业数字化、国际化，带动全社会基础研究的发展。

（3）明确中国主要平台企业与美国主要平台企业的差距，中国平台企业还存在较大的发展空间，应当将对平台企业的监管转化为常态化监管，在常态化监管体系下大力促进中国主要平台企业的发展，提升其国际竞争力。

二、平台创新的政策建议

根据图 8-1 的政策分析框架，结合本书报告第三章主要研究结论及证据，我们认为，当前，国家层面促进平台创新的政策可以从以下三方面入手：①明确平台是数字经济国家创新体系重要组成的政策定位，以此提振平台创新的市场信心；②明确平台是促进数实融合重要社会主体的政策目标，以此将平台创新纳入国家推动数实融合的总体战略中；③明确平台是促进国家基础研究创新力量的政策导向，将平台创新纳入国家创新体系中，确保平台创新在数字经济国家创新体系中的重要地位和合法利益。

（一）平台是数字经济国家创新体系重要组成的政策定位

总体来看，平台创新主要包含技术创新和商业模式创新。平台是数据要素生产、加工、交换和消费的集聚地，构成数字经济国家创新的增长极。因此，在国家平台经济政策体系中，建议明确将平台创新定位为数字经济国家创新体系的重要组成。通过该政策定位来提振平台创新的市场信心，使平台创新获得长期稳定的政策环境保障。例如，如何促进企业高效利用平台提供的即时数据价值，以促进要素市场的新增交易、获得增量收益并规避突发风险。本书的阐述表明，这需要构建数据链路的自适应机制和内容匹配的涌现机制。实现这两大机制的核心是构建行动者网络、技术和制度三大基础。具体地，企业应遵循参与异质数字生态系统的要求，通过引入模块化架构完善自身结构。同时，优先建立分佣激励制度形成适应逻辑理念。作为数字生态系统的重要桥梁，平台可采用市场化和产业化发展自身和规制生态系统参与者，利用自身优势，为数字化发展不成熟企业建立数据交易渠道并从中获利，形成数字生态系统信用等级评分，以降低市场整体交易风险。同时，逐步扩大市场形成数据交易产业化服务，如采取信用等级评分产业化等措施。

另外，对消费者而言，实践中只有社群影响者和普通用户主动参与数据链路和内容匹配涌现机制的构建，才能够获得及时反馈来解决当前所需并减缓突发损失，从而实现数据要素即时价值。在行动者网络方面，社群影响者应注重积累社交网络资源，提高个人专业能力等推进社群快速构建，普通用户则适度披露个人实时数据或积极参与数字化即时互动。在技术基础方面，企业应积极探索新科技，通过社交媒体等进行学习互动。同时，形成促进用户端数据生成和价值转化的共享理念，在动态发展中平衡好隐私权与数据披露权的矛盾关系。同时，当用户生成数据变得可评估、可优化或可运营时，如何为数据定价和进行价值分配成为重要问题。前述表明，时间价值构成数据要素按贡献参与分配的价值基础。该结论对于促进平台与生态企业的数据要素市场化配置与分配制度改革提供启示。例如，依托技术手段，加强市场参与者间的数据合作与对话，能够为数据要素价值实现提供新方案，为创新创业活动注入新动能。

然而，上述创新活动均需要获得平台经济的制度创新支持，而制度创新的基础在于平台技术创新和商业模式创新。首先，在平台技术创新上，政府应当与平台企业合作构建平台企业相关"卡脖子"技术的研发共同体，助力平台企业技术创新。中国主要的平台企业往往多元化经营，其能够在内部有效验证其技术创新的有效性，减少技术创新的成本，同时中国主要的平台企业往往也具有强大的资金支持。而政府则能够有效调动社会中重要研发资源，如高校人才等，因此政府应当同平台企业一起构建关键核心技术的研发平台，助力平台企业技术创新。其次，在商业模式创新上，政府应当高度鼓励平台企业的商业模式创新，为平台企业开展商业模式创新提供必要的基础支持。平台企业的商业模式创新是中国平台企业的核心竞争力之一，商业模式的创新能够帮助平台企业不断吸纳用户，提升居民的生活水平，推动社会发展。因此政府应当高度鼓励平台企业的商业模式创新，从资金、制度、基础设施等方面为平台开展商业模式创新提供必要的支持。

（二）平台是促进数实融合重要社会主体的政策目标

推动数实融合是中国发展数字经济的一项国家战略。平台创新通过区域创新创业水平和人均人力资本水平促进数实融合，因此，平台创新主要以市场化方式来促进区域和产业数实融合，可以成为中国各级政府推动数实融合的重要社会力量。因此，在国家数实融合政策目标中，建议明确将平台纳入促进数实融合的重要社会参与主体，使平台赋能传统产业转型升级成为数实融合政策体系的不可或缺部分，使平台创新获得市场化的政策环境保障。

具体而言，建议可以从以下两个方面入手：

（1）政府应当与平台企业开展合作，通过资金等多种方式鼓励平台企业多行业赋能企业数字化转型，沉淀赋能企业数字化转型经验，从而帮助更多企业成功实现数字化转型。实证研究的结果表明目前平台发展促进企业数字化转型的效果仅在部分行业初步显现，不少行业还未出现明显的带动效应，政府应当鼓励平台企业多行业赋能，通过典型赋能案例沉淀赋能经验，从而全面赋能各行业的企业数字化转型，推进数字经济与实体经济融合。

（2）各地政府应当基于自身产业特色培育一批专业领域的特色平台来赋能企业数字化。例如，2022年10月山东省《关于加快推动平台经济规范健康持续发展的实施意见》指出，立足产业基础和发展优势，打造具有山东特色的平台经济体系。由于各地在产业布局上的差异，其企业数字化转型也存在差异，各地政府应当积极培育一批立足于自身产业特色的赋能平台，如广州市赋能布匹贸易的致景科技等，从而更好地推动各地区的企业数字化。

（三）平台是促进国家基础研究创新重要力量的政策导向

区别于应用研究，基础研究是国家获得长期竞争力的基石，既需要国家知识积累的耐心，又需要创新者在创新路径上的自由探索，甚至需要运气。区别于国家和地方自然科学基金或部委项目资助，平台的创新资助尤其是自由探索资助为国家基础研究提供了一种新的社会参与方式，对于当代中国的基础研究而言是一种重要的创新力量。因此，在国家基础研究体系中，建议明确将平台对基础研究的资助纳入国家创新体系中，积极推动和培育平台作为国家基础研究的重要创新力量，形成明确的政策导向。以此将平台创新纳入国家创新体系中，确保平台创新在数字经济国家创新体系中的重要地位和合法利益，形成全社会共同突破"卡脖子"技术的自主创新体系。

具体地，建议从以下两个方面来形成激励措施：

（1）政府应当积极推动构建包含平台企业、高等院校、科研机构以及其他相关企业的基础研究共同体，共同推动基础研究的发展。平台企业在资金、信息等层面具有显著优势,而高等院校、科研机构则在基础研究环境、人才等方面具有优势,构建一个汇聚多方优势的基础研究共同体,能够更加有效地推动基础研究发展。

(2)政府应当依托平台企业带动更多的大型企业投资基础研究,从而促进基础研究的发展。现有数据表明,限制中国基础研究投入的原因在于企业层面的基础研究投入相对较少,政府应当依托平台企业对基础研究的投入有效带动其他具有资金等优势的大型企业投资基础研究,共同推进基础研究水平的提高。

三、促进平台竞争的政策建议

平台创新构成数字经济创新极点,平台竞争与创新相辅相成,促进平台竞争本质上也是在促进平台创新。总体来看,可以从推动网格市场结构创新的政策、提升中国平台综合竞争力的政策,以及激励平台赋能传统企业国际竞争的政策三方面来阐述。

(一)推动网格市场结构创新的政策

推动网格市场结构创新,促进和完善平台内部治理与政府外部治理相互调适的双层治理结构。区别于工业经济时代竞争与垄断主要呈现为以纵向为主、以横向为辅的市场结构,平台创新使数字经济的竞争与垄断形成纵横交错的网格市场结构,产业链竞争演变为创新生态系统竞争,形成竞争的产业边界模糊,垄断的产业层次交错等特点。平台竞争与垄断既是平台创新的基础和源泉,也是平台创新的自然结果。因此,促进平台竞争需要对平台治理政策进行总结和创新,通过研判平台竞争的新规律和新特征,制定面向网格市场结构创新的激励政策。

具体地,建议从以下三个方面形成政策措施:①大力促进和完善平台内部治理结构,加强平台内部治理规则与政府外部治理规则的相互调适,形成类似中央银行数字人民币与微信支付、支付宝等市场化支付体系的双层治理结构;②鼓励并推动平台企业横跨更多行业赋能,同时帮助更多的其他行业企业加入平台,使以平台企业为核心的网格市场结构不断扩张,竞争与垄断的边界进一步模糊,同时助推平台企业在横向跨行业进程中不断形成新的创新,即通过网格市场结构的发展反向助推平台创新;③鼓励核心平台企业建立更加开放的平台生态,同时赋予平台企业较为充分的生态管理权,一方面保障网格市场结构的市场活力,另一方面又有效激励核心平台企业。

(二)提升中国平台综合竞争力的政策

通过促进平台与传统产业深度融合,提升中国平台企业的综合竞争力。平台创新构成平台竞争力的基础,促进平台创新才能从根本上促进平台竞争。同时,平台竞争又推动平台创新。基于中美平台综合竞争力的比较分析可知,目前中国平台不具备较高的综合竞争力,亟待研究和制定提升中国平台综合竞争力的政策措施。

具体地，建议从以下两个方面形成政策措施：①从人才和资金两端，推动平台企业加大研发投入，提升创新产出的数量与质量。中国主要平台企业创新投入与美国主要平台企业存在一定的差距，同时创新产出的质量和影响力上也有待提升。因此政府一方面应注重教育体系的改革，培养更多助力平台企业创新的研发人才，提升平台企业创新产出的数量与质量；另一方面政府也应当提供必要的资金支持，从而推动平台企业加大研发投入，提升创新产出的数量与质量，如针对平台企业技术专利的国际化布局提供专项补贴。②鼓励平台企业采用输出"资金+核心技术+商业模式"的国际化模式，注重本土化运营。以滴滴为代表的输出"资金+核心技术+商业模式"的中国企业国际化4.0模式获得了较大的成功，商业模式创新也是中国平台企业的核心。因此，政府应当鼓励中国平台企业以类似模式开展国际化，同时鼓励优秀企业传播各地本土化运营的经验。

（三）激励平台赋能传统企业国际竞争的政策

激励平台企业赋能传统企业的国际竞争，促进平台经济形成"双循环"发展格局。平台经济形成的网络市场结构一方面使跨行业竞争变得更低成本，另一方面使产业纵向市场竞争更为激烈。同时，也使平台赋能传统企业提升国际竞争能力的空间更大、效率更高、成本更低。因此，建议研究和制定激励平台赋能传统产业或企业数字化转型、提升国际竞争力的政策，使平台创新从赋能传统企业国际竞争中获得长期稳定的投资回报。

具体地，建议从以下两方面形成政策措施：首先，建议政府通过政策、制度等方面的支持，推动平台企业与其大型合作伙伴共同进行国际化。一方面，数字平台在国际市场的成功与否依赖于平台主能否吸引和维持当地市场的生态系统参与者，这要受制于东道国互联网和通信等基础设施提供方的影响（Ojala et al., 2018）；另一方面，跨境数字平台可以帮助企业降低国外市场信息搜索成本，降低企业间的沟通与协调成本，助力其他相关企业国际化（Rialp-Criado et al., 2018；Manyika & Lund, 2016；de la Torre & Moxon, 2001）。基于此，本书提出政府应当鼓励数字平台和其大型生态系统参与者共同开展国际化。其次，为平台企业赋能传统企业国际竞争提供法律、税收、商务考察与交流、外交关系等方面的政策支持。具体来看，一方面政府应当依托"一带一路"建设，与具有技术优势和海外扩张经验的平台企业共同完善走出去公共服务平台建设，整合咨询、法律、会计、金融等中介服务资源，增强相关公共服务产品对企业走出去的指导作用。另一方面政府应当积极连接平台企业，共同组织传统企业开展境外商务交流，如2022年11月苏州组织经贸团队开展海外商务交流。此外，政府应当加强推动平台企业和相关行业商会的合作，依托平台企业和行业商协会发布境外经营指南。

本节提出三条促进平台创新与竞争的政策思路：①明确平台是数字经济国家创新体系重要组成的政策定位，以此提振平台创新的市场信心；②明确平台是促进数实融合重要社会主体的政策目标，以此将平台创新纳入国家推动数实融合的总体战略中；③明确平台是促进国家基础研究创新重要力量的政策导向，将平台创新纳入国家创新体系中，确保平台创新在数字经济国家创新体系中的重要地位和合法利益。同时，在政策思路指导下，本章提出三项促进平台创新与竞争的政策措施：①推动网格市场结构创新，促进和完善平台内部治理与政府外部治理相互调适的双层治理结构；②促进平台与传统产业深度融合，提升中国平台企业的综合竞争力；③激励平台企业赋能传统企业的国际竞争，促进平台经济形成"双循环"发展格局。

第二节 平台高质量就业政策分析

一、平台稳就业政策框架

第五章、第六章的研究结论已经揭示了平台与就业之间的关系，完整佐证了第一章所提出的分析框架。本部分将在第五章、第六章相关结论的基础上，基于第一章的平台促进高质量就业的规模测算框架与结构分析框架，构建平台经济稳就业的政策分析框架。在政策分析框架的基础上，本章将按照"兼顾效率与公平"的原则为如何更好地依托平台促进高质量就业提供政策建议。

（一）政策分析的理论基础

平台稳就业政策分析的理论基础如下：

（1）平台稳就业本质上体现了数据与劳动之间的相互关系。在理论上，这种相互关系反映为数据要素化过程，谢康等（2020）从企业微观视角开展的数据要素化理论研究发现，数据与劳动结合是数据要素化实现的必要条件，其中数据与低技能劳动和高技能劳动的结合之间存在差异将对社会就业技能结构产生深刻影响。数据与低技能劳动结合极其依赖社会信息基础设施的供给程度，信息基础设施的成熟程度对数据与低技能劳动是否能够结合或结合产生的价值有直接影响。例如，如果信息基础设施不成熟或缺失时，即使平台与低技能劳动结合也难以创造更多的就业机会。相反，数据与高技能劳动结合对社会信息基础设施的成熟条件要求不同，这种结合更加迫切地体现在网络全球化的需求领域。

（2）平台稳就业属于数字经济创新发展的基本特征，而不是政策分析的结果。谢康和肖静华（2022）对数字经济新规律的理论研究表明，数据作为关键生产要素推动了既有生产要素重新配置是数字经济发展的重要特征，其中数据要素推动劳动力的重新配置将对社会的就业总量和就业结构产生重要影响。同时，谢康（2023）提出，由于数字经济下劳动主体由单一主体转变为现实与虚拟双主体，数字经济中数据要素与劳动主体的相互关系形成有别于科层制的新型制度基础，称之为网格制。网格制是指在数字经济环境下形成的、由行动者通过网格化的方式进行资源协调和管理运作的组织体制。网格制的规则、权力、行动内核具有三个特征：①资源的集中和分散是相对和变动的，使组织流程、制度与形式具有很强的灵活性以适应环境的高度动荡；②组织多层次规则异构性和多主体决策自主性；③前端多主体与后端大平台资源协同形成多元化创新。正因为数据要素与劳动主体的相互关系形成的网格制，数字经济下商业模式不断创新，新兴就业岗位层出不穷，各类新兴就业岗位也更加灵活。

（3）平台对就业的影响是数据与劳动相结合的体现。数据与劳动的结合通过推动创新以及劳动力的重新配置影响就业总量；数据与不同技能劳动力的结合影响就业的技能结构，数据与劳动的结合通过重新在产业间或行业间配置劳动力影响了就业的产业或行业结构；数据与劳动相互作用所创造的新兴就业形态也对就业方式等产生了重要影响。数据与劳动结合是数据要素化的实现机制，同时也是平台稳就业的理论基础。

（4）在数据与劳动结合的数据要素化实现机制的理论基础上，基于高质量发展的要求，可从效率与公平的视角进一步探究平台稳就业。效率与公平是经济增长的重要研究议题，同时，在现有文献研究中，多强调或隐含地强调经济增长中效率与公平不可兼得的相悖性（Gordon-Hecker et al.，2017），如分析经济效率与分配公平在生态服务支付目标中的权衡关系时，强调效率与公平的冲突或完全相悖（Wu & Yu，2017）。

然而，数字经济的发展能够在一定程度上弱化效率与公平的不可兼得性，谢康等（2021）的研究表明，数字经济发展带来的信息化与工业化融合对于经济增长具有效率与公平不完全相悖的效应，即数字经济在一定程度上使经济增长的效率与公平之间得到更好的平衡。白雪洁等（2022）的研究也进一步发现数字经济的发展可以兼顾效率与公平。结合本书的分析，平台稳就业同样具有弱化效率与公平的不可兼得性的作用，平台稳就业一方面通过促进社会总体就业率的提升来促进经济发展。另外，其通过帮助大量重点弱势群体就业来保障经济发展的公平性。同时，平台基于数据的全局性和动态性，可以通过算法来动态调整就业及其就业者收入水平的平衡，供给充裕时自动调整单价和供给数量来实现社会公平性和保障充分就业。

基于上述分析，本书以数据与劳动结合的数据要素化实现机制为理论基础，从数字经济弱化效率与公平不可兼得矛盾的理论视角，结合第一章的理论分析来构建平台稳就业的政策分析框架。

（二）政策分析框架

根据第一章的理论分析和现有的政策文件，平台对于就业的影响大体可以划分为量与质两个维度。其中量方面的影响包含平台对总体就业规模的影响，对不同产业、不同行业、不同地域就业规模的影响；而质方面的影响主要包含平台对就业者收入、就业者技能水平等的影响。

基于现有的分析结论，本书构建如图 8-2 所示的平台促进高质量就业的政策分析框架。

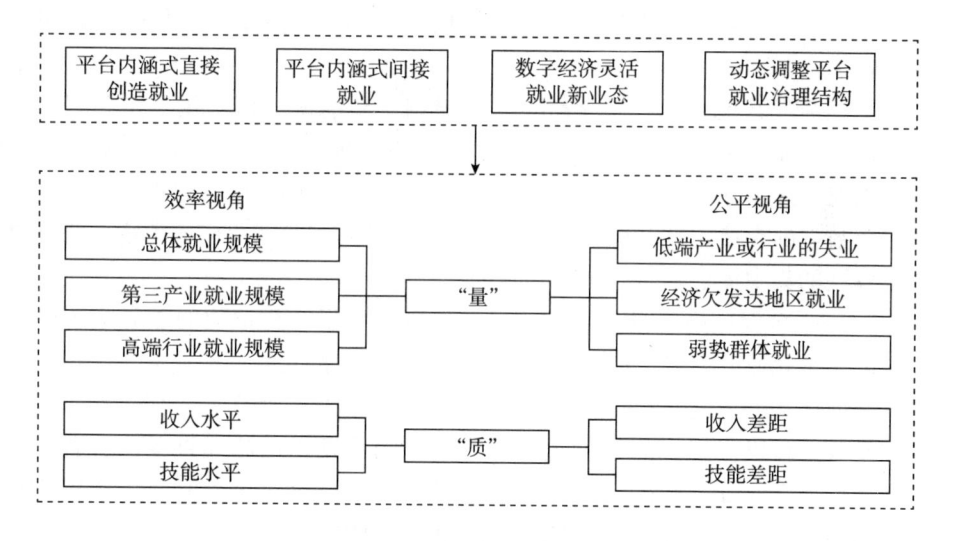

图 8-2 平台稳就业的政策分析框架

本书的政策分析框架主要以平台内涵式直接创造就业、内涵式间接创造就业、数字经济灵活就业新业态、动态调整平台就业治理结构四个方面来实现量与质两个层面对于效率与公平的兼顾。

具体来看，在效率视角下，本书主要考虑在量的层面，如何推动平台促进总体就业规模、第三产业就业规模、高端行业就业规模；在质的层面，本书主要关注如何推动平台促进收入水平与技能水平的提升。在公平视角下，本书主要考虑在量的层面，如何推动平台发展解决低端产业或行业的失业、经济欠发达地区就业以及弱势群体就业等问题；在质的层面，本书主要关注如何推动平台解决收入差距以及技能差距等问题。

（三）政策分析的测算基础

高质量就业意味着社会就业机会的形成是以内涵式创造为主的就业方式。据此，本书报告通过测算，得到以下八个主要结论：

（1）据不完全统计测算，2021 年，以微信、抖音、快手、京东、淘宝、美团、饿了么及在线职业教育平台腾讯课堂为代表的平台企业，净创造就业约2.4亿，为当年27%的中国适龄劳动人口提供就业机会，表明平台在助力经济发展过程中发挥了重要的就业稳定器作用。

（2）据不完全统计测算，2021年，平台内涵式创造就业的规模是其当年提供就业机会的96%，即平台外延式带动就业的规模不到其内涵式创造就业的4%，表明平台促进就业属于典型的内涵式就业，即平台发展促进了中国高质量就业。其中，腾讯和阿里内涵式创造就业的规模均远高于外延式带动就业的规模，以微信、腾讯课堂为代表的腾讯促进就业的规模比以淘宝、饿了么为代表的阿里高出8.7%。

（3）有别于智能技术、航天航空、新材料、新能源、精细化工等新兴战略性技术促进就业主要体现为外延式带动，平台促进就业属于典型的内涵式就业，即平台发展促进了中国高质量就业。该结论不仅得到整体层面的数据支持，更得到各平台数据的支持，具有稳健性，表明平台促进高质量就业构成数字经济促进高质量发展的集中体现。

（4）在平台促进高质量就业中，平台禀赋与市场结构地位的差异会影响平台促进高质量就业的内在结构。虽然平台总体上以内涵式创造就业为主，但平台之间存在内涵式创造就业结构的明显差异，淘宝、微信、京东、美团、饿了么及腾讯课堂等平台以内涵式间接创造就业为主，滴滴则以内涵式直接创造就业为主，间接创造就业少。抖音与快手则是两者较为平衡，即抖音与快手的内涵式直接创造与间接创造就业之间相对均衡，这可能与流媒体创造就业的数据网络外部性有关。因此，可以认为，不同平台之间促进高质量就业的内在结构存在差异。

（5）2021年，平台促进社会就业的产业与行业结构升级、促进就业的人力资本提升、促进就业的区域均衡与社会公平三方面，集中体现平台促进高质量就业的创新、效率、协调和公平四个维度。平台促进了当代中国社会的高质量就业，是数字经济促进中国社会经济高质量发展的重要组成部分。

（6）平台内涵式间接创造就业使平台发挥了数字经济运行中关键性信息载体功能，通过平台的数据要素化过程不仅为产业数字化与数字产业化提供劳动力的供需匹配，更重要的是为数字经济提供越来越多的具有数字化素养的社会劳动者，这是平台优化就业技能结构、提升人力资本的重要价值。例如，电商平台发展水平每提升1%，能够促进人均人力资本提升约0.41%。

（7）平台为当代中国社会经济发展提供了多种灵活就业的社会选择，从而最大化地提升了国民个人的自由选择程度，即就业者在市场化竞争中寻求最适合个人发展偏好的高质量选择机会，不仅提高了社会就业的质量，而且提升了中国经济的市场化水平。平台为社会就业者提供灵活就业的社会选择，构成平台促进就业的区域均衡与社会公平的重要社会基础。

（8）平台促进了社会就业的区域均衡与社会公平。不同平台对就业的区域均衡发挥不同的影响，微信等平台促进了就业向经济较为发达的二线城市聚集，促进了中国一线城市与二线城市之间的就业均衡，同时正在向三线及以下城市下沉。美团等平台通过强化就业者本地就业，促进了中国二三线城市乃至城乡之间的就业均衡，一定程度地弥合了城乡差异。同时，不同平台也均通过内涵式创造就业提高就业者的收入水平，促进了社会公平。例如，电商平台发展水平每提升1%，能够使居民人均可支配收入增长0.54%。

除了上述八方面测算分析结论以外，本书依托美团、饿了么的骑手就业报告以及某众包平台的骑手数据详细剖析了骑手行业的主要特点。

首先，制造业工人成为外卖骑手的重要来源。根据美团《2019年及2020年疫情期美团骑手就业报告》，疫情防控期间新增骑手来源中，排名第一的是工厂工人，占比为18.6%；根据饿了么《2022年蓝骑士发展和保障报告》，在被调研的骑手中有38%的骑士上一份工作为与工业相关的岗位。本书的计量分析也进一步佐证了上述特点，以电商平台为代表的平台经济发展会降低城镇单位制造业就业占比。尽管制造业工人的转出能够促进就业的产业结构升级，但制造业工人的过快转出将对制造业的稳步转型产生不利影响。

其次，骑手行业的流动性极高，项目组对某众包平台2020年5月至2022年12月共32个月的17647名骑手数据分析表明，骑手的平均工作时长仅为5.7个月，43.6%的骑手的工作时长小于两个月。从长期来看，骑手行业的高流动性会对社会就业的稳定产生影响。具体地，美团、饿了么等外卖平台的骑手主要来源于各大众包平台，各大平台对于骑手的管理较为松散，骑手岗位进入门槛低且流动性高，迫使各大众包平台对骑手展开竞争，长期下来会强化社会的低水平竞争而不利于高水平发展。同时，众包平台之间的竞争，将进一步挤兑规范经营平台，不利于行业的良性发展。

最后，骑手收入完全取决于工作量，收入差异大，没有缴纳"五险一金"等社会保障的就业者众多。例如，项目组对某众包平台2020年5月至2022年12月共32个月的数据分析表明，在工作时长超过25个月的661名骑手中，平均月收入的极差接近1万元。众包平台并没强制要求骑手个人缴纳"五险一金"，骑手个人也缺乏缴纳的意愿。总体来看，现有社会保障体系对此也缺乏相应的具体管理措施。

上述八方面测算分析的主要结论，以及以骑手行业为代表的行业劳动者特征分析，构成以下提出平台稳就业政策和措施的重要基础和依据。

二、平台稳就业的长期政策导向

归纳来看,平台稳就业的长期政策导向有两个:①平台创新与国际竞争构筑稳就业的市场保障;②促发展的监管导向构筑稳就业的制度保障。

(一)平台创新与国际竞争构筑稳就业的市场保障

2022年12月,中央经济工作会议明确支持平台企业在引领发展、创造就业、国际竞争中的社会经济价值。平台创新引领发展并参与国际竞争是平台企业稳就业的市场保障。2021年12月国家发展改革委颁布的《国家发展改革委等部门关于推动平台经济规范健康持续发展的若干意见》也明确指出,鼓励平台加强技术创新并参与国际竞争。此外,"十四五"规划中也有类似的表述。

平台创新一方面有助于平台企业提升自身核心竞争力,扩大自身规模,基于自身坚实的核心竞争力以及庞大的规模,平台企业能够更好更广地促进就业;另一方面平台创新有助于平台企业创造新的商业模式,产生更多新的就业岗位,从而扩大平台促进就业的规模。而平台企业参与国际竞争将使平台企业服务的市场范围进一步扩大,其促进就业的规模也将进一步扩大。

因此,政府应当持续鼓励平台企业创新,创新的范围不仅包含各类核心技术,还应包含商业模式的创新;此外,政府也应当持续推动平台企业参与国际竞争,从制度等多方面为平台企业国际化营造良好的环境。

(二)促发展的监管导向构筑稳就业的制度保障

除了平台创新与国际竞争以外,促发展导向下的政府监管是平台稳就业的制度保障。

大数据、算法等新技术与平台的深度结合,会给平台带来巨大无形资产,让很多平台发展成为超级平台,拥有超级市场地位,因此,平台与就业者地位当然不对等,促使大量平台就业者的权益得不到有效保护。如果缺乏对于平台的有效监管,平台就业者权益便得不到有效保障,平台促进就业的效果也将大打折扣。

2021年12月,国家发展改革委颁布的《国家发展改革委等部门关于推动平台经济规范健康持续发展的若干意见》也明确指出,健全完善平台治理规则制度,提升监管能力和水平,促进平台经济的健康发展。在促发展导向的监管下,平台就业者权益能够得到有效保护,大量劳动力将在制度保障下进入平台就业,平台促进就业的规模将进一步扩大。

2023年3月,两会政府工作报告也强调,鼓励以创业带动就业,新就业形态和灵活就业成为就业增收的重要渠道。同时还强调促进平台经济健康持续发展,发挥其带动就业创业、拓展消费市场、创新生产模式等作用,这表明全社会在不断深化对平台促进高质量就业影响和重要性的认识。

因此,政府应当继续在促发展导向下进行平台监管,重点监管平台制度性安排形成的垄断等行为,而不是将"洗澡水与婴儿一起泼出去",不断完善以促进发展为导向的平台监管制度,提升促进平台健康发展的监管能力,推动平台经济健康发展。

三、平台稳就业的短期优化措施

结合本书第五章和第六章的主要研究结论,在图8-2政策分析框架的基础上,在兼顾效率与公平的原则指导,首先从总体形成三条核心优化措施,其次再从内涵式直接创造就业、内涵式间接创造就业、动态调整平台就业治理结构三个方面形成短期优化措施。

(一) 平台稳就业的总体优化措施

本书第六章表明,平台在促进高质量就业上具有重要价值,为保障平台对高质量就业的拉动作用,这里提出以下三条核心的优化措施:

(1) 要将大力发展平台经济作为稳就业的重要抓手来看待,认识到其对缓解青年人就业压力发挥的积极作用,鼓励全社会依托平台创新创业,获得就业机会,增加收入。由于平台拉动就业规模显著,而平台经济的快速发展是保障平台促进高质量就业的核心。除此以外,依托平台的创新创业活动能够更大程度激发平台促进高质量就业的潜力。

(2) 现有平台的竞争力已在市场竞争中得到检验,建议各级政府在促进平台稳就业政策上,采取市场跟随策略,通过与既有平台的"锦上添花"式合作或投资,构建更多的不同类型服务平台向三四线城市下沉,有效扩大内涵式创造就业机会,而不是另起炉灶投资新平台等外延式扩大就业机会的政策。

(3) 把握好平台稳就业贡献、平台社会责任与社会保障体系三者的关系,不能将社会保障体系之重由平台来承担,平台也需在就业创造、能力提升与就业保障之间进行综合平衡。由于平台创造了大量的灵活就业岗位,伴随着新型劳动关系的出现,大量的治理问题随之而来。在对平台的治理或监管时,政府应当把握好平台稳就业贡献、平台社会责任与社会保障体系三者的关系。同时,要全面考量社会保障体系建设对平台、劳动者、就业结构转移、产业转型升级稳定性等综合影响。以骑手为例,尽管目前骑手的收入结构中社会保障性收入较少,但如果现阶段强制提高骑手社会保障水平,一方面会进一步提高制造业的劳动力转出,不利于制造业稳步转型升级,另一方面骑手行业的高流动性会进一步强化社会就业的高流动性,有可能对社会就业的总体稳定产生不利影响。

(二) 平台内涵式直接创造就业的优化措施

平台内涵式直接创造就业主要通过创造更多的新兴就业岗位来实现量和质两大层面对于效率与公平的兼顾。具体来看,有以下三个方面的建议:

(1) 鼓励平台企业持续创新,创造更多新的就业岗位。平台依托数字技术创造新兴就业岗位是其促进就业的显著优势,为了更好地发挥平台内涵式直接创造就业的优势,政府应当大力鼓励平台企业持续创新,衍生更多新的商业模式,创造更多新的就业岗位。

(2) 鼓励三线及以下城市大力发展平台经济,创造更多就业机会。由于平台促进就业的效果正不断向三线及以下城市下沉,且其能够保障经济增长的公平性,促进消费升级。三线及以下城市应当把握机遇,利用平台促进就业的优势,大力推动平台经济的发展,创造更多就业机会。

(3) 鼓励平台企业大力吸纳弱势群体就业,保障经济增长的公平。由于平台企业目前也创造了大量低门槛的就业岗位,弱势群体可以依托平台就业并获得良好的收入。因此,政府应当推动平台企业从自身特点出发,吸纳弱势群体就业,进一步缩小收入差距,保障经济增长的公平性。

(三) 平台内涵式间接创造就业的优化措施

平台内涵式创造就业主要通过三种途径来实现量和质两大层面对于效率与公平的兼顾:①平台通过带动产业上下游创造了大量的就业岗位;②平台可以有效提升劳动力技能水平;③平台可以依托自身信息传播渠道的属性促进劳动力供给和需求的匹配。因此,本书从以下三个方面提出平台内涵式间接创造就业的优化措施:

(1) 鼓励平台企业加强与其他行业的融合,创造更多就业岗位。平台内涵式间接创造就业的效果最为显著,也是平台促进就业最显著的优势所在。为了进一步发挥平台内涵式间接创造就业的优势,政府应当大力鼓励平台企业与相关行业融合发展,创造更多就业岗位。

(2) 大力推动在线学习平台发展,鼓励劳动力依托在线平台提升技能。平台依托信息技术及其承载的大量信息,其可以帮助劳动力在线学习知识,提升技能。因此,政府应当大力推动在线学习平台发展,提升劳动力的技能水平。其中,政府应当重点关注大量低技能群体的学习需求,推动平台满足低技能群体的学习需求,进一步缩小劳动力的技能差距。

(3) 依托平台完善在线求职渠道的建设,促进劳动力供给与需求的匹配。平台作为重要的信息传播渠道,其可以有效地降低劳动力供给方与需求方之间的信息不对称。因此,政府应当大力推动在线求职渠道的建设,并鼓励劳动力供给方与需求方使用在线求职渠道,促进劳动力供给与需求的匹配,从而促进就业。

(四) 平台就业替代的治理思路

平台发展使大量低端行业、第二产业的劳动力失业,如何治理也是兼顾效率与公平的关键。总体上来说,在进行平台治理时,政府应当把握好平台稳就业贡献、平台社会责任与社会保障体系三者的关系,不能将社会保障体系之重由平台一方来承担，平台也需在就业创造、能力提升与就业保障之间进行综合平衡。因此，本节根据谢康等（2021）提出的技术替代规则、非抑制技术进步的能力提升规则、动态调整的分层分类规则提出治理思路。

（1）技术替代规则，是指在政策上遵循技术进步替代资源或劳动力原则。根据技术替代规则，政府政策应当遵循技术进步替代部分劳动力的规律，但政府又可以通过平台更好地解决部分替代群体的就业问题，由于平台内涵式直接创造了大量新兴就业岗位，因此政府应当鼓励被替代劳动力主动依托平台实现转岗。

（2）非抑制技术进步的能力提升规则，是指在政策上遵循持续提升社会主体能力，不通过税收等制度安排抑制技术进步来实现经济增长公平的原则。平台内涵式间接创造就业能够有效提升就业者技能水平，因此政府应当依托平台企业加强对于被替代劳动力的培训，提升被替代劳动力的技能水平，帮助被替代劳动力实现转岗。

（3）动态调整的分层分类规则，是指针对技术进步带来的经济增长公平问题，兼顾技术进步影响的复杂性以及影响的滞后性，在既有分层分类政策基础上采取动态调整的原则，以适应技术进步带来负向抑制效应、就业极化、收入不平等的"马太效应"等挑战。因此，政府应根据被替代劳动力的个人特质和环境条件采取不同的政策，如政府应当鼓励学习能力较强的被替代劳动力依托平台提升技能，鼓励学习能力较弱的被替代劳动力依托平台提供的低门槛岗位直接就业。

总之，平台就业替代效应是不可避免的，但平台就业促进效应也是显著的，我们不可能只接受平台经济带来的好处或福利而不承担其带来的风险或成本，社会经济不仅体现在社会福利的改进上，更体现在社会民众和政府对社会变革的包容和变革的适应性上，每一次技术进步或社会变革都会带来震动，数字经济创新也如此，平台创新尤其是人工智能下的平台创新不会因为不当的治理政策或规制政策而消失，但可能会因为不当的治理政策或规则而出现局部或阶段的发展滞后。

第三节　平台政策总结与讨论

对国内平台经济相关政策的梳理表明，既有平台政策主要聚焦于平台促进经济发展的宏观视角，较少围绕平台稳就业，创新市场结构和提升国际竞争力的相关政策和措施。从政策供给视角来看，国内现有平台政策侧重在提升平台影响经济发展的"责任"领域，缺乏维护和提升平台"权益"领域的政策或措施。从创新视角来看，平台创新政策聚焦于推动平台自身创新、依托于平台促进其他企业数字化转型，以及依托平台促进基础研究三个方面。从平台竞争视角来看，平台竞争政策聚焦于推动网格市场结构的创新，提升中国平台企业国际竞争力以及助力其他相关企业国际竞争。从平台促进高质量就业视角来看，平台稳就业政策聚焦于以平台内涵式直接创造就业、内涵式间接创造就业、数字经济灵活就业新业态、动态调整平台就业治理结构四个方面来实现量与质两个层面对于社会效率与公平的兼顾，形成以下四个方面的主要政策结论。

（1）平台创新构成数字经济创新的主要源泉之一，平台创新构成数字经济创新极点。全球数字经济的头部竞争集中在平台竞争领域，平台竞争力反映一个国家或地区的数字经济竞争力。数字经济创新极点的竞争不仅影响到国家数字经济创新的可能空间，而且影响到国家或地区数字经济创新的未来发展条件。据此，促进平台创新与竞争的总体政策思路有三个：①将大力发展平台经济作为引领经济发展的重要抓手来看待；②多采用"锦上添花"式合作或投资，构建更多不同类型服务平台赋能更多传统企业数字化、国际化，带动全社会基础研究的发展；③正视中国平台企业与美国平台企业的现实差距，不仅将平台监管转化为常态化监管，更要通过保障平台的正当市场权益和大数据租金来激活平台的创造力。

（2）数字经济创新模式、创新极点和创新变迁构成数字经济创新的铁三角，平台创新、平台竞争与平台就业又构成数字经济创新极点的铁三角，平台创新必然与平台竞争和就业紧密相连。据此，平台创新可以从三方面形成促进平台创新的具体政策：首先，明确平台是数字经济国家创新体系重要组成的政策定位，以此提振平台创新的市场信心；其次，明确平台是促进数实融合重要社会主体的政策目标，以此将平台创新纳入国家推动数实融合的总体战略中；最后，明确平台是促进国家基础研究创新力量的政策导向，将平台创新纳入国家创新体系中，确保平台创新在数字经济国家创新体系中的重要地位和合法利益。

（3）促进平台竞争也是在促进平台创新，推动网格市场结构创新、提升中国平台综合竞争力，以及激励平台赋能传统企业国际竞争构成三项重要的促进平台竞争政策。其中，推动网格市场结构创新，促进和完善平台内部治理与政府外部治理相互调适的双层治理结构，是促进平台竞争的重要实现途径。提升中国平台综合竞争力不能仅仅停留在宏观政策原则上，而需要落实到具体的市场竞争政策、市场进入政策、市场创新的知识产权保护等方面。通过提升平台综合竞争力使平台更好地赋能实体产业，尤其是传统产业的数字化转型与管理创新，从产业基础再造和产业结构升级上推动数字经济创新发展。

（4）平台促进高质量就业的政策分析表明，平台稳就业的前提条件是平台创新处于上升或活跃阶段，如果平台创新处于下降周期或平缓阶段，平台稳就业的前提条件就不具备，因而社会或公众不能预期平台能够实现稳就业的社会功能。因此，平台促进高质量就业的政策，既需要长期政策导向，也需要短期优化措施。就平台稳就业的长期政策导向而言，应采取以下两项措施：①平台创新与国际竞争构筑稳就业的市场保障；②促发展的监管导向构筑稳就业的制度保障。对于平台稳就业的短期优化措施来说有三个主要思路：①将大力发展平台经济作为稳就业的重要抓手来看待；②构建更多的不同类型服务平台向三四线城市下沉，有效扩大内涵式创造就业机会，而不是另起炉灶投资新平台等外延式扩大就业机会的政策；③把握好平台稳就业贡献、平台社会责任与社会保障体系三者的关系，平台也需在就业创造、能力提升与就业保障之间进行综合平衡。

通过对上述政策分析与结论的阐述，可以认为，区别于工业经济的产业政策或宏观经济政策，数字经济创新政策的微观、中观和宏观影响具有高度的社会网络生成性，一个产业领域的治理措施会迅速传染或影响到另外一个看似不相关的产业领域。例如，监管部门针对游戏产业的规制释放出来的信号会传染给电商平台或直播带货平台而形成跨行业信号扭曲，或者针对直播带货平台的监管或规制措施会迅速影响到农村电商平台的全运营链条的运行效率，或者针对平台的虚假信息监管会迅速影响实体产业的营销模式及其周边产品的研发方向，因为互联网、大数据、AI等新一代数字技术将全球经济活动紧密关联在一张网下，这张网中的任意一个触点或局部的变动会形成强大的涟漪效应而扩散到看似不相关的领域，形成数字经济创新的结构性自我增强反应，表现出网络交互影响的敏感特征。由于平台创新作为数字经济创新极点的概念或思想尚处于萌芽成长阶段，无论是政府，还是企业或社会公众，目前对于平台创新与数字经济创新发展的内在关系尚不明确，因而对数字经济治理政策的社会网络生成性的认识和理解也存在不同认识，因而现阶段有关平台创新、竞争与就业的政策分析与措施，都带有或多或少的工业经济痕迹或烙印。这从发展阶段来看是一种政策常态，需要更多的时间和更为多元化的社会互动来形成新的政策与措施共识。按照以往的说法，就是数字经济创新的方向是光明的，但实现数字经济创新的实践活动，以及可以指导数字经济创新实践的理论成果的形成是艰难的，即道路是曲折的。我们相信，平台经济创新如同人类以往每一次重大变革那样，都会经历各种挑战而实现新的飞跃。

附录一 案例研究访谈提纲

一、平台创新促进产业数实融合调研提纲

（一）调研目的

①了解平台助力数实融合/数字化转型的过程，探讨平台数字服务创新赋能产业数实融合的特征、机制和主要成效。②分析和总结提炼平台创新中面临的自身难以解决的宏观政策环境和创新条件。

（二）访谈对象

平台部门负责人或参与平台数字服务创新赋能产业数实融合项目，特别是参与企业项目的同事。

（三）拟调研的主要内容

1. 平台创新赋能产业实现数产融合的创新能力

（1）平台的发展过程、合作伙伴类型、数量有哪些？

（2）实体企业与平台合作的具体内容和过程有哪些？

（3）平台创新的来源和内容，投入市场前后有哪些变化？

（4）平台如何最大限度支撑差异化的市场需求？例如，模块化、制度建设等。

（5）平台产品投入市场后，市场对产品的差异化应用如何促进平台的创新？具体案例。

（6）平台如何根据产业的解决方案进行创新？具体案例。

（7）平台协调不同利益相关方进行价值共创的案例有哪些？

（8）平台创新赋能实体企业数实融合的行业需求和实施过程，并简要介绍代表性的成功案例。

2. 平台创新赋能产业实现数产融合的绩效

（1）结合具体案例阐明平台的哪些资源（如工具、IT基础设施、用户数据等）支撑了其对产业数实融合的赋能及成效？

（2）结合具体案例阐明平台为支撑对产业数实融合的赋能实施了哪些制度或采取了哪些行动及成效？

（3）平台创新赋能产业实现数实融合，对消费和就业有什么影响？

3. 平台创新促进数产融合对平台自身创新形成什么影响

（1）您认为实体企业为合作提供了哪些支持，如何促进平台创新？

（2）平台创新促进数实融合在哪方面提升了平台能力或竞争力？

（3）平台如何将成功案例进行跨行业复制推广，影响自身生态系统的创新？
（4）平台创新促进数实融合对平台生态国际竞争力的影响。
（5）平台创新促进数实融合对中国创新驱动的启示和影响。

二、平台促进基础科学研究访谈提纲

（一）访谈动机

发达国家产业界对基础科学研究领域的投资比重高于政府资助。2022年12月，中央经济工作会议强调支持平台企业在引领发展、创造就业、国际竞争中的社会经济价值。我们聚焦平台在引领发展中促进基础科学研究的议题。

（二）访谈对象

获得平台或企业资助的基础科学研究者。

（三）访谈主题（包括但不仅限于）

（1）资助获得者在基础科学领域的主要贡献和成就。

（2）平台或企业的资助，对获得者在哪些基础科学研究方面弥补了目前国家纵向课题资助难以解决的项目缺口？

（3）与国家纵向课题或政府资助相比，平台或企业的资助在哪些方面具有自己的特色，这些特色在基础科学研究领域发挥了哪些作用？

（4）获得者对平台或企业的资助主要用于哪些基础科学研究环节中，这些资助对基础科学研究形成怎样的成效？

（5）获得者对平台或企业在基础科学领域资助的建议。

附录二 腾讯"新基石研究员项目"获奖者名录

附表 2-1 首届"新基石研究员项目"获奖者名录

序号	领域	姓名	机构
1	数学与物质科学	何旭华	香港中文大学
2	数学与物质科学	林华珍	西南财经大学
3	数学与物质科学	刘钢	华东师范大学
4	数学与物质科学	刘若川	北京大学
5	数学与物质科学	沈维孝	复旦大学
6	数学与物质科学	孙斌勇	浙江大学
7	数学与物质科学	张旭	四川大学
8	数学与物质科学	曹俊	中国科学院高能物理研究所
9	数学与物质科学	丁洪	上海交通大学
10	数学与物质科学	段路明	清华大学
11	数学与物质科学	封东来	中国科学技术大学
12	数学与物质科学	胡江平	中国科学院物理研究所
13	数学与物质科学	刘继峰	中国科学院国家天文台
14	数学与物质科学	刘仁保	香港中文大学
15	数学与物质科学	陆朝阳	中国科学技术大学
16	数学与物质科学	童利民	浙江大学
17	数学与物质科学	王亚愚	清华大学
18	数学与物质科学	吴从军	西湖大学
19	数学与物质科学	张霜	香港大学
20	数学与物质科学	张远波	复旦大学
21	数学与物质科学	陈鹏	北京大学
22	数学与物质科学	樊春海	上海交通大学
23	数学与物质科学	黎书华	南京大学
24	数学与物质科学	李景虹	清华大学
25	数学与物质科学	马丁	北京大学
26	数学与物质科学	王兵	中国科学技术大学
27	数学与物质科学	吴骊珠	中国科学院理化技术研究所
28	数学与物质科学	杨黄浩	福州大学
29	数学与物质科学	游书力	中国科学院上海有机化学研究所
30	数学与物质科学	俞书宏	中国科学技术大学
31	生物与医学科学	曹彬	中国医学科学院北京协和医学院
32	生物与医学科学	陈玲玲	中国科学院分子细胞科学卓越创新中心
33	生物与医学科学	董晨	上海交通大学
34	生物与医学科学	傅向东	中国科学院遗传与发育生物学研究所
35	生物与医学科学	郭红卫	南方科技大学
36	生物与医学科学	胡海岚	浙江大学

续表

序号	领域	姓名	机构
37	生物与医学科学	黄志伟	哈尔滨工业大学
38	生物与医学科学	赖仞	中国科学院昆明动物研究所
39	生物与医学科学	李栋	中国科学院生物物理研究所
40	生物与医学科学	李毓龙	北京大学
41	生物与医学科学	刘颖	北京大学
42	生物与医学科学	鲁伯埙	复旦大学
43	生物与医学科学	罗敏敏	北京脑科学与类脑研究中心
44	生物与医学科学	祁海	清华大学
45	生物与医学科学	瞿礼嘉	北京大学
46	生物与医学科学	邵峰	北京生命科学研究所
47	生物与医学科学	时松海	清华大学
48	生物与医学科学	王二涛	中国科学院分子植物科学卓越创新中心
49	生物与医学科学	王文	西北工业大学
50	生物与医学科学	王晓群	北京师范大学
51	生物与医学科学	颉伟	清华大学
52	生物与医学科学	徐彦辉	复旦大学
53	生物与医学科学	于洪涛	西湖大学
54	生物与医学科学	曾艺	中国科学院分子细胞科学卓越创新中心
55	生物与医学科学	张宏	中国科学院生物物理研究所
56	生物与医学科学	周斌	中国科学院分子细胞科学卓越创新中心
57	生物与医学科学	朱冰	中国科学院生物物理研究所
58	生物与医学科学	朱听	西湖大学

附表 2-2　第二届"新基石研究员项目"获奖者名录

序号	领域	姓名	机构
1	数学与物质科学	董彬	北京大学
2	数学与物质科学	肖梁	北京大学
3	数学与物质科学	薛金鑫	清华大学
4	数学与物质科学	尹一通	南京大学
5	数学与物质科学	于品	清华大学
6	数学与物质科学	陈宇翱	中国科学技术大学
7	数学与物质科学	戴希	香港科技大学
8	数学与物质科学	江颖	北京大学
9	数学与物质科学	李菂	中国科学院国家天文台
10	数学与物质科学	刘江来	上海交通大学
11	数学与物质科学	彭承志	中国科学技术大学
12	数学与物质科学	孙超	清华大学
13	数学与物质科学	肖云峰	北京大学
14	数学与物质科学	姚望	香港大学
15	数学与物质科学	陈春英	国家纳米科学中心
16	数学与物质科学	程建军	西湖大学
17	数学与物质科学	高毅勤	北京大学

续表

序号	领域	姓名	机构
18	数学与物质科学	焦宁	北京大学
19	数学与物质科学	刘国生	中国科学院上海有机化学研究所
20	数学与物质科学	刘磊	清华大学
21	数学与物质科学	郑南峰	厦门大学
22	生物与医学科学	陈良怡	北京大学
23	生物与医学科学	陈学伟	四川农业大学
24	生物与医学科学	丁胜	清华大学
25	生物与医学科学	高彩霞	中国科学院遗传与发育生物学研究所
26	生物与医学科学	胡凤益	云南大学
27	生物与医学科学	金鑫	华东师范大学
28	生物与医学科学	李国红	武汉大学
29	生物与医学科学	刘默芳	中国科学院分子细胞科学卓越创新中心
30	生物与医学科学	刘清华	北京生命科学研究所
31	生物与医学科学	彭汉川	东南大学
32	生物与医学科学	戚益军	清华大学
33	生物与医学科学	汤富酬	北京大学
34	生物与医学科学	王佳伟	中国科学院分子植物科学卓越创新中心
35	生物与医学科学	王四宝	中国科学院分子植物科学卓越创新中心
36	生物与医学科学	肖百龙	清华大学
37	生物与医学科学	徐浩新	良渚实验室
38	生物与医学科学	薛天	中国科学技术大学
39	生物与医学科学	程功	清华大学
40	生物与医学科学	雷群英	复旦大学
41	生物与医学科学	黄秀娟	香港中文大学医学院
42	生物与医学科学	苏士成	中山大学孙逸仙纪念医院
43	生物与医学科学	孙金鹏	山东大学
44	生物与医学科学	徐文东	复旦大学附属华山医院
45	生物与医学科学	杨胜勇	四川大学
46	生物与医学科学	张雁	天津大学

附录三 腾讯科学探索奖部分获奖者名录

腾讯从 2019 年开始颁发科学探索奖，资助数学、物理学、生命科学、天文和地学、化学新材料、信息电子、能源环保、先进制造、交通建筑、前沿交叉等领域的青年科学家。截至 2023 年已经资助共 248 位青年科学家，获奖人平均年龄 41 岁，35 周岁以下共 26 人，约占 10%，受到篇幅限制，附表 3-1 仅给出了其 2023 年的 48 位获奖者名单。

附表 3-1 2023 年腾讯科学探索奖获奖者名录

序号	姓名	所在领域	工作单位
1	丁剑	数学物理学	北京大学
2	何颂	数学物理学	中国科学院理论物理研究所
3	彭新华	数学物理学	中国科学技术大学
4	王国祯	数学物理学	复旦大学
5	向导	数学物理学	上海交通大学
6	姚宏	数学物理学	清华大学
7	白洋	生命科学	中国科学院遗传与发育生物学研究所
8	曹鹏	生命科学	北京生命科学研究所
9	葛亮	生命科学	清华大学
10	巫永睿	生命科学	中国科学院分子植物卓越创新中心
11	张国捷	生命科学	浙江大学
12	白凡	医学科学	北京大学
13	姜长涛	医学科学	北京大学
14	刘强	医学科学	天津医科大学总医院
15	王磊	医学科学	复旦大学
16	许琛琦	医学科学	中国科学院分子细胞科学卓越创新中心
17	邓贤明	化学新材料	厦门大学
18	刘心元	化学新材料	南方科技大学
19	吴凯封	化学新材料	中国科学院大连化学物理研究所
20	许华平	化学新材料	清华大学
21	曾杰	化学新材料	安徽工业大学/中国科学技术大学
22	程翔	信息电子	北京大学
23	耿新	信息电子	东南大学
24	卢策吾	信息电子	上海交通大学
25	宋清海	信息电子	哈尔滨工业大学
26	唐杰	信息电子	清华大学
27	丁一	能源环境	浙江大学
28	刘诚	能源环境	中国科学技术大学

续表

序号	姓名	所在领域	工作单位
29	王殳凹	能源环境	苏州大学
30	张强	能源环境	清华大学
31	张新波	能源环境	中国科学院长春应用化学研究所
32	钟文琪	能源环境	东南大学
33	成里京	天文和地学	中国科学院大气物理研究所
34	范一中	天文和地学	中国科学院紫金山天文台
35	Joseph Ryan	天文和地学	香港大学
36	倪彬彬	天文和地学	武汉大学
37	田晖	天文和地学	北京大学
38	谷国迎	先进制造	上海交通大学
39	陶飞	先进制造	北京航空航天大学
40	王博	先进制造	大连理工大学
41	戴峰	交通建筑	四川大学
42	周颖	交通建筑	同济大学
43	邹丽	交通建筑	大连理工大学
44	高鹏	前沿交叉	北京大学
45	石发展	前沿交叉	中国科学技术大学
46	吴艺林	前沿交叉	香港中文大学
47	曾坚阳	前沿交叉	西湖大学
48	张强	前沿交叉	中国科学技术大学

附录四　部分平台经济政策汇总

附表 4-1　2020~2023 年国家级平台经济相关政策汇总

时间	政策/会议/法规名称	主要内容
2020 年 1 月	《反垄断法修订草案（公开征求意见稿）》	增设对互联网经营者市场支配地位认定的规定，并将违法行为的处罚上限提高至上一年度销售额的 10%
2020 年 11 月	《关于平台经济领域的反垄断指南（征求意见稿）》	明确界定二选一、大数据杀熟等行为，对平台经济领域反垄断作出指示
2020 年 12 月	中央经济工作会议	强化反垄断和防止资本无秩序扩张；国家支持平台企业创新发展，增强国际竞争力；要完善平台企业垄断认定、数据收集使用管理、消费者权益保护等方面的法律
2020 年 12 月	《社区团购"九不得"新规》	不得通过低价倾销、价格串通等方式滥用自主定价权，不得违法达成、实施固定价格、分割市场等任何形式的垄断协议
2021 年 4 月	三部门联合召开互联网平台企业行政指导会	各平台限期一个月全面自检自查、逐项彻底整改
2021 年 8 月	《禁止网络不正当竞争行为规定》	制定网络竞争行为一般规范，明确禁止二选一、大数据杀熟、强制外链跳转等不正当竞争行为
2021 年 10 月	《互联网平台分类分级指南（征求意见稿）、互联网平台落实主体责任指南（征求意见稿）》	综合用户规模、业务范围、经济体量及影响力对互联网平台分类分级，规定互联网平台责任，超大型平台承担公平竞争示范、开放生态等更多义务
2021 年 10 月	《中华人民共和国反垄断法（修正草案）》	对平台经济主体反垄断作出规定，比如，经营者不得滥用数据和算法、技术、资本优势以及平台规则等排除、限制竞争
2021 年 12 月	中央经济工作会议	提振市场信心，深入推进公平竞争政策实施，加强反垄断和反不正当竞争，以公正监管保障公平竞争；要为资本设置"红绿灯"，依法加强对资本的有效监管，防止资本野蛮生长；支持和引导资本规范健康发展
2022 年 1 月	《关于推动平台经济规范健康持续发展的若干意见》	从健全完善规则制度、提升监管能力和水平、优化发展环境等六个方面提出意见，进一步推动平台经济规范健康持续发展
2022 年 4 月	中共中央政治局会议	促进平台经济健康发展，完成平台经济专项整改，实施常态化监管，出台支持平台经济规范健康发展的具体措施
2022 年 5 月	扎实稳住经济的一揽子政策措施	稳投资促消费的 6 项政策中明确提出促进平台经济健康规范发展
2022 年 5 月	《关于开展"百家电商平台点亮"行动的通知》	引导平台和商户"亮照、亮证、亮规则"，点亮行动执行至 2022 年 10 月
2022 年 12 月	中央经济工作会议	支持平台企业在引领发展、创造就业、国际竞争中大显身手
2023 年 2 月	《数字中国整体建设布局规划》	要做强做大做优数字经济，支持数字企业发展壮大

附录五　在线教育平台开课机构调研问卷

您好！本次调查是由中国信息经济学会课题组开展，目的是了解腾讯课堂平台的相关情况。您的看法和意见对于我们的研究非常重要。您所填写的所有信息仅用作科学研究，调查资料将会严格保密，研究成果以综合数据的形式展现，不涉及任何个人信息，请放心填写。衷心感谢您对本次调查的宝贵支持！

1. 您所在机构入驻腾讯课堂的时间：_____年_____月。
2. 您所在机构主要聚焦推出何种类型的课程？（多选）
①职业培训　②公务员考试　③托福雅思等英语类考试　④考证考级　⑤考研　⑥其他
3. 您所在机构在腾讯课堂平台上开设课程数量：
①10门及以下　②11~30门　③31~50门　④51~70门　⑤71门及以上
4. 您所在机构平均每月新推出的课程数量：
①5门及以下　②6~10门　③11~15门　④16~20门　⑤21门及以上
5. 您所在机构在腾讯课堂上开设的课程，平均每门课程学习的用户数量为：
①100人及以下　②101~500人　③501~1500人　④1501~2500人　⑤2501人及以上
6. 您所在机构每年从腾讯课堂获取的GMV为：
①50万元及以下　②50万~99.99万元　③100万~499.99万元　④500万~999.99万元　⑤1000万元及以上
7. 您所在机构在腾讯课堂上开设的课程中，在线学习用户数量最多的是_____（填课程名称）。
8. 在线学习用户数量最多的课程其用户数量为：
①500人及以下　②501~1999人　③2000~4999人　④5000~19999人　⑤20000~99999人　⑥10万人及以上
9. 您所在机构在腾讯课堂上开设的课程主要通过：
①机构自身师资团队开发　②机构作为平台，整合外部师资开发的课程　③两种方式都有
10. 您所在机构拥有的教师数量（第9题选择①、③跳转本题）：
①10人及以下　②11~50人　③51~100人　④101~200人　⑤201人及以上
11. 您所在机构外部师资数量（第9题选择2、3跳转本题）：

①10 人及以下　②11~50 人　③51~100 人　④101~200 人　⑤201 人及以上

12. 您所在机构外部师资的主要来源（第 9 题选择②、③跳转本题）：
①中小工作室或中小机构　②个体师资　③其他来源

13. 您所在机构平均每位教师在腾讯课堂上开设课程数量：
①1 门及以下　②2~3 门　③4~5 门　④6 门及以上

14. 与您所在机构合作的中小工作室或中小机构数量（第 12 题选择 1 跳转本题）：
①5 家及以下　②6~10 家　③11~20 家　④21~50 家　⑤51 家及以上

15. 您所在机构近三年在腾讯课堂上获得的 GMV：

年份	0~50 万元	51 万~100 万元	101 万~500 万元	501 万~1000 万元	1001 万元及以上	尚未入驻
2019						
2020						
2021						

以下是有关疫情影响的相关说法，请根据疫情之后，您对所在机构在腾讯课堂上开设课程的情况来打分。（1 表示"非常不认同"，2 表示"不太认同"，3 表示"一般"，4 表示"比较认同"，5 表示"非常认同"）

项目	非常不认同	不太认同	一般	比较认同	非常认同
16. 疫情之后机构开设课程的付费用户数量增多	1	2	3	4	5
17. 疫情之后机构开设课程的用户日均观看时长增加	1	2	3	4	5

18. 疫情之后，您所在机构在腾讯课堂平台上开设的课程中用户数量增加最明显的是_____（填课程名称）。

19. 除了腾讯课堂，您所在机构是否还在其他平台上开设课程（19 题选择是才跳转后面的问题）？
①是　　　　②否

20. 除了腾讯课堂以外，您所在机构还在哪些平台上开设课程？
①百度传课　②网易云课堂　③优酷学堂　④淘宝教育　⑤YY 教育　⑥其他

21. 除了腾讯课堂以外，您所在机构在其他平台上的用户数量：
①100 人及以下　②101~1000 人　③1001~3000 人　④3001~5000 人　⑤5001 人及以上

22. 除了腾讯课堂以外，您所在机构每年从其他平台获取的 GMV 为：
①10 万元及以下　②11 万~50 万元　③51 万~200 万元　④201 万~500 万元　⑤501 万元及以上

附录六　在线教育平台学员调研问卷

您好！本次调查是由中国信息经济学会课题组开展，目的是了解腾讯课堂平台的相关情况。您的看法和意见对于我们的研究非常重要。您所填写的所有信息仅用作科学研究，调查资料将会严格保密，研究成果以综合数据的形式展现，不涉及任何个人信息，请放心填写。衷心感谢您对本次调查的宝贵支持！

第一部分：基础信息

1. 您的出生年月：＿＿＿＿＿＿年＿＿＿＿＿＿月。
2. 您的性别：（　）男　　（　）女
3. 您的学历层次（　　　）
①高中及以下　②大专　③本科　④硕士研究生　⑤博士研究生
4. 您的职业：
①专业人士（如教师/医生/律师等）　②服务业人员（餐饮服务员/司机/售货员等）　③自由职业者（如作家/艺术家等）　④工人（如工厂工人/建筑工人/城市环卫工人等）　⑤公司职员　⑥事业单位/公务员/政府工作人员　⑦学生　⑧其他
5. 您目前从事的行业：
①IT/软硬件服务/电子商务/互联网运营　快速消费品（食品/饮料/化妆品）
②批发/零售　服装/纺织/皮革　家具/工艺品/玩具　教育/培训/科研/院校
③家电　通信/电信运营/网络设备/增值服务　制造业　汽车及零配件
④餐饮/娱乐/旅游/酒店/生活服务　办公用品及设备　会计/审计
⑤法律　银行/保险/证券/投资银行/风险基金　电子技术/半导体/集成电路
⑥仪器仪表/工业自动化　贸易/进出口　机械/设备/重工
⑦制药/生物工程/医疗设备/器械　医疗/护理/保健/卫生
⑧广告/公关/媒体/艺术　出版/印刷/包装　房地产开发/建筑工程/装潢/设计
⑨物业管理/商业中心　中介/咨询/猎头/认证　交通/运输/物流
⑩航天/航空/能源/化工　农业/渔业/林业　其他行业
6. 目前您在什么性质的单位就业（第4题选⑦则不跳转本题）？
①党政机关、事业单位　②国营企业　③私营民营企业　④外资、合资企业　⑤平台型自主创业　⑥其他型自主创业　⑦平台型灵活就业　⑧其他灵活就业　⑨其他

7. 目前固定居住地所属地区：_____省（或市）。
8. 您的家乡所在地：_____。
9. 您开始使用腾讯课堂的时间：_____年_____月。
10. 您使用腾讯课堂学习的课程门数：
①0~1门　②2~3门　③4~5门　④6~7门　⑤8门及以上
11. 您使用腾讯课堂主要学习的课程类型：（多选）
①职业培训　②公务员考试　③托福雅思等英语类考试　④考证考级　⑤考研　⑥其他
12. 您在腾讯课堂上付费为：
①100元及以下　②100~1000元　③1000~2000元　④2000~5000元　⑤5000元及以上
13. 您最近完成的职业培训课程具体是_____（11题选择1跳转本题）。
14. 您最近一次在腾讯课堂上完整学习的课程是：_____（课程名称）（11题选择2~6跳转本题）
15. 您最近一次完整学习的课程是由哪家机构开设？_____
16. 除了最近一次完整的课程以外，您学习相同机构开设的课程次数：
①0　②1~2次　③3~4次　④5~6次　⑤7次及以上
17. 除了腾讯课堂以外，您是否在其他类似平台上过课？（选择是跳转18~22题）
①是　②否
18. 除了腾讯课堂以外，您在哪些平台上过课？
①百度传课　②网易云课堂　③优酷学堂　④淘宝教育　⑤YY教育　⑥其他
19. 除了腾讯课堂以外，您在其他平台学习的课程门数：
①0~1门　②2~3门　③4~5门　④6~7门　⑤8门及以上
20. 除了腾讯课堂以外，您最主要的学习平台为：
①百度传课　②网易云课堂　③优酷学堂　④淘宝教育　⑤YY教育　⑥其他
21. 除了腾讯课堂以外，您最主要的学习平台的课程质量比腾讯课堂平台的课程质量：
①好　②一样　③差
22. 除了腾讯课堂以外，您最主要的学习平台的课程实用性比腾讯课堂平台的课程实用性：
①好　②一样　③差

第二部分：课程培训效果评估

以下是腾讯课堂开设课程的相关说法，请根据个人对最近一次在腾讯课堂上完整学习完的课程的感知打分。（1表示"非常不认同"，2表示"不太认同"，3表示"一般"，4表示"比较认同"，5表示"非常认同"）

项目	非常不认同	不太认同	一般	比较认同	非常认同
感知层面的效果					
我通过这门课程学习到了很多知识	1	2	3	4	5
我通过这门课程提升了我自身的能力	1	2	3	4	5
行动层面的效果					
我将课程所学应用于我的实践	1	2	3	4	5
我周围的人因为我应用了这门课程所学的内容而对我表示赞赏	1	2	3	4	5
结果层					
通过课程学习提高了我的工作收入	1	2	3	4	5
通过课程学习提高了我的工作效率	1	2	3	4	5
通过课程学习提高了我的晋升机会	1	2	3	4	5
通过课程学习帮助我转换到更理想的行业	1	2	3	4	5
满意度					
我学习这门课程达到了我的预期目标	1	2	3	4	5
我愿意将这门课程推荐给周围的人	1	2	3	4	5

附录七　估计数据说明

一、腾讯课堂间接创造就业规模的确定依据

首先，根据面向腾讯开课机构的问卷调查数据获得各开课机构的用户数据并结合官方报道确定腾讯月度活跃用户的规模。

其次，根据面向腾讯开课机构的问卷调查数据中 A 机构、C 机构的数据以及 A 机构和 C 机构提供的数据确定腾讯改善学员就业的平均比例约为 0.05。

二、平台技术进步替代就业规模测算中 25% 的来源

2021 年 7~11 月，中国人民大学应用经济学院课题组围绕平台就业者开展了一项调查，并形成了《平台就业的生成机理、风险点及对策分析》报告，报告指出平台就业的从业者有四大来源，按占比高低依次是：工厂工人（25%）、其他平台就业者的职业转换（20%）、服务员（15%）、建筑业工人（8%）。根据理论分析，平台技术进步替代就业主要集中在第二产业，故我们选择了工厂工人占比来估计平台技术进步替代就业规模。

参考文献

[1] Acemoglu D, Guerrieri V. Capital Deepening and Nonbalanced Economic Growth [J]. Journal of Political Economy, 2008, 116 (3): 467-498.

[2] Acemoglu D, Restrepo P. Secular Stagnation? The Effect of Aging on Economic Growth in the Age of Automation [J]. American Economic Review, 2017, 107 (5): 174-179.

[3] Acemoglu D, Restrepo P. The Race Between Man and Machine: Implications of Technology for Growth, Factor Shares, and Employment [J]. American Economic Review, 2018, 108 (6): 1488-1542.

[4] Acemoglu D, Restrepo P. Automation and New Tasks: How Technology Displaces and Reinstates Labor [J]. Journal of Economic Perspectives, 2019, 33 (2): 3-30.

[5] Acemoglu D, Restrepo P. Robots and Jobs: Evidence from US Labor Markets [J]. Journal of Political Economy, 2020, 128 (6): 2188-2244.

[6] Acharya A, Singh S K, Pereira V, Singh P. Big Data, Knowledge Co-creation and Decision Making in Fashion Industry [J]. International Journal of Information Management, 2018 (42): 90-101.

[7] Adner R. Match Your Innovation Strategy to Your Innovation Ecosystem [J]. Harvard Business Review, 2006, 84 (4): 98.

[8] Adner R, Puranam P, Zhu F. What is Different about Digital Strategy? From Quantitative to Qualitative Change [J]. Strategy Science, 2019, 4 (4): 253-261.

[9] Aghion P, Howitt P. Growth and Unemployment [J]. Review of Economic Studies, 1994, 61 (3): 477-494.

[10] Alghamdi E A, Bogari N. The Impact of Social Media Platforms "Instagram" and "Snapchat" on the Purchasing Decision-Structural Equation Modelling Approach: Social Media Platforms [J]. International Journal of Online Marketing, 2020, 10 (1): 72-94.

[11] Alvarez-Cuadrado F, Van Long N, Poschke M. Capital-labor Substitution, Structural Change, and Growth [J]. Theoretical Economics, 2017, 12 (3): 1229-1266.

[12] Armstrong M. Network Interconnection with Asymmetric Networks and Heterogeneous Calling Patterns [J]. Information Economics and Policy, 2004, 16 (3): 375-390.

[13] Armstrong M. Competition in Two-sided Markets [J]. The RAND Journal of Economics, 2006, 37 (3): 668-691.

[14] Armstrong M, Wright J. Two-sided Markets, Competitive Bottlenecks and Exclusive Contracts [J]. Economic Theory, 2007 (32): 353-380.

[15] Arthur W B. The Structure of Invention [J]. Research Policy, 2007, 36 (2): 274-287.

[16] Dodgson M, et al. The Oxford Handbook of Innavation Management [M]. Oxford: Oxford University Press, 2014: 204-288.

[17] Bandara A, Giragama P. A Retinal Image Enhancement Technique for Blood Vessel Segmentation Algorithm [C] //2017 IEEE International Conference on Industrial and Information Systems (ICIIS) . IEEE, 2017: 1-5.

[18] Barrios J M, Hochberg Y V, Yi H. Launching with a Parachute: The Gig Economy and New Business Formation [J]. Journal of Financial Economics, 2022, 144 (1): 22-43.

[19] Baron R M, Kenny D A. The Moderator Mediator Variable Distinction in Social Psychological Research: Conceptual, Strategic, and Statistical Considerations [J]. Journal of Personality and Social Psychology, 1986, 51 (6): 1173.

[20] Begenau J, Farboodi M, Veldkamp L. Big Data in Finance and the Growth of Large Firms [J]. Journal of Monetary Economics, 2018, 97: 71-87.

[21] Belo F, Gala V D, Salomao J, et al. Decomposing Firm Value [J]. Journal of Financial Economics, 2022, 143 (2): 619-639.

[22] Benbya H, Nan N, Tanriverdi H, et al. Complexity and Information Systems Research in the Emerging Digital World [J]. MIS Quarterly, 2020, 44 (1): 1-17.

[23] Benlian A, Kettinger W J, Sunyaev A, Winkler T J. Special Section: The Transformative Value of Cloud Computing: A Decoupling, Platformization, and Recombination Theoretical Framework [J]. Journal of Management Information Systems, 2018, 35 (3): 719-739.

[24] Bergman M. , Advances in Mixed Methods Research: Theories and Applications [M]. London: SAGE, 2008.

[25] Boerman S C, Willemsen L M, Van Der Aa E P. "This Post is Sponsored" Effects of Sponsorship Disclosure on Persuasion Knowledge and Electronic Word

of Mouth in the Context of Facebook [J]. Journal of Interactive Marketing, 2017, 38 (1): 82-92.

[26] Bolt W, Tieman A F. Heavily Skewed Pricing in Two-sided Markets [J]. International Journal of Industrial Organization, 2008, 26 (5): 1250-1255.

[27] Boudreau K. Open Platform Strategies and Innovation: Granting Access vs. Devolving Control [J]. Management Science, 2010, 56 (10): 1849-1872.

[28] Bouncken R B, Fredrich V, Ritala P, et al. Coopetition in New Product Development Alliances: Advantages and Tensions for Incremental and Radical Innovation [J]. British Journal of Management, 2018, 29 (3): 391-410.

[29] Bradlow E T, Gangwar M, P Kopalle. The Role of Big Data and Predictive Analytics in Retailing [J]. Journal of Retailing, 2017, 93 (1): 79-95.

[30] Bresciani S, Ciampi F, Meli F, Ferraris A. Using Big Data for Co-Innovation Processes: Mapping the Field of Data-Driven Innovation, Proposing Theoretical Developments and Providing a Research Agenda [J]. International Journal of Information Management, 2021, 60 (5): 102347.

[31] Bryman A. Social Research Methods [M]. Oxford: Oxford University Press, 2016.

[32] Brouthers K D, Geisser K D, Rothlauf F. Explaining the Internationalization of Ibusiness Firms [J]. Journal of International Business Studies, 2016 (47): 513-534.

[33] Burtch G, Carnahan S, Greenwood B N. Can You Gig it? An Empirical Examination of the Gig Economy and Entrepreneurial Activity [J]. Management Science, 2018, 64 (12): 5497-5520.

[34] Bush V. Science, the Endless Frontier [M]. Princeton: Princeton University Press, 2020.

[35] Caillaud B, Jullien B. Chicken & Egg: Competition among [J]. The RAND Journal of Economics, 2003, 34 (2): 309-328.

[36] Calderini M, Garrone P. Liberalisation, Industry Turmoil and the Balance of R&D Activities [J]. Information Economics and Policy, 2001, 13 (2): 199-230.

[37] Campbell J Y, Cochrane J H. By Force of Habit: A Consumption-Based Explanation of Aggregate Stock Market Behavior [J]. Journal of Political Economy, 1999, 107 (2): 205-251.

[38] Cardona M, Kretschmer T, Strobel T. ICT and Productivity: Conclusions from the Empirical Literature [J]. Information Economics and Policy, 2013, 25

(3): 109-125.

[39] Castellacci F. Structural Change and the Growth of Industrial Sectors: Empirical Test of a GPT Model [J]. Review of Income and Wealth, 2010, 56 (3): 449-482.

[40] Castelo N, Thalmann N. Robot or Human? Consumer Perceptions of Human-Like Robots [R]. Working Paper, 2019.

[41] Cenamor J, Frishammar J. Openness in Platform Ecosystems: Innovation Strategies for Complementary Products [J]. Research Policy, 2021, 50 (1): 104-148.

[42] Chen K, Tse E T. Dynamic Platform Competition in Two-Sided Markets [R]. Available at SSRN 1095124, 2008.

[43] Chen M K, Sheldon M. Dynamic Pricing in A Labor Market: Surge Pricing and Flexible Work on the Uber Platform [R]. Working Paper, 2016.

[44] Chen M K, Rossi P E, Chevalier J A, et al. The Value of Flexible Work: Evidence from Uber Drivers [J]. Journal of Political Economy, 2019, 127 (6): 2735-2794.

[45] Chesbrough H W, Appleyard M M. Open Innovation and Strategy [J]. California Management Review, 2007, 50 (1): 57-76.

[46] Chesbrough H, Bogers M. Explicating Open Innovation [M]. Oxford: Oxford University Press, 2014.

[47] Ciampi F, Demi S, Magrini A, et al. Exploring the Impact of Big Data Analytics Capabilities on Business Model Innovation: The Mediating Role of Entrepreneurial Orientation [J]. Journal of Business Research, 2021 (123): 1-13.

[48] Clarke G R G, Qiang C Z, Xu L C. The Internet as A Aeneral-Purpose Technology: Firm-Level Evidence from Around the World [J]. Economics Letters, 2015 (135): 24-27.

[49] Creed P A, Hood M, Selenko E, et al. The Development and Initial Validation of A Self-Report Job Precariousness Scale Suitable for Use with Young Adults Who Study and Work [J]. Journal of Career Assessment, 2020, 28 (4): 636-654.

[50] Cui T H, Ghose A, Halaburda H, Iyengar R, Pauwels K, Sriram S, Tucker C, Venkataraman S. Informational Challenges in Omnichannel Marketing: Remedies and Future Research [J]. Journal of Marketing, 2021, 85 (1): 103-120.

[51] Cutolo D, Kenney M. Platform-Dependent Entrepreneurs: Power Asymmetries, Risks, and Strategies in the Platform Economy [J]. Academy of Management Perspectives, 2021, 35 (4): 584-605.

[52] De Camargo Fiorini P, B Seles, C Jabbour. Management Theory and Big Data Literature: From a Review to a Research Agenda [J]. International Journal of Information Management, 2018 (43): 112-129.

[53] DeCanio S J. Robots and Humans-Complements or Substitutes? [J]. Journal of Macroeconomics, 2016 (49): 280-291.

[54] De la Torre J, Moxon R W. Introduction to the Symposium E-Commerce and Global Business: The Impact of the Information and Communication Technology Revolution on the Conduct of International Business [J]. Journal of International Business Studies, 2001, 32 (4): 617-639.

[55] Deutsch M. Trust and Suspicion [J]. Journal of Conflict Resolution, 1958, 2 (4): 265-279.

[56] Djankov S, Glaeser E, La Porta R, et al. The New Comparative Economics [J]. Journal of Comparative Economics, 2003, 31 (4): 595-619.

[57] Dubé J P, Fang Z, Fong N, Luo X. Competitive Price Targeting with Smartphone Coupons [J]. Marketing Science, 2017, 36 (6): 944-975.

[58] Eckhardt J T, Ciuchta M P, Carpenter M. Open Innovation, Information, and Entrepreneurship within Platform Ecosystems [J]. Strategic Entrepreneurship Journal, 2018, 12 (3): 369-391.

[59] Eisenmann T, Parker G, Van Alstyne M W. Strategies for Two-Sided Markets [J]. Harvard Business Review, 2006, 84 (10): 92.

[60] Evans D S, Schmalensee R. Failure to Launch: Critical Mass in Platform Businesses [J]. Review of Network Economics, 2010, 9 (4): 1-28.

[61] Faizi S, Rashid T, W Salabun. Decision Making with Uncertainty Using Hesitant Fuzzy Sets [J]. International Journal of Fuzzy Systems, 2018, 20 (1): 93-103.

[62] Fritz M, Koch M. Potentials for Prosperity without Growth: Ecological Sustainability, Social Inclusion and the Quality of Life in 38 Countries [J]. Ecological Economics, 2014 (108): 191-199.

[63] Fukuda K, Watanabe C. Japanese and US Perspectives on the National Innovation Ecosystem [J]. Technology in Society, 2008, 30 (1): 49-63.

[64] Fürstenau D, Baiyere A, Schewina K, et al. Extended Generativity Theory on Digital Platforms [J]. Information Systems Research, 2023, 34 (4): 1686-1710.

[65] Fos V, Hamdi N, Kalda A, et al. Gig-Labor: Trading Safety Nets for Steering Wheels [R]. Working Paper, 2019.

[66] Gaspar J, Glaeser E L. Information Technology and the Future of Cities

[J]. Journal of Urban Economics, 1998, 43 (1): 136-156.

[67] Gawer A, Cusumano M A. Industry Platforms and Ecosystem Innovation [J]. Journal of Product Innovation Management, 2014, 31 (3): 417-433.

[68] Gefen D. E-commerce: The Role of Familiarity and Trust [J]. Omega, 2000, 28 (6): 725-737.

[69] Ghasemaghaei M, Calic G. Does Big Data Enhance Firm Innovation Competency? The Mediating Role of Data-Driven Insights [J]. Journal of Business Research, 2019, 104: 69-84.

[70] Glavas C, Mathews S. How International Entrepreneurship Characteristics Influence Internet Capabilities for the International Business Processes of the Firm [J]. International Business Review, 2014, 23 (1): 228-245.

[71] Gordon-Hecker T, Rosensaft-Eshel D, Pittarello A, et al. Not Taking Responsibility: Equity Trumps Efficiency in Allocation Decisions [J]. Journal of Experimental Psychology: General, 2017, 146 (6): 771.

[72] Graetz G, Michaels G. Robots at Work [J]. Review of Economics and Statistics, 2018, 100 (5): 753-768.

[73] Gravina A F, Pappalardo M R. Are Robots in Rich Countries a Threat for Employment in Emerging Economies? [J]. Economics Letters, 2022 (221): 110888.

[74] Grover V, Chiang R H, Liang T P, Zhang D. Creating Strategic Business Value from Big Data Analytics: A Research Framework [J]. Journal of Management Information Systems, 2018, 35 (2): 388-423.

[75] Günther W A, Mehrizi M, M Huysman. Debating Big Data: A Literature Review on Realizing Value from Big Data [J]. The Journal of Strategic Information Systems, 2017, 26 (3): 191-209.

[76] Gupta M, George J F. Toward the Development of a Big Data Analytics Capability [J]. Information & Management, 2016, 53 (8): 1049-1064.

[77] Hagiu A, Wright J. When Data Creates Competitive Advantage [J]. Harvard Business Review, 2020, 98 (1): 94-101.

[78] Hall J V, Krueger A B. An Analysis of the Labor Market for Uber's Driver Partners in the United States [J]. ILR Review, 2018, 71 (3): 705-732.

[79] Han B, Wang D, Ding W, et al. Effect of Information and Communication Technology on Energy Consumption in China [J]. Natural Hazards, 2016 (84): 297-315.

[80] Hein A, Schreieck M, Riasanow T, et al. Digital Platform Ecosystems

[J]. Electronic Markets, 2020 (30): 87-98.

[81] Henfridsson O, Mathiassen L, Svahn F. Managing Technological Change in the Digital Age: The Role of Architectural Frames [J]. Journal of Information Technology, 2014, 29 (1): 27-43.

[82] Hilty L M, Arnfalk P, Erdmann L, et al. The Relevance of Information and Communication Technologies for Environmental Sustainability-A Prospective Simulation Study [J]. Environmental Modelling & Software, 2006, 21 (11): 1618-1629.

[83] Holcomb T R, Holmes Jr R M, Connelly B L. Making the Most of What You Have: Managerial Ability as a Source of Resource Value Creation [J]. Strategic Management Journal, 2009, 30 (5): 457-485.

[84] Homburg C, Stock R M. Exploring the Conditions under Which Salesperson Work Satisfaction Can Lead to Customer Satisfaction [J]. Psychology & Marketing, 2005, 22 (5): 393-420.

[85] Huang N, Burtch G, Hong Y, et al. Unemployment and Worker Participation in the Gig Economy: Evidence from an Online Labor Market [J]. Information Systems Research, 2020, 31 (2): 431-448.

[86] Hulten C R, Bennathan E, Srinivasan S. Infrastructure, Externalities, and Economic Development: A Study of the Indian Manufacturing Industry [J]. The World Bank Economic Review, 2006, 20 (2): 291-308.

[87] Iansiti M, Levien R. Strategy as Ecology [J]. Harvard Business Review, 2004, 82 (3): 68-78+126.

[88] Iansiti M. The Value of Data and Its Impact on Competition [R]. Working Paper, 2021.

[89] Ichihashi S. Online Privacy and Information Disclosure by Consumers [J]. American Economic Review, 2020, 110 (2): 569-595.

[90] Jackson E. Availability of the Gig Economy and Long Run Labor Supply Effects for the Unemployed [C] //2021 APPAM Fall Research Conference. APPAM, 2022.

[91] Jacobides M G, Cennamo C, Gawer A. Towards A Theory of Ecosystems [J]. Strategic Management Journal, 2018, 39 (8): 2255-2276.

[92] Jarillo J C, Bidault F. Trust in Economic transactions [C] //Comunicação Apresentada na European Science Foundation Conference, Genebra, 1995.

[93] Jones C I, Tonetti C. Nonrivalry and the Economics of Data [J]. American Economic Review, 2020, 110 (9): 2819-2858.

[94] Kahneman D, Tversky A. Prospect Theory: An Analysis of Decision under

Risk [J]. Econometrica, 1979, 47 (2): 263-291.

[95] Tversky A, Kahneman D. Advance in Prospect Theory: Cumulative Tpresentation of Uncertainty [J]. Journal of Risk & Uncertainty, 1992, 5 (4): 297-323.

[96] Katz L F, Krueger A B. The Rise and Nature of Alternative Work Arrangements in the United States, 1995-2015 [J]. ILR Review, 2019, 72 (2): 382-416.

[97] Katz M L, Shapiro C. Network Externalities, Competition, and Compatibility [J]. The American Economic Review, 1985, 75 (3): 424-440.

[98] Kenny D., Marshall J F. Contextual Marketing: The Real Business of the Internet [J]. Harvard Business Review, 2000, 78 (6): 119-125.

[99] Knijnenburg B P, Reijmer N J M, Willemsen M C. Each to His Own: How Different Users Call for Different Interaction Methods in Recommender Systems [C] //Proceedings of the Fifth ACM Conference on Recommender Systems. 2011: 141-148.

[100] Knijnenburg B P, Willemsen M C, Gantner Z, et al. Explaining the User Experience of Recommender Systems [J]. User Modeling and User-Adapted Interaction, 2012 (22): 441-504.

[101] Kordos M. The Synergies of USA Foreign Trade Policy Agenda Challenges Within the Industry 4.0 [J]. Ad Alta: Journal of Interdisciplinary Research, 2019, 9 (1): 137-142.

[102] Kopalle P K, Kumar V, M Subramaniam. How Legacy Firms Can Embrace the Digital Ecosystem Via Digital Customer Orientation [J]. Journal of the Academy of Marketing Science, 2020, 48 (1): 114-131.

[103] Kurzweil R. The Singularity is Near: When Humans Transcend Biology [M]. London: Viking, 2005.

[104] Kübler R, Pauwels K, Yildirim G, Fandrich T. App Popularity: Where in the World Are Consumers Most Sensitive to Price and User Ratings? [J]. Journal of Marketing, 2018, 82 (5): 20-44.

[105] Lange S, Pohl J, Santarius T. Digitalization and Energy Consumption. Does ICT Reduce Energy Demand? [J]. Ecological Economics, 2020 (176): 106760.

[106] Lee S M, Lee D H. "Untact": A New Customer Service Strategy in the Digital Age [J]. Service Business, 2020, 14 (1): 1-22.

[107] Lehrer C, Wieneke A, Vom Brocke J A N, et al. How Big Data Analytics Enables Service Innovation: Materiality, Affordance, and the Individualization of Service [J]. Journal of Management Information Systems, 2018, 35 (2): 424-460.

[108] Lehdonvirta V, Kässi O, Hjorth I, et al. The Global Platform Economy: A New Offshoring Institution Enabling Emerging-Economy Microproviders [J]. Journal of Management, 2019, 45 (2): 567-599.

[109] Lescop D, Lescop E. Platform-based Ecosystem and Firm/Market Equivalency: The Case of Apple iPhone [R]. Working Paper, 2013.

[110] Lewis J D, Weigert a. Trust as a Social Reality [J]. Social Forces, 1985, 63 (4): 967-985.

[111] Li J, Chen L, Yi J, et al. Ecosystem-Specific Advantages in International Digital Commerce [J]. Journal of International Business Studies, 2019 (50): 1448-1463.

[112] Liebowitz S J, Margolis S E. Network Externality: An Uncommon Tragedy [J]. Journal of Economic Perspectives, 1994, 8 (2): 133-150.

[113] Lim K Y H, P Zheng, C H Chen. A State-of-the-art Survey of Digital Twin: Techniques, Engineering Product Lifecycle Management and Business Innovation Perspectives [J]. Journal of Intelligent Manufacturing, 2020, 31 (6): 1313-1337.

[114] Lin J. Technological Adaptation, Cities, and New Work [J]. Review of Economics and Statistics, 2011, 93 (2): 554-574.

[115] Loshin D. Data Governance for Big Data Analysis: Considerations for Data Policies and Processes-big Data Analysis [EB/OL]. https://www.semanticscholar.org/paper/Chapter-5-%E2%80%93-Data-Governance-for-Big-Data-Analytics%3A-Loshin/821fc0062b46ab32ab640b823089ccea35b51c4e2. DOI: 10.1016/B978-0-12-417319-4.00005-3. [2016-12-28].

[116] Lusch R F, Nambisan S. Service Innovation [J]. MIS Quarterly, 2015, 39 (1): 155-176.

[117] Maklan S, Peppard J, Klaus P. Show Me the Money: Improving our Understanding of How Organizations Generate Return from Technology-led Marketing Change [J]. European Journal of Marketing, 2015, 49 (3/4): 561-595.

[118] Malecki E J. Real People, Virtual Places, and the Spaces in Between [J]. Socio-Economic Planning Sciences, 2017 (58): 3-12.

[119] Manyika J, Lund S. Globalization for the Little Guy [R]. McKinsey Global Institute, 2016.

[120] March J G. Exploration and Exploitation in Organizational Learning [J]. Organization Science, 1991, 2 (1): 71-87.

[121] Marinos G. We're Not Doing What?: The Top 10 Corporate Oversights in

Data Governance [J]. Information Management, 2004, 14 (9): 62.

[122] Mason J. Qualitative Researching [M]. London: SAGE, 2017.

[123] Mayer R C, Davis J H, Schoorman F D. An Integrative Model of Organizational Trust [J]. Academy of Management Review, 1995, 20 (3): 709-734.

[124] McAfee A, Brynjolfsson E, Davenport T H, et al. Big Data: The Management Revolution [J]. Harvard Business Review, 2012, 90 (10): 60-68.

[125] McAllister D J. Affect-and Cognition-Based Trust as Foundations for Interpersonal Cooperation in Organizations [J]. Academy of Management Journal, 1995, 38 (1): 24-59.

[126] McKnight D H, Chervany N L. What Trust Means in Ecommerce Customer Relationships: An Interdisciplinary Conceptual Typology [J]. International Journal of Electronic Commerce, 2001, 6 (2): 35-59.

[127] McKnight D H, Cummings L L, Chervany N L. Initial Trust Formation in New Organizational Relationships [J]. Academy of Management Review, 1998, 23 (3): 473-490.

[128] McNee S M, Riedl J, Konstan J A. Being Accurate Is Not Enough: How Accuracy Metrics Have Hurt Recommender Systems [C] //CHI'06 Extended Abstracts on Human Factors in Computing Systems, 2006: 1097-1101.

[129] Meyer D, Dunphy S. The Role of Knowledge-based Psychological Climates in Human Resource Management Systems [J]. Management Decision, 2016, 54 (5): 1222-1246.

[130] Mhlanga O. The Innovation-Employment Nexus: An Analysis of the Impact of Airbnb on Hotel Employment [J]. Journal of Hospitality and Tourism Technology, 2020, 11 (3): 407-423.

[131] Michaels G, Natraj A, Van Reenen J. Has ICT Polarized Skill Demand? Evidence from Eleven Countries over Twenty-five Years [J]. Review of Economics and Statistics, 2014, 96 (1): 60-77.

[132] Moore J F. Predators and Prey: A New Ecology of Competition [J]. Harvard Business Review, 1993, 71 (3): 75-86.

[133] Mouelhi R B A. Impact of the Adoption of Information and Communication Technologies on Firm Efficiency in the Tunisian Manufacturing Sector [J]. Economic Modelling, 2009, 26 (5): 961-967.

[134] Newell S, Marabelli M. Strategic Opportunities (and Challenges) of Algorithmic Decision-Making: A Call for Action on the Long-Term Societal Effects of

"Datification" [J]. The Journal of Strategic Information Systems, 2015, 24 (1): 3-14.

[135] Nambisan S, Lyytinen K, Majchrzak A, et al. Digital Innovation Management [J]. MIS Quarterly, 2017, 41 (1): 223-238.

[136] Nambisan S, Siegel D, Kenney M. On Open Innovation, Platforms, and Entrepreneurship [J]. Strategic Entrepreneurship Journal, 2018, 12 (3): 354-368.

[137] Nambisan S, Zahra S A, Luo Y. Global Platforms and Ecosystems: Implications for International Business Theories [J]. Journal of International Business Studies, 2019 (50): 1464-1486.

[138] North D C. Institutions, Institutional Change and Economic Performance [M]. Cambridge: Cambridge University Press, 1990.

[139] Nunn N, Qian N. US Food Aid and Civil Conflict [J]. American Economic Review, 2014, 104 (6): 1630-1666.

[140] Oesterreich T D, Anton E, Teuteberg F, Dwivedi Y K. The Role of the Social and Technical Factors in Creating Business Value from Big Data Analytics: A Meta-analysis [J]. Journal of Business Research, 2022 (153): 128-149.

[141] Ojala A, Evers N, Rialp A. Extending the International New Venture Phenomenon to Digital Platform Providers: A Longitudinal Case Study [J]. Journal of World Business, 2018, 53 (5): 725-739.

[142] Park C S, Kaye B K. The Tweet Goes on: Interconnection of Twitter Opinion Leadership, Network Size, and Civic Engagement [J]. Computers in Human Behavior, 2017 (69): 174-180.

[143] Patel P, Ali M I, Sheth A. From Raw Data to Smart Manufacturing: AI and Semantic Web of Things for Industry 4.0 [J]. IEEE Intelligent Systems, 2018, 33 (4): 79-86.

[144] Popa S, Soto-Acosta P, Perez-Gonzalez D. An Investigation of the Effect of Electronic Business on Financial Performance of Spanish Manufacturing SMEs [J]. Technological Forecasting and Social Change, 2018 (136): 355-362.

[145] Rassier D G, Kornfeld R J, Strassner E H. Treatment of Data in National Accounts [R]. Paper Prepared for the BEA Advisory Committee, 2019.

[146] Rathi N A, Betala A S. How Marketing Decisions Are Taken with the Help of Big Data [J]. Data Management, Analytics and Innovation, 2018 (2): 101-112.

[147] Rialp-Criado A, Rialp-Criado J. Examining the Impact of Managerial Involvement with Social Media on Exporting Firm Performance [J]. International Business

Review, 2018, 27 (2): 355-366.

[148] Rivera M B, Håkansson C, Svenfelt Å, et al. Including Second Order Effects in Environmental Assessments of ICT [J]. Environmental Modelling & Software, 2014 (56): 105-115.

[149] Rochet J C, Tirole J. Platform Competition in Two-Sided Markets [J]. Journal of the European Economic Association, 2003, 1 (4): 990-1029.

[150] Rong K, Kang Z, Williamson P J. Liability of Ecosystem Integration and Internationalisation of Digital Firms [J]. Journal of International Management, 2022, 28 (4): 1-22.

[151] Sandberg J, Holmström J, Lyytinen K. Digitization and Phase Transitions in Platform Organizing Logics: Evidence from the Process Automation Industry [J]. MIS Quarterly, 2020, 44 (1): 129-153.

[152] Schor J B, Attwood-charles W, Cansoy M, et al. Dependence and Precarity in the Platform Economy [J]. Theory and Society, 2020, 49 (5/6): 833-861.

[153] Shaheer N A, Li S. The CAGE around Cyberspace? How Digital Innovations Internationalize in A Virtual World [J]. Journal of Business Venturing, 2020, 35 (1): 1-19.

[154] Siau K, Shen Z. Building Customer Trust in Mobile Commerce [J]. Communications of the ACM, 2003, 46 (4): 91-94.

[155] Siggelkow N. Change in the Presence of Fit: The Rise, the Fall, and the Renaissance of Liz Claiborne [J]. Academy of Management Journal, 2001, 44 (4): 838-857.

[156] Sivarajah U, Irani Z, Gupta S, Mahroof K. Role of Big Data and Social Media Analytics for Business to Business Sustainability: A Participatory Web Context [J]. Industrial Marketing Management, 2020 (86): 163-179.

[157] Spector P E. Measurement of Human Service Staff Satisfaction: Development of the Job Satisfaction Survey [J]. American Journal of Community Psychology, 1985, 13 (6): 693.

[158] Srinivasan A, Venkatraman N. Entrepreneurship in Digital Platforms: A Network-Centric View [J]. Strategic Entrepreneurship Journal, 2018, 12 (1): 54-71.

[159] Stallkamp M, Schotter A P J. Platforms Without Borders? The International Strategies of Digital Platform Firms [J]. Global Strategy Journal, 2021, 11 (1): 58-80.

[160] Steffen B. Estimating the Cost of Capital for Renewable Energy Projects [J]. Energy Economics, 2020 (88): 104783.

[161] Subramaniam S K, I Y Panessai, R A Ramlee. Tcp Performance and Throughput Fairness Optimization in a Multi-Hop Pipeline Network [J]. International Journal of Recent Technology and Engineering, 2019, 8 (3S2): 499-505.

[162] Sussan F, Acs Z J. The Digital Entrepreneurial Ecosystem [J]. Small Business Economics, 2017 (49): 55-73.

[163] Tambe P, Hitt L, Rock D, et al. Digital Capital and Superstar Firms [R]. National Bureau of Economic Research, 2020.

[164] Tan B, Pan S L, Lu X, et al. The Role of IS Capabilities in the Development of Multi-sided Platforms: The Digital Ecosystem Strategy of Alibaba Com [J]. Journal of the Association for Information Systems, 2015, 16 (4): 2.

[165] Tang C, Huang K, Liu Q. Robots and Skill-Biased Development in Employment Structure: Evidence from China [J]. Economics Letters, 2021 (205): 109960.

[166] Tansley A G. The Use and Abuse of Vegetational Concepts and Terms [J]. Ecology, 1935, 16 (3): 284-307.

[167] Tatikonda M V. An Empirical Study of Platform and Derivative Product Development Projects [J]. Journal of Product Innovation Management: An International Publication of the Product Development & Management Association, 1999, 16 (1): 3-26.

[168] Teece D J. Profiting from Innovation in the Digital Economy: Enabling Technologies, Standards, and Licensing Models in the Wireless World [J]. Research Policy, 2018, 47 (8): 1367-1387.

[169] Thomas L D W, Leiponen A. Big Data Commercialization [J]. IEEE Engineering Management Review, 2016, 44 (2): 74-90.

[170] Tong S, Luo X, Xu B. Personalized Mobile Marketing Strategies [J]. Journal of the Academy of Marketing Science, 2020, 48 (1): 64-78.

[171] Tranos E, Kitsos T, Ortega-Argilés R. Digital Economy in the UK: Regional Productivity Effects of Early Adoption [J]. Regional Studies, 2021, 55 (12): 1924-1938.

[172] Uslaner E M, Conley R S. Civic Engagement and Particularized Trust: The Ties That Bind People to Their Ethnic Communities [J]. American Politics Research, 2003, 31 (4): 331-360.

[173] Van A M W, Parker G G, Choudary S P. Pipelines, Platforms, and the

New Rules of Strategy [J]. Harvard Business Review, 2016, 94 (4): 54-62.

[174] Vargo S L, Lusch R F. Evolving to a New Dominant Logic for Marketing [J]. Journal of Marketing, 2004, 68 (1): 1-17.

[175] Vargo S L, Lusch R F. Service-Dominant Logic: Continuing the Evolution [J]. Journal of the Academy of Marketing Science, 2008 (36): 1-10.

[176] Vargo S L, Lusch R F. Service-Dominant Logic Foundations of E-Novation [M] //E-Novation for Competitive Advantage in Collaborative Globalization: Technologies for Emerging E-business Strategies. IGI Global, 2011: 1-15.

[177] Von Hippel E, Kaulartz S. Next-Generation Consumer Innovation Search: Identifying Early-Stage Need-Solution Pairs on the Web [J]. Research Policy, 2021, 50 (8): 1-14.

[178] Wamba S F, A Gunasekaran, S Akter. Big Data Analytics and Firm Performance: Effects of Dynamic Capabilities [J]. Journal of Business Research, 2017 (70): 356-365.

[179] Weber M. The Religion of China: Confucianism and Taoism [M]. New York: Free Press, 1951.

[180] Williamson O E. Calculated Trust, a Reply to Craswell's Comment on Williamson [J]. The Journal of Law and Economics, 1993, 36 (1, Part 2): 501-502.

[181] Williamson O E. The Mechanisms of Governance [M]. Oxford: Oxford University Press, 1996.

[182] Williamson O E. Economic Institutions of Capitalism: Firms, Marketing, Contracting [M]. New York: Free Press, 1985.

[183] Wirtz B W, Schilke O, Ullrich S. Strategic Development of Business Models: Implications of the Web 2.0 for Creating Value on the Internet [J]. Long Range Planning, 2010, 43 (2-3): 272-290.

[184] Wu J J, Yu J. Efficiency-Equity Tradeoffs in Targeting Payments for Ecosystem Services [J]. American Journal of Agricultural Economics, 2017, 99 (4): 894-913.

[185] Xie K, Y Wu, J Xiao. Value Co-creation Between Firms and Customers: The Role of Big Data-Based Cooperative Assets [J]. Information & Management, 2016, 53 (8): 1034-1048.

[186] Yamin M, Sinkovics R R. Online Internationalisation, Psychic Distance Reduction and the Virtuality Trap [J]. International Business Review, 2006, 15 (4): 339-360.

[187] Yeow A, Soh C, Hansen R. Aligning with New Digital Strategy: A Dynamic Capabilities Approach [J]. The Journal of Strategic Information Systems, 2018, 27 (1): 43-58.

[188] Yoo Y, Boland Jr R J, Lyytinen K, et al. Organizing for Innovation in the Digitized World [J]. Organization Science, 2012, 23 (5): 1398-1408.

[189] Yoo Y, Henfridsson O, Lyytinen K. Research Commentary—The New Organizing Logic of Digital Innovation: An Agenda for Information Systems Research [J]. Information Systems Research, 2010, 21 (4): 724-735.

[190] Zahra S A, Nambisan S. Entrepreneurship and Strategic Thinking in Business Ecosystems [J]. Business Horizons, 2012, 55 (3): 219-229.

[191] Zhou S, Z Qiao, Q Du. Measuring Customer Agility from Online Reviews Using Big Data Text Analytics [J]. Journal of Management Information Systems, 2018, 35 (2): 510-539.

[192] Zittrain J. The Future of the Internet and How to Stop It [M]. New Haven: Yale University Press, 2008.

[193] Zucker L G. "Production of Trust: Institutional Sources of Economic Structure, 1840-1920" [M] //L L Gummings (Eds.). Research in Organizational Behavior. Greenwich, CT: JAI Press, 1986.

[194] 艾春荣, 汪伟. 习惯偏好下的中国居民消费的过度敏感性——基于1995~2005年省际动态面板数据的分析 [J]. 数量经济技术经济研究, 2008 (11): 98-114.

[195] 白雪洁, 李琳, 宋培. 兼顾效率与公平: 中国数字经济发展对经济增长与收入不平等的影响研究 [J]. 西安交通大学学报 (社会科学版), 2022 (6): 1-17.

[196] 柏培文, 张云. 数字经济、人口红利下降与中低技能劳动者权益 [J]. 经济研究, 2021 (5): 91-108.

[197] 蔡继明, 刘媛, 高宏, 等. 数据要素参与价值创造的途径——基于广义价值论的一般均衡分析 [J]. 管理世界, 2022 (7): 108-121.

[198] 蔡跃洲, 陈楠. 新技术革命下人工智能与高质量增长、高质量就业 [J]. 数量经济技术经济研究, 2019 (5): 3-22.

[199] 蔡跃洲, 顾雨辰. 平台经济的社会福利机制及其效果测算——来自外卖平台商户问卷调查的证据 [J]. 经济研究, 2023 (5): 98-115.

[200] 蔡跃洲, 马文君. 数据要素对高质量发展影响与数据流动制约 [J]. 数量经济技术经济研究, 2021 (3): 64-83.

[201] 陈成文，周静雅．论高质量就业的评价指标体系［J］．山东社会科学，2014（7）：37-43．

[202] 陈冬梅，王俐珍，陈安霓．数字化与战略管理理论——回顾、挑战与展望［J］．管理世界，2020（5）：220-236+20．

[203] 陈贵富，韩静，韩恺明．城市数字经济发展、技能偏向型技术进步与劳动力不充分就业［J］．中国工业经济，2022（8）：118-136．

[204] 陈晴晔．西方经济学就业理论及政策的演进［J］．经济问题，2008（2）：23-25．

[205] 陈昭，陈钊泳，谭伟杰．数字经济促进经济高质量发展的机制分析及其效应［J］．广东财经大学学报，2022（3）：4-20．

[206] 陈威如，王节祥．依附式升级：平台生态系统中参与者的数字化转型战略［J］．管理世界，2021（10）：195-214．

[207] 陈晓东，刘洋，周柯．数字经济提升我国产业链韧性的路径研究［J］．经济体制改革，2022（1）：95-102．

[208] 程贵孙．具有负网络外部性的媒体平台竞争与福利研究［J］．管理科学学报，2010（10）：89-96．

[209] 丛屹，闫苗苗．数字经济、人力资本投资与高质量就业［J］．财经科学，2022（3）：112-122．

[210] 丁守海，夏璋煦，徐政．平台就业能改善就业质量吗——基于专项调查的分析［J］．中共中央党校（国家行政学院）学报，2022（6）：98-107．

[211] 丁志帆．数字经济驱动经济高质量发展的机制研究：一个理论分析框架［J］．现代经济探讨，2020（1）：85-92．

[212] 杜丹清．互联网助推消费升级的动力机制研究［J］．经济学家，2017（3）：48-54．

[213] 樊轶侠，徐昊．中国数字经济发展能带来经济绿色化吗？——来自我国省际面板数据的经验证据［J］．经济问题探索，2021（9）：15-29．

[214] 方福前．中国居民消费需求不足原因研究——基于中国城乡分省数据［J］．中国社会科学，2009（2）：68-82+205-206．

[215] 范合君，吴婷，何思锦．"互联网+政务服务"平台如何优化城市营商环境？——基于互动治理的视角［J］．管理世界，2022（10）：126-153．

[216] 范如国．平台技术赋能、公共博弈与复杂适应性治理［J］．中国社会科学，2021（12）：131-152+202．

[217] 封志明，张丹，杨艳昭．中国分县地形起伏度及其与人口分布和经济发展的相关性［J］．吉林大学社会科学学报，2011（1）：146-151+160．

[218] 冯华,陈亚琦.平台商业模式创新研究——基于互联网环境下的时空契合分析[J].中国工业经济,2016(3):99-113.

[219] 傅瑜,隋广军,赵子乐.单寡头竞争性垄断:新型市场结构理论构建——基于互联网平台企业的考察[J].中国工业经济,2014(1):140-152.

[220] 干春晖,郑若谷,余典范.中国产业结构变迁对经济增长和波动的影响[J].经济研究,2011(5):4-16+31.

[221] 高波,陈健,邹琳华.区域房价差异、劳动力流动与产业升级[J].经济研究,2012(1):66-79.

[222] 高奇琦.国家数字能力:数字革命中的国家治理能力建设[J].中国社会科学,2023(1):44-61+205.

[223] 高越,张淑婷.基于数据要素驱动的国际贸易比较优势研究[J].华东经济管理,2023(2):40-48.

[224] 葛和平,吴福象.数字经济赋能经济高质量发展:理论机制与经验证据[J].南京社会科学,2021(1):24-33.

[225] 龚强,班铭媛,刘冲.数据交易之悖论与突破:不完全契约视角[J].经济研究,2022(7):172-188.

[226] 龚雪,荆林波.平台经济研究述评与展望[J].北京社会科学,2022(11):83-92.

[227] 郭东杰,周立宏,陈林.数字经济对产业升级与就业调整的影响[J].中国人口科学,2022(3):99-110+128.

[228] 郭峰,王靖一,王芳,孔涛,张勋,程志云.测度中国数字普惠金融发展:指数编制与空间特征[J].经济学(季刊),2020(4):1401-1418.

[229] 郭凯明,潘珊,颜色.新型基础设施投资与产业结构转型升级[J].中国工业经济,2020(4):63-80.

[230] 郭凯明,王藤桥.基础设施投资对产业结构转型和生产率提高的影响[J].世界经济,2019(11):51-73.

[231] 郭凯明,颜色,杭静.生产要素禀赋变化对产业结构转型的影响[J].经济学(季刊),2020(4):1213-1236.

[232] 郭晴,孟世超,毛宇飞.数字普惠金融发展能促进就业质量提升吗?[J].上海财经大学学报,2022(1):61-75+152.

[233] 郭熙保,罗知.贸易自由化、经济增长与减轻贫困——基于中国省际数据的经验研究[J].管理世界,2008(2):15-24.

[234] 韩先锋,宋文飞,李勃昕.互联网能成为中国区域创新效率提升的新动能吗[J].中国工业经济,2019(7):119-136.

[235] 何大安,任晓. 互联网时代资源配置机制演变及展望 [J]. 经济学家, 2018（10）: 63-71.

[236] 何永清,卜振兴,潘杰义. 企业源创新的内涵、特征和主要方式 [J]. 北京交通大学学报（社会科学版）, 2021（4）: 90-99.

[237] 何宗樾,宋旭光. 数字经济促进就业的机理与启示——疫情发生之后的思考 [J]. 经济学家, 2020（5）: 58-68.

[238] 洪银兴,任保平. 数字经济与实体经济深度融合的内涵和途径 [J]. 中国工业经济, 2023（3）: 5-16.

[239] 胡拥军,关乐宁. 数字经济的就业创造效应与就业替代效应探究 [J]. 改革, 2022（4）: 42-54.

[240] 黄群慧,余泳泽,张松林. 互联网发展与制造业生产率提升: 内在机制与中国经验 [J]. 中国工业经济, 2019（8）: 5-23.

[241] 纪园园,张美星,冯树辉. 平台经济对产业结构升级的影响研究——基于消费平台的视角 [J]. 系统工程理论与实践, 2022（6）: 1579-1590.

[242] 贾根良,楚珊珊. 现代货币理论学派的就业保障理论及其争论述评 [J]. 教学与研究, 2020（4）: 65-75.

[243] 贾建民,耿维,徐戈,郝辽钢,贾轼. 大数据行为研究趋势: 一个"时空关"的视角 [J]. 管理世界, 2020（2）: 106-116.

[244] 江风益,全知觉. 从基础研究到产业化全链条创新与研究生培养机制探索 [J]. 中国高等教育, 2022（Z3）: 21-23.

[245] 江积海,李琴. 平台型商业模式创新中连接属性影响价值共创的内在机理——Airbnb 的案例研究 [J]. 管理评论, 2016（7）: 252-260.

[246] 姜琪,刘欣. 平台经济、技术创新与产业结构升级 [J]. 长沙理工大学学报（社会科学版）, 2023（1）: 93-104.

[247] 姜奇平. 论互联网领域反垄断的特殊性——从"新垄断竞争"市场结构与二元产权结构看相关市场二重性 [J]. 中国工商管理研究, 2013（4）: 12-14.

[248] 江小涓,黄颖轩. 数字时代的市场秩序、市场监管与平台治理 [J]. 经济研究, 2021（12）: 20-41.

[249] 焦勇,杨蕙馨. 信息化与工业化融合的耦合程度和增值能力 [J]. 社会科学研究, 2017（7）: 46-55.

[250] 焦勇,杨蕙馨. 政府干预、两化融合与产业结构变迁——基于2003-2014年省际面板数据的分析 [J]. 经济管理, 2017（6）: 6-19.

[251] 荆文君,孙宝文. 数字经济促进经济高质量发展: 一个理论分析框架

[J]. 经济学家, 2019 (2): 66-73.

[252] 荆文君, 刘璇, 何毅. 跨界经营行为会削弱大型平台企业的竞争优势吗 [J]. 财贸经济, 2022 (11): 156-172.

[253] 金杨华, 潘建林. 基于嵌入式开放创新的平台领导与用户创业协同模式——淘宝网案例研究 [J]. 中国工业经济, 2014 (2): 148-160.

[254] 巨荣良. 网络经济的产业组织理论分析 [J]. 社会科学辑刊, 2003 (4): 68-72.

[255] 赖德胜. 高质量就业的逻辑 [J]. 劳动经济研究, 2017 (6): 6-9.

[256] 李春风, 陈乐一, 李玉双. 消费习惯下我国城镇居民持久收入的边际消费倾向——基于缓冲储备模型的理论与实证分析 [J]. 现代财经(天津财经大学学报), 2012 (11): 61-70.

[257] 李丹, 吴祖宏. 产业组织理论渊源、主要流派及新发展 [J]. 河北经贸大学学报, 2005 (3): 48-55.

[258] 李海舰, 田跃新, 李文杰. 互联网思维与传统企业再造 [J]. 中国工业经济, 2014 (10): 135-146.

[259] 李红, 吕本富, 申爱华. SNS 网站竞争生存及商业模式创新的关键因素实证研究 [J]. 管理评论, 2012 (8): 79-87.

[260] 李洪亚. 产业结构变迁与中国 OFDI: 2003-2014 年 [J]. 数量经济技术经济研究, 2016 (10): 76-93.

[261] 李怀, 高良谋. 新经济的冲击与竞争性垄断市场结构的出现——观察微软案例的一个理论框架 [J]. 经济研究, 2001 (10): 29-37.

[262] 李静, 楠玉. 人力资本错配下的决策: 优先创新驱动还是优先产业升级? [J]. 经济研究, 2019 (8): 152-166.

[263] 李力行, 周广肃. 平台经济下的劳动就业和收入分配: 变化趋势与政策应对 [J]. 国际经济评论, 2022 (2): 46-59+5.

[264] 李林杰, 申波, 李杨. 借助人口城市化促进国内消费需求的思路与对策 [J]. 中国软科学, 2007 (7): 30-40.

[265] 李强, 刘凤杰. 移植同意: 骑手的主观体验是如何在劳动过程之外塑造的 [J]. 中国人力资源开发, 2021 (5): 101-112.

[266] 李三希, 黄卓. 数字经济与高质量发展: 机制与证据 [J]. 经济学(季刊), 2022 (5): 1699-1716.

[267] 李实. 中国经济转轨中劳动力流动模型 [J]. 经济研究, 1997 (1): 23-30+80.

[268] 李唐, 李青, 陈楚霞. 数据管理能力对企业生产率的影响效应——来

自中国企业—劳动力匹配调查的新发现［J］.中国工业经济，2020（6）：174-192.

［269］李韬，冯贺霞.平台经济下垄断、竞争与创新研究［J］.经济学家，2023（7）：87-96.

［270］李万，常静，王敏杰，朱学彦，金爱民.创新3.0与创新生态系统［J］.科学学研究，2014（12）：1761-1770.

［271］李雪静.双边市场的平台竞争问题研究［J］.上海：上海大学出版社，2014.

［272］廖雪华."两化"融合对经济增长质量的作用机制研究［D］.中山大学博士学位论文，2019.

［273］刘翠花.数字经济对产业结构升级和创业增长的影响［J］.中国人口科学，2022（2）：112-125+128.

［274］刘德胜，李光红.共享平台能否成为中小企业创新资源的来源——基于信息技术的中介效应检验［J］.山东社会科学，2021（10）：106-115.

［275］刘方龙，蔡文平，邹立凯.数字经济时代平台型企业何以诞生？——基于资源产权属性的案例研究［J］.外国经济与管理，2023（2）：100-117.

［276］刘飞，王欣亮.创新要素、空间配置与产业结构升级——基于我国1998-2015年面板数据［J］.大连理工大学学报（社会科学版），2018（4）：7-14.

［277］刘皓琰，李明.网络生产力下经济模式的劳动关系变化探析［J］.经济学家，2017（12）：33-41.

［278］刘洪，张龙.群体沟通意见模式涌现的因素影响分析［J］.复杂系统与复杂性科学，2004（4）：45-52.

［279］刘涛雄，李若菲，戎珂.基于生成场景的数据确权理论与分级授权［J］.管理世界，2023（2）：22-39.

［280］刘伟，范欣.以高质量发展实现中国式现代化，推进中华民族伟大复兴不可逆转的历史进程［J］.管理世界，2023（4）：1-16.

［281］刘洋，董久钰，魏江.数字创新管理：理论框架与未来研究［J］.管理世界，2020（7）：198-217+219.

［282］刘奕，夏杰长.平台经济助力畅通服务消费内循环：作用机理与政策设计［J］.改革，2021（11）：19-29.

［283］刘志彪，凌永辉.结构转换、全要素生产率与高质量发展［J］.管理世界，2020（7）：15-29.

［284］刘智勇，李海峥，胡永远，李陈华.人力资本结构高级化与经济增

长——兼论东中西部地区差距的形成和缩小［J］.经济研究,2018（3）：50-63.

［285］刘子龙,李晓涵,唐加福.重大突发公共卫生事件及其防控政策对互联网零工经济平台劳动生产率的影响——以外卖骑手为例［J］.中国管理科学,2023（3）：81-91.

［286］柳卸林,何郁冰.基础研究是中国产业核心技术创新的源泉［J］.中国软科学,2011（4）：104-117.

［287］柳卸林,孙海鹰,马雪梅.基于创新生态观的科技管理模式［J］.科学学与科学技术管理,2015（36）：18-27.

［288］隆云滔,王韵,王晓明.数据资讯：全球互联网头部企业科研产出［J］.中国科学院院刊,2022（1）：130-137.

［289］罗长远,张军.劳动收入占比下降的经济学解释——基于中国省级面板数据的分析［J］.管理世界,2009（5）：25-35.

［290］罗峰.泛消费、去技能与再组织：互联网时代的基础性零工经济何以可能［J］.浙江工商大学学报,2021（6）：119-127.

［291］马香品.数字经济时代的居民消费变革：趋势、特征、机理与模式［J］.财经科学,2020（1）：120-132.

［292］马晔风,蔡跃洲.数字经济新就业形态的规模估算与疫情影响研究［J］.劳动经济研究,2021（6）：121-141.

［293］马永开,李仕明,潘景铭.工业互联网之价值共创模式［J］.管理世界,2020（8）：211-222.

［294］茅锐,徐建炜.人口转型、消费结构差异和产业发展［J］.人口研究,2014（3）：89-103.

［295］孟祺.数字经济与高质量就业：理论与实证［J］.社会科学,2021（2）：47-58.

［296］缪沁男,魏江,杨升曦.服务型数字平台的赋能机制演化研究——基于钉钉的案例分析［J］.科学学研究,2022（1）：182-192.

［297］莫怡青,李力行.零工经济对创业的影响——以外卖平台的兴起为例［J］.管理世界,2022（2）：31-45+3.

［298］欧阳耀福.互联网平台化组织模式对企业创新的影响研究［J］.经济研究,2023（4）：190-208.

［299］彭本红,马铮,张晨.平台型企业开放式服务创新跨界搜索模式研究：以百度为例［J］.中国科技论坛,2017（8）：152-158.

［300］齐佳音,徐乐沁.大数据合作资产的多元创新模式［J］.北京交通大学学报（社会科学版）,2021（2）：13-27.

[301] 戚聿东，刘翠花，丁述磊．数字经济发展、就业结构优化与就业质量提升［J］．经济学动态，2020（11）：17-35．

[302] 乔榛．马克思就业理论与西方就业理论比较研究［J］．经济学家，2006（5）：26-32．

[303] 曲创，刘重阳．平台厂商市场势力测度研究——以搜索引擎市场为例［J］．中国工业经济，2016（2）：98-113．

[304] 曲佳宝．数字资本主义视阈下劳动力再生产的新变化及其矛盾［J］．当代经济研究，2020（12）：13-23．

[305] 戎珂，柳卸林，魏江等．数字经济时代创新生态系统研究［J］．管理工程学报，2023（8）：1-7．

[306] 单宇，许晖，周连喜，周琪．数智赋能：危机情境下组织韧性如何形成？——基于林清轩转危为机的探索性案例研究［J］．管理世界，2021（3）：84-104+7．

[307] 石璋铭，杜琳．工业互联网平台对产业融合影响的实证研究［J］．科技进步与对策，2022（19）：59-68．

[308] 史丹，孙光林．大数据发展对制造业企业全要素生产率的影响机理研究［J］．财贸经济，2022（9）：85-100．

[309] 史丹，张成．中国制造业产业结构的系统性优化——从产出结构优化和要素结构配套视角的分析［J］．经济研究，2017（10）：158-172．

[310] 史新杰，李实，陈天之，方师乐．机会公平视角的共同富裕——来自低收入群体的实证研究［J］．经济研究，2022（9）：99-115．

[311] 姒琪莹．中国互联网搜索引擎市场结构、产业环境及竞争趋势分析［J］．东南传播，2010（9）：40-43．

[312] 宋冬林，金晓彤，刘金叶．我国城镇居民消费过度敏感性的实证检验与经验分析［J］．管理世界，2003（5）：29-35．

[313] 宋华，李梦吟．供应链金融服务提供商如何帮助中小企业获得供应链融资？——基于手机通信行业的实证研究［J］．研究与发展管理，2020（5）：16-28．

[314] 宋锴业．中国平台组织发展与政府组织转型——基于政务平台运作的分析［J］．管理世界，2020（11）：172-194．

[315] 宋炜，张彩红，周勇，董明放．数据要素与研发决策对工业全要素生产率的影响——来自2010-2019年中国工业的经验证据［J］．科技进步与对策，2021（12）：40-48．

[316] 苏杭．经济韧性问题研究进展［J］．经济学动态，2015（8）：

144-151.

[317] 苏丽锋，赖德胜．高质量就业的现实逻辑与政策选择［J］．中国特色社会主义研究，2018（2）：32-38．

[318] 苏治，荆文君，孙宝文．分层式垄断竞争：互联网行业市场结构特征研究——基于互联网平台类企业的分析［J］．管理世界，2018（4）：80-100+187-188．

[319] 孙晓华，郭旭，范世龙．社会网络、技能提升与就业地选择［J］．经济研究，2023（5）：116-134．

[320] 孙永磊，朱壬杰，宋晶．数字创新生态系统的演化和治理研究［J］．科学学研究，2023（2）：325-334．

[321] 孙早，许薛璐．前沿技术差距与科学研究的创新效应——基础研究与应用研究谁扮演了更重要的角色［J］．中国工业经济，2017（3）：5-23．

[322] 唐保庆，宣烨．“三元”城镇化对服务业增长的影响——作用机理、测度与实证检验［J］．数量经济技术经济研究，2016（6）：59-76．

[323] 唐清泉，张芹秀．我国企业内涵式与外延式发展的策略选择与优势比较［J］．经济管理，2008（4）：4-10．

[324] 田鸽，张勋．数字经济、非农就业与社会分工［J］．管理世界，2022（5）：72-84．

[325] 田剑，徐佳斌．平台型企业商业模式创新驱动因素研究［J］．科学学研究，2020（5）：949-960．

[326] 田秀娟，李睿．数字技术赋能实体经济转型发展——基于熊彼特内生增长理论的分析框架［J］．管理世界，2022（5）：56-74．

[327] 汪伟，刘玉飞，彭冬冬．人口老龄化的产业结构升级效应研究［J］．中国工业经济，2015（11）：47-61．

[328] 王超贤，张伟东，颜蒙．数据越多越好吗——对数据要素报酬性质的跨学科分析［J］．中国工业经济，2022（7）：44-64．

[329] 王节祥，蔡宁．平台研究的流派、趋势与理论框架——基于文献计量和内容分析方法的诠释［J］．商业经济与管理，2018（3）：20-35．

[330] 王娟．数字经济驱动经济高质量发展：要素配置和战略选择［J］．宁夏社会科学，2019（5）：88-94．

[331] 王可，李连燕．"互联网+"对中国制造业发展影响的实证研究［J］．数量经济技术经济研究，2018（6）：3-20．

[332] 王俐，周向红．结构主义视阈下的互联网平台经济治理困境研究——以网约车为例［J］．江苏社会科学，2019（4）：76-85．

［333］王林辉，胡晟明，董直庆．人工智能技术会诱致劳动收入不平等吗——模型推演与分类评估［J］．中国工业经济，2020（4）：97-115.

［334］王启超，王兵，彭睿．人才配置与全要素生产率——兼论中国实体经济高质量增长［J］．财经研究，2020（1）：64-78.

［335］王文．数字经济时代下工业智能化促进了高质量就业吗［J］．经济学家，2020（4）：89-98.

［336］王伟玲，吴志刚，徐靖．加快数据要素市场培育的关键点与路径［J］．经济纵横，2021（3）：39-47.

［337］王勇，刘航，冯骅．平台市场的公共监管、私人监管与协同监管：一个对比研究［J］．经济研究，2020（3）：148-162.

［338］王宇凡，张海丽，Michael Song．大数据嵌入的新产品开发过程［J］．科学学研究，2020（12）：2202-2211.

［339］韦立坚，李晶晶，周芷宇．大数据合作资产估值模型与数字经济会计信息披露［J］．北京交通大学学报（社会科学版），2021（4）：44-55.

［340］卫平，杨宏呈，蔡宇飞．基础研究与企业技术绩效——来自我国大中型工业企业的经验证据［J］．中国软科学，2013（2）：123-133.

［341］魏如清，唐方成，董小雨等．双边网络环境下开放与封闭平台的竞争：以移动操作系统平台为例［J］．中国管理科学，2013（21）：432-439.

［342］邬爱其，刘一蕙，宋迪．跨境数字平台参与、国际化增值行为与企业国际竞争优势［J］．管理世界，2021（9）：214-233.

［343］吴非，胡慧芷，林慧妍，任晓怡．企业数字化转型与资本市场表现——来自股票流动性的经验证据［J］．管理世界，2021（7）：130-144+10.

［344］吴清军，李贞．分享经济下的劳动控制与工作自主性——关于网约车司机工作的混合研究［J］．社会学研究，2018（4）：137-162+244-245.

［345］武可栋，朱梦春，阎世平．数字经济发展水平对劳动力就业结构的影响［J］．统计与决策，2022（10）：106-111.

［346］吴小龙，肖静华，吴记．人与AI协同的新型组织学习：基于场景视角的多案例研究［J］．中国工业经济，2022（2）：175-192.

［347］夏杰长，刘睿仪．数字化赋能贸易高质量发展的作用机制与推进策略［J］．价格理论与实践，2022（11）：7-12+101.

［348］夏杰长，杨昊雯．平台经济：我国经济行稳致远的重要力量［J］．改革，2023（2）：14-27.

［349］肖静华，胡杨颂，吴瑶．成长品：数据驱动的企业与用户互动创新案例研究［J］．管理世界，2020（3）：183-205.

[350] 肖静华, 谢康, 周先波, 乌家培. 信息化带动工业化的发展模式 [J]. 中山大学学报（社会科学版）, 2006（1）: 98-104+128.

[351] 肖静华, 谢康, 吴瑶, 廖雪华. 从面向合作伙伴到面向消费者的供应链转型——电商企业供应链双案例研究 [J]. 管理世界, 2015（4）: 137-154+188.

[352] 肖静华, 吴瑶, 刘意, 谢康. 消费者数据化参与的研发创新：企业与消费者协同演化视角的双案例研究 [J]. 管理世界, 2018（8）: 154-192.

[353] 肖旭, 戚聿东. 数据要素的价值属性 [J]. 经济与管理研究, 2021（7）: 66-75.

[354] 谢丹夏, 魏文石, 李尧, 朱晓武. 数据要素配置、信贷市场竞争与福利分析 [J]. 中国工业经济, 2022（9）: 25-43.

[355] 谢富胜, 吴越. 平台竞争、三重垄断与金融融合 [J]. 经济学动态, 2021（10）: 34-47.

[356] 谢富胜, 吴越, 王生升. 平台经济全球化的政治经济学分析 [J]. 中国社会科学, 2019（12）: 62-81+200.

[357] 谢康. 数字经济创新模式：企业与用户数据化互动创新 [J]. 中国社会科学院大学学报, 2023（2）: 79-94.

[358] 谢康, 胡杨颂, 刘意, 罗婷予. 数据要素驱动企业高质量数字化转型——索菲亚智能制造纵向案例研究 [J]. 管理评论, 2023（2）: 328-339.

[359] 谢康, 廖雪华, 肖静华. 效率与公平不完全相悖：信息化与工业化融合视角 [J]. 经济研究, 2021（2）: 190-205.

[360] 谢康, 吴瑶, 肖静华. 数字经济创新模式：企业与用户互动的适应性创新 [M]. 北京: 经济管理出版社, 2023.

[361] 谢康, 夏正豪, 肖静华. 大数据成为现实生产要素的企业实现机制：产品创新视角 [J]. 中国工业经济, 2020（5）: 42-60.

[362] 谢康, 肖静华. 面向国家需求的数字经济新问题、新特征与新规律 [J]. 改革, 2022（1）: 85-100.

[363] 谢康, 肖静华, 王茜. 大数据驱动的企业与用户互动研发创新 [J]. 北京交通大学学报（社会科学版）, 2018（2）: 18-26.

[364] 谢康, 肖静华, 乌家培. 中国工业化与信息化融合的环境、基础和道路 [J]. 经济学动态, 2009（2）: 28-31.

[365] 谢康, 肖静华, 周先波, 乌家培. 中国工业化与信息化融合质量：理论与实证 [J]. 经济研究, 2012（1）: 4-16+30.

[366] 谢康, 张祎, 吴瑶. 数据要素如何产生即时价值：企业与用户互动视角 [J]. 中国工业经济, 2023（11）: 137-154.

[367] 邢小强，汤新慧，王珏，张竹．数字平台履责与共享价值创造——基于字节跳动扶贫的案例研究［J］．管理世界，2021（12）：152-176．

[368] 徐德力．互联网领域商业模式颠覆性创新分析［J］．商业研究，2013（3）：83-87．

[369] 徐晋，张祥建．平台经济学初探［J］．中国工业经济，2006（5）：40-47．

[370] 徐齐利．互联网平台电商企业的垄断势力与结构——对百度搜索平台客户集中度的测算［J］．当代财经，2017（3）：91-105．

[371] 许宪春，张钟文，胡亚茹．数据资产统计与核算问题研究［J］．管理世界，2022（2）：16-30．

[372] 徐翔，赵墨非，李涛，李帅臻．数据要素与企业创新：基于研发竞争的视角［J］．经济研究，2023（2）：39-56．

[373] 杨居正，张维迎，周黎安．信誉与管制的互补与替代——基于网上交易数据的实证研究［J］．管理世界，2008（7）：18-26．

[374] 杨立岩，潘慧峰．人力资本、基础研究与经济增长［J］．经济研究，2003（4）：72-78+94．

[375] 杨伟国，李晓曼，吴清军，罗祥艳．零工就业中的异质性工作经历与保留工资——来自网约车司机的证据［J］．人口研究，2021（2）：102-117．

[376] 杨伟国，邱子童，吴清军．人工智能应用的就业效应研究综述［J］．中国人口科学，2018（5）：109-119．

[377] 杨伟国，吴邦正．平台经济对就业结构的影响［J］．中国人口科学，2022（4）：2-16+126．

[378] 杨伟明，粟麟，王明伟．数字普惠金融与城乡居民收入——基于经济增长与创业行为的中介效应分析［J］．上海财经大学学报，2020（4）：83-94．

[379] 杨文溥．数字经济与区域经济增长：后发优势还是后发劣势［J］．上海财经大学学报，2021（3）：19-31．

[380] 杨先明，侯威，王一帆．数字化投入与中国行业内就业结构变化："升级"抑或"极化"［J］．山西财经大学学报，2022（1）：58-68．

[381] 叶秀敏．平台经济促进中小企业创新的作用和机理研究［J］．科学管理研究，2018（2）：62-66．

[382] 殷为华．长三角城市群工业韧性综合评价及其空间演化研究［J］．学术论坛，2019（5）：124-132．

[383] 俞伯阳，丛屹．数字经济、人力资本红利与产业结构高级化［J］．财经理论与实践，2021（3）：124-131．

[384] 臧旭恒, 陈浩, 宋明月. 习惯形成对我国城镇居民消费的动态影响机制研究 [J]. 南方经济, 2020 (1): 60-75.

[385] 曾湘泉. 我国就业与失业的科学测量和实证研究 [J]. 经济理论与经济管理, 2006 (6): 28-35.

[386] 张宝建, 薄香芳, 陈劲, 李娜娜. 数字平台生态系统价值生成逻辑 [J]. 科技进步与对策, 2022 (11): 1-9.

[387] 张传勇, 蔡琪梦. 城市规模、数字普惠金融发展与零工经济 [J]. 上海财经大学学报, 2021 (2): 34-45.

[388] 张军. 零工经济对宏观经济学的三大理论挑战 [J]. 探索与争鸣, 2020 (7): 13-15.

[389] 张军扩, 侯永志, 刘培林, 何建武, 卓贤. 高质量发展的目标要求和战略路径 [J]. 管理世界, 2019 (7): 1-7.

[390] 张抗私, 韩佳乐. 就业质量协调发展：评价指数与实证分析 [J]. 宏观质量研究, 2022 (5): 49-66.

[391] 张丽芳, 张清辨. 网络经济与市场结构变迁——新经济条件下垄断与竞争关系的检验分析 [J]. 财经研究, 2006 (5): 108-118.

[392] 张娜娜, 付清芬, 王砚羽, 谢伟. 互联网企业创新子系统协同机制及关键成功因素 [J]. 科学学与科学技术管理, 2014 (3): 77-85.

[393] 张杉杉, 杨滨伊. 零工经济中平台型灵活就业人员的劳动供给影响因素研究——来自外卖骑手的证据 [J]. 经济与管理研究, 2022 (6): 80-89.

[394] 张世虎, 顾海英. 信息渠道变革引致乡村居民多样化高质量就业的逻辑 [J]. 劳动经济研究, 2020 (4): 121-144.

[395] 张新民, 金瑛. 资产负债表重构：基于数字经济时代企业行为的研究 [J]. 管理世界, 2022 (9): 157-175+207.

[396] 张勋, 万广华, 吴海涛. 缩小数字鸿沟：中国特色数字金融发展 [J]. 中国社会科学, 2021 (8): 35-51+204-205.

[397] 张延林, 王丽, 谢康, 张德鹏. 信息技术和实体经济深度融合：中国情境的拼创机制 [J]. 中国工业经济, 2020 (11): 80-98.

[398] 张艺, 皮亚彬. 数字技术、城市规模与零工工资——基于网络招聘大数据的实证分析 [J]. 经济管理, 2022 (5): 83-99.

[399] 赵慧娟, 陈洪洋, 姜盼松, 杨皎平. 平台生态嵌入、数据赋能对中小制造企业创新柔性的影响——基于资源编排视角 [J]. 研究与发展管理, 2022 (5): 1-15.

[400] 赵涛, 张智, 梁上坤. 数字经济、创业活跃度与高质量发展——来自

中国城市的经验证据[J].管理世界,2020(10):65-76.

[401]赵岳,谭之博.电子商务、银行信贷与中小企业融资——一个基于信息经济学的理论模型[J].经济研究,2012(7):99-112.

[402]郑祁,张书琬,杨伟国.零工经济中个体就业动机探析——以北京市外卖骑手为例[J].中国劳动关系学院学报,2020(5):53-66.

[403]郑湛,徐绪松,赵伟,马海超,陈达.面向互联网时代的组织架构、运行机制、运作模式研究[J].管理学报,2019(1):45-52.

[404]周文,韩文龙.平台经济发展再审视:垄断与数字税新挑战[J].中国社会科学,2021(3):103-118+206.

[405]邹宇春,敖丹,李建栋.中国城市居民的信任格局及社会资本影响——以广州为例[J].中国社会科学,2012(5):131-148.

[406]朱迪.混合研究方法的方法论、研究策略及应用——以消费模式研究为例[J].社会学研究,2012(4):146-166+244-245.

[407]朱晓红,陈寒松,张腾.知识经济背景下平台型企业构建过程中的迭代创新模式——基于动态能力视角的双案例研究[J].管理世界,2019(3):156-207+208.

后 记

数字经济创新是当代经济学和管理学领域一个宏大的前沿理论课题，对数字经济创新规律的剖析不可能通过几本学术专著就可以形成全面的认识，会出现百家争鸣的学术创新局面。本书及之前出版的《数字经济创新模式：企业与用户互动的适应性创新》只是我们对该主题思考的成果，勉强算作系统性研究的一家之言，其中依然存在诸多可待完善之处，敬请各位专家、学者、老师和同学批评与指正。

这本书是以我们三位作者为主共同完成的研究报告《2023中国数字经济前沿：平台促进高质量就业》（2023年2月发布）、《2023中国数字经济前沿：平台创新与竞争》（2023年10月发布）为基础，进行撰写、整理与修改而成的。在此，我们非常感谢两次担任研究报告专家研讨会专家组长的北京师范大学戚聿东教授，以及清华大学汤珂教授、戎珂教授和李红军副教授，北京大学杨汝岱教授，中央财经大学陈斌开教授和徐翔副教授，中国人民大学李三希教授和许伟教授，中国科学院吕本富教授和乔晗教授，中国社会科学院蔡跃洲教授等专家、学者，对两个研究报告给予的高度肯定和提出的宝贵建议。两个研究报告发布后，受到国家发改委就业司等政府部门的重视，被《人民日报》、《光明日报》、新华网、央广网、中央广播电台国际在线、中国经济新闻网等近百家主流和地方媒体转载和引用，产生了积极的社会反响。

本书是结合之前与多位老师和学生合作发表的相关论文和合作完成的工作论文，根据我们对数字经济创新极点思想的理解和认识加以撰写、整理与修改而成，包括与中山大学管理学院吴瑶副教授、夏正豪博士后、罗婷予博士后、张祎博士，复旦大学管理学院刘意博士后，暨南大学管理学院胡杨颂助理教授等合作完成的相关论文和工作论文，与汪鸿昌、杨楠堃、方程、沈嘉舟、赵信、金佳丽、林晨舸等研究生在读期间合作完成的工作论文等。在此一并感谢这些老师和同学允许我们将相关成果作为本书内容整理出版。

最后，感谢为本书调研提供帮助的相关平台企业，包括但不仅限于阿里巴巴（钉钉生态）、腾讯（微信生态、腾讯课堂）、字节跳动、百度、京东、美团、饿了么、滴滴等平台，以及美云智数、树根互联、希音、广汽集团、长安汽车、索菲亚、天虹、东鹏特饮等相关平台和众多实体企业。正是在众多企业界人士的热情支持和帮助下，本书才得以获得宝贵的研究素材和数据，为本书的顺利出版发挥重要的支撑作用，在此一并表示感谢。

谢 康

2024年1月